KB084561

감정
평가사 1차

부동산학원론

기출문제집(+최종모의고사)

시대에듀

Always **with you**

사람의 인연은 길에서 우연하게 만나거나 함께 살아가는 것만을 의미하지는 않습니다.
책을 펴내는 출판사와 그 책을 읽는 독자의 만남도 소중한 인연입니다.
시대에듀는 항상 독자의 마음을 헤아리기 위해 노력하고 있습니다.
늘 독자와 함께하겠습니다.

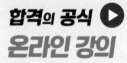

보다 깊이 있는 학습을 원하는 수험생들을 위한
시대에듀의 동영상 강의가 준비되어 있습니다.
www.sdedu.co.kr ➜ 회원가입(로그인) ➜ 강의 살펴보기

기출문제를 효과적으로 학습할 수 있도록 구성한 도서!

감정평가란 부동산, 동산을 포함하여 토지, 건물, 기계기구, 항공기, 선박, 유가증권, 영업권과 같은 유·무형의 재산에 대한 경제적 가치를 판정하여 그 결과를 가액으로 표시하는 행위를 뜻합니다. 이러한 평가를 하기 위해서는 변해가는 경제상황 및 이에 기반한 다양한 이론과 법령을 알아야 하며, 그 분량이 매우 많습니다.

큐넷에 공지된 감정평가사 통계자료를 보면, 1차 시험 지원자는 계속적으로 증가하고 있으며, 특히 최근의 증가 폭이 눈에 크게 띕니다. 2023년 1차 시험 지원자는 6,000명을 넘어섰고 2024년 지원자는 작년보다 262명 증가한 6,746명으로 집계되었습니다. 시행처는 최근 시험의 난이도를 높여 합격자 수를 조절하려는 경향을 보이고 있으며 이를 입증하듯, 제35회 1차 시험에서는 전년도보다 난이도가 대폭 상승, 고득점자가 크게 줄어 합격률이 23.28%로 작년 대비 크게 감소하였습니다.

이렇게 감정평가사 시험에 대한 부담감이 가중되고는 있지만, 전략적 학습방법을 취한다면 1차시험에서 과락을 피하고 합격 평균점수인 60점 이상을 취득하는 것이 매우 어려운 일은 아닙니다. 전략적 학습이란 결국 기본에 충실한 학습이며, 이를 위하여 기출문제를 분석하여 중요내용을 파악하는 것보다 더 효과적인 방법은 없습니다. 『2025 시대에듀 감정평가사 1차 부동산학원론 기출문제집(+최종모의고사)』는 이러한 시험 여건 속에서 기출문제를 통해 가장 확실한 1차 합격 방법을 제시하고자 출간되었습니다.

이 도서의 특징은 다음과 같습니다.

첫째 ▌ 부동산학원론 9개년 (2024~2016년) 기출문제를 수록하여 전반적인 출제경향을 파악할 수 있도록 하였습니다.

둘째 ▌ 복수정답 또는 개정법령으로 기출문제에 변경이 필요한 경우, 문제편에 〈문제 변형〉 표시를 하였습니다.

셋째 ▌ 기출문제의 핵심을 파악할 수 있도록 관련 법령을 일목요연하게 서술하였고, 〈더 알아보기〉를 통해 효과적 학습을 할 수 있도록 구성하였습니다.

넷째 ▌ 마지막 실력 점검과 실전 연습을 위해 최종모의고사 3회분을 수록하였습니다.

감정평가사 시험을 준비하는 수험생 여러분께 본 도서가 합격을 위한 디딤돌이 될 수 있기를 바랍니다.

편저자 드림

감정평가사 자격시험 안내

⊘ 감정평가

감정평가란 부동산, 동산을 포함하여 토지, 건물, 기계기구, 항공기, 선박, 유가증권, 영업권과 같은 유 · 무형의 재산에 대한 경제적 가치를 판정하여 그 결과를 가액으로 표시하는 것

❶ 정부에서 매년 고시하는 공시지가와 관련된 표준지의 조사 · 평가
❷ 기업체 등의 의뢰와 관련된 자산의 재평가
❸ 금융기관, 보험회사, 신탁회사의 의뢰와 관련된 토지 및 동산에 대한 평가
❹ 주택단지나 공업단지 조성 및 도로개설 등과 같은 공공사업 수행

⊘ 시험과목 및 방법

시험구분	교시	시험과목	입실완료	시험시간	시험방법
제1차 시험	1교시	❶ 민법(총칙, 물권) ❷ 경제학원론 ❸ 부동산학원론	09:00	09:30~11:30(120분)	과목별 40문항 (객관식)
	2교시	❹ 감정평가관계법규 ❺ 회계학	11:50	12:00~13:20(80분)	
	※ 제1차 시험 영어 과목은 영어시험성적으로 대체(영어성적 기준점수는 큐넷 홈페이지 감정평가사 시행계획 공고 참고)				
제2차 시험	1교시	감정평가실무	09:00	09:30~11:10(100분)	과목별 4문항 (주관식)
		중식시간 11:10~12:10(60분)			
	2교시	감정평가이론	12:10	12:30~14:10(100분)	
		휴식시간 14:10~14:30(20분)			
	3교시	감정평가 및 보상법규	14:30	14:40~16:20(100분)	

※ 시험과 관련하여 법률, 회계처리기준 등을 적용하여 정답을 구하여야 하는 문제는 시험시행일 현재 시행 중인 법률, 회계처리기준 등을 적용하여 그 정답을 구하여야 함
※ 회계학 과목의 경우 한국채택국제회계기준(K-IFRS)만 적용하여 출제
※ 장애인 등 응시 편의 제공으로 시험시간 연장 시 수험인원과 효율적인 시험 집행을 고려하여 시행기관에서 휴식 및 중식 시간을 조정할 수 있음

⊘ 합격기준

구분	내용
제1차 시험	영어 과목을 제외한 나머지 시험과목에서 과목당 100점을 만점으로 하여 모든 과목 40점 이상이고, 전(全) 과목 평균 60점 이상인 사람
제2차 시험	❶ 과목당 100점을 만점으로 하여 모든 과목 40점 이상, 전(全) 과목 평균 60점 이상을 득점한 사람 ❷ 최소합격인원에 미달하는 경우 최소합격인원의 범위에서 모든 과목 40점 이상을 득점한 사람 중에서 전(全) 과목 평균점수가 높은 순으로 합격자를 결정

※ 동점자로 인하여 최소합격인원을 초과하는 경우에는 동점자 모두를 합격자로 결정. 이 경우 동점자의 점수는 소수점 이하 둘째 자리까지만 계산하며, 반올림은 하지 아니함

⊘ 수험인원 및 합격자현황

구분		2020년 (31회)	2021년 (32회)	2022년 (33회)	2023년 (34회)	2024년 (35회)
1차	대상	2,535명	4,019명	4,513명	6,484명	6,746명
	응시	2,028명	3,176명	3,642명	5,515명	5,755명
	응시율	80%	79%	80.7%	85.06%	85.31%
	합격	472명	1,171명	877명	1,773명	1,340명
	합격률	23.27%	36.9%	24.08%	32.15%	23.28%
2차	대상	1,419명	1,905명	2,227명	2,655명	24.07.13. 실시 예정
	응시	1,124명	1,531명	1,803명	2,377명	
	응시율	79.21%	80.36%	80.96%	89.53%	
	합격	184명	203명	202명	204명	
	합격률	16.37%	13.26%	11.20%	8.58%	

⊘ 1차 부동산학원론 출제리포트

구 분		31회	32회	33회	34회	35회	전체 통계	
							합 계	비 율
부동산학 총론	부동산학 개관	1	–	–	–	–	1	0.5%
	부동산의 개념과 분류	1	3	–	3	3	10	5%
	부동산 특성과 속성	3	1	3	1	1	9	4.5%
	소 계	5	4	3	4	4	20	10%
부동산학 각론	부동산경제론	2	3	2	4	4	15	7.5%
	부동산시장론	2	3	3	2	3	13	6.5%
	부동산정책론	5	2	5	3	2	17	8.5%
	부동산투자론	7	5	5	5	6	28	14%
	부동산금융론	3	5	5	4	4	21	10.5%
	부동산개발 및 관리론	5	3	4	4	5	21	10.5%
	권리분석과 중개 및 마케팅	4	5	6	7	3	25	12.5%
	소 계	28	26	30	29	27	140	70%
부동산학 감정평가론	감정평가기초이론	1	3	–	–	3	7	3.5%
	감정평가 3방식	6	4	7	6	6	29	14.5%
	부동산가격공시제도	–	1	–	–	–	1	0.5%
	기 타	–	2	–	1	–	3	1.5%
	소 계	7	10	7	7	9	40	20%
총 계		40	40	40	40	40	200	100%

이 책의 구성과 특징

---

01 토지의 일부로 간주되는 정착물에 해당하는 것을 모두 고른 것은?

ㄱ. 가식 중에 있는 수목
ㄴ. 매년 경작의 노력을 요하지 않는 다년생 식물
ㄷ. 건물
ㄹ. 소유권보존등기된 입목
ㅁ. 구거
ㅂ. 경작수확물

① ㄱ, ㅂ
② ㄴ, ㅁ
③ ㄷ, ㄹ
④ ㄹ, ㅁ
⑤ ㅁ, ㅂ

02 공인중개사법령상 개업공인중개사에 관한 내용으로 옳지

① 개업공인중개사는 그 사무소의 명칭에 "공인중개사사무
한다.
② 개업공인중개사가 아닌 자는 중개대상물에 대한 표시
③ 개업공인중개사는 「민사집행법」에 의한 경매 및 「국세징
대한 권리분석 및 취득의 알선과 매수신청 또는 입찰
④ 개업공인중개사는 대통령령으로 정하는 기준과 절차에
외의 지역에 분사무소를 둘 수 있다.
⑤ 개업공인중개사는 다른 사람에게 자기의 성명 또는 상호
중개사무소등록증을 양도 또는 대여하는 행위를 하여

2024년 포함
9개년 기출문제 수록

부동산학원론 9개년 기출문제를 수록하여 출제경향을 파악할 수 있도록 하였습니다.

---

12 다음과 같은 상황이 주어졌을 때 총투자수익률(ROI : return on investment)과 부채감당률(DCR : debt coverage ratio)은? (단, 총투자기간은 1년, 수치는 소수점 이하 둘째자리에서 반올림함)

문제 변형

- 총투자액 : 12억 원(현금)
- 순영업소득(순수익) : 1억 원/연
- 세전현금흐름(세전현금수지) : 7천만 원/연
- 저당지불액(부채서비스액) : 5천만 원/연
- 공실 및 불량부채(공실손실상당액 및 대손충당금) : 5천만 원/연
- 사업소득세 : 1천만 원/연
- 유효총소득승수 : 4
- 지분투자액 : 5억 원

① 총투자수익률 : 8.3%, 부채감당률 : 2.0
② 총투자수익률 : 8.4%, 부채감당률 : 2.4
③ 총투자수익률 : 9.3%, 부채감당률 : 2.0
④ 총투자수익률 : 9.4%, 부채감당률 : 2.4
⑤ 총투자수익률 : 10.3%, 부채감당률 : 3.0

13 부동산 투자타당성 분석기법에 관한 설명으로 옳지 않은 것은?

① 수익성지수는 투자개시시점에서의 순현가와 현금지출의 현재가치 비율이다.
② 내부수익률법은 화폐의 시간가치를 고려한다.
③ 동일한 투자안에 대해서 복수의 내부수익률이 존재할 수 있다.
④ 내부수익률은 순현가가 '0'이 되는 할인율이다.
⑤ 순현가법에 적용되는 할인율은 요구수익률이다.

14 포트폴리오 이론에 따른 부동산투자자의 포트폴리오 분석에 관한 설명으로 옳지 않은 것은?

① 체계적 위험은 분산투자를 통해서도 회피할 수 없다.
② 위험과 수익은 상충관계에 있으므로 효율적 투자선은 우하향하는 곡선이다.
③ 투자자의 무차별곡선과 효율적 투자선의 접점에서 최적의 포트폴리오가 선택된다.
④ 비체계적 위험은 개별적인 부동산의 특성으로 야기될 수 있으며 분산투자 등으로 회피할 수 있다.
⑤ 포트폴리오 구성자산의 수익률 간 상관계수(p)가 '-1'인 경우는 상관계수(p)가 '1'인 경우에 비해서 위험회피효과가 더 크다.

문제 변형 표시

복수정답 또는 개정법령으로 기출문제에 변경이 필요한 경우, 문제편에 문제 변형 표시를 하였습니다.

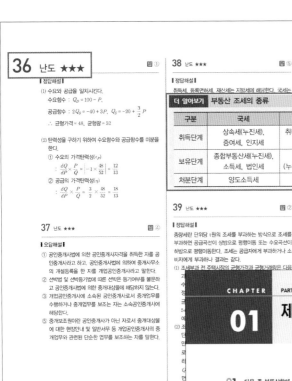

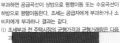

일목요연한 해설

기출문제의 핵심을 파악할 수 있도록 관련 법령을 일목요연하게 서술하였고, **더 알아보기**를 통해 효과적 학습을 할 수 있도록 구성하였습니다.

최종모의고사

마지막 실력 점검과 실전 연습을 위해 최종모의고사 3회분을 수록하였습니다.

이 책의 차례

감정평가사 1차 부동산학원론 기출문제집(+ 최종모의고사)

최신기출

01 토지의 일부로 간주되는 정착물에 해당하는 것을 모두 고른 것은?

> ㄱ. 가식 중에 있는 수목
> ㄴ. 매년 경작의 노력을 요하지 않는 다년생 식물
> ㄷ. 건물
> ㄹ. 소유권보존등기된 입목
> ㅁ. 구거
> ㅂ. 경작수확물

① ㄱ, ㅂ

② ㄴ, ㅁ

③ ㄷ, ㄹ

④ ㄹ, ㅁ

⑤ ㅁ, ㅂ

02 공인중개사법령상 개업공인중개사에 관한 내용으로 옳지 **않은** 것은?

① 개업공인중개사는 그 사무소의 명칭에 "공인중개사사무소" 또는 "부동산중개"라는 문자를 사용하여야 한다.

② 개업공인중개사가 아닌 자는 중개대상물에 대한 표시·광고를 하여서는 아니 된다.

③ 개업공인중개사는 「민사집행법」에 의한 경매 및 「국세징수법」 그 밖의 법령에 의한 공매대상 부동산에 대한 권리분석 및 취득의 알선과 매수신청 또는 입찰신청의 대리를 할 수 있다.

④ 개업공인중개사는 대통령령으로 정하는 기준과 절차에 따라 등록관청의 허가를 받아 그 관할 구역 외의 지역에 분사무소를 둘 수 있다.

⑤ 개업공인중개사는 다른 사람에게 자기의 성명 또는 상호를 사용하여 중개업무를 하게 하거나 자기의 중개사무소등록증을 양도 또는 대여하는 행위를 하여서는 아니 된다.

03 주택법령상 주택의 정의에 관한 설명으로 옳은 것은?

① 민영주택은 임대주택을 제외한 주택을 말한다.

② 세대구분형 공동주택은 공동주택의 주택 내부 공간의 일부를 세대별로 구분하여 생활이 가능한 구조로 하되, 그 구분된 공간의 일부를 구분소유 할 수 있는 주택으로서 대통령령으로 정하는 건설기준, 설치기준, 면적기준 등에 적합한 주택을 말한다.

③ 도시형 생활주택은 300세대 미만의 국민주택규모에 해당하는 주택으로서 대통령령으로 정하는 주택을 말한다.

④ 에너지절약형 친환경주택은 저에너지 건물 조성기술 등 대통령령으로 정하는 기술을 이용하여 에너지 사용량을 절감하거나 이산화탄소 배출량을 증대할 수 있도록 건설된 주택을 말한다.

⑤ 장수명 주택은 구조적으로 오랫동안 유지·관리될 수 있는 내구성을 갖추고 있어 내부 구조를 쉽게 변경할 수 없는 주택을 말한다.

04 지방세법령상 토지에 관한 재산세 과세대상 중 별도합산과세대상인 것은?

① 공장용지·전·답·과수원 및 목장용지로서 대통령령으로 정하는 토지

② 국가 및 지방자치단체 지원을 위한 특정목적 사업용 토지로서 대통령령으로 정하는 토지

③ 국토의 효율적 이용을 위한 개발사업용 토지로서 대통령령으로 정하는 토지

④ 산림의 보호육성을 위하여 필요한 임야 및 종중 소유 임야로서 대통령령으로 정하는 임야

⑤ 철거·멸실된 건축물 또는 주택의 부속토지로서 대통령령으로 정하는 부속토지

05 건축원자재 가격의 하락에 따른 영향을 디파스퀠리-위튼(DiPasquale & Wheaton)의 사분면 모형을 통해 설명한 것으로 옳지 <u>않은</u> 것은? (단, 주어진 조건에 한함)

① 건축원자재 가격의 하락으로 인해 부동산개발부문에서 신규건설비용이 하락한다.

② 주어진 부동산자산가격 수준에서 부동산개발의 수익성이 높아지므로 신규건설량이 증가한다.

③ 새로운 장기균형에서 균형공간재고는 감소한다.

④ 새로운 장기균형에서 부동산공간시장의 균형임대료는 하락한다.

⑤ 새로운 장기균형에서 부동산자산시장의 균형가격은 하락한다.

06 토지의 분류 및 용어에 관한 설명으로 옳은 것을 모두 고른 것은?

> ㄱ. 획지(劃地)는 인위적, 자연적, 행정적 조건에 따라 다른 토지와 구별되는 가격수준이 비슷한 일단의 토지를 말한다.
> ㄴ. 후보지(候補地)는 용도적 지역의 분류 중 세분된 지역 내에서 용도에 따라 전환되는 토지를 말한다.
> ㄷ. 공지(空地)는 관련법령이 정하는 바에 따라 안전이나 양호한 생활환경을 확보하기 위해 건축하면서 남겨 놓은 일정 면적의 토지를 말한다.
> ㄹ. 갱지(更地)는 택지 등 다른 용도로 조성되기 이전 상태의 토지를 말한다.

① ㄱ
② ㄹ
③ ㄱ, ㄷ
④ ㄴ, ㄹ
⑤ ㄱ, ㄷ, ㄹ

07 부동산 중개계약에 관한 설명으로 ( )에 들어갈 것으로 옳은 것은?

> (ㄱ) : 중개의뢰인이 특정한 개업공인중개사를 정하여 그 개업공인중개사에게 한정하여 해당 중개대상물을 중개하도록 하는 중개계약
> (ㄴ) : 중개의뢰인이 해당 중개대상물의 중개를 불특정 다수의 개업공인중개사에게 의뢰하고 먼저 거래를 성사시킨 개업공인중개사에게 보수를 지급하는 중개계약

① ㄱ : 일반중개계약, ㄴ : 전속중개계약
② ㄱ : 일반중개계약, ㄴ : 공동중개계약
③ ㄱ : 전속중개계약, ㄴ : 공동중개계약
④ ㄱ : 공동중개계약, ㄴ : 일반중개계약
⑤ ㄱ : 전속중개계약, ㄴ : 일반중개계약

08 지방세기본법상 부동산 관련 조세 중 시·군세(광역시의 군세 포함)에 해당하는 것으로 옳게 묶인 것은?

① 취득세, 지방소득세
② 재산세, 지방소비세
③ 재산세, 지방소득세
④ 취득세, 등록면허세
⑤ 등록면허세, 지방소비세

09 외부효과에 관한 내용으로 ( )에 들어갈 것으로 옳은 것은?

> • 부동산의 특성 중에서 (ㄱ)은 외부효과를 발생시킨다.
> • 부동산시장 참여자가 자신들의 행동이 초래하는 외부효과를 의사결정에서 감안하도록 만드는 과정을 외부효과의 (ㄴ)라 한다.

① ㄱ : 부동성, ㄴ : 유동화
② ㄱ : 부동성, ㄴ : 내부화
③ ㄱ : 인접성, ㄴ : 유동화
④ ㄱ : 개별성, ㄴ : 내부화
⑤ ㄱ : 개별성, ㄴ : 유동화

10 빈집 및 소규모주택 정비에 관한 특례법상 소규모주택정비사업에 해당하지 <u>않는</u> 것은?

① 빈집정비사업
② 자율주택정비사업
③ 가로주택정비사업
④ 소규모재건축사업
⑤ 소규모재개발사업

11 감정평가에 관한 규칙에 관한 내용으로 옳지 <u>않은</u> 것은?

① 대상물건에 대한 감정평가액은 시장가치를 기준으로 결정한다.
② 감정평가는 기준시점에서의 대상물건의 이용상황(불법적이거나 일시적인 이용은 제외한다) 및 공법상 제한을 받는 상태를 기준으로 한다.
③ 감정평가는 대상물건마다 개별로 하여야 한다.
④ 감정평가법인등이 토지를 감정평가할 때에는 수익환원법을 적용해야 한다.
⑤ 하나의 대상물건이라도 가치를 달리하는 부분은 이를 구분하여 감정평가 할 수 있다.

12 다음 자료를 활용하여 원가법으로 평가한 대상건물의 가액은? (단, 주어진 조건에 한함)

- 대상건물 : 철근콘크리트구조, 다가구주택, 연면적 350m²
- 기준시점 : 2024.04.05.
- 사용승인시점 : 2013.06.16.
- 사용승인시점의 적정한 신축공사비 : 1,000,000원/m²
- 건축비지수
  - 기준시점 : 115
  - 사용승인시점 : 100
- 경제적 내용연수 : 50년
- 감가수정방법 : 정액법(만년감가기준)
- 내용연수 만료시 잔존가치 없음

① 313,000,000원   ② 322,000,000원
③ 342,000,000원   ④ 350,000,000원
⑤ 352,000,000원

13 원가방식에 관한 설명으로 옳은 것을 모두 고른 것은?

ㄱ. 원가법과 적산법은 원가방식에 해당한다.
ㄴ. 재조달원가는 실제로 생산 또는 건설된 방법 여하에 불구하고 도급방식을 기준으로 산정한다.
ㄷ. 대상부동산이 가지는 물리적 특성인 지리적 위치의 고정성에 의해서 경제적 감가요인이 발생한다.
ㄹ. 정액법, 정률법, 상환기금법은 대상부동산의 내용연수를 기준으로 하는 감가수정방법에 해당한다.

① ㄱ, ㄴ   ② ㄷ, ㄹ
③ ㄱ, ㄴ, ㄹ   ④ ㄱ, ㄷ, ㄹ
⑤ ㄱ, ㄴ, ㄷ, ㄹ

14 감정평가 실무기준상 수익방식에 관한 내용으로 옳은 것은?

① 직접환원법은 복수기간의 순수익을 적절한 환원율로 환원하여 대상물건의 가액을 산정하는 방법을 말한다.
② 수익가액이란 수익분석법에 따라 산정된 가액을 말한다.
③ 순수익은 대상물건에 귀속하는 적절한 수익으로서 가능총수익에서 운영경비를 공제하여 산정한다.
④ 직접환원법에서 사용할 환원율은 투자결합법으로 구하는 것을 원칙으로 한다.
⑤ 할인현금흐름분석법의 적용에 따른 복귀가액은 보유기간 경과 후 초년도의 순수익을 추정하여 최종환원율로 환원한 후 매도비용을 공제하여 산정한다.

15 부동산 가격의 제원칙에 관한 내용으로 옳지 <u>않은</u> 것은?

① 부동산의 가격이 대체·경쟁관계에 있는 유사한 부동산의 영향을 받아 형성되는 것은 대체의 원칙에 해당된다.

② 부동산의 가격이 경쟁을 통해 초과이윤이 없어지고 적합한 가격이 형성되는 것은 경쟁의 원칙에 해당된다.

③ 부동산의 가격이 부동산을 구성하고 있는 각 요소가 기여하는 정도에 영향을 받아 형성되는 것은 기여의 원칙에 해당된다.

④ 부동산의 가격이 내부적인 요인에 의하여 긍정적 또는 부정적 영향을 받아 형성되는 것은 적합의 원칙에 해당된다.

⑤ 부동산 가격의 제원칙은 최유효이용의 원칙을 상위원칙으로 하나의 체계를 형성하고 있다.

16 감정평가에 관한 규칙상 주된 평가방법으로 수익환원법을 적용해야 하는 것은 모두 몇 개인가?

• 광업재단	• 상표권
• 영업권	• 특허권
• 전용측선이용권	• 과수원

① 2개
② 3개
③ 4개
④ 5개
⑤ 6개

17 감정평가의 지역분석에 관한 내용으로 옳은 것은?

① 인근지역이란 감정평가의 대상이 된 부동산이 속한 지역으로서 부동산의 이용이 동질적이고 가치형성요인 중 지역요인을 공유하는 지역을 말한다.

② 유사지역이란 대상부동산이 속한 지역으로서 인근지역과 유사한 특성을 갖는 지역을 말한다.

③ 동일수급권이란 대상부동산과 수요·공급 관계가 성립하고 가치 형성에 서로 영향을 미치지 않는 관계에 있는 다른 부동산이 존재하는 권역을 말한다.

④ 지역분석은 대상지역 내 토지의 최유효이용 및 대상부동산의 가격을 판정하는 것이다.

⑤ 지역분석은 개별분석 이후에 실시하는 것이 일반적이다.

18 토지와 건물로 구성된 대상건물의 연간 감가율(자본회수율)은? (단, 주어진 조건에 한함)

> • 거래가격 : 20억원
> • 순영업소득 : 연 1억 8천만원
> • 가격구성비 : 토지 80%, 건물 20%
> • 토지환원율, 건물상각후환원율 : 각 연 8%

① 4%

② 5%

③ 6%

④ 7%

⑤ 8%

19 토지의 특성과 감정평가에 관한 내용이다. (   )에 들어갈 것으로 옳은 것은?

> • (ㄱ)은 장래편익의 현재가치로 평가하게 한다.
> • (ㄴ)은 원가방식의 평가를 어렵게 한다.
> • (ㄷ)은 개별요인의 분석과 사정보정을 필요하게 한다.

① ㄱ : 영속성, ㄴ : 부증성, ㄷ : 개별성

② ㄱ : 개별성, ㄴ : 영속성, ㄷ : 부동성

③ ㄱ : 영속성, ㄴ : 개별성, ㄷ : 부증성

④ ㄱ : 부증성, ㄴ : 영속성, ㄷ : 개별성

⑤ ㄱ : 영속성, ㄴ : 개별성, ㄷ : 부동성

20 대상물건에 관한 감정평가방법으로 옳지 <u>않은</u> 것은? (단, 주어진 조건에 한함)

① 주택으로 쓰는 층수가 4개 층으로 1개 동의 바닥면적의 합계가 700제곱미터인 건물에서 구분소유 부동산의 감정평가액은 합리적인 배분기준에 따라 토지가액과 건물가액으로 구분하여 표시할 수 있다.

② 주택으로 쓰는 층수가 3개 층으로 15세대가 거주할 수 있고 주택으로 쓰이는 바닥면적의 합계가 600제곱미터인 1개 동이며 구분소유가 아닌 건물의 감정평가는 토지와 건물을 일괄평가하는 것을 원칙으로 한다.

③ 주택으로 쓰는 층수가 6개 층인 건물에서 구분소유 부동산의 감정평가는 거래사례비교법으로 하는 것을 원칙으로 한다.

④ 주택으로 쓰는 층수가 4개 층으로 1개 동의 바닥면적의 합계가 500제곱미터인 건물에서 구분소유 부동산의 감정평가는 토지와 건물을 일괄평가하는 것을 원칙으로 한다.

⑤ 구분소유 부동산을 감정평가할 때에는 층별·위치별 효용요인을 반영하여야 한다.

21 X 노선 신역사가 들어선다는 정보가 있다. 만약 부동산 시장이 할당효율적이라면 투자자가 최대한 지불할 수 있는 정보비용의 현재가치는? (단, 제시된 가격은 개발정보의 실현 여부에 의해 발생하는 가격차이만을 반영하고, 주어진 조건에 한함)

- X 노선 신역사 예정지 인근에 일단의 A 토지가 있다.
- 1년 후 도심에 X 노선 신역사가 들어설 확률이 60%로 알려져 있다.
- 1년 후 도심에 X 노선 신역사가 들어서면 A 토지의 가격은 5억 5,000만원, 신역사가 들어서지 않으면 2억 7,500만원으로 예상된다.
- 투자자의 요구수익률(할인율)은 연 10%이다.

---

① 5천만원
② 1억원
③ 1억 5천만원
④ 2억원
⑤ 2억 5천만원

22 부동산의 수요와 공급에 관한 설명으로 옳지 <u>않은</u> 것은? (단, 우하향하는 수요곡선과 우상향하는 공급곡선을 가정하며, 다른 조건은 동일함)

① 단기적으로 가격이 상승해도 부동산의 공급량이 크게 증가할 수 없기 때문에 공급이 비탄력적이다.
② 부동산의 공급량은 주어진 가격 수준에서 일정기간에 판매하고자 하는 최대수량이다.
③ 용도전환 및 개발이 가능한 장기에는 공급의 탄력성이 커진다.
④ 부동산의 수요량은 구매능력을 갖춘 수요자들이 구매하려는 수량이므로 유효수요를 의미한다.
⑤ 공급의 가격탄력성이 작을수록 수요변화시 균형가격의 변동폭은 작지만 균형거래량의 변동폭은 크다.

23 다음 중 유량(flow)의 경제변수가 <u>아닌</u> 것은?

① 소득
② 수출
③ 재산
④ 소비
⑤ 투자

24 부동산 증권에 관한 설명으로 옳은 것을 모두 고른 것은?

> ㄱ. MPTS(Mortgage Pass-Through Securities)는 채권을 표시하는 증권으로 원리금수취권과 주택저당에
>   대한 채권을 모두 투자자에게 이전하는 증권이다.
> ㄴ. MBB(Mortgage-Backed Bond)는 모기지 풀(Pool)에서 발생하는 현금흐름으로 채권의 원리금이 지급되
>   고, 모기지 풀의 현금흐름으로 채권의 원리금 지급이 안 될 경우 발행자가 초과부담을 제공하는 채권이다.
> ㄷ. CMO(Collateralized Mortgage Obligation)는 원금과 조기상환대금을 받아갈 순서를 정한 증권으로 증권
>   별로 만기가 일치하도록 만든 자동이체형 증권이다.
> ㄹ. MPTB(Mortgage Pay-Through Bond)는 채권으로 발행자의 대차대조표에 부채로 표시된다.
> ㅁ. 금융기관은 MBS(Mortgage-Backed Securities)를 통해 자기자본비율(BIS)을 높일 수 있다.

① ㄱ, ㄴ, ㄷ
② ㄱ, ㄴ, ㄹ
③ ㄱ, ㄷ, ㅁ
④ ㄴ, ㄹ, ㅁ
⑤ ㄷ, ㄹ, ㅁ

25 프로젝트 파이낸싱(PF)에 관한 설명으로 옳지 <u>않은</u> 것은?

① 사업주의 대차대조표에 부채로 표시되어 사업주의 부채비율에 영향을 미친다.
② 프로젝트 자체의 수익성과 향후 현금흐름을 기초로 개발에 필요한 자금을 조달한다.
③ 대출기관은 시행사에게 원리금상환을 요구하고, 시행사가 원리금을 상환하지 못하면 책임준공의 의무
   가 있는 시공사에게 채무상환을 요구할 수 있다.
④ 금융기관은 부동산개발사업의 사업주와 자금공여 계약을 체결한다.
⑤ 프로젝트 파이낸싱의 구조는 비소구금융이 원칙이나, 제한적 소구금융의 경우도 있다.

26 다음의 조건을 가진 오피스텔의 대부비율(LTV)은? (단, 연간 기준이며, 주어진 조건에 한함)

> • 순영업소득 : 4천만원
> • 매매가격 : 4억원
> • 부채감당률 : 2
> • 저당상수 : 0.1

① 20%
② 30%
③ 40%
④ 50%
⑤ 60%

27 아파트시장의 균형가격과 균형거래량에 관한 설명으로 옳지 <u>않은</u> 것은? (단, 완전탄력적과 완전비탄력적 조건이 없는 경우는 수요와 공급의 법칙에 따르며, 다른 조건은 동일함)

① 수요의 증가폭이 공급의 증가폭보다 클 경우, 균형가격은 하락하고 균형거래량은 증가한다.

② 균형상태인 아파트시장에서 건축원자재의 가격이 상승하면 균형가격은 상승하고 균형거래량은 감소한다.

③ 공급이 가격에 대해 완전탄력적인 경우, 수요가 증가하면 균형가격은 변하지 않고 균형거래량만 증가한다.

④ 공급이 가격에 대해 완전비탄력적인 경우, 수요가 증가하면 균형가격은 상승하고 균형거래량은 변하지 않는다.

⑤ 공급의 감소폭이 수요의 감소폭보다 클 경우, 균형가격은 상승하고 균형거래량은 감소한다.

28 부동산투자회사법령상 부동산투자회사에 관한 내용으로 옳지 <u>않은</u> 것은?

① 영업인가를 받거나 등록을 한 날부터 최저자본금준비기간이 지난 자기관리 부동산투자회사의 최저자본금은 70억원 이상이 되어야 한다.

② 최저자본금준비기간이 끝난 후에는 매 분기 말 현재 총자산의 100분의 80 이상을 부동산, 부동산 관련 증권 및 현금으로 구성하여야 한다. 이 경우 총자산의 100분의 70 이상은 부동산(건축 중인 건축물을 포함한다)이어야 한다.

③ 부동산투자회사는 부동산 등 자산의 운용에 관하여 회계처리를 할 때에는 금융감독원이 정하는 회계처리기준에 따라야 한다.

④ 부동산투자회사의 상근 임원은 다른 회사의 상근 임직원이 되거나 다른 사업을 하여서는 아니 된다.

⑤ 위탁관리 부동산투자회사란 자산의 투자·운용을 자산관리회사에 위탁하는 부동산투자회사를 말한다.

29 아파트시장에서 아파트의 수요곡선을 우측(우상향)으로 이동시킬 수 있는 요인은 모두 몇 개인가? (단, 다른 조건은 동일함)

- 아파트 가격의 하락
- 대체 주택 가격의 상승
- 총부채원리금상환비율(DSR) 규제 완화
- 가구수 증가
- 모기지 대출(mortgage loan) 금리의 상승
- 수요자의 실질 소득 감소
- 부채감당률(DCR) 규제 강화

① 2개   ② 3개

③ 4개   ④ 5개

⑤ 6개

30 부동산금융에 관한 설명으로 옳은 것은? (단, 주어진 조건에 한함)

① 콜옵션(call option)은 저당대출 대출자에게 주어진 조기상환권이다.

② 금융기관은 위험을 줄이기 위해 부채감당률이 1보다 작은 대출안의 작은 순서대로 대출을 실행한다.

③ 대출수수료와 조기상환수수료를 차입자가 부담하는 경우, 차입자의 실효이자율은 조기상환시점이 앞당겨질수록 하락한다.

④ 대출조건이 동일할 경우 대출채권의 듀레이션(평균회수기간)은 원리금균등분할상환방식이 원금균등분할상환방식보다 더 길다.

⑤ 고정금리방식의 대출에서 총상환액은 원리금균등분할상환방식이 원금균등분할상환방식보다 더 작다.

31 부동산투자의 수익과 위험에 관한 설명으로 옳지 <u>않은</u> 것은?

① 다양한 자산들로 분산된 포트폴리오는 체계적 위험을 감소시킨다.

② 위험회피형 투자자는 위험 증가에 따른 보상으로 높은 기대수익률을 요구한다.

③ 동일한 자산들로 구성된 포트폴리오라도 자산들의 구성비중에 따라 포트폴리오의 수익과 위험이 달라진다.

④ 시장상황에 대한 자산가격의 민감도가 높을수록 수익률의 표준편차는 커진다.

⑤ 지분투자수익률은 지분투자자의 투자성과를 나타낸다.

32 다음에서 설명하는 민간투자 사업방식은?

> • 시설의 소유권은 시설의 준공과 함께 정부 등에 귀속
> • 사업시행자는 일정기간의 시설관리 운영권을 획득
> • 사업시행자는 시설의 최종수요자로부터 이용료를 징수하여 투자비를 회수
> • SOC시설 소유권을 민간에 넘기는 것이 부적절한 경우에 주로 사용

① BOT(build-operate-transfer)방식

② BTO(build-transfer-operate)방식

③ BLT(build-lease-transfer)방식

④ LBO(lease-build-operate)방식

⑤ BOO(build-own-operate)방식

33 다음과 같은 조건에서 대상부동산의 수익가액 산정시 적용할 환원이율(capitalization rate)은? (단, 주어진 조건에 한함)

- 가능총소득(PGI) : 연 85,000,000원
- 공실상당액 : 가능총소득의 5%
- 재산관리수수료 : 가능총소득의 2%
- 유틸리티비용 : 가능총소득의 2%
- 관리직원인건비 : 가능총소득의 3%
- 부채서비스액 : 연 20,000,000원
- 대부비율 : 25%
- 대출조건 : 이자율 연 4%로 28년간 매년 원리금균등분할상환(고정금리)
- 저당상수(이자율 연 4%, 기간 28년) : 0.06

① 5.61%

② 5.66%

③ 5.71%

④ 5.76%

⑤ 5.81%

34 부동산투자에 관한 설명으로 옳지 <u>않은</u> 것은? (단, 주어진 조건에 한함)

① 영업비용비율(OER)은 운영경비(OE)를 유효총소득(EGI)으로 나눈 비율이다.

② 총부채상환비율(DTI)이 높을수록 차입자의 부채상환가능성이 낮아진다.

③ 채무불이행률(DR)은 유효총소득(EGI)으로 운영경비(OE)와 부채서비스(DS)를 감당할 수 있는 정도를 나타낸다.

④ 총투자수익률(ROI)은 총투자액을 순영업소득(NOI)으로 나눈 비율이다.

⑤ 지분투자수익률(ROE)은 세후현금흐름(ATCF)을 지분투자액으로 나눈 비율이다.

35 부동산 마케팅활동에 관한 설명으로 옳지 <u>않은</u> 것은?

① 시장세분화란 부동산시장에서 마케팅활동을 수행하기 위하여 구매자의 집단을 세분화하는 것이다.

② 세분시장은 그 규모와 구매력 등의 특성이 측정될 수 있어야 한다.

③ 세분시장은 개념적으로 구분될 수 있으며 마케팅 믹스 요소에 대해 동일하게 반응한다.

④ 표적시장이란 세분화된 시장 중 가장 효과적인 성과가 기대되어 마케팅활동의 수행대상이 되는 시장을 말한다.

⑤ 포지셔닝은 표적시장에서 고객의 욕구를 파악하여 경쟁제품과 차별화된 자사제품의 개념을 정해 이를 소비자의 지각 속에 적절히 위치시키는 것이다.

36 부동산투자분석에 관한 내용으로 옳지 <u>않은</u> 것은?

① 동일한 현금흐름을 가지는 투자안이라도 투자자의 요구수익률에 따라 순현재가치는 달라질 수 있다.

② 서로 다른 내부수익률을 가지는 두 자산에 동시에 투자하는 투자안의 내부수익률은 각 자산의 내부수익률을 더한 것과 같다.

③ 동일한 투자안에 대해 내부수익률이 복수로 존재할 수 있다.

④ 내부수익률법에서는 내부수익률과 요구수익률을 비교하여 투자의사결정을 한다.

⑤ 투자규모에 차이가 나는 상호배타적인 투자안을 검토할 때, 순현재가치법과 수익성지수법을 통한 의사결정이 달라질 수 있다.

37 부동산관리의 위탁관리방식에 관한 설명으로 옳지 <u>않은</u> 것은?

① 신뢰도가 높은 업체를 선정하는 것이 중요하다.

② 관리업무의 전문성과 효율성을 제고할 수 있다.

③ 오피스빌딩과 같은 대형건물의 관리에 유용하다.

④ 관리환경 변화에 대한 예측과 적응에 유리하다.

⑤ 자기관리방식보다 기밀유지 측면에서 유리하다.

38 부동산투자에서 (ㄱ)타인자본을 활용하지 않은 경우와 (ㄴ)타인자본을 40% 활용하는 경우, 각각의 1년간 자기자본수익률(%)은? (단, 주어진 조건에 한함)

• 부동산 매입가격 : 10,000만원
• 1년 후 부동산 처분
• 순영업소득(NOI) : 연 500만원(기간 말 발생)
• 보유기간 동안 부동산가격 상승률 : 연 2%
• 대출조건 : 이자율 연 4%, 대출기간 1년, 원리금은 만기일시상환

---

① ㄱ : 7.0, ㄴ : 7.0

② ㄱ : 7.0, ㄴ : 8.0

③ ㄱ : 7.0, ㄴ : 9.0

④ ㄱ : 7.5, ㄴ : 8.0

⑤ ㄱ : 7.5, ㄴ : 9.0

39 다음은 매장의 매출액이 손익분기점 매출액 이하이면 기본임대료만 지급하고, 손익분기점 매출액 초과이면 초과매출액에 대하여 일정 임대료율을 적용한 추가임대료를 기본임대료에 가산하여 임대료를 지급하는 비율임대차(percentage lease) 방식의 임대차계약의 조건이다. 이 임대차계약에서 계약기간 동안 지급할 것으로 예상되는 임대료의 합계는? (단, 주어진 조건에 한함)

- 계약기간 : 1년(1월 ~ 12월)
- 매장 임대면적 : 200m^2
- 임대면적당 기본임대료 : 월 5만원/m^2
- 손익분기점 매출액 : 월 2,000만원
- 각 월별 예상매출액
  - 1월 ~ 7월 : 8만원/m^2
  - 8월 ~ 12월 : 20만원/m^2
- 손익분기점 초과시 초과매출액에 대한 임대료율 : 10%

① 11,000만원
② 11,500만원
③ 12,000만원
④ 12,500만원
⑤ 13,000만원

40 부동산개발방식에 관한 설명으로 옳은 것을 모두 고른 것은?

ㄱ : 토지소유자와의 약정에 의해 수익증권을 발행하고 수익증권의 소유자에게 수익을 배당하는 방식
ㄴ : 원래의 토지소유자에게 사업 후 사업에 소요된 비용 등을 제외하고 면적비율에 따라 돌려주는 방식
ㄷ : 공익성이 강하고 대량공급이 가능한 택지개발사업에서 주로 수행하는 방식

① ㄱ : 신탁방식,   ㄴ : 환지방식, ㄷ : 공영개발방식
② ㄱ : 신탁방식,   ㄴ : 수용방식, ㄷ : 공영개발방식
③ ㄱ : 사업위탁방식, ㄴ : 환지방식, ㄷ : 민간개발방식
④ ㄱ : 사업위탁방식, ㄴ : 수용방식, ㄷ : 민간개발방식
⑤ ㄱ : 컨소시엄방식, ㄴ : 수용방식, ㄷ : 민관협력개발방식

01 토지의 분류 및 용어에 관한 설명으로 옳은 것은?

① 획지(劃地)는 하나의 필지 중 일부에 대해서도 성립한다.

② 건부지(建敷地)는 건축물의 부지로 이용중인 토지 또는 건축물의 부지로 이용가능한 토지를 말한다.

③ 나지(裸地)는 택지 중 정착물이 없는 토지로서 공법상 제한이 없는 토지를 말한다.

④ 제내지(堤內地)는 제방으로부터 하심측으로의 토지를 말한다.

⑤ 일단지(一團地)는 용도상 불가분의 관계에 있는 두 필지 이상을 합병한 토지를 말한다.

02 감정평가사 A가 실지조사를 통해 확인한 1개 동의 건축물 현황이 다음과 같다. 건축법령상 용도별 건축물의 종류는?

> • 1층 전부를 필로티 구조로 하여 주차장으로 사용하며, 2층부터 5층까지 주택으로 사용함
> • 주택으로 쓰는 바닥면적의 합계가 1,000m²임
> • 세대수 합계가 16세대로서 모든 세대에 취사시설이 설치됨

① 아파트 ② 기숙사

③ 연립주택 ④ 다가구주택

⑤ 다세대주택

03 등기를 통해 소유권을 공시할 수 있는 물건 또는 권리는 몇 개인가?

> • 총톤수 30톤인 기선(機船)
> • 적재용량 25톤인 덤프트럭
> • 최대 이륙중량 400톤인 항공기
> • 동력차 2량과 객차 8량으로 구성된 철도차량
> • 면허를 받아 김 양식업을 경영할 수 있는 권리
> • 5천만 원을 주고 구입하여 심은 한 그루의 소나무

① 1개 ② 2개

③ 3개 ④ 4개

⑤ 5개

04 주택법령상 준주택에 해당하지 <u>않는</u> 것은?

① 건축법령상 공동주택 중 기숙사
② 건축법령상 업무시설 중 오피스텔
③ 건축법령상 숙박시설 중 생활숙박시설
④ 건축법령상 제2종 근린생활시설 중 다중생활시설
⑤ 건축법령상 노유자시설 중 노인복지시설로서 「노인복지법」상 노인복지주택

05 토지의 특성과 내용에 관한 설명으로 옳지 <u>않은</u> 것은?

① 토지는 시간의 경과에 의해 마멸되거나 소멸되지 않으므로 투자재로서 선호도가 높다.
② 물리적으로 완전히 동일한 토지는 없으므로 부동산시장은 불완전경쟁시장이 된다.
③ 토지는 공간적으로 연결되어 있으므로 외부효과를 발생시키고, 개발이익 환수의 근거가 된다.
④ 토지는 용익물권의 목적물로 활용할 수 있으므로 하나의 토지에 다양한 물권자가 존재할 수 있다.
⑤ 토지의 소유권은 정당한 이익있는 범위내에서 토지의 상하에 미치며, 한계고도와 한계심도의 범위는 법률로 정하고 있다.

06 감정평가사 A는 표준지공시지가의 조사·평가를 의뢰받고 실지조사를 통해 표준지에 대해 다음과 같이 확인하였다. 표준지조사·평가보고서상 토지특성 기재방법의 연결이 옳은 것은?

> ㄱ. 토지이용상황 : 주변의 토지이용상황이 '전'으로서 돈사와 우사로 이용되고 있음
> ㄴ. 도로접면 : 폭 10미터의 도로와 한면이 접하면서 자동차 통행이 불가능한 폭 2미터의 도로에 다른 한면이 접함

① ㄱ : 전기타,   ㄴ : 중로한면
② ㄱ : 전기타,   ㄴ : 소로한면
③ ㄱ : 전축사,   ㄴ : 소로각지
④ ㄱ : 전축사,   ㄴ : 소로한면
⑤ ㄱ : 목장용지, ㄴ : 소로한면

07 아파트 가격이 5% 하락함에 따라 아파트의 수요량 4% 증가, 아파트의 공급량 6% 감소, 연립주택의 수요량이 2% 증가하는 경우, (ㄱ)아파트 공급의 가격탄력성, (ㄴ)아파트와 연립주택의 관계는? (단, 수요의 가격탄력성은 절댓값이며, 주어진 조건에 한함)

① ㄱ : 탄력적,   ㄴ : 보완재
② ㄱ : 비탄력적,   ㄴ : 보완재
③ ㄱ : 탄력적,   ㄴ : 대체재
④ ㄱ : 비탄력적,   ㄴ : 대체재
⑤ ㄱ : 단위탄력적, ㄴ : 대체재

08 부동산의 가격탄력성과 균형변화에 관한 설명으로 옳지 <u>않은</u> 것은? (단, 완전탄력적과 완전비탄력적 조건이 없는 경우 수요와 공급법칙에 따르며, 다른 조건은 동일함)

① 공급이 완전비탄력적일 경우, 수요가 증가하면 균형가격은 상승하고 균형량은 불변이다.
② 수요가 완전비탄력적일 경우, 공급이 감소하면 균형가격은 상승하고 균형량은 불변이다.
③ 수요가 완전탄력적일 경우, 공급이 증가하면 균형가격은 불변이고 균형량은 증가한다.
④ 공급이 증가하는 경우, 수요의 가격탄력성이 작을수록 균형가격의 하락폭은 크고 균형량의 증가폭은 작다.
⑤ 수요가 증가하는 경우, 공급의 가격탄력성이 작을수록 균형가격의 상승폭은 작고 균형량의 증가폭은 크다.

09 저량(stock)의 경제변수가 <u>아닌</u> 것은?

① 가계 자산
② 주택 가격
③ 주택 재고량
④ 주택 보급률
⑤ 신규주택 공급량

10 부동산시장에 관한 설명으로 옳은 것은?

① 할당 효율적 시장은 완전경쟁시장을 의미하며 불완전경쟁시장은 할당 효율적 시장이 될 수 없다.
② 완전경쟁시장이나 강성 효율적 시장에서는 할당 효율적인 시장만 존재한다.
③ 약성 효율적 시장에서 과거의 역사적 정보를 통해 정상 이상의 수익을 획득할 수 있다.
④ 완전경쟁시장에서는 초과이윤이 발생할 수 있다.
⑤ 준강성 효율적 시장에서 공표된 정보는 물론 공표되지 않은 정보도 시장가치에 반영된다.

11 부동산시장의 수요와 공급의 가격탄력성에 관한 설명으로 옳지 <u>않은</u> 것은? (단, 다른 조건은 동일함)

① 측정하는 기간이 길수록 수요의 탄력성은 더 탄력적이다.

② 공급의 탄력성은 생산요소를 쉽게 얻을 수 있는 상품일수록 더 탄력적이다.

③ 수요의 탄력성이 탄력적일 경우 임대료가 상승하면 전체 임대수입은 감소한다.

④ 대체재가 많을수록 수요의 탄력성은 더 탄력적이다.

⑤ 제품의 가격이 가계소득에서 차지하는 비중이 작을수록 수요의 탄력성이 더 탄력적이다.

12 A도시와 B도시 사이에 있는 C도시는 A도시로부터 5km, B도시로부터 10km 떨어져 있다. 각 도시의 인구 변화가 다음과 같을 때, 작년에 비해 금년에 C도시로부터 B도시의 구매활동에 유인되는 인구수의 증가는? (단, 레일리(W.Reilly)의 소매인력법칙에 따르고, C도시의 모든 인구는 A도시와 B도시에서만 구매하며, 다른 조건은 동일함)

구분	작년 인구수	금년 인구수
A도시	5만 명	5만 명
B도시	20만 명	30만 명
C도시	2만 명	3만 명

① 6,000명

② 7,000명

③ 8,000명

④ 9,000명

⑤ 10,000명

13 시장실패의 원인으로 옳지 <u>않은</u> 것은?

① 외부효과

② 정보의 대칭성

③ 공공재의 공급

④ 불완전경쟁시장

⑤ 시장의 자율적 조절기능 상실

14 외부효과에 관한 설명으로 옳은 것은?

① 외부효과란 거래 당사자가 시장메카니즘을 통하여 상대방에게 미치는 유리하거나 불리한 효과를 말한다.

② 부(-)의 외부효과는 의도되지 않은 손해를 주면서 그 대가를 지불하지 않는 외부경제라고 할 수 있다.

③ 정(+)의 외부효과는 소비에 있어 사회적 편익이 사적 편익보다 큰 결과를 초래한다.

④ 부(-)의 외부효과에는 보조금 지급이나 조세경감의 정책이 필요하다.

⑤ 부(-)의 외부효과는 사회적 최적생산량보다 시장생산량이 적은 과소생산을 초래한다.

15 투자부동산 A에 관한 투자분석을 위해 관련 자료를 수집한 내용은 다음과 같다. 이 경우 순영업소득은?
(단, 주어진 자료에 한하며, 연간 기준임)

- 유효총소득 : 360,000,000원
- 직원 인건비 : 80,000,000원
- 대출원리금 상환액 : 50,000,000원
- 감가상각비 : 40,000,000원
- 수도광열비 : 36,000,000원
- 용역비 : 30,000,000원
- 수선유지비 : 18,000,000원
- 재산세 : 18,000,000원
- 공실손실상당액·대손충당금 : 18,000,000원
- 사업소득세 : 3,000,000원

① 138,000,000원 ② 157,000,000원

③ 160,000,000원 ④ 178,000,000원

⑤ 258,000,000원

16 부동산투자와 위험에 관한 설명으로 옳은 것은?

① 상업용 부동산투자는 일반적으로 다른 상품에 비하여 초기투자비용이 많이 들며 투자비용의 회수기간이 길지만 경기침체에 민감하지 않아 투자위험이 낮다.

② 시장위험이란 부동산이 위치한 입지여건의 변화 때문에 발생하는 위험으로서, 부동산시장의 수요·공급과 관련된 상황의 변화와 관련되어 있다.

③ 사업위험이란 부동산 사업자체에서 발생하는 수익성 변동의 위험을 말하며 시장위험, 입지위험, 관리·운영위험 등이 있다.

④ 법·제도적 위험에는 소유권위험, 정부정책위험, 정치적위험, 불가항력적 위험, 유동성 위험이 있다.

⑤ 위험과 수익간에는 부(-)의 관계가 성립한다.

17 부동산투자에 관한 설명으로 옳은 것은?

① 부동산투자는 부동산이 갖고 있는 고유한 특성이 있지만 환금성, 안전성 측면에서 주식 투자와 다르지 않다.

② 부동산은 실물자산이기 때문에 인플레이션 방어 능력이 우수하여 디플레이션과 같은 경기침체기에 좋은 투자대상이다.

③ 부동산은 다른 투자상품에 비하여 거래비용의 부담이 크지만 부동산시장은 정보의 대칭성으로 인한 효율적 시장이다.

④ 부동산투자는 부동산의 사회적·경제적·행정적 위치의 가변성 등으로 인해 부동산시장의 변화를 면밀히 살펴야 한다.

⑤ 투자의 금융성이란 투자자가 투자자산을 필요한 시기에 손실없이 현금으로 전환할 수 있는 안전성의 정도를 말한다.

18 부동산투자에 관한 설명으로 옳은 것을 모두 고른 것은?

> ㄱ. 순현재가치(NPV)법이란 투자로부터 발생하는 현재와 미래의 모든 현금흐름을 적절한 할인율로 할인하여 현재가치로 환산하고 이를 통하여 투자의사결정에 이용하는 기법이다.
> ㄴ. 추계된 현금수지에 대한 위험을 평가하는 위험할증률의 추계는 투자기간의 결정 및 현금수지에 대한 예측 이전에 해야 한다.
> ㄷ. 내부수익률(IRR)이란 투자로부터 발생하는 미래의 현금흐름의 순현재가치와 부동산가격을 1로 만드는 할인율을 말한다.
> ㄹ. 수익성지수(PI)는 투자로 인해 발생하는 현금유입의 현재가치를 현금유출의 현재가치로 나눈 비율로서 1보다 크면 경제적 타당성이 있는 것으로 판단한다.

① ㄱ, ㄹ
② ㄴ, ㄷ
③ ㄱ, ㄴ, ㄷ
④ ㄱ, ㄴ, ㄹ
⑤ ㄱ, ㄴ, ㄷ, ㄹ

19 화폐의 시간가치에 관한 설명으로 옳지 <u>않은</u> 것은?

① 인플레이션, 화폐의 시차선호, 미래의 불확실성은 화폐의 시간가치를 발생시키는 요인이다.

② 감채기금이란 일정기간 후에 일정금액을 만들기 위해 매 기간 납입해야 할 금액을 말한다.

③ 연금의 미래가치란 매 기간 마다 일정금액을 불입해 나갈 때, 미래 일정시점에서의 불입금액 총액의 가치를 말한다.

④ 현재가치에 대한 미래가치를 산출하기 위하여 사용하는 이율을 이자율이라 하고, 미래가치에 대한 현재가치를 산출하기 위하여 사용하는 이율을 할인율이라 한다.

⑤ 부동산 경기가 침체하는 시기에 상업용 부동산의 수익이 일정함에도 불구하고 부동산 가격이 떨어지는 것은 할인율이 낮아지기 때문이다.

20

A씨는 주택을 구입하고자 한다. 다음 조건과 같이 기존 주택저당대출을 승계할 수 있다면 신규 주택저당대출 조건과 비교할 때, 이 승계권의 가치는 얼마인가? (단, 주어진 자료에 한함)

> • 기존 주택저당대출 조건
>   – 현재 대출잔액 : 1억 5천만 원
>   – 원리금균등분할상환방식 : 만기 20년, 대출금리 5%, 고정금리대출
> • 신규 주택저당대출 조건
>   – 대출금액 : 1억 5천만 원
>   – 원리금균등분할상환방식 : 만기 20년, 대출금리 7%, 고정금리대출
> • 월 기준 연금현가계수
>   – (5%, 20년) : 150
>   – (7%, 20년) : 125

① 2,000만 원

② 2,250만 원

③ 2,500만 원

④ 2,750만 원

⑤ 3,000만 원

21

주택금융의 상환방식에 관한 설명으로 옳지 <u>않은</u> 것은?

① 만기일시상환방식은 대출만기 때까지는 원금상환이 전혀 이루어지지 않기에 매월 내는 이자가 만기 때까지 동일하다.

② 원금균등분할상환방식은 대출 초기에 대출원리금의 지급액이 가장 크기에 차입자의 원리금지급 부담도 대출 초기에 가장 크다.

③ 원리금균등분할상환방식은 매기의 대출원리금이 동일하기에 대출 초기에는 대체로 원금상환 부분이 작고 이자지급 부분이 크다.

④ 점증상환방식은 초기에 대출이자를 전부 내고, 나머지 대출원금을 상환하는 방식으로 부의 상환(negative amortization)이 일어날 수 있다.

⑤ 원금균등분할상환방식이나 원리금균등분할상환방식에서 거치기간을 별도로 정할 수 있다.

22 프로젝트 금융에 관한 설명으로 옳은 것은?

① 기업전체의 자산 또는 신용을 바탕으로 자금을 조달하고, 기업의 수익으로 원리금을 상환하거나 수익을 배당하는 방식의 자금조달기법이다.

② 프로젝트 사업주는 기업 또는 개인일 수 있으나, 법인은 될 수 없다.

③ 프로젝트 사업주는 대출기관으로부터 상환청구를 받지는 않으나, 이러한 방식으로 조달한 부채는 사업주의 재무상태표에는 부채로 계상된다.

④ 프로젝트 회사가 파산 또는 청산할 경우, 채권자들은 프로젝트 회사에 대해 원리금상환을 청구할 수 없다.

⑤ 프로젝트 사업주의 도덕적 해이를 방지하기 위해 금융기관은 제한적 소구금융의 장치를 마련해두기도 한다.

23 부동산금융 및 투자에 관한 설명으로 옳지 <u>않은</u> 것은?

① 부동산금융은 부동산의 매입이나 매각, 개발 등과 관련하여 자금이나 신용을 조달하거나 제공하는 것을 말한다.

② 부동산의 특성과 관련하여 분할거래의 용이성과 생산의 장기성으로 인해 부동산금융은 부동산의 거래나 개발 등에서 중요한 역할을 하게 된다.

③ 부동산투자에서 지분투자자가 대상 부동산에 가지는 권한을 지분권이라 하고, 저당투자자가 대상 부동산에 가지는 권한을 저당권이라 한다.

④ 부동산보유자는 보유부동산의 증권화를 통해 유동성을 확보할 수 있다.

⑤ 부동산금융이 일반금융과 다른 점으로는 담보기능과 감가상각 및 차입금 이자에 대한 세금감면이 있다.

24 부동산시장세분화에 관한 설명으로 옳지 <u>않은</u> 것은?

① 시장세분화는 가격차별화, 최적의사결정, 상품차별화 등에 기초하여 부동산시장을 서로 다른 둘 또는 그 이상의 상위시장으로 묶는 과정이다.

② 시장을 세분화하는데 주로 사용되는 기준으로는 지리적 변수, 인구통계학적 변수, 심리적 변수, 행동적 변수 등이 있다.

③ 시장세분화전략은 세분된 시장을 대상으로 상품의 판매 지향점을 명확히 하는 것을 말한다.

④ 부동산회사가 세분시장을 평가할 때, 우선해야 할 사항으로 적절한 시장규모와 성장성을 들 수 있다.

⑤ 세분시장에서 경쟁력과 매력도를 평가할 때 기존 경쟁자의 위협, 새로운 경쟁자의 위협, 대체재의 위협, 구매자의 협상력 증가 위협, 공급자의 협상력 증가 위협 등을 고려한다.

25 다음 설명에 모두 해당하는 부동산개발방식은?

> • 사업부지를 소유하고 있는 토지소유자가 개발이 완료된 후 개발업자나 시공사에게 공사대금을 완공된 일부의 건물로 변제하고, 나머지는 분양하거나 소유하는 형태이다.
> • 토지소유자는 대상 부지의 소유권을 소유한 상태에서 개발사업이 진행되도록 유도할 수 있고, 그 결과 발생되는 부동산가치의 상승분을 취득할 수 있는 이점이 있다.

① 공영개발방식
② 직접개발방식
③ 대물교환방식
④ 토지신탁방식
⑤ BTL사업방식

26 부동산개발사업의 위험에 관한 설명이다. (　)에 들어갈 내용으로 옳은 것은?

> • (ㄱ)은 추정된 토지비, 건축비, 설계비 등 개발비용의 범위 내에서 개발이 이루어져야 하는데, 인플레이션 및 예상치 못한 개발기간의 장기화 등으로 발생할 수 있다.
> • (ㄴ)은 용도지역제와 같은 토지이용규제의 변화와 관계기관 인허가 승인의 불확실성 등으로 야기될 수 있다.
> • (ㄷ)은 개발기간 중 이자율의 변화, 시장침체에 따른 공실의 장기화 등이 원인일 수 있다.

① ㄱ : 시장위험, ㄴ : 계획위험, ㄷ : 비용위험
② ㄱ : 시장위험, ㄴ : 법률위험, ㄷ : 비용위험
③ ㄱ : 비용위험, ㄴ : 계획위험, ㄷ : 시장위험
④ ㄱ : 비용위험, ㄴ : 법률위험, ㄷ : 시장위험
⑤ ㄱ : 비용위험, ㄴ : 법률위험, ㄷ : 계획위험

27 도시 및 주거환경정비법령상 다음에 해당하는 정비사업은?

> 도시저소득 주민이 집단거주하는 지역으로서 정비기반시설이 극히 열악하고 노후 · 불량건축물이 과도하게 밀집한 지역의 주거환경을 개선하거나 단독주택 및 다세대주택이 밀집한 지역에서 정비기반시설과 공동이용시설 확충을 통하여 주거환경을 보전 · 정비 · 개량하기 위한 사업

① 도시환경정비사업
② 주거환경개선사업
③ 주거환경관리사업
④ 가로주택정비사업
⑤ 재정비촉진사업

28 부동산신탁에 관한 설명으로 옳지 <u>않은</u> 것은?

① 신탁회사의 전문성을 통해 이해관계자들에게 안전성과 신뢰성을 제공해 줄 수 있다.

② 부동산신탁의 수익자란 신탁행위에 따라 신탁이익을 받는 자를 말하며, 위탁자가 지정한 제3자가 될 수도 있다.

③ 부동산신탁계약에서의 소유권 이전은 실질적 이전이 아니라 등기부상의 형식적 소유권 이전이다.

④ 신탁재산은 법률적으로 수탁자에게 귀속되지만 수익자를 위한 재산이므로 수탁자의 고유재산 및 위탁자의 고유재산으로부터 독립된다.

⑤ 부동산담보신탁은 저당권 설정보다 소요되는 경비가 많고, 채무불이행 시 부동산 처분 절차가 복잡하다.

29 공인중개사법령상 개업공인중개사가 인터넷을 이용하여 중개대상물인 건축물에 관한 표시·광고를 할 때 명시하여야 하는 사항이 <u>아닌</u> 것은?

① 건축물의 방향

② 건축물의 소유자

③ 건축물의 총 층수

④ 건축물의 준공검사를 받은 날

⑤ 건축물의 주차대수 및 관리비

30 공인중개사법령상 중개계약 시 거래계약서에 기재하여야 하는 사항은 모두 몇 개인가?

- 물건의 표시
- 권리이전의 내용
- 물건의 인도일시
- 거래당사자의 인적 사항
- 거래금액·계약금액 및 그 지급일자 등 지급에 관한 사항
- 계약의 조건이나 기한이 있는 경우에는 그 조건 또는 기한

① 2개

② 3개

③ 4개

④ 5개

⑤ 6개

31 우리나라의 부동산조세정책에 관한 설명으로 옳은 것을 모두 고른 것은?

> ㄱ. 부가가치세와 등록면허세는 국세에 속한다.
> ㄴ. 재산세와 상속세는 신고납부방식이다.
> ㄷ. 증여세와 재산세는 부동산의 보유단계에 부과한다.
> ㄹ. 상속세와 증여세는 누진세율을 적용한다.

① ㄹ
② ㄱ, ㄹ
③ ㄴ, ㄷ
④ ㄱ, ㄴ, ㄷ
⑤ ㄱ, ㄴ, ㄹ

32 우리나라의 부동산등기제도와 권리분석에 관한 설명으로 옳지 <u>않은</u> 것은?

① 소유권이전등기 청구권을 확보하기 위해 처분금지가처분의 등기가 가능하다.
② 현재 환매(특약)등기제와 예고등기제는 「부동산등기법」상 폐지되었다.
③ 등기의 순서는 같은 구(區)에서 한 등기 상호간에는 순위번호에 따른다.
④ 근저당권과 담보가등기는 부동산경매에서 말소기준권리가 된다.
⑤ 부동산임차권은 부동산물권이 아니지만 등기할 수 있다.

33 등기사항전부증명서의 갑구(甲區)에서 확인할 수 <u>없는</u> 내용은?

① 가압류
② 가등기
③ 소유권
④ 근저당권
⑤ 강제경매개시결정

34 토지에 관한 강제경매절차에서 토지의 부합물로서 낙찰자가 소유권을 취득할 수 있는 경우를 모두 고른 것은? (다툼이 있으면 판례에 의함)

> ㄱ. 토지소유자가 마당에 설치한 연못
> ㄴ. 타인이 토지소유자의 동의 없이 임의로 심은 조경수
> ㄷ. 토지에 지상권을 가진 자가 경작을 위해 심은 감나무
> ㄹ. 기둥, 지붕 및 주벽의 공사가 완료되어 건물로서의 외관을 갖추었으나 사용승인을 받지 못한 건물

① ㄱ, ㄴ
② ㄴ, ㄷ
③ ㄱ, ㄴ, ㄷ
④ ㄱ, ㄷ, ㄹ
⑤ ㄱ, ㄴ, ㄷ, ㄹ

35 감정평가에 관한 규칙과 감정평가 실무기준 상 임대료 감정평가에 관한 설명으로 옳지 <u>않은</u> 것은?

① 임대사례비교법으로 감정평가 할 때 임대사례에 특수한 사정이나 개별적 동기가 반영되어 수집된 임대사례의 임대료가 적절하지 못한 경우에는 사정보정을 통해 그러한 사정이 없었을 경우의 적절한 임대료 수준으로 정상화하여야 한다.
② 시점수정은 대상물건의 임대료 변동률로 함을 원칙으로 한다.
③ 감정평가법인등은 임대료를 감정평가할 때에 임대사례비교법을 적용해야 한다.
④ 적산법은 원가방식에 기초하여 대상물건의 임대료를 산정하는 감정평가방법이다.
⑤ 수익분석법이란 일반기업 경영에 의하여 산출된 총수익을 분석하여 대상물건이 일정한 기간에 산출할 것으로 기대되는 순수익에 대상물건을 계속하여 임대하는 데에 필요한 경비를 더하여 대상물건의 임대료를 산정하는 감정평가방법을 말한다.

36 감정평가방법 중 거래사례비교법과 관련된 설명으로 옳지 <u>않은</u> 것은?

① 거래사례비교법은 실제 거래되는 가격을 준거하므로 현실성이 있으며 설득력이 풍부하다는 장점이 있다.
② 거래사례비교법과 관련된 가격원칙은 대체의 원칙이고, 구해진 가액은 비준가액이라 한다.
③ 거래사례비교법은 대상부동산과 동질·동일성이 있어서 비교 가능한 사례를 채택하는 것이 중요하다.
④ 거래사례는 위치에 있어서 동일성 내지 유사성이 있어야 하며, 인근지역에 소재하는 경우에는 지역요인비교를 하여야 한다.
⑤ 거래사례에 사정보정요인이 있는 경우 우선 사정보정을 하고, 거래시점과 기준시점간의 시간적 불일치를 정상화하는 작업인 시점수정을 하여야 한다.

37 감정평가방식 중 원가방식에 관련된 설명으로 옳은 것은?

① 원가방식은 대체의 원칙, 수요와 공급의 원칙, 균형의 원칙, 외부의 원칙, 예측의 원칙과 밀접한 관련이 있다.

② 재조달원가란 대상물건을 기준시점에 재생산 또는 재취득하는데 필요한 적정원가의 총액으로서 원칙적으로 그 대상물건 값의 상한선을 나타낸다.

③ 대치원가(replacement cost)란 건축자재, 설비공법 등에 있어 신축시점의 표준적인 것을 사용한 적정원가로서 이미 기능적 감가는 반영되어 있다.

④ 재조달원가를 구하는 방법은 직접법으로 총가격적산법(총량조사법), 변동율적용법(비용지수법) 등이 있고, 간접법으로 부분별단가적용법, 단위비교법 등이 있다.

⑤ 감가수정에 있어서 감가요인은 물리적요인, 기능적요인, 경제적요인이 있으며, 감가상각에 있어서 감가요인은 물리적요인, 경제적요인이 있다.

38 다음 조건을 가진 부동산을 통해 산출한 내용으로 옳지 <u>않은</u> 것은? (단, 주어진 조건에 한함)

- 가능총소득(PGI) : 연 150,000,000원
- 공실손실상당액·대손충당금 : 가능총소득의 10%
- 운영경비(OE) : 유효총소득의 30%
- 대출원리금 상환액 : 연 40,000,000원
- 가격구성비 : 토지 40%, 건물 60%
- 토지환원이율 : 연 3%, 건물환원이율 : 연 5%

① 운영경비는 40,500,000원이다.

② 종합환원이율은 연 4.2%이다.

③ 순영업소득(NOI)은 94,500,000원이다.

④ 유효총소득(EGI)은 135,000,000원이다.

⑤ 세전현금흐름(BTCF)은 53,500,000원이다.

39 다음 자료를 활용하여 공시지가기준법으로 평가한 대상토지의 시산가액(m^2당 단가)은?

- 대상토지 현황 : A시 B구 C동 101번지, 일반상업지역, 상업나지
- 기준시점 : 2023.04.08.
- 비교표준지 : A시 B구 C동 103번지, 일반상업지역, 상업나지
  2023.01.01. 기준 표준지공시지가 10,000,000원/m^2
- 지가변동률 : 1) 2023.01.01. ~ 2023.03.31. : -5.00%
  2) 2023.04.01. ~ 2023.04.08. : -2.00%
- 지역요인 : 비교표준지는 대상토지의 인근지역에 위치함
- 개별요인 : 대상토지는 비교표준지 대비 획지조건에서 4% 열세하고, 환경조건에서 5% 우세하며, 다른 조건은 동일함
- 그 밖의 요인 보정 : 대상토지 인근지역의 가치형성요인이 유사한 정상적인 거래사례 및 평가사례 등을 고려하여 그 밖의 요인으로 20% 증액 보정함
- 상승식으로 계산할 것
- 산정된 시산가액의 천 원 미만은 버릴 것

① 11,144,000원

② 11,168,000원

③ 11,190,000원

④ 11,261,000원

⑤ 11,970,000원

40 감정평가에 관한 규칙의 내용으로 옳지 않은 것은?

① 시장가치란 감정평가의 대상이 되는 토지등이 통상적인 시장에서 충분한 기간 동안 거래를 위하여 공개된 후 그 대상물건의 내용에 정통한 당사자 사이에 신중하고 자발적인 거래가 있을 경우 성립될 가능성이 가장 높다고 인정되는 대상물건의 가액을 말한다.

② 일체로 이용되고 있는 대상물건의 일부분에 대하여 감정평가하여야 할 특수한 목적이나 합리적인 이유가 있는 경우에는 그 부분에 대하여 감정평가할 수 있다.

③ 감정평가는 대상물건마다 개별로 하여야 하되, 가치를 달리하는 부분은 이를 구분하여 감정평가할 수 있다.

④ 감정평가법인등은 과수원을 감정평가할 때에 공시지가기준법을 적용해야 한다.

⑤ 감정평가는 기준시점에서의 대상물건의 이용상황(불법적이거나 일시적인 이용은 제외한다) 및 공법상 제한을 받는 상태를 기준으로 한다.

01	02	03	04	05	06	07	08	09	10	11	12	13	14	15	16	17	18	19	20
②	④	③	⑤	③	③	⑤	③	②	①	④	②	⑤	⑤	④	④	①	②	①	②
21	22	23	24	25	26	27	28	29	30	31	32	33	34	35	36	37	38	39	40
②	⑤	③	④	①	④	①	③	②	④	①	③	①	④	③	②	⑤	③	⑤	①

01 난도 ★★ 답 ②

┃정답해설┃

② 정착물은 원래는 동산이나, 토지에 부착되어 계속적으로 이용되고 있다고 인정되는 물건으로 토지와 별도로 거래되는 독립정착물과 토지의 일부로 간주되는 종속정착물로 나눌 수 있으며, 문제는 종속정착물 종류를 물어보는 것으로 종속정착물은 축대, 도로, 구거, 매년 경작을 요하지 않는 다년생식물, 자연식생물 등이 대표적이다.

┃오답해설┃

가식 중에 있는 수목, 경작수확물은 정착물이 아니며, 건물, 소유권 보존등기된 입목은 토지와 독립된 정착물(독립정착물)이다.

02 난도 ★★ 답 ④

┃정답해설┃

④ 개업공인중개사 중 법인공인중개사만이 대통령령으로 정하는 기준과 절차에 따라 등록관청의 허가를 받아 그 관할 구역 외의 지역에 분사무소를 둘 수 있다.

03 난도 ★★ 답 ③

┃오답해설┃

① 민영주택은 국민주택을 제외한 주택을 의미한다.
② 세대구분형 공동주택은 공간의 일부를 구분소유 할 수 없다.
④ 에너지절약형 친환경주택은 이산화탄소 배출량을 저감할 수 있는 주택을 말한다.
⑤ 장수명 주택은 내부구조를 쉽게 변경할 수 있는 주택을 의미한다.

04 난도 ★★★ 답 ⑤

┃정답해설┃

⑤ 별도합산과세대상 토지는 영업용 건축물의 부속토지, 철거·멸실된 건축물 또는 주택의 부속토지 등이 있다.

05 난도 ★★ 답 ③

┃정답해설┃

③ 균형공간재고는 신규건설량과 기존 재고량을 합한 개념으로, 건축원자재 하락에 따라 신규건설량이 증가될 것이므로 균형공간재고는 증가할 것이다.

┃오답해설┃

건축원자재 가격 하락은 신규 건설비용 하락으로 신규건설 착공이 용이해지고, 따라서 신규건설량이 증가함에 따라 시장에 공급이 증대되므로 균형가격 및 임대료는 하락될 것이다.

06 난도 ★★ 답 ③

┃오답해설┃

ⓒ (✕) 후보지가 아닌 이행지에 대한 설명이다.

ⓔ (✕) 나지 중 사법상의 권리가 설정되어 있지 않은 토지를 의미한다.

07 난도 ★ 답 ⑤

┃오답해설┃

공동중개계약이란 2인 이상의 업자가 공동활동으로 중개업무를 영위하는 제도를 의미한다.

08 난도 ★★★ 답 ③

┃정답해설┃

③ 시·군세에는 주민세·재산세·자동차세·도축세·농지세·종합토지세·담배소비세·도시계획세·지방소득세 등의 세목이 포함된다.

09 난도 ★★ 답 ②

┃정답해설┃

② 부동성이란 위치의 고정성을 의미하는 것으로 위치가 고정되어 있다 보니 외부효과에 영향을 많이 받게 된다.

10 난도 ★★ 답 ①

┃정답해설┃

① 빈집 및 소규모주택 정비에 관한 특례법상 소규모주택정비사업에 해당하는 것은 자율주택정비사업, 가로주택정비사업, 소규모재건축사업, 소규모재개발사업만을 의미한다.

11 난도 ★ 답 ④

┃정답해설┃

④ 감정평가법인등이 토지를 감정평가할 때에는 공시지가기준법을 적용해야 한다.

12 난도 ★★ 답 ②

┃정답해설┃

② 1,000,000(신축공사비) × 115/100(건축비지수)
  × 40/50(10년 만년감가 : 2013.06.16. ~ 2023.06.16.)
  × 350(면적) = 322,000,000원

13 난도 ★ 답 ⑤

┃정답해설┃

⑤ ㄱ, ㄴ, ㄷ, ㄹ 모두 옳은 설명이다.

14 난도 ★ 답 ⑤

┃오답해설┃

① 직접환원법은 한 해의 소득기준으로 환원한다.

② 수익환원법에 의해 산정된 가격을 수익가액이라 한다.

③ 유효총수익(가능총수익에서 공실 및 불량부채 충당금 공제)에서 운영경비를 공제한 것이 순수익이다.

④ 직접환원법은 시장추출법으로 구하는 것을 원칙으로 한다.

15 난도 ★ 답 ④

┃정답해설┃

④ 적합의 원칙은 부동산의 이용방법이 주위환경에 적합하여야 한다는 가격 제원칙으로 외부적 차원에서 지원하는 원칙이다.

16 난도 ★   답 ④

┃ 정답해설 ┃

④ 감칙 제19조에 의해 광업재단은 수익환원법으로, 상표권, 영업권, 특허권, 전용측선이용권 등 무형자산의 감정평가방법은 수익환원법으로 평가해야 한다.

┃ 오답해설 ┃

과수원은 감칙 제18조에 의거 거래사례비교법으로 평가한다.

17 난도 ★   답 ①

┃ 오답해설 ┃

② 유사지역은 대상부동산이 속하지 않는 지역이나 인근지역과 유사한 특성을 갖는 지역을 의미한다.

③ 동일수급권은 대상부동산과 수요·공급 관계가 성립하고, 가치 형성에 서로 영향을 미치는 다른 부동산이 존재하는 권역을 의미한다.

④·⑤ 지역분석은 표준적 사용과 가격수준을 판정하는 것으로, 개별분석 이전에 실시하는 것이 일반적이다.

18 난도 ★★   답 ②

┃ 정답해설 ┃

- 전체 환원율 = 1.8억/20억원 = 9%
- 9% = 0.8 × (토지환원율 8%) + 0.2 × (건물상각후환원율 8% + 자본회수율)
- 따라서, 자본회수율은 5%

19 난도 ★   답 ①

┃ 정답해설 ┃

① ㄱ : 영속성, ㄴ : 부증성, ㄷ : 개별성이 각 항목에 부합하는 토지 특성이다.

20 난도 ★   답 ②

┃ 정답해설 ┃

② 현재 한국의 감정평가제도에서 토지와 건물을 일괄평가하는 것은 구분건물일 때만 가능한 것으로 일단 머리에 각인하고, 예외사항을 학습하도록 하자.

21 난도 ★★★   답 ②

┃ 정답해설 ┃

- 정보가 불확실한 경우
  [(5억 5,000만원 × 0.6) + (2억 7,500만원) × 0.4]/(1+0.1) = 4억원
- 정보가 확실한 경우
  5억 5,000만원/1.1 = 5억원
- 따라서, 두 값의 차이인 1억원이 정보비용의 현재가치이다.

22 난도 ★★★   답 ⑤

┃ 정답해설 ┃

⑤ 공급의 가격탄력성이 작을수록(비탄력적을 의미) 수요변화시 균형가격의 변동폭은 커지고, 균형거래량의 변동폭은 작아진다. 무조건 암기보다는 수요공급 그래프를 그려가면서 정오답을 체크하는 게 유용하다.

23 난도 ★   답 ③

┃ 정답해설 ┃

③ 재산, 자산, 부채, 인구 등은 저량(stock) 변수이다.

24 난도 ★★★ 🖩 ④

▌오답해설▌

ㄱ. [×] MPTS는 채권이 아닌 지분권적 성격을 갖는 증권이다.

ㄷ. [×] CMO는 트렌치별로 원금과 이자를 지급하고, 존속 기간을 다양하게 하는 증권을 의미한다.

> **더 알아보기 부동산 조세의 종류**
>
> MBB처럼 끝자리 글자가 B면 Bond를 의미해서 채권적 증권, S는 Security를 의미하나 Stock(주식)으로 암기하면 쉬울 듯하다.

25 난도 ★★★ 🖩 ①

▌정답해설▌

① 프로젝트 파이낸싱은 부외 금융의 대표적인 사례로, 여기서 부외 금융이란 대차대조표 장부에 부채로 표시되지 않는 금융을 의미한다.

26 난도 ★★★ 🖩 ④

▌정답해설▌

- LTV = 대출금액/부동산가치(매매가격)
- 부채감당률 DSR = 순영업소득/부채서비스액에서, 부채서비스액 = 순영업소득/DSR
- 부채서비스액 = 대출액 × MC(저당상수)에서, 대출액 = 부채서비스액/MC
- 부채서비스액 : 순영업소득 4천만원/부채감당률 2 = 2천만원
- 대출액 : 부채서비스액 2천만원/MC 0.1 = 2억원
- 따라서, LTV = 2억원(대출액)/4억원(매매가격) = 50%

27 난도 ★★ 🖩 ①

▌정답해설▌

① 수요의 증가폭이 공급의 증가폭보다 클 경우, 균형가격은 상승하고, 균형거래량은 증가한다.

28 난도 ★★ 🖩 ③

▌정답해설▌

③ 부동산투자회사는 부동산 등 자산의 운용에 관하여 회계처리를 할 때에는 금융위원회가 정하는 회계처리기준에 따라야 한다.

29 난도 ★★ 🖩 ②

▌정답해설▌

아파트 가격 하락과 DSR 규제완화 그리고 가구수 증가는 수요를 견인하는 요인들이다.

▌오답해설▌

반면 금리의 상승이나 실질소득 감소 대출, 규제 강화 등은 대출금액의 부담이나 대출의 어려움 또는 가처분 소득의 감소로 이어져 수요를 억제하는 요인들이다.

30 난도 ★★★ 🖩 ④

▌정답해설▌

④ 원금균등분할상환방식은 매기간 원금을 상환하기 때문에 매기간 원금과 이자를 분할하여 동일한 금액을 납부하는 원리금균등분할상환방식보다 원금의 평균적인 회수기간이 더 짧다. 대출잔금이 지속적으로 감소하고, 이에 따른 이자지급액도 같이 감소하므로 초기 상환부담은 크나, 원금상환이 많이 이루어지므로 총 이자지급액도 작아지고, 총 원리금 누적액도 가장 낮다.

31 난도 ★ 🖩 ①

▌정답해설▌

① 투자포트폴리오는 비체계적 위험을 감소시키지 체계적 위험은 감소시키지 않는다.

32 난도 ★   답 ②

┃정답해설┃

② Build는 준공, Transfer는 소유권 이전, Operate는 운영권을 의미한다고 보고, 문제에 맞게 적용하면 쉽게 풀 수 있는 문제이다.

33 난도 ★★★   답 ①

┃정답해설┃

- NOI = $85,000,000 - 85,000,000 \times (0.05 + 0.02 + 0.02 + 0.03)$ $= 74,800,000$
- R = 부채감당률 × 대부비율 × 저당상수
  여기서, 부채감당률 = NOI/부채서비스액이므로
  부채감당률은 $74,800,000/20,000,000 = 3.74$
- 따라서, 3.74(부채감당률) × 25%(대부비율) × 0.06(저당상수) = 5.61%

34 난도 ★★   답 ④

┃정답해설┃

④ ROI는 Return On Investment의 약어로 총투자액 대비 수익(return)을 의미한다. 여기서 return은 임대료 수익 외 매각차익도 포함하는 의미이다.

35 난도 ★   답 ③

┃정답해설┃

③ 세분화된 시장이란, 구매자의 집단을 세부화하는 것인데 상식적으로 마케팅 전략에 대해 세분화된 집단이 동일하게 반응할 리가 없을 것이다. 세분시장의 개념만 알고 있으면 무난하게 풀 수 있는 문제이다.

36 난도 ★   답 ②

┃정답해설┃

② 내부수익률 IRR은 NPV와 달리 각 자산의 내부수익률 IRR(A+B) ≠ IRR(A) + IRR(B)의 관계가 성립한다.

37 난도 ★   답 ⑤

┃정답해설┃

⑤ 위탁관리는 타인에게 관리를 위탁시키는 방법이다 보니 전문성, 효율성을 높이고, 대형건물 등 전문적 관리가 필요할 경우 유용하겠지만, 기밀유지 측면에서 불리하다.

38 난도 ★★★   답 ③

┃정답해설┃

ㄱ. 타인자본을 활용하지 않은 경우
  - $500/10,000 + 0.02 = 0.07$

ㄴ. 타인자본을 활용한 경우
  - 매입가격 중 자기자본 6천만원, 타인자본 4천만원
  - 연 임대료수익분 = 5백만원 − 4천만원(타인자본 × 4%) = 340만원
  - 1년 후 처분 1억원 × 0.02 = 200만원
  - (340만원 + 200만원)/6000만원 = 0.09

39 난도 ★★★   답 ⑤

┃정답해설┃

- 1월 ~ 7월 매장 예상 매출액 = $80,000 \times 200$
  = 월 1,600만원 < 손익분기점 매출액
- 8월 ~ 12월 매장 예상 매출액 = $200,000 \times 200$
  = 월 4,000만원 > 손익분기점 매출액
- [(5만원 기본임대료 × 7개월 × 200m²) + (2,000만원 초과 매출액 × 0.1 × 5개월) + (5만원 × 200m² × 5개월)]
- 70,000,000원 + 10,000,000원 + 50,000,000원
  = 130,000,000원

40 난도 ★★   답 ①

┃정답해설┃

① ㄱ : 신탁방식, ㄴ : 환지방식, ㄷ : 공영개발방식이 문제의 개념에 적합한 정의를 기술하였다.

01	02	03	04	05	06	07	08	09	10	11	12	13	14	15	16	17	18	19	20
①	③	①	③	⑤	④	①	⑤	⑤	②	⑤	③	②	③	④	③	④	①	⑤	③
21	22	23	24	25	26	27	28	29	30	31	32	33	34	35	36	37	38	39	40
④	⑤	②	①	③	④	②	⑤	②	⑤	①	②	④	①	②	②	⑤	②	④	④

01 난도 ★★　　　답 ①

∥정답해설∥

① 획지(劃地)는 하나의 필지 중 일부에 대해서도 성립한다는 표현은 필지와 획지의 크기를 다르게 표현한 것이다. 즉 필지와 획지의 크기는 클 수도, 작을 수도, 같을 수도 있다는 것이다. 1필지 내에 여러 개 획지가 있을 수도 있다는 것이다.

∥오답해설∥

② 건부지(建敷地)에 대한 설명이 아니라 택지에 대한 설명이다. 건부지란 건축물 등의 부지로 활용되고 있는 토지를 말한다.

③ 나지(裸地)는 택지 중 정착물이 없는 토지이며 사법상 제한은 없지만 공법상 제한이 있는 토지를 말한다.

④ 주어진 지문은 제외지(堤外地)에 대한 설명이다. 즉, 제외지란 하천제방으로 둘러싸인 하천 측 지역으로, 하천수가 흐르는 공간을 의미한다. 제내지(堤內地)란 하천제방에 의해 보호되고 있는 지역으로, 제방으로부터 보호되고 있는 마을까지를 말한다.

⑤ 일단지(一團地)란 지적 공부상 구분되어 있는 여러 필지가 일체로 거래되거나 용도상 불가분의 관계에 있는 토지를 말한다. 이때 감정평가에서는 일괄평가할 수 있다.

02 난도 ★　　　답 ③

∥정답해설∥

③ 연립주택 : 주택으로 쓰는 1개 동의 바닥면적(2개 이상의 동을 지하주차장으로 연결하는 경우에는 각각의 동으로 본다) 합계가 660m^2를 초과하고, 층수가 4개 층 이하인 주택을 말한다.

∥오답해설∥

세대의 구성원이 장기간 독립된 주거생활을 할 수 있는 구조로 된 건축물의 전부 또는 일부 및 그 부속토지를 말하며, 이를 단독주택과 공동주택으로 구분한다(건축법 제2조 제1호).

단독주택의 분류	
① 단독주택	1건물에 1세대가 거주하는 주택을 말한다(가정보육시설포함).
② 다중주택	• 여러 사람이 장기간 거주 • 독립된 주거 형태를 갖추지 아니한 것(욕실 설치○, 취사시설 설치×) • 1개 동의 주택으로 쓰이는 바닥면적의 합계가 660m^2 이하, 주택으로 쓰는 층수(지하층 제외)가 3개 층 이하
③ 다가구주택	• 주택으로 쓰는 층수(지하층 제외)가 3개 층 이하 • 1개 동의 주택으로 쓰이는 바닥면의 합계가 660m^2 이하 • 19세대 이하 거주
④ 공관	정부기관의 고위관리가 공적으로 사용하는 주택

공동주택의 분류	
① 아파트	주택으로 쓰는 층수가 5개 층 이상인 주택을 말한다.
② 연립주택	• 주택으로 쓰는 1개 동의 바닥면적 합계가 660m² 초과 • 층수가 4개 층 이하인 주택
③ 다세대주택	• 주택으로 쓰는 1개 동의 바닥면적 합계가 660m² 이하 • 층수가 4개 층 이하인 주택
④ 기숙사	학교 또는 공장 등의 학생 또는 종업원 등을 위하여 쓰는 것으로 1개 동의 공동취사 시설 이용 세대 수가 전체의 50% 이상인 것

03 난도 ★★ 답 ①

┃정답해설┃

① 등기를 통해 소유권을 공시할 수 있는 물건 또는 권리인 것 : 선박 등기법에 의하면 총톤수 20톤 이상의 기선(機船)과 범선(帆船) 및 총톤수 100톤 이상의 부선(艀船), 소유권보존 등기된 입목, 공장재단, 광업재단 등

┃오답해설┃

등록을 통해 소유권을 공시할 수 있는 물건 또는 권리인 것 : 건설기계(덤프트럭), 항공기, 자동차, 철도차량, 어업양식업, 광업권

04 난도 ★★★ 답 ③

┃정답해설┃

③ 건축법상 생활숙박시설은 숙박시설이다. 건축법령상 [별표 15호]의 숙박시설은 다음과 같다.
- 일반숙박시설 및 생활숙박시설
- 관광숙박시설(관광호텔, 수상관광호텔, 한국전통호텔, 가족호텔, 호스텔, 소형호텔, 의료관광호텔 및 휴양 콘도미니엄)

┃오답해설┃

'준주택'이란 주택 외의 건축물과 그 부속토지로서 주거시설로 이용가능한 시설 등을 말한다. 준주택의 범위와 종류는 다음과 같다.
- 건축법령에 따른 2종 근린생활시설 중 다중생활시설
- 건축법령에 따른 「노인복지법」의 노인복지주택
- 건축법령에 따른 업무시설 중 오피스텔
- 건축법령에 따른 공동주택 중 기숙사

05 난도 ★★ 답 ⑤

┃정답해설┃

⑤ 토지의 소유권(민법 제212조)은 정당한 이익있는 범위 내에서 토지의 상하에 미친다. 이때 정당한 이익이 있는 범위 내는 법률로 정해져 있는 것이 아니라 사회통념상 인정되는 범위이다.

┃오답해설┃

① 토지는 영속성 때문에 시간의 경과에 의해 마멸되거나 소멸되지 않으므로 투자재로서 선호도가 높다.
② 개별성으로 인하여 물리적으로 완전히 동일한 토지는 없으므로 부동산시장은 불완전경쟁시장이 된다.
③ 토지는 인접성으로 인하여 공간적으로 연결되어 있으므로 외부효과를 발생시키고, 개발이익 환수의 근거가 된다.
④ 토지는 부동성 때문에 권리의 분할이 가능하므로 용익물권의 목적물로 활용할 수 있으므로 하나의 토지에 다양한 물권자가 존재할 수 있다.

06 난도 ★★ 답 ④

┃정답해설┃

ㄱ. 주변의 토지이용상황이 '전'이고 대상 토지는 돈사와 우사로 이용되는 '축사'이므로 '전축사'로 기재한다.
ㄴ. 소로한면은 폭 8m이상 ~ 12m미만의 도로에 한면이 접하고 있는 토지를 말한다.

도로접면 구분표는 도로폭, 도로접합면, 자동차 통행 여부에 따라서 12종류로 구분된다. 토지정보의 도로조건을 확인하면 다음과 같다.

① 표기
   ⊙ 도로폭 기준
      ⓐ 광대로 : 25m 이상
      ⓑ 중로 : 12m 이상 ~ 25m 미만
      ⓒ 소로 : 8m 이상 ~ 12m 미만
      ⓓ 세로 : 8m 미만
   ⓛ 도로와 접한 면을 기준
      ⓐ 1면 : 한면
      ⓑ 2면 이상 : 각지
   ⓒ 자동차 통행 가능 여부를 기준
      ⓐ 통행 가능 : (가)
      ⓑ 통행 불가능 : (불)

② 도로접면 구분표

도로접면	약어	적용범위
광대로한면	광대한면	폭 25m이상의 도로에 한면이 접하고 있는 토지
광대로-광대로 광대로-중로 광대로-소로	광대소각	광대로에 한면이 접하고 소로(폭 8m이상 ~ 12m미만) 이상의 도로에 한면이상 접하고 있는 토지
광대로-세로(가)	광대세각	광대로에 한면이 접하면서 자동차 통행이 가능한 세로(폭 8m미만)에 한면이상 접하고 있는 토지
중로한면	중로한면	폭 12m이상 ~ 25m미만 도로에 한면이 접하고 있는 토지
중로-중로 중로-소로 중로-세로(가)	중로각지	중로에 한면이 접하면서 중로, 소로, 자동차 통행이 가능한 세로(가)에 한면 이상이 접하고 있는 토지
소로한면	소로한면	폭 8m이상 ~ 12m미만의 도로에 한면이 접하고 있는 토지
소로-소로 소로-세로(가)	소로각지	소로에 두면 이상이 접하거나 소로에 한면이 접하면서 자동차 통행이 가능한 세로(가)에 한면이상 접하고 있는 토지
세로한면(가)	세로(가)	자동차 통행이 가능한 폭 8m미만의 도로에 한면이 접하고 있는 토지
세로(가)-세로(가)	세각(가)	자동차 통행이 가능한 세로에 두면 이상이 접하고 있는 토지
세로한면(불)	세로(불)	자동차 통행이 불가능하나 이륜자동차와 통행이 가능한 세로에 한면이 접하고 있는 토지
세로(불)-세로(불)	세각(불)	자동차 통행이 불가능하나 이륜자동차와 통행이 가능한 세로에 두면이상 접하고 있는 토지
맹지	맹지	이륜자동차의 통행이 불가능한 도로에 접한 토지와 도로에 접하지 아니한 토지

07 난도 ★★ 답 ①

┃정답해설┃

(ㄱ) 아파트 공급의 가격탄력성 = $\dfrac{\text{아파트의 공급량(6\%)}}{\text{아파트 가격(5\%)}}$

     = 1.2 (탄력적)

(ㄴ) 교차탄력성 = $\dfrac{\text{연립주택의 수요량(2\% 증가)}}{\text{아파트 가격(5\% 하락)}}$

     = − 0.4 (보완재)

08 난도 ★★ 답 ⑤

┃정답해설┃

⑤ 수요가 증가하는 경우, 공급의 가격탄력성이 작을수록 균형가격의 상승폭은 크고 균형량의 증가폭은 작다.
  • 비탄력적일 때는 가격의 변화폭은 크고 균형량의 변화폭은 작다.
  • 탄력적일 때는 가격의 변화폭은 작고, 균형량의 변화폭은 크다.
  • 완전비탄력적일 때는 균형량은 불변이 된다.
  • 완전탄력적일 때는 균형가격은 불변이 된다.

09 난도 ★ 답 ⑤

정답해설

⑤ 신규주택 공급량은 유량의 경제변수에 속한다.

유량 (flow)	저량 (stock)
기간, 신규주택, 임료(지대), 소득(수입), 거래량(착공량), 원리금상환액 등	시점, 재고주택, 가격(지가), 자산, 인구, 통화량, 총량 등

10 난도 ★★ 답 ②

오답해설

① 할당 효율적 시장은 완전경쟁시장뿐만 아니라 불완전경쟁시장에서도 존재한다. 반면에 불완전경쟁시장은 할당 효율적시장이 될 수도 있고 할당 효율적이지 못한 시장이 될 수도 있다.

③ 약성 효율적 시장에서 과거의 역사적 정보를 통해 정상 이상의 수익을 획득할 수 없다.

④ 완전경쟁시장에서는 초과이윤이 발생할 수 없기 때문에 반드시 할당 효율적 시장이 된다.

⑤ 주어진 지문은 강성 효율적 시장을 말한다.

11 난도 ★ 답 ⑤

정답해설

⑤ 제품의 가격이 가계소득에서 차지하는 비중이 작을수록 수요의 탄력성이 더 비탄력적이고, 가계소득에 차지하는 비중이 클수록 수요의 탄력성은 탄력적이다.

오답해설

① 측정하는 기간이 길수록 수요의 탄력성은 더 탄력적이다. 반면에 제품완성기간이 길수록 비탄력적이다.

② 공급의 탄력성은 생산요소를 쉽게 얻을 수 있는 상품일수록 대체재가 많기 때문에 더 탄력적이다.

③ 수요의 탄력성이 탄력적일 경우 임대료가 상승하면 전체 임대수입은 감소한다. 반면에 비탄력적일 경우 임대료가 상승하면 임대수입은 증가한다.

④ 대체재가 많을수록 수요의 탄력성은 더 탄력적이다. 대체재가 적을수록 비탄력적이다.

12 난도 ★★ 답 ③

정답해설

특정 도시에 갈 고객의 유인력은 인구(크기)에 비례하고, 거리(시간)에 반비례한다는 논리이다. 주어진 지문은 작년과 금년의 인구수가 변화했을 때 B도시의 구매활동에 유인되는 고객수의 변화분을 묻는 것이다. 공식은 다음과 같다.

$$\frac{인구수}{거리^2} = \frac{B}{A+B}$$

㉠ 작년 인구수 $= \dfrac{B\left(\dfrac{20만}{10^2}\right)}{A\left(\dfrac{5만}{5^2}\right) + B\left(\dfrac{20만}{10^2}\right)} \times$ C도시 인구(2만 명)

$= 10,000$명

㉡ 금년 인구수 $= \dfrac{B\left(\dfrac{30만}{10^2}\right)}{A\left(\dfrac{5만}{5^2}\right) + B\left(\dfrac{30만}{10^2}\right)} \times$ C도시 인구(3만 명)

$= 18,000$명

㉢ B도시의 고객유인력 변화분 = 금년 인구수(18,000명) − 작년 인구수(10,000명) = 8,000명

㉣ 작년보다 금년에 B도시의 고객 유인은 8,000명이 증가되었다.

13 난도 ★ 답 ②

정답해설

② 시장실패의 원인이 아닌 것, 즉 시장성공인 것은 완전경쟁시장으로서 정보의 대칭성 이외에 상품의 동질성, 시장의 진입과 퇴거가 자유로울 때 등이 있다.

오답해설

① 외부효과, ③ 공공재의 공급, ④ 불완전경쟁시장, ⑤ 시장의 자율적 조절기능 상실 이외에 독과점시장, 도덕적 해이 등이 시장실패의 대표적 사례이다.

14 난도 ★★　　　　　　답 ③

┃ 정답해설 ┃

③ 정(+)의 외부효과는 소비에 있어 사회적 편익이 사적 편익보다 큰 결과를 초래하며, 적정생산량보다 과소소비가 이루어진다.

┃ 오답해설 ┃

① 외부효과란 거래 당사자가 시장메카니즘을 통하지 아니하고 의도하지 않은 결과로 상대방에게 미치는 유리하거나 불리한 효과를 말한다.
② 부(−)의 외부효과는 의도되지 않은 손해를 주면서 그 대가를 지불하지 않는 외부불경제(외부비경제)라고 할 수 있다.
④ 부(−)의 외부효과에는 각종 규제 정책이 필요하나, 정(+)의 외부효과에는 보조금 지급이나 조세경감의 정책이 필요하다.
⑤ 부(−)의 외부효과는 사회적 최적생산량보다 시장생산량이 적은 과대생산을 초래한다.

15 난도 ★★★　　　　　　답 ④

┃ 정답해설 ┃

㉠ 순영업소득 = 유효총소득 − 영업경비
㉡ 영업경비에 포함되지 않는 것은 공실손실상당액, 부채서비스액, 감가상각비, 소득(법인)세, 자본적 지출(대수선비), 소유자의 개인적 업무비 및 급여, 비소멸성보험 등이다.
　　주의할 것은 재산세, 수익적 지출(수선비) 등은 영업경비에 포함된다는 것에 유의할 필요가 있다. 주어진 지문에서 대출원리금 상환액(부채서비스액), 감가상각비, 공실손실상당액, 사업소득세는 영업경비에 제외된다. 그 외는 모두 영업경비에 속한다.
㉢ 영업경비 = 직원 인건비(80,000,000원) + 수도광열비(36,000,000원) + 용역비(30,000,000원) + 수선유지비(18,000,000원) + 재산세(18,000,000원) = 182,000,000원
㉣ 순영업소득 = 유효총소득(360,000,000원) − 영업경비(182,000,000원) = 178,000,000원

16 난도 ★★　　　　　　답 ③

┃ 정답해설 ┃

③ 사업위험이란 부동산 사업 자체에서 발생하는 수익성 변동의 위험을 말하며 사업상 위험에는 시장위험, 입지위험, 관리·운영위험 등이 존재한다.

┃ 오답해설 ┃

① 상업용 부동산투자는 일반적으로 다른 상품에 비하여 초기투자비용이 많이 들며 투자 비용의 회수기간이 길지만 주거용 부동산 등에 비하여 경기침체에 민감하므로 투자 위험이 높은 편이다.
② 부동산이 위치한 입지여건의 변화 때문에 발생하는 위험은 위치적 위험을 말하는 것이고, 부동산시장의 수요·공급과 관련된 상황의 변화와 관련되어 있는 위험은 시장위험과 관련되어 있다.
④ 법·제도적 위험에는 소유권위험, 정부정책위험, 정치적위험 등을 말하며, 이에는 불가항력적 위험도 존재하고 통제가능한 위험도 존재한다. 반면에 유동성 위험은 별도의 위험이다. 즉, 유동성 위험은 현금화 과정에서 발생하는 위험을 말한다.
⑤ 위험과 수익간에는 정(+)의 관계가 성립한다. 투자자의 위험에 대한 태도가 위험 선호(추구)형이든, 위험 회피형이 이에 속한다.

17 난도 ★★　　　　　　답 ④

┃ 정답해설 ┃

④ 부동산투자는 부동산의 사회적·경제적·행정적 위치의 가변성 등으로 인해 부동산시장의 변화를 면밀히 살펴야 한다. 즉, 부동산시장은 다른 재화와 다르게 주변 환경에 민감한 반응을 보이는 경향이 있다는 특징이 있다.

┃ 오답해설 ┃

① 부동산투자는 부동산이 갖고 있는 고유한 특성이 있지만 환금성, 안전성 측면에서 주식 투자와 다르다. 즉, 환금성은 주식이 유리하지만, 안전성은 주식보다 부동산이 유리하며 은행보다 부동산이 상대적으로 불리한 측면이 있다.
② 부동산은 실물자산이기 때문에 인플레이션 방어 능력이 우수하여 디플레이션과 같은 경기침체기에 불리한 투자 대상이다.

③ 부동산은 다른 투자상품에 비하여 거래비용의 부담이 크지만 부동산시장은 부동성과 개별성으로 인하여 정보의 비대칭성 성격이 강하므로 효율적이지 못한 시장이 존재하는 경우가 많다.

⑤ 부동산은 투자의 유동성의 문제로 투자자가 투자자산을 필요한 시기에 적시 처분이 곤란한 점(계약금, 중도금, 잔금)으로 현금으로 전환시에 자본손실이 발생할 수 있는 단점이 존재한다. 또한 부동산은 금융을 활용하여 지렛대 효과를 누릴 수도 있다.

18 난도 ★★★　　　　　　　　　　　답 ①

▌정답해설▌

ㄱ. [O] 순현재가치(NPV)법이란 투자로부터 발생하는 현재와 미래의 모든 현금흐름을 적절한 할인율(요구수익률)로 할인하여 현재가치로 환산하고 이를 통하여 투자의사결정에 이용하는 기법이다. 따라서 순현가가 '0'보다 크면 투자 타당성이 있는 것으로 판단한다.

ㄹ. [O] 수익성지수(PI)는 투자로 인해 발생하는 현금유입의 현재가치를 현금유출의 현재가치로 나눈 비율로서 '1'보다 크면 경제적 타당성이 있는 것으로 판단한다.

▌오답해설▌

ㄴ. [×] 추계된 현금수지에 대한 위험을 평가하는 위험할증률의 추계는 투자기간의 결정 및 현금수지에 대한 예측 이후에 해야 한다. 왜냐하면 투자기간에 따라 위험 정도가 달라질 것이고, 매기간 마다 위험의 정도가 달라지기 때문이다. 또한 현금수지에 대한 예측에 따라 위험의 정도는 달라진다. 즉, 현금수지의 예측이 보수적이냐 공격적이냐 등에 따라 달라지기 때문이다.

ㄷ. [×] 내부수익률(IRR)이란 투자로부터 발생하는 미래의 현금흐름을 현재가치로 환원한 순현재가치를 '0'을 만드는 할인율 또는 수익성지수를 '1'로 만드는 할인율을 말한다.

19 난도 ★★　　　　　　　　　　　답 ⑤

▌정답해설▌

⑤ 부동산 경기가 침체하는 시기에 상업용 부동산의 수익이 일정함에도 불구하고 부동산 가격이 떨어지는 것은 할인율이 높아지기 때문이다. 왜냐하면 수익률과 가치는 반비례하기 때문이다.

▌오답해설▌

① 화폐의 시간가치 또는 시간의 경제적 가치가 발생하는 이유는 인플레이션, 화폐의 시차선호, 미래의 불확실성, 투자기회 등 때문이다.

② 주어진 지문은 감채기금계수에 대한 설명이다.

③ 주어진 지문은 연금의 미래가치에 대한 설명이다.

④ 현재가치에 대한 미래가치를 산출하기 위하여 사용하는 이율을 할증율이라 하고, 미래가치에 대한 현재가치를 산출하기 위하여 사용하는 이율을 할인율이라 한다.

> ※ ④ '현재가치에 대한 미래가치를 산출하기 위하여 사용하는 이율'의 적확한 표현은 할증율로 표시해야 한다. 엄밀한 의미에서 이자율(금리)이란 할증율과 할인율을 통칭하여 사용하는 개념이다. 그러나 광의의 개념으로 본다면 틀렸다고 볼 수는 없다.

20 난도 ★★★　　　　　　　　　　　답 ③

▌정답해설▌

주어진 조건은 원리금균등상환방식이며 매월 상환기준으로서 기존대출을 승계할 것인가, 신규대출을 받을 것인가에 대한 문제이다. 먼저, 매월 원리금상환액을 산출한다.

• 공식 : 매월 원리금상환액 = 대출액 × 저당상수

• 저당상수는 연금의 현가계수의 역수이다.

ⓐ 기존 주택저당대출 조건
매월 원리금상환액 = 대출잔액(1억 5천만 원) ×

$$\frac{1}{연금 \ 현가계수(5\%, \ 20년, \ 150)} = 100만 \ 원$$

ⓑ 신규 주택저당대출 조건
매월 원리금상환액 = 대출잔액(1억 5천만 원) ×

$$\frac{1}{연금 \ 현가계수(7\%, \ 20년, \ 125)} = 125만 \ 원$$

ⓒ 원리금 상환액 차액 = 신규 주택 저당대출 월원리금상환액(125만 원) − 기존대출 월원리금상환액(100만 원) = 25만 원

ⓓ 승계권 가치를 측정하기 위해서는 매월 원리금상환액을 연금의 현재가치로 환원한다.
승계권 가치 = 매월 원리금상환액(25만 원) × 연금의 현재가치(7%, 20년, 125) = 2,500만 원

> ※ 주어진 조건이 년부상환인지 월부상환인지가 명시가 되어 있지 않다. 연금현가계수에 월 기준이 나와 있지만, 저당상환조건에 월부상환인지 년부상환조건인지가 명시가 되어 있지 않으므로 문제에 심각한 오류가 발생하여, 정답 없음으로 보는 것이 옳은 것 같다.

21 난도 ★★★　　　　　답 ④

▌정답해설▌

④ 점증상환방식은 초기에 원리금상환액이 대출이자부분도 전부 다 상환하지 못하여 미상환잔금에 가산되는 방식으로 부의 상환(negative amortization)이 일어날 수 있다.

▌오답해설▌

① 만기일시상환방식은 대출만기 때까지는 원금상환이 전혀 이루어지지 않기에 매월 내는 이자가 만기 때까지 동일하고 만기시에 원금을 일시불로 상환하는 방식이다.
② 원금균등분할상환방식은 대출 초기에 대출원리금의 지급액이 가장 크기에 차입자의 원리금지급 부담도 대출 초기에 가장 크며, 시간이 경과함에 따라 원리금상환액이 점차 감소하는 방식이다.
③ 원리금균등분할상환방식은 매기의 대출원리금이 동일하기에 대출 초기에는 대체로 원금상환부분이 작고 이자지급 부분이 크다. 후기에 갈수록 원금상환액이 점차 증가되는 대신에 이자가 차지하는 부분이 점차 감소하는 형태이다.
⑤ 원금균등분할상환방식이나 원리금균등분할상환방식에서 거치기간을 별도로 정할 수 있다. 이는 각각의 상환방식에 따라 달리 정할 수 있다.

22 난도 ★★　　　　　답 ⑤

▌정답해설▌

⑤ 프로젝트 파이낸싱은 원칙은 비소구금융방식이지만 때에 따라서 프로젝트 사업주의 도덕적 해이를 방지하기 위해 금융기관은 제한적 소구금융의 장치를 마련해두기도 한다.

▌오답해설▌

① 일반기업금융은 기업전체의 자산 또는 신용을 바탕으로 자금을 조달하지만, 프로젝트 파이낸싱은 기업의 수익(현금흐름)으로 원리금을 상환하거나 수익을 배당하는 방식의 자금조달기법이다.
② 프로젝트 사업주는 기업 또는 개인일 수 있으나, 법인은 될 수 있다.
③ 프로젝트 사업주는 대출기관으로부터 상환청구를 받지는 않으나(비소구금융), 이러한 방식으로 조달한 부채는 사업주의 재무상태표에는 부채로 계상되지 않는다(부외금융형태).

④ 프로젝트 회사가 파산 또는 청산할 경우, 채권자들은 프로젝트 회사에 대해 원리금상환을 청구할 수 있다(제한소구금융).

23 난도 ★★　　　　　답 ②

▌정답해설▌

② 부동산의 특성과 관련하여 분할거래의 곤란성과 생산의 장기성으로 인해 부동산금융은 부동산의 거래나 개발 등에서 중요한 역할을 하게 된다.

▌오답해설▌

① 부동산금융은 부동산과 관련된 행위를 하기 위하여 자금을 조달하는 행위를 말한다. 즉, 부동산의 매입이나 매각, 개발 등과 관련하여 자금이나 신용을 조달하거나 제공하는 것을 말한다.
③ 부동산투자에서 지분권과 저당권으로 구분되는데, 지분권이란 지분투자자가 대상 부동산에 가지는 권한을 말하고, 저당권은 저당투자자가 대상 부동산에 가지는 권한을 말한다.
④ 유동화증권은 부동산보유자가 보유부동산의 증권화를 통해 유동성을 확보할 수 있는 장점이 있다.
⑤ 부동산금융이 일반금융과 다른 점으로는 담보기능과 감가상각 및 차입금 이자에 대한 세금감면 등이 있다.

24 난도 ★★　　　　　답 ①

▌정답해설▌

① 시장세분화는 가격차별화, 최적의사결정, 상품차별화 등에 기초하여 부동산시장을 서로 다른 둘 또는 그 이상의 하위시장으로 묶는 과정이다. 즉, 시장을 동질적인 성격의 시장은 군집하고 이질적인 시장을 분리하는 것을 시장세분화라고 한다.

▌오답해설▌

② 시장을 세분화하는데 주로 사용되는 기준으로는 지리적 변수, 인구통계학적 변수, 계층적 변수, 심리적 변수, 행동적 변수 등으로 구분한다.
③ 시장세분화전략은 세분된 시장을 대상으로 상품의 판매지향점을 명확히 하여 적절할 고객을 잡기 위한 선수작업이다.

④ 부동산회사가 세분시장을 평가할 때, 우선해야 할 사항으로 적절한 시장규모와 성장성 등을 들 수 있다.
⑤ 세분시장에서 경쟁력과 매력도를 평가할 때 마이클 포터의 5 force의 모형을 적용하여 기존 경쟁자의 위협, 새로운 경쟁자의 위협, 대체재의 위협, 구매자의 협상력 증가 위협, 공급자의 협상력 증가 위협 등을 고려한다.

25 난도 ★★ 🅳 ③

▮ 정답해설 ▮

③ 주어진 지문은 대물교환방식(공사비대물변제방식)에 대한 내용이다. 대물교환방식은 토지소유자가 개발사업을 발주하고 개발업자는 공사비를 준공된 건축물의 일부로 변제받는 방식이다.

▮ 오답해설 ▮

① 공영개발방식 : 협의매수에 따른 도시개발사업으로 개발대상지역을 매수하고 개발한 후 분양 또는 임대하는 사업이다. 토지소유자의 토지소유권의 양도의사를 전제하지 않으며 토지소유권이 완전 소멸된다.
② 직접개발(지주자체)방식 : 자금조달은 토지소유자가 직접 조달하고 건설 또한 토지소유자가 직접하든 도급발주를 하는 형태이다. 이 방식의 장점은 개발사업의 이익이 모두 토지소유자에게 귀속되고, 사업시행자의 의도대로 사업추진이 가능하며, 사업시행의 속도가 빠르다. 단점으로는 사업의 위험성이 매우 높고, 자금조달의 부담이 크며, 위기관리능력이 요구된다.
④ 토지신탁방식 : 토지소유자는 우선 신탁회사에 토지소유권을 신탁을 원인으로 이전하고 신탁회사는 지주와의 약정에 의해 신탁 수익증권을 발행하여, 이후 신탁회사는 금융기관으로부터 자금을 차입하여 건설회사에 공사를 발주한다.
⑤ BTL사업방식 : 민간사업자가 SOC시설과 공공시설을 건립한 뒤 해당 시설의 소유권을 정부나 지방자치단체에 양도 후에 정부나 자치단체는 임대료를 민간사업자에게 계약기간 동안에 지불하는 제도이다.

26 난도 ★★★ 🅳 ④

▮ 정답해설 ▮

• (비용위험)은 추정된 토지비, 건축비, 설계비 등 개발비용의 범위 내에서 개발이 이루어져야 하는데, 인플레이션 및 예상치 못한 개발기간의 장기화 등으로 발생할 수 있다.
• (법률위험)은 용도지역제와 같은 토지이용규제의 변화와 관계기관 인허가 승인의 불확실성 등으로 야기될 수 있다.
• (시장위험)은 개발기간 중 이자율의 변화, 시장침체에 따른 공실의 장기화 등이 원인일 수 있다.

27 난도 ★ 🅳 ②

▮ 정답해설 ▮

② 주어진 지문은 주거환경개선사업에 대한 설명이다.

더 알아보기

㉠ 재개발사업 : 정비기반시설이 열악하고 노후·불량건축물이 밀집한 지역에서 주거환경을 개선하거나 상업지역·공업지역 등에서 도시기능의 회복 및 상권활성화 등을 위하여 도시환경을 개선하기 위한 사업
㉡ 재건축사업 : 정비기반시설은 양호하나 노후·불량건축물에 해당하는 공동주택이 밀집한 지역에서 주거환경을 개선하기 위한 사업

28 난도 ★★ 🅳 ⑤

▮ 정답해설 ▮

⑤ 부동산담보신탁은 저당권 설정이 소요되는 경비가 적지만, 채무불이행 시 부동산 처분 절차가 복잡하다.

▮ 오답해설 ▮

② 부동산신탁의 수익자란 신탁행위에 따라 신탁이익을 받는 자를 말하며, 위탁자는 당사자가 될 수도 있고 제3자가 될 수도 있다.
④ 신탁재산은 법률적으로 수탁자에게 귀속되지만 수익자를 위한 재산이므로 수탁자의 고유재산 및 위탁자의 고유재산으로부터 독립된다. 즉, 신탁이란 소유권의 이전이므로 독립된 재산이 된다.

29 난도 ★★　답 ②

▮정답해설▮

② 건축물의 소유자는 중개대상물인 건축물에 관한 표시광고에 명시할 내용이 아니다.

▮오답해설▮

인터넷을 이용하여 중개대상물인 건축물에 관한 표시·광고를 할 때 명시하여야 하는 사항은 다음과 같다.
- ⊙ 중개대상물 소재지
- ⓒ 중개대상물 면적
- ⓒ 중개대상물 가격
- ⓒ 중개대상물 종류
- ⑩ 거래형태
- ⑭ 건축물 및 그 밖의 토지의 정착물인 경우 다음 각 목의 사항
  - ⓐ 총 층수
  - ⓑ 건축법, 주택법 등 관련 법률에 따른 사용승인·사용검사·준공검사 등을 받은 날
  - ⓒ 해당 건축물의 방향, 방의 개수, 욕실의 개수, 입주가능일, 주차대수 및 관리비

30 난도 ★★★　답 ⑤

▮정답해설▮

⑤ 주어진 지문은 모두 옳은 내용이다.

▮오답해설▮

중개계약 시 거래계약서에 기재해야 할 사항은 다음과 같다.
- ⊙ 물건의 표시
- ⓒ 권리이전의 내용
- ⓒ 물건의 인도일시
- ⓒ 거래당사자의 인적사항
- ⑩ 계약일
- ⑭ 중개대상물 확인설명서 교부일자
- ⊗ 거래금액·계약금액 및 그 지급일자 등 지급에 관한 사항
- ⊘ 계약의 조건이나 기한이 있는 경우에는 그 조건 또한 기한
- ㉛ 그 밖의 약정 내용

31 난도 ★★★　답 ①

▮정답해설▮

ㄹ. [O] 상속세와 증여세는 누진세율을 적용한다.

▮오답해설▮

- ㄱ. [×] 부가가치세는 국세이지만 등록면허세는 지방세에 속한다.
- ㄴ. [×] 재산세는 보통징수방식이고 상속세, 증여세, 취득세 등은 신고납부방식이다.
- ㄷ. [×] 증여세는 취득단계이고 재산세는 부동산 보유단계에 부과한다.

부동산 조세의 종류

구분	취득단계	보유단계	처분단계
국세	상속세(누진세) 증여세, 인지세	종합부동산세 (누진세) 소득세, 법인세	양도소득세
지방세	취득세(비례세), 등록세	재산세(누진세, 비례세)	

32 난도 ★★★　답 ②

▮정답해설▮

② 현재 환매(특약)등기제는 존재하지만 예고등기제는 2011년도에 「부동산등기법」상 폐지되었다.

▮오답해설▮

① 소유권이전등기 청구권을 확보하기 위해 처분금지가처분의 등기가 가능하다.
③ 부동산등기법 제4조 참조

부동산등기법 제4조(권리의 순위)
① 같은 부동산에 관하여 등기한 권리의 순위는 법률에 다른 규정이 없으면 등기한 순서에 따른다.
② 등기의 순서는 등기기록 중 같은 구(區)에서 한 등기 상호간에는 순위번호에 따르고, 다른 구에서 한 등기 상호간에는 접수번호에 따른다.

④ 부동산경매에서 말소기준권리는 크게 7가지로 경매개시결정등기, 가압류, 압류, 전세권, 근저당, 저당권, 담보가등기가 있다.
⑤ 부동산등기법 제3조 참조

부동산등기법 제3조(등기할 수 있는 권리 등)

등기는 부동산의 표시(表示)와 다음 각 호의 어느 하나에 해당하는 권리의 보존, 이전, 설정, 변경, 처분의 제한 또는 소멸에 대하여 한다.

1. 소유권(所有權)
2. 지상권(地上權)
3. 지역권(地役權)
4. 전세권(傳貰權)
5. 저당권(抵當權)
6. 권리질권(權利質權)
7. 채권담보권(債權擔保權)
8. 임차권(賃借權)

33 난도 ★★ 답 ④

▌정답해설▐

④ 근저당권은 을구 사항에서 확인할 수 있다.

▌오답해설▐

등기사항전부증명서 내용 : 표제부, 갑구, 을구로 구성

㉠ 표제부 : 부동산의 표시와 구조에 관한 사항을 확인

    ⓐ 토지 경우는 지번, 지목, 지적이 표기되고, 건물은 지번, 구조, 용도, 면적이 기재됨

    ⓑ 아파트 등 집합건물의 경우에는 전체 건물에 대한 표제부와 개개 건물에 대한 표제부가 구분하여 기재됨

㉡ 갑구 : 소유권에 관한 사항이 기재

    소유권자, 소유권이전, 가압류, 압류, 가처분, 가등기, 예고등기 등과 이들 권리의 변경등기, 말소 및 회복등기 등

㉢ 을구 : 소유권 이외의 권리(담보, 채무 등)가 표시

    소유권 이외의 권리인 저당권, 전세권, 지상권, 지역권, 임차권 등의 사항과 최고 채권 금액이 기재

34 난도 ★★★ 답 ①

▌정답해설▐

ㄱ. [O] 토지소유자가 마당에 설치한 연못

ㄴ. [O] 타인이 토지소유자의 동의 없이 임의로 심은 조경수는 토지의 부합물로 취급된다. 즉, 일반적으로 토지에 식재된 수목은 토지의 부합물로 취급하게 된다. 토지를 구성하는 일부분이라는 것이다. 따라서 경매로 토지 소유권이 바뀌면 그 부합물인 수목 역시 낙찰자에게 귀속되곤 한다. 다만, 특별히 입목등기 등의 공시조치를 해 놓았다면 이때는 토지와 별개가 되어 낙찰자에게 귀속되지 않는다. 또한 임차권 등 적법한 토지사용권한을 가지고 수목을 식재했다면 경매 후에도 여전히 토지와 별개가 되는 것이고, 권원 없는 무단식재였다면 이때의 수목은 토지에 부합되어 최종 토지소유자인 낙찰자에게 넘어간다.

▌오답해설▐

ㄷ. [×] 토지에 지상권을 가진 자가 경작을 위해 심은 감나무는 지상권이 설정되어 있으므로 토지의 부합물이 아니다.

ㄹ. [×] 기둥, 지붕 및 주벽의 공사가 완료되어 건물로서의 외관을 갖추었으나 사용승인을 받지 못한 건물일지라도 건축물로 보기 때문에 토지의 부합물이 아니다.

부동산의 부합물이란 본래의 부동산과는 별개의 물건이지만 부동산에 결합하여 거래관념상 부동산과 하나의 물건이 됨으로써 부동산 소유자에게 귀속되는 물건을 말한다.

또한 이런 부합물은 부동산뿐 아니라 동산도 포함이 된다. 이런 부합의 정도를 판단하는 기준은,

㉠ 훼손하지 않으면 분리할 수 없는 경우

㉡ 분리에 과다한 비용을 요하는 경우

㉢ 분리할 경우 경제적 가치가 심하게 감손되는 경우에 해당된다.

예를 들어 토지의 경우 정원수, 정원석, 토지상에 권원 없이 식재한 수목은 토지소유자에게 귀속된다. 또한, 건물의 경우 기존건물에 부합된 증축 부분을 포함하여 방, 창고, 본채에서 떨어져 축조되어있는 화장실 등은 설령 감정가격에 포함되지 않았다고 할지라도 소유권을 취득하는 것이다.

35 난도 ★★★　　　답 ②

▌정답해설▌

② 감정평가 실무기준(3.3.2.4 시점수정) 참조

> 감정평가 실무기준(3.3.2.4 시점수정)
> ① 임대사례의 임대시점과 대상물건의 기준시점이 불일
> 치하여 임대료 수준의 변동이 있을 경우에는 임대사
> 례의 임대료를 기준시점의 임대료 수준으로 시점수
> 정하여야 한다.
> ② 시점수정은 사례물건의 임대료 변동률로 한다. 다만,
> 사례물건의 임대료 변동률을 구할 수 없거나 사례물건
> 의 임대료 변동률로 시점수정하는 것이 적절하지 않은
> 경우에는 사례물건의 가격 변동률·임대료지수·생
> 산자물가지수 등을 고려하여 임대료 변동률을 구할
> 수 있다.

▌오답해설▌

① 감정평가 실무기준(3.3.2.3 사정보정)에 따르면, 임대사
　례비교법으로 감정평가 할 때 임대사례에 특수한 사정이나
　개별적 동기가 반영되어 수집된 임대사례의 임대료가 적절
　하지 못한 경우에는 사정보정을 통해 그러한 사정이 없었을
　경우의 적절한 임대료 수준으로 정상화하여야 한다.
③ 감정평가에 관한 규칙(제22조 임대료의 감정평가)에 따
　르면, 감정평가법인등은 임대료를 감정평가할 때에 임
　대사례비교법을 적용해야 한다.
④ 감정평가에 관한 규칙(제11조 감정평가방식)에 따르면,
　적산법은 원가방식에 기초하여 대상물건의 임대료를 산
　정하는 감정평가방법이다.
⑤ 감정평가에 관한 규칙(제2조 정의)에 따르면, 수익분석
　법이란 일반기업 경영에 의하여 산출된 총수익을 분석하
　여 대상물건이 일정한 기간에 산출할 것으로 기대되는
　순수익에 대상물건을 계속하여 임대하는 데에 필요한 경
　비를 더하여 대상물건의 임대료를 산정하는 감정평가방
　법을 말한다.

36 난도 ★★　　　답 ④

▌정답해설▌

④ 거래사례는 위치에 있어서 동일성 내지 유사성이 있어야
　하며, 인근지역에 소재하는 경우에는 지역요인비교를
　할 필요는 없지만, 개별요인은 비교하여야 한다. 반면에
　유사지역에 소재한 사례인 경우에는 지역요인과 개별요
　인 둘 다 비교를 하여야 한다.

▌오답해설▌

① 거래사례비교법은 실제 거래되는 가격을 준거하므로 현
　실성이 있으며 설득력이 풍부하다는 장점이 있지만, 매
　매된 사례가 없거나 호·불경기인 사례로 선택함이 부적
　절하다.
② 거래사례비교법과 관련된 가격원칙은 대체의 원칙이고,
　구해진 가액(시산가액)은 비준가액 또는 유추가액이라
　한다.
③ 거래사례비교법은 대상부동산과 동질·동일성이 있어
　서 비교 가능한 사례를 채택하는 것이 중요하다. 즉, 개
　별요인의 비교가 가능한 사례를 선택하여야 한다.
⑤ 감정평가 실무기준(3.3.1.1 정의 1항)에 따르면, 거래사
　례비교법이란 대상물건과 가치형성요인이 같거나 비슷
　한 물건의 거래사례와 비교하여 대상물건의 현황에 맞게
　사정보정, 시점수정, 가치형성요인 비교 등의 과정을 거
　쳐 대상물건의 가액을 산정하는 감정평가방법을 말한다.
　즉, 거래사례에 사정보정요인이 있는 경우 우선 사정보
　정을 하고, 거래시점과 기준시점간의 시간적 불일치를
　정상화하는 작업인 시점수정을 하여야 한다.

▌정답해설▐

② 재조달원가란 대상물건을 기준시점에 재생산 또는 재취득하는데 필요한 적정원가의 총액으로서 원칙적으로 그 대상물건 값의 상한선을 나타낸다. 즉, 원가법에서 적산가격은 재조달원가에서 감가수정을 공제한 가격이므로 재조달원가가 대상물건의 상한가가 된다.

▌오답해설▐

① 원가방식은 대체의 원칙, 수요와 공급의 원칙, 균형의 원칙, 외부성의 원칙, 최유효이용 원칙과 밀접한 관련이 있다. 그러나 예측원칙과는 관련이 없다.

> ㉠ 대체원칙의 근거 : 기존 건물의 가격과 신규건물의 건축비는 상호밀접한 대체관계에 있다. 즉, 기존 건물가격보다 신규건물 건축비가 낮다면 매수자 스스로 새로운 건물을 지으려고 하지, 기존건물을 기꺼이 사려고 하지 않을 것이다.
>
> ㉡ 수요와 공급의 원칙의 근거 : 부동산 가격은 수요와 공급에 의해 끊임없이 변화한다. 부동산가격은 단기적으로 수요에 의해 주도되나, 장기적으로 공급에 의해 주도되는 경향이 있다. 따라서 부동산가격은 장기적으로는 그것의 생산비와 일치하는 경향이 있다.
>
> ㉢ 균형의 원칙의 근거 : 부동산이 시장에서 적정한 가치를 달성하고 이를 계속 유지하기 위해서는 자본과 토지의 결합뿐만 아니라, 부동산의 구성부분들이 서로 적절한 균형을 이루고 있어야 한다.
>
> ㉣ 외부성 원칙의 근거 : 부동산 가치는 외부적 요인에 의해 그것이 신규비용보다 클 수도 작을 수도 있다. 외부적 요인이 대상부동산의 가치에 (−)적 요인으로 작용하고 있을 때, 이를 조정하는 행위를 경제적 감가라 한다.
>
> ㉤ 최유효이용의 원칙 근거 : 최유효이용은 부동산의 가치추계에 가장 기본이 되는 원칙이다. 이것은 원가법뿐만 아니라 다른 모든 평가방식에 필수적으로 적용되는 원칙이다.

③ 재조달원가를 산출하는 방법으로 복제원가(reproduction cost)와 대치원가(replacement cost)가 존재한다. 이때 재조달원가 산출시 신축시점이 아니라 기준시점의 건축비로 산출해야 한다. 또한 대치원가는 이미 기능적 감가는 반영되어 있다.

④ 재조달원가를 구하는 방법

　㉠ 직접법 : 총가격적산법(총량조사법), 구성단위법(부분별단가적용법), 단위비교법

　㉡ 간접법 : 변동율적용법(비용지수법) 등

▌정답해설▐

⑤ 세전현금흐름(BTCF)은 54,500,000원이다.

- 가능총소득(150,000,000원) − 공실손실상당액·대손충당금 (10%, 15,000,000원)
- 유효총소득(135,000,000원) − 영업경비(30%, 40,500,000원)
- 순영업소득(94,500,000원) − 원리금 상환액(40,000,000원)
- 세전현금흐름 = 54,500,000원

▌오답해설▐

① 운영경비는 40,500,000원이다.
② 종합환원이율 = [토지환원이율(3%) × 토지구성비(40%)] + [건물환원이율(5%) × 건물구성비(60%)] = 4.2%이다.
③ 순영업소득(NOI)은 94,500,000원이다.
④ 유효총소득(EGI)은 135,000,000원이다.

▌정답해설▐

대상토지의 시산가액 = 표준지공시지가(1,000만 원) × 지가변동률[(1 − 0.05) × (1 − 0.02)] × 개별요인[획지조건(1 − 0.04) × 환경조건(1 + 0.05)] × 그 밖의 요인 보정(1 + 0.2) = 11,261,376원

주어진 지문에서 천 원 미만은 버릴 것을 전제함으로써 11,261,000원이 된다.

▮정답해설▮

④ 감정평가에 관한 규칙(제18조 과수원의 감정평가)에 따르면 감정평가법인등은 과수원을 감정평가할 때에 거래 사례비교법을 적용해야 한다.

▮오답해설▮

① 감정평가에 관한 규칙(제2조 정의 1호)에 따르면 시장가치란 감정평가의 대상이 되는 토지등이 통상적인 시장에서 충분한 기간 동안 거래를 위하여 공개된 후 그 대상물건의 내용에 정통한 당사자 사이에 신중하고 자발적인 거래가 있을 경우 성립된 가능성이 가장 높다고 인정되는 대상물건의 가액을 말한다.

② 감정평가에 관한 규칙(제7조 개별물건기준 원칙 등) 4항에 따르면 일체로 이용되고 있는 대상물건의 일부분에 대하여 감정평가하여야 할 특수한 목적이나 합리적인 이유가 있는 경우에는 그 부분에 대하여 감정평가할 수 있다.

③ 감정평가에 관한 규칙 제7조 참조

> **감정평가에 관한 규칙(제7조 개별물건기준 원칙 등)**
> ① 감정평가는 대상물건마다 개별로 하여야 한다.
> ③ 하나의 대상물건이라도 가치를 달리하는 부분은 이를 구분하여 감정평가할 수 있다.

⑤ 감정평가에 관한 규칙(제6조 현황기준원칙) 1항에 따르면 감정평가는 기준시점에서의 대상물건의 이용상황(불법적이거나 일시적인 이용은 제외한다) 및 공법상 제한을 받는 상태를 기준으로 한다.

할 수 있다고 믿는 사람은 그렇게 되고,
할 수 없다고 믿는 사람도 역시 그렇게 된다.

－샤를 드골－

PART 01

기출문제

※ 복수정답, 또는 개정법령 반영으로 인해 기출문제를 변형한 경우 문제 변형 표시를 하였습니다.

01 2022년 제33회 기출문제

01 토지에 관한 설명으로 옳지 <u>않은</u> 것은?

① 공간으로서 토지는 지표, 지하, 공중을 포괄하는 3차원 공간을 의미한다.

② 자연으로서 토지는 인간의 노력에 의해 그 특성을 바꿀 수 없다.

③ 소비재로서 토지는 그 가치가 시장가치와 괴리되는 경우가 있다.

④ 생산요소로서 토지는 그 가치가 토지의 생산성에 영향을 받는다.

⑤ 재산으로서 토지는 사용·수익·처분의 대상이 된다.

02 부동산활동에 관련된 설명으로 옳은 것을 모두 고른 것은?

> ㄱ. 공유지(共有地)란 1필지의 토지를 2인 이상이 공동으로 소유한 토지로, 지분비율 또는 지분의 위치에 따라 감정평가한다.
>
> ㄴ. 일단지란 용도상 불가분의 관계에 있고 지가형성요인이 같은 2필지 이상의 토지로, 필지별로 감정평가한다.
>
> ㄷ. 선하지란 고압선 아래의 토지로, 고압선 등 통과부분의 면적 등 제한의 정도를 고려하여 감정평가한다.
>
> ㄹ. 맹지란 도로와 접한 면이 없는 토지로, 도로로 사용하기 위한 지역권이 설정되어 있는 경우 도로가 있는 것으로 보고 감정평가한다.
>
> ㅁ. 환지란 도시개발사업에서 사업 전 토지의 위치 등을 고려하여 소유자에게 재분배하는 사업 후의 토지로, 환지처분 이전에 환지예정지로 지정된 경우에는 종전 토지의 위치 등을 기준으로 감정평가한다.

① ㄱ, ㄴ, ㄷ   ② ㄱ, ㄷ, ㄹ

③ ㄱ, ㄷ, ㅁ   ④ ㄴ, ㄷ, ㄹ

⑤ ㄴ, ㄹ, ㅁ

03 토지의 특성에 관한 설명이다. (   )에 들어갈 내용으로 옳게 연결된 것은?

- (ㄱ)은 토지에 대한 소유욕을 증대시키며 토지이용을 집약화시킨다.
- (ㄴ)은 임장활동과 지역분석의 근거가 된다.
- (ㄷ)은 토지간의 비교를 어렵게 하며 완전한 대체를 제약시킨다.

---

① ㄱ : 개별성, ㄴ : 부동성, ㄷ : 영속성
② ㄱ : 영속성, ㄴ : 부동성, ㄷ : 용도의 다양성
③ ㄱ : 영속성, ㄴ : 인접성, ㄷ : 용도의 다양성
④ ㄱ : 부증성, ㄴ : 인접성, ㄷ : 부동성
⑤ ㄱ : 부증성, ㄴ : 부동성, ㄷ : 개별성

04 부동산의 특성에 관한 설명으로 옳은 것의 개수는?

- 용도의 다양성은 최유효이용을 선택할 수 있는 근거가 된다.
- 인접성은 외부효과의 원인이 된다.
- 분할·합병의 가능성은 부동산의 가치를 변화시킨다.
- 부동성은 인근지역과 유사지역의 분류를 가능하게 한다.
- 영속성은 부동산활동을 장기적으로 고려하게 한다.

---

① 1   ② 2
③ 3   ④ 4
⑤ 5

05 디파스퀄리-위튼(DiPasquale & Wheaton)의 사분면 모형에 관한 설명으로 옳지 <u>않은</u> 것은? (단, 주어진 조건에 한함)

① 장기균형에서 4개의 내생변수, 즉 공간재고, 임대료, 자본환원율, 건물의 신규공급량이 결정된다.
② 신축을 통한 건물의 신규공급량은 부동산 자산가격, 생산요소가격 등에 의해 영향을 받는다.
③ 자본환원율은 요구수익률을 의미하며 시장이자율 등에 의해 영향을 받는다.
④ 최초 공간재고가 공간서비스에 대한 수요량과 일치할 때 균형임대료가 결정된다.
⑤ 건물의 신규공급량과 기존 재고의 소멸에 의한 재고량 감소분이 일치할 때 장기균형에 도달한다.

06 A지역 전원주택시장의 시장수요함수가 $Q_D = 2,600 - 2P$이고, 시장공급함수가 $3Q_S = 600 + 4P$일 때, 균형에서 수요의 가격탄력성과 공급의 가격탄력성의 합은? (단, Q_D : 수요량, Q_S : 공급량, P : 가격이고, 가격탄력성은 점탄력성을 말하며, 다른 조건은 동일함)

① $\dfrac{58}{72}$　　　　　　　　　　　② $\dfrac{87}{72}$

③ $\dfrac{36}{29}$　　　　　　　　　　　④ $\dfrac{145}{72}$

⑤ $\dfrac{60}{29}$

07 부동산시장에 대한 정부의 간접개입방식으로 옳게 묶인 것은?

① 임대료상한제, 부동산보유세, 담보대출규제
② 담보대출규제, 토지거래허가제, 부동산거래세
③ 개발부담금제, 부동산거래세, 부동산가격공시제도
④ 지역지구제, 토지거래허가제, 부동산가격공시제도
⑤ 부동산보유세, 개발부담금제, 지역지구제

08 산업입지이론에 관한 설명으로 옳지 <u>않은</u> 것은?

① 베버(A. Weber)는 운송비의 관점에서 특정 공장이 원료지향적인지 또는 시장지향적인지 판단하기 위해 원료지수(material index)를 사용하였다.
② 베버(A. Weber)의 최소비용이론에서는 노동비, 운송비, 집적이익 가운데 운송비를 최적입지 결정에 가장 우선적으로 검토한다.
③ 뢰쉬(A. Lösch)의 최대수요이론에서는 입지분석에 있어 대상지역 내 원자재가 불균등하게 존재한다는 전제하에, 수요가 최대가 되는 지점이 최적입지라고 본다.
④ 아이사드(W. Isard)는 여러 입지 가운데 하나의 입지를 선정할 때 각 후보지역이 가지고 있는 비용최소 요인을 대체함으로써 최적입지가 달라질 수 있다는 대체원리(substitution principle)를 입지이론에 적용하였다.
⑤ 스미스(D. Smith)의 비용수요통합이론에서는 이윤을 창출할 수 있는 공간한계 내에서는 어디든지 입지할 수 있다는 준최적입지(suboptimal location) 개념을 강조한다.

09 부동산시장의 효율성에 관한 내용으로 옳은 것은?

① 특정 투자자가 얻는 초과이윤이 이를 발생시키는데 소요되는 정보비용보다 크면 배분 효율적 시장이 아니다.

② 약성 효율적 시장은 정보가 완전하고 모든 정보가 공개되어 있으며 정보비용이 없다는 완전경쟁시장의 조건을 만족한다.

③ 부동산시장은 주식시장이나 일반적인 재화시장보다 더 불완전경쟁적이므로 배분 효율성을 달성할 수 없다.

④ 강성 효율적 시장에서는 정보를 이용하여 초과이윤을 얻을 수 있다.

⑤ 약성 효율적 시장의 개념은 준강성 효율적 시장의 성격을 모두 포함하고 있다.

10 주거분리와 여과과정에 관한 설명으로 옳은 것은?

① 여과과정이 원활하게 작동하면 신규주택에 대한 정부지원으로 모든 소득계층이 이득을 볼 수 있다.

② 하향여과는 고소득층 주거지역에서 주택의 개량을 통한 가치상승분이 주택개량비용보다 큰 경우에 발생한다.

③ 다른 조건이 동일할 경우 고가주택에 가까이 위치한 저가주택에는 부(−)의 외부효과가 발생한다.

④ 민간주택시장에서 불량주택이 발생하는 것은 시장실패를 의미한다.

⑤ 주거분리현상은 도시지역에서만 발생하고, 도시와 지리적으로 인접한 근린지역에서는 발생하지 않는다.

11 분양가상한제로 인해 발생할 수 있는 문제점과 그 보완책을 연결한 것으로 옳지 <u>않은</u> 것은?

① 분양주택의 질 하락 – 분양가상한제의 기본 건축비 현실화

② 분양주택 배분 문제 – 주택청약제도를 통한 분양

③ 분양프리미엄 유발 – 분양주택의 전매제한 완화

④ 신규주택 공급량 감소 – 공공의 저렴한 택지 공급

⑤ 신규주택 공급량 감소 – 신규주택건설에 대한 금융지원

12 정부의 주택시장 개입에 관한 설명으로 옳지 <u>않은</u> 것은?

① 주택은 긍정적인 외부효과를 창출하므로 생산과 소비를 장려해야 할 가치재(merit goods)이다.

② 저소득층에 대한 임대주택 공급은 소득의 직접분배효과가 있다.

③ 주택구입능력을 제고하기 위한 정책은 소득계층에 따라 달라진다.

④ 자가주택 보유를 촉진하는 정책은 중산층 형성과 사회안정에 기여한다.

⑤ 주거안정은 노동생산성과 지역사회에 대한 주민참여를 제고하는 효과가 있다.

13 A투자안의 현금흐름이다. 추가투자가 없었을 때의 NPV(ㄱ)와 추가투자로 인한 NPV증감(ㄴ)은? (단, 0기 기준이며, 주어진 자료에 한함)

구분	0기	1기	2기	3기
초기투자	(1억 원)			
NOI		4천만 원	3천만 원	
추가투자			(5천만 원)	
추가투자에 따른 NOI증감			+3천만 원	+4천만 원
현가계수		0.952	0.906	0.862

① ㄱ : −260,000원, ㄴ : +16,360,000원

② ㄱ : −260,000원, ㄴ : +17,240,000원

③ ㄱ : −260,000원, ㄴ : +18,120,000원

④ ㄱ : +260,000원, ㄴ : +16,360,000원

⑤ ㄱ : +260,000원, ㄴ : +17,240,000원

14 부동산투자회사법상 부동산투자회사에 관한 설명으로 옳은 것은?

① 최저자본금준비기간이 지난 위탁관리 부동산투자회사의 자본금은 70억 원 이상이 되어야 한다.

② 자기관리 부동산투자회사의 설립자본금은 3억 원 이상으로 한다.

③ 자기관리 부동산투자회사에 자산운용 전문인력으로 상근하는 감정평가사는 해당 분야에 3년 이상 종사한 사람이어야 한다.

④ 최저자본금준비기간이 끝난 후에는 매 분기 말 현재 총자산의 100분의 80 이상이 부동산(건축 중인 건축물 포함)이어야 한다.

⑤ 위탁관리 부동산투자회사는 해당 연도 이익을 초과하여 배당할 수 있다.

15 부동산투자이론에 관한 설명으로 옳지 <u>않은</u> 것은?

① 변동계수는 수익률을 올리기 위해 감수하는 위험의 비율로 표준편차를 기대수익률로 나눈 값이다.

② 포트폴리오를 구성하면 비체계적 위험을 회피할 수 있다.

③ 위험기피형 투자자는 위험부담에 대한 보상심리로 위험할증률을 요구수익률에 반영한다.

④ 두 개별자산으로 구성된 포트폴리오에서 자산간 상관계수가 양수인 경우에 음수인 경우보다 포트폴리오 위험절감효과가 높다.

⑤ 투자안의 기대수익률이 요구수익률보다 높으면 해당 투자안의 수요증가로 기대수익률이 낮아져 요구수익률에 수렴한다.

16 부동산 투자분석기법에 관한 설명으로 옳은 것은?

① 투자규모가 상이한 투자안에서 수익성지수(PI)가 큰 투자안이 순현재가치(NPV)도 크다.

② 서로 다른 투자안 A, B를 결합한 새로운 투자안의 내부수익률(IRR)은 A의 내부수익률과 B 의 내부수익률을 합한 값이다.

③ 순현재가치법과 수익성지수법에서는 화폐의 시간가치를 고려하지 않는다.

④ 투자안마다 단일의 내부수익률만 대응된다.

⑤ 수익성지수가 1보다 크면 순현재가치는 0보다 크다.

17 대출상환방식에 관한 설명으로 옳지 <u>않은</u> 것은? (단, 주어진 조건에 한함)

① 원금균등분할상환방식은 만기에 가까워질수록 차입자의 원리금상환액이 감소한다.

② 원리금균등분할상환방식은 만기에 가까워질수록 원리금상환액 중 원금의 비율이 높아진다.

③ 대출조건이 동일하다면 대출기간동안 차입자의 총원리금상환액은 원금균등분할상환방식이 원리금균등분할상환방식보다 크다.

④ 차입자의 소득에 변동이 없는 경우 원금균등상환방식의 총부채상환비율(DTI)은 만기에 가까워질수록 낮아진다.

⑤ 차입자의 소득에 변동이 없는 경우 원리금균등분할상환방식의 총부채상환비율은 대출기간동안 일정하게 유지된다.

18 A는 다음과 같은 조건을 가지는 원리금균등분할상환방식의 주택저당대출을 받았다. 5년 뒤 대출잔액은 얼마인가? (단, 주어진 자료에 한함)

- 대출액 : 47,400만 원
- 대출만기 : 15년
- 대출금리 : 연 6%, 고정금리
- 원리금은 매월 말 상환
- 연금현가계수(0.5%, 60) : 51.73
- 연금현가계수(0.5%, 120) : 90.07
- 연금현가계수(0.5%, 180) : 118.50

① 20,692만 원   ② 25,804만 원

③ 30,916만 원   ④ 36,028만 원

⑤ 41,140만 원

19 이자율과 할인율이 연 6%로 일정할 때, A, B, C를 크기 순서로 나열한 것은? (단, 주어진 자료에 한하며, 모든 현금흐름은 연말에 발생함)

- A : 2차년도부터 6차년도까지 매년 250만 원씩 받는 연금의 현재가치
- B : 2차년도부터 6차년도까지 매년 200만 원씩 받는 연금의 6차년도의 미래가치
- C : 1차년도에 40만 원을 받고 매년 전년대비 2%씩 수령액이 증가하는 성장형 영구연금의 현재가치
- 연금현가계수 (6%, 5) : 4.212
- 연금현가계수 (6%, 6) : 4.917
- 연금내가계수 (6%, 5) : 5.637
- 연금내가계수 (6%, 6) : 6.975

① A > B > C   ② A > C > B

③ B > A > C   ④ B > C > A

⑤ C > B > A

20 부동산증권에 관한 설명으로 옳지 않은 것은?

① 한국주택금융공사는 유동화증권의 발행을 통해 자본시장에서 정책모기지 재원을 조달할 수 있다.

② 금융기관은 주택저당증권(MBS)을 통해 유동성 위험을 감소시킬 수 있다.

③ 저당담보부채권(MBB)의 투자자는 채무불이행위험을 부담한다.

④ 저당이체증권(MPTS)은 지분형 증권이며 유동화기관의 부채로 표기되지 않는다.

⑤ 지불이체채권(MPTB)의 투자자는 조기상환위험을 부담한다.

21 부동산금융에 관한 설명으로 옳지 <u>않은</u> 것은? (단, 주어진 조건에 한함)

① 대출채권의 듀레이션(평균 회수기간)은 만기일시상환대출이 원리금균등분할상환대출보다 길다.

② 대출수수료와 조기상환수수료를 부담하는 경우 차입자의 실효이자율은 조기상환시점이 앞당겨질수록 상승한다.

③ 금리하락기에 변동금리대출은 고정금리대출에 비해 대출자의 조기상환위험이 낮다.

④ 금리상승기에 변동금리대출의 금리조정주기가 짧을수록 대출자의 금리위험은 낮아진다.

⑤ 총부채원리금상환비율(DSR)과 담보인정비율(LTV)은 소득기준으로 채무불이행위험을 측정하는 지표이다.

22 A는 향후 30년간 매월 말 30만 원의 연금을 받을 예정이다. 시중 금리가 연 6%일 때, 이 연금의 현재가치를 구하는 식으로 옳은 것은? (단, 주어진 조건에 한함)

① $30만 원 \times \left(1 + \dfrac{0.06}{12}\right)^{30 \times 12}$

② $30만 원 \times \left[\dfrac{(1 + 0.06)^{30} - 1}{0.06}\right]$

③ $30만 원 \times \left[\dfrac{1 - (1 + 0.06)^{-30}}{0.06}\right]$

④ $30만 원 \times \left[\dfrac{1 - (1 + \dfrac{0.06}{12})^{-30 \times 12}}{\dfrac{0.06}{12}}\right]$

⑤ $30만 원 \times \left[\dfrac{(1 + \dfrac{0.06}{12})^{30 \times 12} - 1}{\dfrac{0.06}{12}}\right]$

23 부동산관리와 생애주기에 관한 설명으로 옳지 <u>않은</u> 것은?

① 자산관리(Asset Management)란 소유자의 부를 극대화시키기 위하여 대상부동산을 포트폴리오 관점에서 관리하는 것을 말한다.

② 시설관리(Facility Management)란 각종 부동산시설을 운영하고 유지하는 것으로 시설 사용자나 건물주의 요구에 단순히 부응하는 정도의 소극적이고 기술적인 측면의 관리를 말한다.

③ 생애주기상 노후단계는 물리적·기능적 상태가 급격히 악화되기 시작하는 단계로 리모델링을 통하여 가치를 올릴 수 있다.

④ 재산관리(Property Management)란 부동산의 운영수익을 극대화하고 자산가치를 증진시키기 위한 임대차관리 등의 일상적인 건물운영 및 관리뿐만 아니라 부동산 투자의 위험관리와 프로젝트 파이낸싱 등의 업무를 하는 것을 말한다.

⑤ 건물의 이용에 의한 마멸, 파손, 노후화, 우발적 사고 등으로 사용이 불가능할 때까지의 기간을 물리적 내용연수라고 한다.

24 건물의 관리방식에 관한 설명으로 옳은 것은?

① 위탁관리방식은 부동산관리 전문업체에 위탁해 관리하는 방식으로 대형건물의 관리에 유용하다.

② 혼합관리방식은 필요한 부분만 일부 위탁하는 방식으로 관리자들간의 협조가 긴밀하게 이루어진다.

③ 자기관리방식은 관리업무의 타성(惰性)을 방지할 수 있다.

④ 위탁관리방식은 외부 전문가가 관리하므로 기밀 및 보안 유지에 유리하다.

⑤ 혼합관리방식은 관리문제 발생시 책임소재가 명확하다.

25 부동산개발에 관한 설명으로 옳은 것을 모두 고른 것은?

ㄱ. 부동산개발업의 관리 및 육성에 관한 법률상 부동산개발은 토지를 건설공사의 수행 또는 형질변경의 방법으로 조성하는 행위 및 건축물을 건축, 대수선, 리모델링 또는 용도를 변경하거나 공작물을 설치하는 행위를 말하며, 시공을 담당하는 행위는 제외한다.

ㄴ. 혼합방식은 개발전의 면적·등급·지목 등을 고려하여, 개발된 토지를 토지 소유주에게 종전의 토지위치에 재분배하는 것을 말한다.

ㄷ. 흡수율분석은 수요·공급분석을 통하여 대상부동산이 언제 얼마만큼 시장에서 매각 또는 임대될 수 있는지를 파악하는 것이다.

ㄹ. 개발권양도제(TDR)는 일정하게 주어진 개발허용한도 내에서 해당 지역의 토지이용규제로 인해 사용하지 못하는 부분을 다른 지역에 양도할 수 있는 것이다.

① ㄱ, ㄷ　　　　　　　　　　　② ㄷ, ㄹ

③ ㄱ, ㄴ, ㄹ　　　　　　　　　④ ㄱ, ㄷ, ㄹ

⑤ ㄴ, ㄷ, ㄹ

26 부동산마케팅에 관한 설명으로 옳지 <u>않은</u> 것은?

① STP란 시장세분화(Segmentation), 표적시장(Target market), 포지셔닝(Positioning)을 말한다.

② 마케팅믹스 전략에서의 4P는 유통경로(Place), 제품(Product), 가격(Price), 판매촉진(Promotion)을 말한다.

③ 노벨티(novelty) 광고는 개인 또는 가정에서 이용되는 실용적이며 장식적인 물건에 상호·전화번호 등을 표시하는 것으로 분양광고에 주로 활용된다.

④ 관계마케팅 전략은 공급자와 소비자 간의 장기적·지속적인 상호작용을 중요시하는 전략을 말한다.

⑤ AIDA 원리에 따르면 소비자의 구매의사결정은 행동(Action), 관심(Interest), 욕망(Desire), 주의(Attention)의 단계를 순차적으로 거친다.

27 부동산개발의 타당성분석 유형을 설명한 것이다. ( )에 들어갈 내용으로 옳게 연결된 것은?

- (ㄱ)은 부동산이 현재나 미래의 시장상황에서 매매 또는 임대될 수 있는 가능성을 분석하는 것이다.
- (ㄴ)은 개발업자가 대상부동산에 대해 수립한 사업안들 중에서 최유효이용을 달성할 수 있는 방식을 판단할 수 있도록 자료를 제공해 주는 것이다.
- (ㄷ)은 주요 변수들의 초기 투입값을 변화시켜 적용함으로써 낙관적 또는 비관적인 상황에서 발생할 수 있는 수익성 및 부채상환능력 등을 예측하는 것이다.

① ㄱ : 시장성분석,　ㄴ : 민감도분석,　ㄷ : 투자분석
② ㄱ : 민감도분석,　ㄴ : 투자분석,　　ㄷ : 시장성분석
③ ㄱ : 투자분석,　　ㄴ : 시장성분석,　ㄷ : 민감도분석
④ ㄱ : 시장성분석,　ㄴ : 투자분석,　　ㄷ : 민감도분석
⑤ ㄱ : 민감도분석,　ㄴ : 시장성분석,　ㄷ : 투자분석

28 에스크로우(Escrow)에 관한 설명으로 옳지 <u>않은</u> 것은?

① 부동산매매 및 교환 등에 적용된다.

② 권리관계조사, 물건확인 등의 업무를 포함한다.

③ 매수자, 매도자, 저당대출기관 등의 권익을 보호한다.

④ 은행이나 신탁회사는 해당 업무를 취급할 수 없다.

⑤ 에스크로우 업체는 계약조건이 이행될 때까지 금전·문서·권원증서 등을 점유한다.

29 부동산 중개계약에 관한 설명으로 옳지 <u>않은</u> 것은?

① 순가중개계약에서는 매도자가 개업공인중개사에게 제시한 가격을 초과해 거래가 이루어진 경우 그 초과액을 매도자와 개업공인중개사가 나누어 갖는다.

② 일반중개계약에서는 의뢰인이 다수의 개업공인중개사에게 동등한 기회로 거래를 의뢰한다.

③ 공인중개사법령상 당사자간에 다른 약정이 없는 경우 전속중개계약의 유효기간은 3월로 한다.

④ 공동중개계약에서는 부동산거래정보망 등을 통하여 다수의 개업공인중개사가 상호 협동하여 공동으로 거래를 촉진한다.

⑤ 독점중개계약에서는 의뢰인이 직접 거래를 성사시킨 경우에도 중개보수 청구권이 발생한다.

30 공인중개사법령상 개업공인중개사가 주택을 중개하는 경우 확인·설명해야 할 사항으로 옳은 것의 개수는? 문제 변형

ㄱ. 일조·소음·진동 등 환경조건
ㄴ. 소유권·전세권·임차권 등 권리관계
ㄷ. 주택공시가격·중개보수 및 실비의 금액
ㄹ. 권리를 취득함에 따라 부담하여야 할 조세의 종류 및 세율
ㅁ. 토지이용계획, 공법상의 거래규제 및 이용제한에 관한 사항

① 1 　　　　　　　　　　　　　② 2
③ 3 　　　　　　　　　　　　　④ 4
⑤ 5

31 A지역 주택시장의 시장수요함수는 $Q_D = -2P + 2,400$이고 시장공급함수는 $Q_S = 3P - 1,200$이다. 정부가 부동산거래세를 공급측면에 단위당 세액 20만 원의 종량세 형태로 부과하는 경우에 A지역 주택시장의 경제적 순손실은? (단, Q_D : 수요량, Q_S : 공급량, P : 가격, 단위는 만 호, 만 원이며, 다른 조건은 동일함)

① 60억 원 　　　　　　　　　　② 120억 원
③ 240억 원 　　　　　　　　　　④ 360억 원
⑤ 480억 원

32 다음 설명에 모두 해당하는 부동산조세는?

> - 시·군·구세, 특별자치시(도)세
> - 과세대상에 따라 누진세율 또는 단일세율 적용
> - 보통징수 방식

① 종합부동산세 ② 양도소득세

③ 취득세 ④ 등록면허세

⑤ 재산세

33 부동산 권리분석에 관한 설명으로 옳지 <u>않은</u> 것은?

① 권리분석의 원칙에는 능률성, 안전성, 탐문주의, 증거주의 등이 있다.

② 건물의 소재지, 구조, 용도 등의 사실관계는 건축물대장으로 확인·판단한다.

③ 임장활동 이전 단계 활동으로 여러 가지 물적 증거를 수집하고 탁상으로 검토하여 1차적으로 하자의 유무를 발견하는 작업을 권리보증이라고 한다.

④ 부동산의 상태 또는 사실관계, 등기능력이 없는 권리 및 등기를 요하지 않는 권리관계 등 자세한 내용까지 분석의 대상으로 하는 것이 최광의의 권리분석이다.

⑤ 매수인이 대상부동산을 매수하기 전에 소유권을 저해하는 조세체납, 계약상 하자 등을 확인하기 위해 공부 등을 조사하는 일도 포함된다.

34 부동산 권리분석 시 등기능력이 <u>없는</u> 것으로 묶인 것은?

① 지역권, 지상권

② 유치권, 점유권

③ 전세권, 법정지상권

④ 가압류, 분묘기지권

⑤ 저당권, 권리질권

35 감정평가에 관한 규칙상 원가방식에 관한 설명으로 옳지 <u>않은</u> 것은?

① 원가법과 적산법은 원가방식에 속한다.

② 적산법에 의한 임대료 평가에서는 대상물건의 재조달원가에 기대이율을 곱하여 산정된 기대수익에 대상물건을 계속하여 임대하는 데에 필요한 경비를 더한다.

③ 원가방식을 적용한 감정평가서에는 부득이한 경우를 제외하고는 재조달원가 산정 및 감가수정 등의 내용이 포함되어야 한다.

④ 입목 평가 시 소경목림(小徑木林)인 경우에는 원가법을 적용할 수 있다.

⑤ 선박 평가 시 본래 용도의 효용가치가 있으면 선체·기관·의장(艤裝)별로 구분한 후 각각 원가법을 적용해야 한다.

36 할인현금흐름분석법에 의한 수익가액은? (단, 주어진 자료에 한함, 모든 현금흐름은 연말에 발생함)

- 보유기간 5년의 순영업소득 : 매년 9천만 원
- 6기 순영업소득 : 1억 원
- 매도비용 : 재매도가치의 5%
- 기입환원율 : 4%, 기출환원율 : 5%, 할인율 : 연 5%
- 연금현가계수 (5%, 5년) : 4.329
- 일시불현가계수 (5%, 5년) : 0.783

① 1,655,410,000원

② 1,877,310,000원

③ 2,249,235,000원

④ 2,350,000,000원

⑤ 2,825,000,000원

37 수익환원법에 관한 설명으로 옳지 <u>않은</u> 것은?

① 운영경비에 감가상각비를 포함시킨 경우 상각전환원율을 적용한다.

② 직접환원법에서 사용할 환원율은 시장추출법으로 구하는 것을 원칙으로 한다.

③ 재매도가치를 내부추계로 구할 때 보유기간 경과 후 초년도 순수익을 반영한다.

④ 할인 또는 환원할 순수익을 구할 때 자본적지출은 비용으로 고려하지 않는다.

⑤ 요소구성법으로 환원율을 결정할 때 위험요소를 적극적으로 반영하면 환원율은 커진다.

38 감정평가사 A는 B토지의 감정평가를 의뢰받고 인근지역 나지 거래사례인 C토지를 활용해 2억 원으로 평가했다. A가 C토지 거래금액에 대해 판단한 사항은? (단, 주어진 자료에 한함)

- B, C토지의 소재지, 용도지역 : D구, 제2종일반주거지역
- 면적 : B토지 200m², C토지 150m²
- 거래금액 : 1.5억 원(거래시점 일괄지급)
- D구 주거지역 지가변동률(거래시점 ~ 기준시점) : 10% 상승
- 개별요인 : B토지 가로조건 10% 우세, 그 외 조건 대등

① 정상
② 10% 고가
③ 20% 고가
④ 21% 고가
⑤ 31% 고가

39 감정평가에 관한 규칙에서 규정하고 있는 내용으로 옳지 <u>않은</u> 것은?

① 기업가치의 주된 평가방법은 수익환원법이다.
② 적정한 실거래가는 감정평가의 기준으로 적용하기에 적정하다고 판단되는 거래가격으로서, 거래시점이 도시지역은 5년 이내, 그 밖의 지역은 3년 이내인 거래가격을 말한다.
③ 시산가액 조정 시, 공시지가기준법과 그 밖의 비교방식에 속한 감정평가방법은 서로 다른 감정평가방식에 속한 것으로 본다.
④ 필요한 경우 관련 전문가에 대한 자문 등을 거쳐 감정평가할 수 있다.
⑤ 항공기의 주된 평가방법은 원가법이며, 본래 용도의 효용가치가 없는 물건은 해체처분가액으로 감정평가할 수 있다.

40 수익환원법(직접환원법)에 의한 대상부동산의 가액이 8억 원일 때, 건물의 연간 감가율(회수율)은? (단, 주어진 자료에 한함)

- 가능총수익 : 월 6백만 원
- 공실 및 대손 : 연 1천 2백만 원
- 운영경비(감가상각비 제외) : 유효총수익의 20%
- 토지, 건물 가격구성비 : 각각 50%
- 토지환원율, 건물상각후환원율 : 각각 연 5%

① 1%
② 2%
③ 3%
④ 4%
⑤ 5%

02 2021년 제32회 기출문제

01 부동산의 개념에 관한 설명으로 옳지 <u>않은</u> 것은?

① 자연, 공간, 위치, 환경 속성은 물리적 개념에 해당한다.

② 부동산의 절대적 위치는 토지의 부동성에서 비롯된다.

③ 토지는 생산의 기본요소이면서 소비재가 된다.

④ 협의의 부동산과 준부동산을 합쳐서 광의의 부동산이라고 한다.

⑤ 부동산의 법률적 · 경제적 · 물리적 측면을 결합한 개념을 복합부동산이라고 한다.

02 토지의 분류 및 용어에 관한 설명으로 옳은 것은?

① 필지는 법률적 개념으로 다른 토지와 구별되는 가격수준이 비슷한 일단의 토지이다.

② 후보지는 부동산의 용도지역인 택지지역, 농지지역, 임지지역 상호간에 전환되고 있는 지역의 토지이다.

③ 나지는 「건축법」에 의한 건폐율 · 용적률 등의 제한으로 인해 한 필지 내에서 건축하지 않고 비워둔 토지이다.

④ 표본지는 지가의 공시를 위해 가치형성요인이 같거나 유사하다고 인정되는 일단의 토지 중에서 선정한 토지이다.

⑤ 공한지는 특정의 지점을 기준으로 한 택지이용의 최원방권의 토지이다.

03 토지의 특성에 관한 설명으로 옳은 것을 모두 고른 것은?

> ㄱ. 부증성으로 인해 이용전환을 통한 토지의 용도적 공급이 불가능하다.
> ㄴ. 부동성으로 인해 부동산 활동이 국지화된다.
> ㄷ. 영속성으로 인해 토지는 감가상각에서 배제되는 자산이다.
> ㄹ. 개별성으로 인해 외부효과가 발생한다.

① ㄱ, ㄹ
② ㄴ, ㄷ
③ ㄱ, ㄴ, ㄷ
④ ㄴ, ㄷ, ㄹ
⑤ ㄱ, ㄴ, ㄷ, ㄹ

04 부동산수요의 가격탄력성에 관한 설명으로 옳지 <u>않은</u> 것은? (단, 다른 조건은 동일함)

① 수요곡선 기울기의 절댓값이 클수록 수요의 가격탄력성이 작아진다.

② 임대주택 수요의 가격탄력성이 1보다 작을 경우 임대료가 상승하면 전체 수입은 증가한다.

③ 대체재가 많을수록 수요의 가격탄력성이 크다.

④ 일반적으로 부동산의 용도전환 가능성이 클수록 수요의 가격탄력성이 커진다.

⑤ 수요의 가격탄력성이 비탄력적이면 가격의 변화율보다 수요량의 변화율이 더 크다.

05 수요함수와 공급함수가 각각 A부동산시장에서는 $Q_D = 200 - P$, $Q_S = 10 + \frac{1}{2}P$이고 B부동산시장에서는 $Q_D = 400 - \frac{1}{2}P$, $Q_S = 50 + 2P$이다. 거미집이론(Cob-web theory)에 의한 A시장과 B시장의 모형 형태의 연결이 옳은 것은? (단, x축은 수량, y축은 가격, 각각의 시장에 대한 P는 가격, Q_D는 수요량, Q_S는 공급량이며, 가격변화에 수요는 즉각 반응하지만 공급은 시간적인 차이를 두고 반응함, 다른 조건은 동일함)

① A : 발산형, B : 수렴형

② A : 발산형, B : 순환형

③ A : 순환형, B : 발산형

④ A : 수렴형, B : 발산형

⑤ A : 수렴형, B : 순환형

06 도시공간구조이론에 관한 설명으로 옳지 <u>않은</u> 것은?

① 동심원이론은 도시공간구조의 형성을 침입, 경쟁, 천이 과정으로 설명하였다.

② 동심원이론에 따르면 중심지에서 멀어질수록 지대 및 인구밀도가 낮아진다.

③ 선형이론에서의 점이지대는 중심업무지구에 직장 및 생활터전이 있어 중심업무지구에 근접하여 거주하는 지대를 말한다.

④ 선형이론에 따르면 도시공간구조의 성장 및 분화가 주요 교통노선을 따라 부채꼴모양으로 확대된다.

⑤ 다핵심이론에 따르면 하나의 중심이 아니라 몇 개의 분리된 중심이 점진적으로 통합됨에 따라 전체적인 도시공간구조가 형성된다.

07 A토지에 접하여 도시·군계획시설(도로)이 개설될 확률은 60%로 알려져 있고, 1년 후에 해당 도로가 개설되면 A토지의 가치는 2억 7,500만 원, 그렇지 않으면 9,350만 원으로 예상된다. 만약 부동산시장이 할당효율적이라면 합리적인 투자자가 최대한 지불할 수 있는 정보비용의 현재가치는? (단, 요구수익률은 연 10%이고, 주어진 조건에 한함)

① 5,200만 원 ② 5,600만 원
③ 6,200만 원 ④ 6,600만 원
⑤ 7,200만 원

08 부동산시장의 특성으로 옳은 것은?

① 일반상품의 시장과 달리 조직성을 갖고 지역을 확대하는 특성이 있다.
② 토지의 인문적 특성인 지리적 위치의 고정성으로 인하여 개별화된다.
③ 매매의 단기성으로 인하여 유동성과 환금성이 우수하다.
④ 거래정보의 대칭성으로 인하여 정보수집이 쉽고 은밀성이 축소된다.
⑤ 부동산의 개별성으로 인한 부동산상품의 비표준화로 복잡·다양하게 된다.

09 A지역 아파트시장의 단기공급함수는 $Q = 300$, 장기공급함수는 $Q = P + 250$이고, 수요함수는 장단기 동일하게 $Q = 400 - \frac{1}{2}P$이다. 이 아파트시장이 단기에서 장기로 변화할 때 아파트시장의 균형가격(ㄱ)과 균형수량(ㄴ)의 변화는? (단, P는 가격이고, Q는 수급량이며, 다른 조건은 일정하다고 가정함)

① ㄱ : 50 감소, ㄴ : 50 증가
② ㄱ : 50 감소, ㄴ : 100 증가
③ ㄱ : 100 감소, ㄴ : 50 증가
④ ㄱ : 100 감소, ㄴ : 100 증가
⑤ ㄱ : 100 감소, ㄴ : 150 증가

10 다음 중 현행 부동산가격공시제도에 관한 설명으로 옳은 것은 몇 개인가?

- 표준주택가격의 조사·평가는 감정평가사가 담당한다.
- 개별주택가격의 공시기준일이 6월 1일인 경우도 있다.
- 공동주택가격의 공시권자는 시장·군수·구청장이다.
- 표준지공시지가는 표준지의 사용·수익을 제한하는 사법상의 권리가 설정되어 있는 경우 이를 반영하여 평가한다.
- 개별공시지가는 감정평가법인 등이 개별적으로 토지를 감정평가하는 경우에 기준이 된다.

① 없음   ② 1개

③ 2개   ④ 3개

⑤ 4개

11 감정평가사 A는 표준지공시지가의 감정평가를 의뢰받고 현장조사를 통해 표준지에 대해 다음과 같이 확인하였다. 표준지조사평가보고서상 토지특성 기재방법의 연결이 옳은 것은?

ㄱ. 지형지세 : 간선도로 또는 주위의 지형지세보다 높고 경사도가 15°를 초과하는 지대의 토지

ㄴ. 도로접면 : 폭 12m 이상 25m 미만 도로에 한면이 접하고 있는 토지

① ㄱ : 급경사, ㄴ : 광대한면

② ㄱ : 급경사, ㄴ : 중로한면

③ ㄱ : 고지,   ㄴ : 광대한면

④ ㄱ : 고지,   ㄴ : 중로한면

⑤ ㄱ : 고지,   ㄴ : 소로한면

12 우리나라의 부동산제도와 근거법률의 연결이 옳은 것은?

① 토지거래허가제 –「부동산 거래신고 등에 관한 법률」

② 검인계약서제 –「부동산등기법」

③ 토지은행제 –「공익사업을 위한 토지 등의 취득 및 보상에 관한 법률」

④ 개발부담금제 –「재건축 초과이익 환수에 관한 법률」

⑤ 분양가상한제 –「건축물의 분양에 관한 법률」

13 국토의 계획 및 이용에 관한 법령상 현재 지정될 수 있는 용도지역을 모두 고른 것은?

ㄱ. 준상업지역	ㄴ. 준주거지역
ㄷ. 준공업지역	ㄹ. 준농림지역

① ㄱ, ㄴ   ② ㄴ, ㄷ
③ ㄷ, ㄹ   ④ ㄱ, ㄴ, ㄷ
⑤ ㄴ, ㄷ, ㄹ

14 다음 중 부동산시장과 부동산정책에 관한 설명으로 옳은 것은 몇 개인가?

- 부동산정책이 자원배분의 비효율성을 악화시키는 것을 시장의 실패라 한다.
- 법령상 도입순서를 비교하면 부동산거래신고제는 부동산실명제보다 빠르다.
- 개발행위허가제와 택지소유상한제는 현재 시행되고 있는 제도이다.
- 분양가상한제와 개발부담금제는 정부가 직접적으로 부동산에 개입하는 정책수단이다.
- PIR(Price to Income Ratio)은 가구의 주택지불능력을 측정하는 지표이다.

① 없음   ② 1개
③ 2개   ④ 3개
⑤ 4개

15 비율분석법을 이용하여 산출한 것으로 옳지 <u>않은</u> 것은? (단, 주어진 조건에 한하며, 연간 기준임)

- 주택담보대출액 : 2억 원
- 주택담보대출의 연간 원리금상환액 : 1천만 원
- 부동산가치 : 4억 원
- 차입자의 연소득 : 5천만 원
- 가능총소득 : 4천만 원
- 공실손실상당액 및 대손충담금 : 가능총소득의 25%
- 영업경비 : 가능총소득의 50%

① 부채감당률(DCR) = 1.0
② 채무불이행률(DR) = 1.0
③ 총부채상환비율(DTI) = 0.2
④ 부채비율(debt ratio) = 1.0
⑤ 영업경비비율(OER, 유효총소득 기준) = 0.8

16 사업기간 초에 3억 원을 투자하여 다음과 같은 현금유입의 현재가치가 발생하는 투자사업이 있다. 이 경우 보간법으로 산출한 내부수익률은? (단, 주어진 조건에 한함)

현금유입의 현재가치   (단위 : 천 원)

할인율 5%인 경우	할인율 6%인 경우
303,465	295,765

① 5.42%   ② 5.43%

③ 5.44%   ④ 5.45%

⑤ 5.46%

17 포트폴리오 이론에 관한 설명으로 옳지 <u>않은</u> 것은?

① 부동산투자에 수반되는 총위험은 체계적 위험과 비체계적 위험을 합한 것으로, 포트폴리오를 구성함으로써 제거할 수 있는 위험은 비체계적 위험이다.

② 포트폴리오를 구성하는 자산들의 수익률 간 상관계수가 1인 경우에는 포트폴리오를 구성한다고 하더라도 위험은 감소되지 않는다.

③ 효율적 프론티어(efficient frontier)는 모든 위험수준에서 최대의 기대수익률을 올릴 수 있는 포트폴리오의 집합을 연결한 선이다.

④ 무위험자산이 없는 경우의 최적 포트폴리오는 효율적 프론티어(efficient frontier)와 투자자의 무차별곡선이 접하는 점에서 결정되는데, 투자자가 위험선호형일 경우 최적 포트폴리오는 위험기피형에 비해 저위험 – 고수익 포트폴리오가 된다.

⑤ 위험자산으로만 구성된 포트폴리오와 무위험자산을 결합할 때 얻게 되는 직선의 기울기가 커질수록 기대초과수익률(위험프리미엄)이 커진다.

18 부동산투자분석기법에 관한 설명으로 옳은 것을 모두 고른 것은? (단, 다른 조건은 동일함)

> ㄱ. 현금유출의 현가합이 4천만 원이고 현금유입의 현가합이 5천만 원이라면, 수익성지수는 0.80이다.
> ㄴ. 내부수익률은 투자로부터 발생하는 현재와 미래 현금흐름의 순현재가치를 1로 만드는 할인율을 말한다.
> ㄷ. 재투자율로 내부수익률법에서는 요구수익률을 사용하지만, 순현재가치법에서는 시장이자율을 사용한다.
> ㄹ. 내부수익률법, 순현재가치법, 수익성지수법은 할인현금흐름기법에 해당한다.
> ㅁ. 내부수익률법에서는 내부수익률과 요구수익률을 비교하여 투자여부를 결정한다.

① ㄱ, ㄹ   ② ㄴ, ㄷ

③ ㄹ, ㅁ   ④ ㄱ, ㄴ, ㅁ

⑤ ㄷ, ㄹ, ㅁ

19 화폐의 시간가치계산에 관한 설명으로 옳은 것은?

① 연금의 현재가치계수에 일시불의 미래가치계수를 곱하면 연금의 미래가치계수가 된다.

② 원금균등분할상환방식에서 매 기간의 상환액을 계산할 경우 저당상수를 사용한다.

③ 기말에 일정 누적액을 만들기 위해 매 기간마다 적립해야 할 금액을 계산할 경우 연금의 현재가치계수를 사용한다.

④ 연금의 미래가치계수에 일시불의 현재가치계수를 곱하면 일시불의 미래가치계수가 된다.

⑤ 저당상수에 연금의 현재가치계수를 곱하면 일시불의 현재가치가 된다.

20 부동산 금융에 관한 설명으로 옳은 것은?

① 역모기지(reverse mortgage)는 시간이 지남에 따라 대출잔액이 늘어나는 구조이고, 일반적으로 비소구형 대출이다.

② 가치상승공유형대출(SAM : Shared Appreciation Mortgage)은 담보물의 가치상승 일부분을 대출자가 사전약정에 의해 차입자에게 이전하기로 하는 조건의 대출이다.

③ 기업의 구조조정을 촉진하기 위하여 기업구조조정 부동산투자회사에 대하여는 현물출자, 자산구성, 최저자본금을 제한하는 규정이 없다.

④ 부채금융은 대출이나 회사채 발행 등을 통해 타인자본을 조달하는 방법으로서 저당담보부증권(MBS), 조인트벤쳐(joint venture) 등이 있다.

⑤ 우리나라의 공적보증형태 역모기지제도로 현재 주택연금, 농지연금, 산지연금이 시행되고 있다.

21 부동산 증권에 관한 설명으로 옳지 <u>않은</u> 것은?

① MPTS(Mortgage Pass-Through Securities)는 지분을 나타내는 증권으로서 유동화기관의 부채로 표기되지 않는다.

② CMO(Collateralized Mortgage Obligation)는 동일한 저당풀(mortgage pool)에서 상환 우선순위와 만기가 다른 다양한 증권을 발행할 수 있다.

③ 부동산개발PF ABCP(Asset Backed Commercial Paper)는 부동산개발PF ABS(Asset Backed Securities)에 비해 만기가 길고, 대부분 공모로 발행된다.

④ MPTS(Mortgage Pass-Through Securities)는 주택담보대출의 원리금이 회수되면 MPTS의 원리금으로 지급되므로 유동화기관의 자금관리 필요성이 원칙적으로 제거된다.

⑤ MBB(Mortgage Backed Bond)는 주택저당대출차입자의 채무불이행이 발생하더라도 MBB에 대한 원리금을 발행자가 투자자에게 지급하여야 한다.

22 부동산투자회사법령상 자기관리 부동산투자회사가 자산을 투자·운용할 때 상근으로 두어야 하는 자산운용 전문인력에 해당되지 <u>않는</u> 사람은?

① 공인회계사로서 해당 분야에 3년 이상 종사한 사람

② 공인중개사로서 해당 분야에 5년 이상 종사한 사람

③ 감정평가사로서 해당분야에 5년 이상 종사한 사람

④ 부동산 관련 분야의 석사학위 이상의 소지자로서 부동산의 투자·운용과 관련된 업무에 3년 이상 종사한 사람

⑤ 자산관리회사에서 5년 이상 근무한 사람으로서 부동산 취득·처분·관리·개발 또는 자문 등의 업무에 3년 이상 종사한 경력이 있는 사람

23 대출조건이 다음과 같을 때, 5년 거치가 있을 경우(A)와 거치가 없을 경우(B)에 원금을 상환해야 할 첫 번째 회차의 상환원금의 차액(A − B)은? (단, 주어진 조건에 한함)

- 대출금 : 1억 2천만 원
- 대출금리 : 고정금리, 연 3%
- 대출기간 : 30년
- 월 저당상수(360개월 기준) : 0.00422
- 월 저당상수(300개월 기준) : 0.00474
- 월 원리금균등분할상환방식

① 52,000원   ② 54,600원

③ 57,200원   ④ 59,800원

⑤ 62,400원

24 조기상환에 관한 설명으로 옳지 <u>않은</u> 것은?

① 조기상환이 어느 정도 일어나는가를 측정하는 지표로 조기상환율(CPR : Constant Prepayment Rate)이 있다.

② 저당대출차입자에게 주어진 조기상환권은 풋옵션(put option)의 일종으로 차입자가 조기상환을 한다는 것은 대출잔액을 행사가격으로 하여 대출채권을 매각하는 것과 같다.

③ 저당대출차입자의 조기상환정도에 따라 MPTS의 현금흐름과 가치가 달라진다.

④ 이자율 하락에 따른 위험을 감안하여 금융기관은 대출기간 중 조기상환을 금지하는 기간을 설정하고, 위반 시에는 위약금으로 조기상환수수료를 부과하기도 한다.

⑤ 저당대출차입자의 조기상환은 MPTS(Mortgage Pass-Through Securities) 투자자에게 재투자 위험을 유발한다.

25 부동산신탁에 있어 위탁자가 부동산의 관리와 처분을 부동산신탁회사에 신탁한 후 수익증권을 발급받아 이를 담보로 금융기관에서 대출을 받는 신탁방식은?

① 관리신탁　　　　　　　　　　　　② 처분신탁
③ 담보신탁　　　　　　　　　　　　④ 개발신탁
⑤ 명의신탁

26 감정평가사 A는 단독주택의 감정평가를 의뢰받고 관련 공부(公簿)를 통하여 다음과 같은 사항을 확인하였다. 이 단독주택의 건폐율(㉠)과 용적률(㉡)은? (단, 주어진 자료에 한함)

- 토지대장상 토지면적 : 240㎡
- 대지 중 도시 · 군계획시설(공원)저촉 면적 : 40㎡
- 건축물의 용도 : 지하1층(주차장), 지상1층(단독주택), 지상2층(단독주택)
- 건축물대장상 건축면적 : 120㎡
- 건축물대장상 각 층 바닥면적 : 지하1층(60㎡), 지상1층(120㎡), 지상2층(120㎡)

① ㉠ 50%, ㉡ 100%
② ㉠ 50%, ㉡ 120%
③ ㉠ 50%, ㉡ 150%
④ ㉠ 60%, ㉡ 120%
⑤ ㉠ 60%, ㉡ 150%

27 토지개발방식으로서 수용방식과 환지방식의 비교에 관한 설명으로 옳지 <u>않은</u> 것은? (단, 사업구역은 동일함)

① 수용방식은 환지방식에 비해 종전 토지소유자에게 개발이익이 귀속될 가능성이 큰 편이다.
② 수용방식은 환지방식에 비해 사업비의 부담이 큰 편이다.
③ 수용방식은 환지방식에 비해 기반시설의 확보가 용이한 편이다.
④ 환지방식은 수용방식에 비해 사업시행자의 개발토지 매각부담이 적은 편이다.
⑤ 환지방식은 수용방식에 비해 종전 토지소유자의 재정착이 쉬운 편이다.

28 부동산개발사업에 관련된 설명으로 옳은 것을 모두 고른 것은?

> ㄱ. 개발기간의 연장, 이자율 인상, 인플레이션의 영향으로 개발비용이 증가하는 위험은 비용위험에 속한다.
>
> ㄴ. 개발부동산의 선분양제도는 후분양제도에 비해 사업시행자가 부담하는 시장위험을 줄일 수 있다.
>
> ㄷ. 민감도분석에 있어 주요 변수로는 토지구입비, 개발기간, 분양가격 등이 있다.
>
> ㄹ. 수익성지수가 1보다 크다는 것은 순현가가 '0(zero)'보다 크다는 뜻이다.

① ㄱ, ㄴ   ② ㄴ, ㄷ

③ ㄱ, ㄷ, ㄹ   ④ ㄴ, ㄷ, ㄹ

⑤ ㄱ, ㄴ, ㄷ, ㄹ

29 공인중개사법령상 공인중개사 정책심의위원회에서 공인중개사의 업무에 관하여 심의하는 사항으로 명시되지 <u>않은</u> 것은?

① 개업공인중개사의 교육에 관한 사항

② 부동산 중개업의 육성에 관한 사항

③ 공인중개사의 시험 등 공인중개사의 자격취득에 관한 사항

④ 중개보수 변경에 관한 사항

⑤ 손해배상책임의 보상 등에 관한 사항

30 공인중개사법령상 공인중개사의 중개대상물이 <u>아닌</u> 것은? (다툼이 있으면 판례에 따름)

① 토지거래허가구역 내의 토지

② 가등기가 설정되어 있는 건물

③ 「입목에 관한 법률」에 따른 입목

④ 하천구역에 포함되어 사권이 소멸된 포락지

⑤ 「공장 및 광업재단 저당법」에 따른 광업재단

31 우리나라의 부동산조세제도에 관한 설명으로 옳지 <u>않은</u> 것은?

① 양도소득세와 취득세는 신고납부방식이다.

② 취득세와 증여세는 부동산의 취득단계에 부과한다.

③ 양도소득세와 종합부동산세는 국세에 속한다.

④ 상속세와 증여세는 누진세율을 적용한다.

⑤ 종합부동산세와 재산세의 과세기준일은 매년 6월 30일이다.

32 부동산 권리분석에 관련된 설명으로 옳지 <u>않은</u> 것은?

① 부동산 권리관계를 실질적으로 조사·확인·판단하여 일련의 부동산활동을 안전하게 하려는 것이다.

② 대상부동산의 권리관계를 조사·확인하기 위한 판독 내용에는 권리의 하자나 거래규제의 확인·판단이 포함된다.

③ 매수인이 대상부동산을 매수하기 전에 소유권이전을 저해하는 사항이 있는지 여부를 확인하기 위하여 공부(公簿) 등을 조사하는 일도 포함된다.

④ 우리나라 등기는 관련 법률에 다른 규정이 있는 경우를 제외하고는 당사자의 신청 또는 관공서의 촉탁에 따라 행하는 신청주의 원칙을 적용한다.

⑤ 부동산 권리분석을 행하는 주체가 분석대상권리의 주요한 사항을 직접 확인해야 한다는 증거주의의 원칙은 권리분석활동을 하는 데 지켜야 할 이념이다.

33 다음 중 부동산 권리분석 시 등기사항전부증명서를 통해 확인할 수 <u>없는</u> 것은 몇 개인가?

• 유치권	• 점유권
• 지역권	• 법정지상권
• 전세권	• 구분지상권
• 분묘기지권	• 근저당권

① 3개　　　　　　　　　　　　　② 4개

③ 5개　　　　　　　　　　　　　④ 6개

⑤ 7개

34 감정평가 과정상 지역분석과 개별분석에 관한 설명으로 옳지 <u>않은</u> 것은?

① 지역분석을 통해 해당 지역 내 부동산의 표준적 이용과 가격수준을 파악할 수 있다.

② 지역분석은 개별분석보다 먼저 실시하는 것이 일반적이다.

③ 인근지역이란 대상부동산이 속한 지역으로 부동산의 이용이 동질적이고 가치형성요인 중 개별요인을 공유하는 지역을 말한다.

④ 유사지역이란 대상부동산이 속하지 아니하는 지역으로서 인근지역과 유사한 특성을 갖는 지역을 말한다.

⑤ 지역분석은 대상지역에 대한 거시적인 분석인 반면, 개별분석은 대상부동산에 대한 미시적인 분석이다.

35 부동산 평가활동에서 부동산 가격의 원칙에 관한 설명으로 옳지 <u>않은</u> 것은?

① 예측의 원칙이란 평가활동에서 가치형성요인의 변동추이 또는 동향을 주시해야 한다는 것을 말한다.

② 대체의 원칙이란 부동산의 가격이 대체관계의 유사 부동산으로부터 영향을 받는다는 것을 말한다.

③ 균형의 원칙이란 부동산의 유용성이 최고도로 발휘되기 위해서는 부동산의 외부환경과 균형을 이루어야 한다는 것을 말한다.

④ 변동의 원칙이란 가치형성요인이 시간의 흐름에 따라 지속적으로 변화함으로써 부동산 가격도 변화한다는 것을 말한다.

⑤ 기여의 원칙이란 부동산의 가격이 대상부동산의 각 구성요소가 기여하는 정도의 합으로 결정된다는 것을 말한다.

36 감정평가에 관한 규칙상 현황기준 원칙에 관한 내용으로 옳지 <u>않은</u> 것은? (단, 감정평가조건이란 기준시점의 가치형성요인 등을 실제와 다르게 가정하거나 특수한 경우로 한정하는 조건을 말함)

① 감정평가법인등은 감정평가조건의 합리성, 적법성이 결여되거나 사실상 실현 불가능하다고 판단할 때에는 의뢰를 거부하거나 수임을 철회할 수 있다.

② 현황기준 원칙에도 불구하고 법령에 다른 규정이 있는 경우에는 감정평가조건을 붙여 감정평가할 수 있다.

③ 현황기준 원칙에도 불구하고 대상물건의 특성에 비추어 사회통념상 필요하다고 인정되는 경우에는 감정평가조건을 붙여 감정평가할 수 있다.

④ 감정평가의 목적에 비추어 사회통념상 필요하다고 인정되어 감정평가조건을 붙여 감정평가하는 경우에는 감정평가조건의 합리성, 적법성 및 실현가능성의 검토를 생략할 수 있다.

⑤ 현황기준 원칙에도 불구하고 감정평가 의뢰인이 요청하는 경우에는 감정평가조건을 붙여 감정평가할 수 있다.

37 감정평가에 관한 규칙상 대상물건별 주된 감정평가방법으로 옳지 <u>않은</u> 것은? (단, 대상물건은 본래 용도의 효용가치가 있음을 전제로 함)

① 선박 – 거래사례비교법

② 건설기계 – 원가법

③ 자동차 – 거래사례비교법

④ 항공기 – 원가법

⑤ 동산 – 거래사례비교법

38 다음 자료를 활용하여 공시지가기준법으로 평가한 대상토지의 단위면적당 가액은? (단, 주어진 조건에 한함)

- 대상토지 현황 : A시 B구 C동 175번지, 일반상업지역, 상업나지
- 기준시점 : 2021.04.24.
- 비교표준지 : A시 B구 C동 183번지, 일반상업지역 상업용
  2021.01.01. 기준 공시지가 6,000,000원/m²
- 지가변동률(2021.01.01. ~ 2021.04.24.) : A시 B구 상업지역 2% 상승함
- 지역요인 : 비교표준지와 대상토지는 인근지역에 위치하여 지역요인 동일함
- 개별요인 : 대상토지는 비교표준지에 비해 가로조건에서 5% 우세하고, 환경조건에서 10% 열세하며, 다른 조건은 동일함(상승식으로 계산할 것)
- 그 밖의 요인 보정 : 대상토지 인근지역의 가치형성요인이 유사한 정상적인 거래사례 및 평가사례 등을 고려하여 그 밖의 요인으로 50% 증액 보정함

① 5,700,000원/m²

② 5,783,400원/m²

③ 8,505,000원/m²

④ 8,675,100원/m²

⑤ 8,721,000원/m²

39 다음 자료를 활용하여 원가법으로 평가한 대상건물의 가액은? (단, 주어진 조건에 한함)

- 대상건물 현황 : 연와조, 단독주택, 연면적 200m²
- 사용승인시점 : 2016.06.30.
- 기준시점 : 2021.04.24.
- 사용승인시점의 신축공사비 : 1,000,000원/m²(신축공사비는 적정함)
- 건축비지수
  - 사용승인시점 : 100
  - 기준시점 : 110
- 경제적 내용연수 : 40년
- 감가수정방법 : 정액법(만년감가기준)
- 내용연수 만료시 잔존가치 없음

① 175,000,000원 ② 180,000,000원
③ 192,500,000원 ④ 198,000,000원
⑤ 203,500,000원

40 감정평가 실무기준에서 규정하고 있는 수익환원법에 관한 내용으로 옳지 <u>않은</u> 것은?

① 수익환원법으로 감정평가할 때에는 직접환원법이나 할인현금흐름분석법 중에서 감정평가 목적이나 대상물건에 적절한 방법을 선택하여 적용한다.
② 부동산의 증권화와 관련한 감정평가 등 매기의 순수익을 예상해야 하는 경우에는 할인현금흐름분석법을 원칙으로 하고 직접환원법으로 합리성을 검토한다.
③ 직접환원법에서 사용할 환원율은 요소구성법으로 구하는 것을 원칙으로 한다. 다만, 요소구성법의 적용이 적절하지 않은 때에는 시장추출법, 투자결합법, 유효총수익승수에 의한 결정방법, 시장에서 발표된 환원율 등을 검토하여 조정할 수 있다.
④ 할인현금흐름분석에서 사용할 할인율은 투자자조사법(지분할인율), 투자결합법(종합할인율), 시장에서 발표된 할인율 등을 고려하여 대상물건의 위험이 적절히 반영되도록 결정하되 추정된 현금흐름에 맞는 할인율을 적용한다.
⑤ 복귀가액 산정을 위한 최종환원율은 환원율에 장기위험프리미엄·성장률·소비자물가상승률 등을 고려하여 결정한다.

03 2020년 제31회 기출문제

01 토지의 특성에 관한 설명으로 옳지 <u>않은</u> 것은?

① 부동성으로 인해 지역분석을 필요로 하게 된다.

② 용도의 다양성은 최유효이용의 판단근거가 된다.

③ 영속성은 부동산활동에 대해서 장기적 배려를 필연적으로 고려하게 한다.

④ 합병·분할의 가능성은 토지의 이행과 전환을 가능하게 한다.

⑤ 개별성으로 인해 일물일가의 법칙이 적용되지 않고, 부동산시장에서 부동산상품 간에 완벽한 대체는 불가능하다.

02 다음의 부동산 권리분석 특별원칙은?

• 하자전제의 원칙   • 범위확대의 원칙
• 차단의 원칙   • 완전심증의 원칙
• 유동성 대비의 원칙

① 능률성의 원칙   ② 탐문주의 원칙

③ 증거주의 원칙   ④ 안정성의 원칙

⑤ 사후확인의 원칙

03 다음의 내용과 관련된 토지의 특성은?

• 지가를 상승시키는 요인이 된다.
• 토지는 생산비를 투입하여 생산할 수 있다.
• 토지의 독점 소유욕을 갖게 하며, 토지이용을 집약화 시킨다.

① 부동성   ② 부증성

③ 영속성   ④ 개별성

⑤ 인접성

04 ( )에 들어갈 내용으로 옳은 것은?

> - ( )이란 임장활동의 전 단계 활동으로 여러 가지 물적 증거를 수집하고 탁상 위에서 검토하여 1차적으로 하자의 유무를 발견하려는 작업이다.
> - ( )의 과정은 위험사례를 미리 발견하기 위한 노력 또는 그 기초 작업이다.

① 보정　　　　　　　　　　　　② 심사
③ 판독　　　　　　　　　　　　④ 면책사항
⑤ 권리보증

05 감정평가에 관한 규칙상 용어의 정의로 옳지 <u>않은</u> 것은?

① 기준시점이란 대상물건의 감정평가액을 결정하는 기준이 되는 날짜를 말한다.
② 가치형성요인이란 대상물건의 경제적 가치에 영향을 미치는 일반요인, 지역요인 및 개별요인 등을 말한다.
③ 동일수급권이란 대상부동산과 대체·경쟁관계가 성립하고 가치 형성에 서로 영향을 미치는 관계에 있는 다른 부동산이 존재하는 권역을 말하며, 인근지역과 유사지역을 포함한다.
④ 임대사례비교법이란 대상물건과 가치형성요인이 같거나 비슷한 물건의 임대사례와 비교하여 대상물건의 현황에 맞게 사정보정, 시점수정, 가치형성요인 비교 등의 과정을 거쳐 대상물건의 임대료를 산정하는 감정평가방법을 말한다.
⑤ 수익분석법이란 대상물건이 장래 산출할 것으로 기대되는 순수익이나 미래의 현금흐름을 환원하거나 할인하여 대상물건의 가액을 산정하는 감정평가방법을 말한다.

06 감정평가 실무기준상 권리금 감정평가방법에 관한 설명으로 옳지 <u>않은</u> 것은?

① 권리금을 감정평가할 때에는 유형·무형의 재산마다 개별로 감정평가하는 것을 원칙으로 한다.
② 권리금을 개별로 감정평가하는 것이 곤란하거나 적절하지 아니한 경우에는 일괄하여 감정평가할 수 있으며, 이 경우 감정평가액은 유형재산가액과 무형재산가액으로 구분하지 않아야 한다.
③ 유형재산을 감정평가할 때에는 주된 방법으로 원가법을 적용하여야 한다.
④ 무형재산을 감정평가할 때에는 주된 방법으로 수익환원법을 적용하여야 한다.
⑤ 유형재산과 무형재산을 일괄하여 감정평가 할 때에는 주된 방법으로 수익환원법을 적용하여야 한다.

07

다음과 같은 조건에서 수익환원법에 의해 평가한 대상부동산의 가액은? (단, 주어진 조건에 한함)

- 가능총소득(PGI) : 1억 원
- 공실손실상당액 및 대손충당금 : 가능총소득의 5%
- 재산세 : 300만 원
- 화재보험료 : 200만 원
- 영업소득세 : 400만 원
- 건물주 개인업무비 : 500만 원
- 토지가액 : 건물가액 = 40% : 60%
- 토지환원이율 : 5%
- 건물환원이율 : 10%

① 1,025,000,000원　　　　　② 1,075,000,000원

③ 1,125,000,000원　　　　　④ 1,175,000,000원

⑤ 1,225,000,000원

다음 자료를 활용하여 거래사례비교법으로 평가한 대상토지의 감정평가액은? (단, 주어진 조건에 한함)

- 대상토지 : A시 B대로 30, 토지면적 200m^2, 제3종 일반주거지역, 주거용 토지
- 기준시점 : 2020.3.1.
- 거래사례의 내역(거래시점 : 2019.9.1.)

소재지	용도지역	토지면적	이용상황	거래사례가격
A시 B대로 29	제3종 일반주거지역	250m^2	주거용	6억 원

- 지가변동률(2019.9.1. ~ 2020.3.1.) : A시 주거지역은 3% 상승함.
- 지역요인 : 대상토지는 거래사례의 인근지역에 위치함.
- 개별요인 : 대상토지는 거래사례에 비해 8% 우세함.
- 그 밖의 다른 조건은 동일함.
- 상승식으로 계산할 것.

① 531,952,000원　　　　　② 532,952,000원

③ 533,952,000원　　　　　④ 534,952,000원

⑤ 535,952,000원

09 감정평가에 관한 규칙상 주된 감정평가방법 중 거래사례비교법을 적용하는 것은?

가. 토지	나. 건물
다. 토지와 건물의 일괄	라. 임대료
마. 광업재단	바. 과수원
사. 자동차	

① 가, 나, 바   ② 가, 마, 사

③ 나, 마, 사   ④ 다, 라, 마

⑤ 다, 바, 사

10 다음과 같은 조건에서 대상부동산의 수익가액 산정시 적용할 환원이율(capitalization rate)은? (단, 소수점 셋째자리에서 반올림하여 둘째자리까지 구함)

- 유효총소득(EGI) : 80,000,000원
- 재산세 : 2,000,000원
- 화재보험료 : 1,000,000원
- 재산관리 수수료 : 1,000,000원
- 유틸리티 비용(전기, 가스, 난방 등 공익시설에 따른 비용) : 1,000,000원
- 소득세 : 2,000,000원
- 관리직원 인건비 : 2,000,000원
- 부채서비스액(debt service) : 연 40,000,000원
- 대부비율 : 30%
- 대출조건 : 이자율 연 4%로 15년간 매년 원리금균등분할상환(고정금리)
- 저당상수(이자율 연 4%, 기간 15년) : 0.09

① 3.93%   ② 4.93%

③ 5.93%   ④ 6.93%

⑤ 7.93%

11 A도시와 B도시 사이에 C도시가 있다. 레일리의 소매인력법칙을 적용할 경우, C도시에서 A도시, B도시로 구매 활동에 유입되는 비율은? (단, C도시의 인구는 모두 A도시 또는 B도시에서 구매하고, 주어진 조건에 한함)

> • A도시 인구수 : 45,000명
> • B도시 인구수 : 20,000명
> • C도시에서 A도시 간의 거리 : 36km
> • C도시에서 B도시 간의 거리 : 18km

① A : 36%,　B : 64%
② A : 38%,　B : 62%
③ A : 40%,　B : 60%
④ A : 42%,　B : 58%
⑤ A : 44%,　B : 56%

12 디파스퀄리-위튼(DiPasquale & Wheaton)의 사분면 모형에 관한 설명으로 옳지 않은 것은? (단, 주어진 조건에 한함)

① 1사분면에서는 부동산 공간시장의 단기공급곡선과 수요곡선에 의해 균형임대료가 결정된다.
② 2사분면에서는 부동산의 임대료가 가격으로 환원되는 부동산자산시장의 조건을 나타낸다.
③ 3사분면에서 신규 부동산의 건설량은 부동산가격과 부동산개발비용의 함수로 결정된다.
④ 4사분면에서는 신규 부동산의 건설량과 재고의 멸실량이 변화하여야 부동산공간시장의 균형을 이룰 수 있다.
⑤ 이 모형은 부동산이 소비재이면서도 투자재라는 특성을 전제로 한다.

13 다음과 같은 지대이론을 주장한 학자는?

> • 지대는 자연적 기회를 이용하는 반대급부로 토지소유자에게 지불하는 대가로 보았다.
> • 토지지대는 토지이용으로부터 얻는 순소득을 의미하며, 이 순소득을 잉여라고 하였다.
> • 토지의 몰수가 아닌 지대의 몰수라고 주장하면서 토지가치에 대한 조세 이외의 모든 조세를 철폐하자고 하였다.

① 리카도　　　　　　　　　　② 알론소
③ 헨리 조지　　　　　　　　　④ 마르크스
⑤ 튀넨

14 부동산시장에 대한 정부의 직접개입방식으로 옳게 묶인 것은?

① 토지비축제, 개발부담금제도

② 수용제도, 선매권제도

③ 최고가격제도, 부동산조세

④ 보조금제도, 용도지역지구제

⑤ 담보대출규제, 부동산거래허가제

15 우리나라에서 현재(2023.1.4.) 시행하지 <u>않는</u> 부동산 정책을 모두 고른 것은? 문제 변형

가. 종합 토지세	나. 공한지세
다. 토지거래허가제	라. 택지소유상한제
마. 분양가상한제	바. 개발이익환수제
사. 실거래가신고제	아. 부동산실명제

① 가, 나, 라　　　　　　　② 가, 마, 바

③ 가, 바, 사　　　　　　　④ 나, 다, 마

⑤ 라, 사, 아

16 다음에서 설명하는 개발방식은?

- 대지로서의 효용증진과 공공시설의 정비를 목적으로 하며, 택지개발사업에 주로 활용되는 방식이다.
- 사업 후 개발토지 중 사업에 소요된 비용과 공공용지를 제외한 토지를 당초의 토지소유자에게 되돌려 주는 방식이다.
- 개발사업 시 사업재원으로 확보해 놓은 토지를 체비지라고 한다.

① 환지방식　　　　　　　② 신탁방식

③ 수용방식　　　　　　　④ 매수방식

⑤ 합동방식

17 화폐의 시간적 가치를 고려하지 <u>않은</u> 부동산 투자타당성방법은?

① 수익성지수법(PI)

② 회계적수익률법(ARR)

③ 현가회수기간법(PVP)

④ 내부수익률법(IRR)

⑤ 순현재가치법(NPV)

18 토지이용계획과 용도지역지구제에 관한 설명으로 옳지 <u>않은</u> 것은?

① 용도지역지구제는 토지이용규제의 대표적인 예로 들 수 있다.

② 용도지역지구제는 특정 토지를 용도지역이나 용도지구로 지정한 후 해당 토지의 이용을 지정목적에 맞게 제한하는 제도이다.

③ 토지이용계획은 토지이용규제의 근간을 이루지만 법적 구속력을 가지고 있지는 않다.

④ 용도지역지구제는 토지이용계획의 내용을 실현하는 수단으로서, 도시·군관리계획의 내용을 구성한다.

⑤ 용도지역지구제에 따른 용도 지정 후, 관련법에 의해 사인의 토지이용이 제한되지 않는다.

19 건물의 관리방식에 관한 설명으로 옳지 <u>않은</u> 것은?

① 자가관리방식은 일반적으로 소유자의 지시와 통제 권한이 강하다.

② 위탁관리방식은 부동산관리를 전문적으로 하는 대행업체에게 맡기는 방식으로 사회적으로 신뢰도가 높고 성실한 대행업체를 선정하는 것이 중요하다.

③ 혼합관리방식은 자가관리에서 위탁관리로 이행하는 과도기적 조치로 적합하다.

④ 자가관리방식에 있어 소유자가 전문적 관리지식이 부족한 경우 효율적 관리에 한계가 있을 수 있다.

⑤ 혼합관리방식에 있어 관리상의 문제가 발생할 경우, 책임소재에 대한 구분이 명확하다.

20 개발업자 '갑'이 직면한 개발사업의 시장위험에 관한 설명으로 옳지 <u>않은</u> 것은?

① 개발기간 중에도 상황이 변할 수 있다는 점에 유의해야 한다.

② 개발기간이 장기화될수록 개발업자의 시장위험은 높아진다.

③ 선분양은 개발업자가 부담하는 시장위험을 줄일 수 있다.

④ 금융조달비용의 상승과 같은 시장의 불확실성은 개발업자에게 시장위험을 부담시킨다.

⑤ 후분양은 개발업자의 시장위험을 감소시킨다.

21 부동산 증권에 관한 설명으로 옳은 것은?

① 저당이체증권(MPTS)의 모기지 소유권과 원리금 수취권은 모두 투자자에게 이전된다.

② 지불이체채권(MPTB)의 모기지 소유권은 투자자에게 이전되고, 원리금 수취권은 발행자에게 이전된다.

③ 저당담보부채권(MBB)의 조기상환위험과 채무불이행 위험은 투자자가 부담한다.

④ 다계층증권(MBB)은 지분형 증권으로만 구성되어 있다.

⑤ 상업용 저당증권(CMBS)은 반드시 공적 유동화중개기관을 통하여 발행된다.

22 부동산개발업의 관리 및 육성에 관한 법률상 부동산개발에 해당하지 <u>않은</u> 행위는?

① 토지를 건설공사의 수행으로 조성하는 행위

② 토지를 형질변경의 방법으로 조성하는 행위

③ 시공을 담당하는 행위

④ 건축물을 건축기준에 맞게 용도변경하는 행위

⑤ 공작물을 설치하는 행위

23 프로젝트 금융의 특징에 관한 설명으로 옳지 <u>않은</u> 것은?

① 사업자체의 현금흐름을 근거로 자금을 조달하고, 원리금 상환도 해당 사업에서 발생하는 현금흐름에 근거한다.

② 사업주의 입장에서는 비소구 또는 제한적 소구 방식이므로 상환의무가 제한되는 장점이 있다.

③ 금융기관의 입장에서는 부외금융에 의해 채무수용능력이 커지는 장점이 있다.

④ 금융기관의 입장에서는 금리와 수수료 수준이 높아 일반적인 기업금융보다 높은 수익을 얻을 수 있는 장점이 있다.

⑤ 복잡한 계약에 따른 사업의 지연과 이해당사자 간의 조정의 어려움은 사업주와 금융기관 모두의 입장에서 단점으로 작용한다.

24 다음 민간투자사업방식을 바르게 연결한 것은?

> ㄱ. 사업주가 시설준공 후 소유권을 취득하여, 일정 기간 동안 운영을 통해 운영수익을 획득하고, 그 기간이 만료되면 공공에게 소유권을 이전하는 방식
> ㄴ. 사업주가 시설준공 후 소유권을 공공에게 귀속시키고, 그 대가로 받은 시설 운영권으로 그 시설을 공공에게 임대하여 임대료를 획득하는 방식
> ㄷ. 사업주가 시설준공 후 소유권을 공공에게 귀속시키고, 그 대가로 일정 기간 동안 시설 운영권을 받아 운영수익을 획득하는 방식
> ㄹ. 사업주가 시설준공 후 소유권을 취득하여, 그 시설을 운영하는 방식으로, 소유권이 사업주에게 계속 귀속되는 방식

① ㄱ. BOT방식,　ㄴ. BTL방식,　ㄷ. BOT방식,　ㄹ. BOO방식
② ㄱ. BOT방식,　ㄴ. BTL방식,　ㄷ. BTO방식,　ㄹ. BOO방식
③ ㄱ. BOT방식,　ㄴ. BTO방식,　ㄷ. BOO방식,　ㄹ. BTL방식
④ ㄱ. BTL방식,　ㄴ. BOT방식,　ㄷ. BOO방식,　ㄹ. BTO방식
⑤ ㄱ. BOT방식,　ㄴ. BOO방식,　ㄷ. BTO방식,　ㄹ. BTL방식

25 저당대출의 상환방식에 관한 설명으로 옳은 것은?

① 원금균등분할상환 방식의 경우, 원리금의 합계가 매기 동일하다.
② 원리금균등분할상환 방식의 경우, 초기에는 원리금에서 이자가 차지하는 비중이 높으나, 원금을 상환해 가면서 원리금에서 이자가 차지하는 비중이 줄어든다.
③ 다른 조건이 일정하다면, 대출채권의 듀레이션(평균 회수기간)은 원리금균등분할상환 방식이 원금균등분할상환 방식보다 짧다.
④ 체증분할상환 방식은 장래 소득이 줄어들 것으로 예상되는 차입자에게 적합한 대출방식이다.
⑤ 거치식 방식은 대출자 입장에서 금리수입이 줄어드는 상환방식으로, 상업용 부동산 저당대출보다 주택 저당대출에서 주로 활용된다.

26 다음의 조건을 가진 A부동산의 대부비율은? (단, 주어진 조건에 한함)

- 매매가격 : 5억 원
- 순영업소득 : 3,000만 원
- 부채감당률 : 1.5
- 연 저당상수 : 0.1

① 10% ② 20%
③ 30% ④ 40%
⑤ 50%

27 A는 주택 투자를 위해 은행으로부터 다음과 같은 조건으로 대출을 받았다. A가 7년 후까지 원리금을 정상적으로 상환했을 경우, 미상환 원금잔액은? (단, 주어진 조건에 한함. $1.04^{-7} = 0.76$, $1.04^{-13} = 0.6$, $1.04^{-20} = 0.46$)

- 대출원금 5억 원
- 대출금리 : 연 4%(고정금리)
- 대출기간 : 20년
- 상환방식 : 연 1회 원리금균등분할상환

① 2억 2222만 원 ② 3억 263만 원
③ 3억 7037만 원 ④ 3억 8333만 원
⑤ 3억 9474만 원

28 다음은 투자 예정 부동산의 향후 1년 동안 예상되는 현금흐름이다. 연간 세후 현금흐름은? (단, 주어진 조건에 한함)

- 단위면적당 월 임대료 : 20,000원/m²
- 임대면적 : 100m²
- 공실손실상당액 : 임대료의 10%
- 영업경비 : 유효총소득의 30%
- 부채서비스액 : 연 600만 원
- 영업소득세 : 세전현금흐름의 20%

① 4,320,000원 ② 6,384,000원
③ 7,296,000원 ④ 9,120,000원
⑤ 12,120,000원

29 부동산 투자분석 기법에 관한 설명으로 옳지 <u>않은</u> 것은?

① 다른 조건이 일정하다면, 승수법에서는 승수가 클수록 더 좋은 투자안이다.

② 내부수익률은 순 현재가치를 0으로 만드는 할인율이다.

③ 내부수익률이 요구수익률보다 클 경우 투자한다.

④ 순현재가치가 0보다 클 경우 투자한다.

⑤ 수익성지수가 1보다 클 경우 투자한다.

30 화폐의 시간가치에 관한 설명으로 옳지 <u>않은</u> 것은? (단, 다른 조건은 동일함)

① 은행으로부터 주택구입자금을 원리금균등분할상환 방식으로 대출한 가구가 매월 상환할 원리금을 계산하는 경우, 저당상수를 사용한다.

② 일시불의 미래가치계수는 이자율이 상승할수록 커진다.

③ 연금의 현재가치계수와 저당상수는 역수관계이다.

④ 연금의 미래가치계수와 감채기금계수는 역수관계이다.

⑤ 3년 후에 주택자금 5억 원을 만들기 위해 매 기간 납입해야 할 금액을 계산하는 경우, 연금의 미래가치계수를 사용한다.

31 토지에 관한 설명으로 옳지 <u>않은</u> 것은?

① 빈지는 일반적으로 바다와 육지사이의 해변 토지와 같이 소유권이 인정되며 이용실익이 있는 토지이다.

② 맹지는 타인의 토지에 둘러싸여 도로에 어떤 접속면도 가지지 못하는 토지이며, 건축법에 의해 원칙적으로 건물을 세울 수 없다.

③ 법지는 택지경계와 접한 경사된 토지부분과 같이 법률상으로는 소유를 하고 있지만 이용이익이 없는 토지이다.

④ 후보지는 부동산의 주된 용도적 지역인 택지지역, 농지지역, 임지지역 상호간에 전환되고 있는 지역의 토지이다.

⑤ 이행지는 부동산의 주된 용도적 지역인 택지지역, 농지지역, 임지지역의 세분된 지역 내에서 용도전환이 이루어지고 있는 토지이다.

32 부동산 투자에서 위험과 수익에 관한 설명으로 옳지 <u>않은</u> 것은? (단, 주어진 조건에 한함)

① 투자자의 요구수익률에는 위험할증률이 포함된다.

② 투자자가 위험기피자일 경우, 위험이 증가할수록 투자자의 요구수익률도 증가한다.

③ 투자자의 개별적인 위험혐오도에 따라 무위험률이 결정된다.

④ 체계적 위험은 분산투자에 의해 제거될 수 없다.

⑤ 위험조정할인율이란 장래 기대소득을 현재가치로 할인할 때 위험한 투자일수록 높은 할인율을 적용하는 것을 말한다.

33 공간으로서의 부동산에 관한 설명으로 옳지 <u>않은</u> 것은?

① 토지는 물리적 형태로서의 지표면과 함께 공중공간과 지하공간을 포함한다.

② 부동산활동은 3차원의 공간활동으로 농촌지역에서는 주로 지표공간이 활동의 중심이 되고, 도시지역에서는 입체공간이 활동의 중심이 된다.

③ 지표권은 토지소유자가 지표상의 토지를 배타적으로 사용할 수 있는 권리를 말하며, 토지와 해면과의 분계는 최고만조시의 분계점을 표준으로 한다.

④ 지중권 또는 지하권은 토지소유자가 지하공간으로부터 어떤 이익을 획득하거나 사용할 수 있는 권리를 말하며, 물을 이용할 수 있는 권리가 이에 포함한다.

⑤ 공적 공중권은 일정범위 이상의 공중공간을 공공기관이 공익목적의 실현을 위해 사용할 수 있는 권리를 말하며, 항공기 통행권이나 전파의 발착권이 이에 포함된다.

34 한국표준산업분류(KSIC)에 따른 부동산업의 세분류 항목으로 옳지 <u>않은</u> 것은?

① 주거용 건물 건설업

② 부동산 임대업

③ 부동산 개발 및 공급업

④ 부동산 관리업

⑤ 부동산 중개, 자문 및 감정평가업

35 부동산가치의 발생요인에 관한 설명으로 옳지 <u>않은</u> 것은?

① 유효수요는 구입의사와 지불능력을 가지고 있는 수요이다.

② 효용(유용성)은 인간의 필요나 욕구를 만족시킬 수 있는 재화의 능력이다.

③ 효용(유용성)은 부동산의 용도에 따라 주거지는 쾌적성, 상업지는 수익성, 공업지는 생산성으로 표현할 수 있다.

④ 부동산은 용도적 관점에서 대체성이 인정되고 있기 때문에 절대적 희소성이 아닌 상대적 희소성을 가지고 있다.

⑤ 이전성은 법률적인 측면이 아닌 경제적인 측면에서의 가치발생요인이다.

36 A지역 오피스텔시장의 시장수요함수가 $Q_D = 100 - P$이고, 시장공급함수가 $2Q_s = -40 + 3P$일 때, 오피스텔 시장의 균형에서 수요의 가격탄력성(ϵ_P)과 공급의 가격탄력성(η)은? (단, Q_D : 수요량, Q_s : 공급량, P : 가격이고, 수요의 가격탄력성과 공급의 가격탄력성은 점탄력성을 말하며, 다른 조건은 동일함)

① $\epsilon_P = \dfrac{12}{13}$, $\eta = \dfrac{18}{13}$

② $\epsilon_P = \dfrac{12}{13}$, $\eta = \dfrac{13}{18}$

③ $\epsilon_P = \dfrac{13}{12}$, $\eta = \dfrac{13}{18}$

④ $\epsilon_P = \dfrac{13}{12}$, $\eta = \dfrac{18}{13}$

⑤ $\epsilon_P = \dfrac{18}{13}$, $\eta = \dfrac{12}{13}$

37 공인중개사법령에 관한 설명으로 옳은 것은?

① 공인중개사법에 의한 공인중개사자격을 취득한 자를 개업공인중개사라고 말한다.

② 선박법 및 선박등기법에 따라 등기된 20톤 이상의 선박은 공인중개사법에 의한 중개대상물이다.

③ 개업공인중개사에 소속된 공인중개사인 자로서 중개업무를 수행하는 자는 소속공인중개사가 아니다.

④ 중개업은 다른 사람의 의뢰에 의하여 일정한 보수를 받고 중개를 업으로 행하는 것을 말한다.

⑤ 중개보조원이란 공인중개사가 아닌 자로서 중개업을 하는 자를 말한다.

38 부동산 관련 조세는 과세주체 또는 과세권자에 따라 국세와 지방세로 구분된다. 이 기준에 따라 동일한 유형으로 분류된 것은?

① 취득세, 상속세, 증여세

② 종합부동산세, 증여세, 취득세

③ 등록면허세, 소득세, 부가가치세

④ 소득세, 상속세, 재산세

⑤ 취득세, 등록면허세, 재산세

39 A지역 주택시장의 시장수요함수는 $2Q_D = 200 - P$이고 시장공급함수는 $3Q_S = 60 + P$이다(Q_D = 수요량, Q_S = 공급량, P : 가격, 단위는 만 호, 만 원임). 정부가 부동산거래세를 수요측면에 단위당 세액 10만 원의 종량세의 형태로 부과하는 경우에 A지역 주택시장 부동산거래세의 초과부담은? (단, 다른 조건은 동일함)

① 8억 원   ② 10억 원

③ 12억 원   ④ 20억 원

⑤ 24억 원

40 부동산 거래신고 등에 관한 법률상 옳지 않은 것은? (단, 주어진 조건에 한함)

① 거래당사자 중 일방이 지방자치단체인 경우에는 지방자치단체가 신고를 하여야 한다.

② 공동으로 중개한 경우에는 해당 개업공인중개사가 공동으로 신고하여야 하며, 일방이 신고를 거부한 경우에는 단독으로 신고할 수 있다.

③ 거래당사자는 그 실제 거래가격 등을 거래계약의 체결일부터 30일 이내에 공동으로 신고해야한다.

④ 누구든지 개업공인중개사에게 부동산 거래의 신고를 하지 아니하게 하거나 거짓으로 신고하도록 요구하는 행위를 하여서는 아니 된다.

⑤ 거래당사자가 부동산의 거래신고를 한 후 해당 거래계약이 취소된 경우에는 취소가 확정된 날부터 60일 이내에 해당 신고관청에 공동으로 신고하여야 한다.

01 토지의 특성에 관한 설명으로 옳지 <u>않은</u> 것은?

① 부동성은 부동산 활동 및 현상을 국지화하여 지역특성을 갖도록 한다.

② 부증성은 생산요소를 투입하여도 토지 자체의 양을 늘릴 수 없는 특성이다.

③ 영속성은 토지관리의 필요성을 높여 감정평가에서 원가방식의 이론적 근거가 된다.

④ 개별성은 대상토지와 다른 토지의 비교를 어렵게 하며 시장에서 상품 간 대체관계를 제약할 수 있다.

⑤ 인접성은 물리적으로 연속되고 연결되어 있는 특성이다.

02 전, 답, 임야 등의 지반이 절토되어 하천으로 변한 토지는?

① 포락지   ② 유휴지

③ 공한지   ④ 건부지

⑤ 휴한지

03 다음의 내용과 관련된 부동산활동상의 토지 분류에 해당하는 것은?

- 주택지가 대로변에 접하여 상업지로 전환 중인 토지
- 공업지가 경기불황으로 공장가동률이 저하되어 주거지로 전환 중인 토지
- 도로변 과수원이 전으로 전환 중인 토지

① 이행지   ② 우등지

③ 체비지   ④ 한계지

⑤ 후보지

04 부동산의 개념에 관한 설명으로 옳지 <u>않은</u> 것은?

① 토지는 제품생산에 필요한 부지를 제공하는 생산요소이다.

② 토지는 생활의 편의를 제공하는 최종 소비재이기도 하다.

③ 「민법」상 부동산은 토지 및 그 정착물이며, 부동산 이외의 물건은 동산이다.

④ 준부동산에는 등기나 등록수단으로 공시된 광업재단, 공장재단, 선박, 항공기, 어업권 등이 있다.

⑤ 입목에 관한 법률에 의해 소유권보존등기를 한 입목은 토지와 분리하여 양도할 수 없다.

05 토지정책에 관한 설명으로 옳은 것은?

① 토지정책수단 중 토지비축제도, 토지수용, 금융지원, 보조금 지급은 간접개입방식이다.

② 개발부담금제는 개발이 제한되는 지역의 토지소유권에서 개발권을 분리하여 개발이 필요한 다른 지역에 개발권을 양도할 수 있도록 하는 제도이다.

③ 토지선매에 있어 시장, 군수, 구청장은 토지거래계약허가를 받아 취득한 토지를 그 이용목적대로 이용하고 있지 아니한 토지에 대해서 선매자에게 강제로 수용하게 할 수 있다.

④ 개발권양도제는 개발사업의 시행으로 이익을 얻은 사업시행자로부터 개발이익의 일정액을 환수하는 제도이다.

⑤ 토지적성평가제는 토지에 대한 개발과 보전의 경합이 발생했을 때 이를 합리적으로 조정하는 수단이다.

06 다음의 내용에 모두 관련된 토지의 특성은?

> • 최유효이용의 판단근거가 되며, 최고의 효율성을 발휘하게 하여 경제적 가치를 증대시킨다.
> • 토지이용의 이행과 전환을 가능하게 한다.
> • 부동산의 가격은 그 이용을 통해 초과이윤을 얻기 위한 시장참여자들의 경쟁관계에 의해 형성된다.

① 인접성   ② 용도의 다양성

③ 위치의 가변성   ④ 고가성

⑤ 부동성

07 부동산투자에서 레버리지(leverage)에 관한 설명으로 옳지 <u>않은</u> 것은? (정(+)/부(−) 이다)

① 총투자수익률에서 지분투자수익률을 차감하여 정의 수익률이 나오는 경우에는 정의 레버리지가 발생한다.

② 차입이자율이 총투자수익률보다 높은 경우에는 부의 레버리지가 발생한다.

③ 정의 레버리지는 이자율의 변화 등에 따라 부의 레버리지로 변화될 수 있다.

④ 부채비율이 상승할수록 레버리지 효과로 인한 지분투자자의 수익률 증대효과가 있지만, 한편으로는 차입금리의 상승으로 지분투자자의 수익률 감소효과도 발생한다.

⑤ 대출기간 연장을 통하여 기간이자 상환액을 줄이는 것은 부의 레버리지 발생 시 적용할 수 있는 대안 중 하나이다.

08 부동산 수익률에 관한 설명으로 옳지 <u>않은</u> 것을 모두 고른 것은?

> ㄱ. 요구수익률이란 투자자가 투자하기 위한 최대한의 수익률을 말하는 것으로 시간에 대한 비용은 고려하지 않는다.
> ㄴ. 실현수익률이란 투자가 이루어지고 난 후 현실적으로 달성된 수익률로서 역사적 수익률을 의미한다.
> ㄷ. 기대수익률이 요구수익률보다 높으면, 대상부동산에 대하여 수요가 증가하여 기대수익률이 상승한다.

① ㄱ
② ㄷ
③ ㄱ, ㄴ
④ ㄱ, ㄷ
⑤ ㄱ, ㄴ, ㄷ

09 다음의 그림은 포트폴리오 분석을 위해 기대수익률과 위험이 다른 개별자산1과 자산2로 포트폴리오를 구성하여, 포트폴리오 내의 상관계수별 자산비중에 따른 위험과 수익 궤적을 나타낸 것이다. 이에 관한 설명으로 옳은 것은? (단, 주어진 조건에 한함)

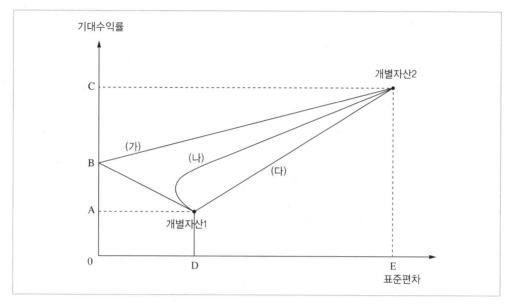

① 두 개별자산간의 상관계수가 1인 경우에는 비체계적 위험을 완전히 제거할 수 있다.
② 두 개별자산간의 상관계수가 −1인 경우에는 체계적 위험을 완전히 제거할 수 있다.
③ 두 개별자산간의 상관계수가 0인 경우의 위험과 수익 궤적을 나타낸 선은 (다)이다.
④ 두 개별자산간의 상관계수가 1인 경우에는 체계적 위험을 완전히 제거할 수 있다.
⑤ 두 개별자산간의 상관계수가 −1인 경우의 위험과 수익 궤적을 나타낸 선은 (가)이다.

10 다음은 A부동산 투자에 따른 1년간 예상 현금흐름이다. 운영경비율(OER)과 부채감당률(DCR)을 순서대로 나열한 것은? (단, 주어진 조건에 한함)

- 총투자액 : 10억 원(자기자본 6억 원)
- 세전현금흐름 : 6천만 원
- 부채서비스액 : 4천만 원
- 유효총소득승수 : 5

① 0.5, 0.4
② 0.5, 2.5
③ 2.0, 0.4
④ 2.0, 2.0
⑤ 2.0, 2.5

11 고정금리대출과 변동금리대출에 관한 설명으로 옳은 것은?

① 예상치 못한 인플레이션이 발생할 경우 대출기관에게 유리한 유형은 고정금리대출이다.

② 일반적으로 대출일 기준 시 이자율은 변동금리대출이 고정금리대출보다 높다.

③ 시장이자율 하락 시 고정금리대출을 실행한 대출기관은 차입자의 조기상환으로 인한 위험이 커진다.

④ 변동금리대출은 시장상황에 따라 이자율을 변동시킬 수 있으므로 기준금리 외에 가산금리는 별도로 고려하지 않는다.

⑤ 변동금리대출의 경우 시장이자율 상승 시 이자율 조정주기가 짧을수록 대출기관에게 불리하다.

12 부동산투자분석에 관한 설명으로 옳지 <u>않은</u> 것은?

① 순현재가치는 장래 예상되는 현금유입액과 현금유출액의 현재가치를 차감한 금액이다.

② 내부수익률은 장래 예상되는 현금유입액과 현금유출액의 현재가치를 같게 하는 할인율이다.

③ 회수기간법은 투자안 중에서 회수기간이 가장 단기인 투자안을 선택하는 방법이다.

④ 순현가법, 내부수익률법, 수익성지수법은 현금흐름을 할인하여 투자분석을 하는 방법이다.

⑤ 순현재가치가 1보다 큰 경우나 내부수익률이 요구수익률보다 큰 경우에는 투자하지 않는다.

13 대출조건이 다음과 같을 때, 원금균등분할상환방식과 원리금균등분할상환방식에서 1회차에 납부할 원금을 순서대로 나열한 것은? (단, 주어진 조건에 한함)

• 대출금 : 1억 2천만 원
• 대출금리 : 고정금리, 연 6%
• 대출기간 : 10년
• 월 저당상수 : 0.0111
• 거치기간 없이 매월말 상환

---

① 1,000,000원, 725,000원
② 1,000,000원, 732,000원
③ 1,000,000원, 735,000원
④ 1,200,000원, 732,000원
⑤ 1,200,000원, 735,000원

14 부동산 증권에 관한 설명으로 옳지 <u>않은</u> 것은?

① 자산유동화증권(ABS)은 금융기관 및 기업이 보유하고 있는 매출채권, 부동산저당채권 등 현금흐름이 보장되는 자산을 담보로 발행하는 증권을 의미한다.

② 저당담보부채권(MBB)은 모기지풀에서 발생하는 현금흐름과 관련된 위험을 투자자에게 이전하는 채권이다.

③ 주택저당증권(MBS)은 금융기관 등이 주택자금을 대출하고 취득한 주택저당채권을 유동화전문회사 등이 양수하여 이를 기초로 발행하는 증권을 의미한다.

④ 저당이체증권(MPTS)은 발행기관이 원리금수취권과 주택저당권에 대한 지분권을 모두 투자자에게 이전하는 증권이다.

⑤ 다계층증권(CMO)은 저당채권의 발행액을 몇 개의 계층으로 나눈 후 각 계층마다 상이한 이자율을 적용하고 원금이 지급되는 순서를 다르게 정할 수 있다.

15 사업주가 특수목적회사인 프로젝트 회사를 설립하여 특정 프로젝트 수행에 필요한 자금을 금융기관으로부터 대출받는 방식의 프로젝트 금융을 활용하는 경우에 관한 설명으로 옳지 <u>않은</u> 것은? (단, 프로젝트 회사를 위한 별도의 보증이나 담보제공 등은 없음)

① 대규모 자금이 소요되고 공사기간이 장기인 사업에 적합한 자금조달수단이다.

② 프로젝트 금융에 의한 채무는 사업주와 독립적이므로 부채상환의무가 사업주에게 전가되지 않는다.

③ 사업주가 이미 대출한도를 넘어섰거나 대출제약요인이 있는 경우에도 가능하다.

④ 해당 프로젝트가 부실화되더라도 대출기관의 채권회수에는 영향이 없다.

⑤ 프로젝트 회사는 법률적, 경제적으로 완전히 독립적인 회사이지만 이해당사자간의 이견이 있을 경우에는 사업지연을 초래할 수 있다.

16 주택자금대출을 위한 다음과 같은 대안에 관한 설명으로 옳은 것은? (단, 주어진 조건에 한함)

공통 대출조건	• 대출금 : 2억 원 • 이자율 : 고정금리, 연 5% • 대출기간 : 15년
대안1	원금만기일시상환조건(이자는 연말납입)
대안2	원리금균등분할상환조건(거치기간 없이 연말상환)
대안3	원금균등분할상환조건(거치기간 없이 연말상환)
대안4	부(−)의 상환인 체증분할상환조건(거치기간 없이 연말상환)

① 모든 대안별 대출금액에 대한 상환방식은 다르지만, 첫째년도에 지불하는 이자금액은 모든 대안이 동일하다.

② 모든 대안의 대출기간 동안에 상환환원금과 이자의 총합계액은 동일하다.

③ 대안4는 다른 대안에 비해서 대출기간이 경과할수록 이자부담이 점증하는 구조이기에 원금 부담은 줄어든다.

④ 대안2는 대안3에 비해서 첫째년도의 원금상환액이 큰 방식이다.

⑤ 대안3은 다른 대안에 비해서 첫째년도에 차입자의 원리금지급 부담이 큰 방식이다.

17 다음 부동산 관련 조세 중 국세만으로 묶인 것은?

① 상속세, 취득세, 양도소득세

② 증여세, 등록면제세, 양도소득세

③ 취득세, 등록면허세, 종합부동산세

④ 상속세, 양도소득세, 종합부동산세

⑤ 재산세, 양도소득세, 종합부동산세

18 부동산조세에 관한 설명으로 옳지 <u>않은</u> 것은? (단, 주어진 조건에 한함)

① 종합부동산세와 재산세의 과세대상은 일치한다.

② 조세의 귀착 문제는 수요와 공급의 상대적 탄력성에 달려 있다.

③ 임대주택에 재산세가 강화되면 장기적으로 임차인에게 전가될 수 있다.

④ 부동산조세는 자원을 재분배하는 기능이 있다.

⑤ 주택에 보유세가 중과되면 자가소유 수요가 감소할 수 있다.

19 지역분석과 개별분석에 관한 설명으로 옳은 것은?

① 지역분석은 일반적으로 개별분석에 선행하여 행하는 것으로 그 지역 내의 최유효이용을 판정하는 것이다.

② 인근지역이란 대상부동산이 속한 지역으로 부동산의 이용이 동질적이고 가치형성요인 중 개별요인을 고유하는 지역이다.

③ 유사지역이란 대상부동산이 속하지 아니하는 지역으로서 인근지역과 유사한 특성을 갖는 지역이다.

④ 개별분석이란 지역분석의 결과로 얻어진 정보를 기준으로 대상부동산의 가격을 표준화, 일반화시키는 작업을 말한다.

⑤ 지역분석 시에는 균형의 원칙에, 개별분석 시에는 적합의 원칙에 더 유의해야 한다.

20 감정평가에 관한 규칙상 가치에 관한 설명으로 옳지 <u>않은</u> 것은?

① 대상물건에 대한 감정평가액은 시장가치를 기준으로 결정하는 것을 원칙으로 한다.

② 법령에 따른 규정이 있는 경우에는 시장가치 외의 가치를 기준으로 감정평가 할 수 있다.

③ 대상물건의 특성에 비추어 사회통념상 필요하다고 인정되는 경우에는 시장가치 외의 가치를 기준으로 감정평가 할 수 있다.

④ 시장가치란 대상 물건이 통상적인 시장에서 충분한 기간 방매된 후 매수인에 의해 제시된 것 중에서 가장 높은 가격을 말한다.

⑤ 감정평가 의뢰인이 요청하여 시장가치 외의 가치로 감정평가하는 경우에는 해당 시장가치 외의 가치의 성격과 특징을 검토하여야 한다.

21 다음의 자료를 활용하여 평가한 A부동산의 연간 비준임료(원/m^2)는? (단, 주어진 조건에 한함)

> • 유사임대사례의 임료 : 월 1,000,000원/m^2 (보증금 없음)
> • 임대료 상승률 : 유사임대사례의 계약일로부터 기준시점까지 10% 상승
> • A부동산이 유사임대사례보다 개별요인에서 5% 우세

① 13,200,000　　　　　　　　　　② 13,540,000

③ 13,560,000　　　　　　　　　　④ 13,800,000

⑤ 13,860,000

22 최유효이용에 관한 설명으로 옳지 <u>않은</u> 것은?

① 토지이용흡수율 분석은 경제적 타당성 여부판단에 활용되지 않는다.

② 인근지역의 용도와는 전혀 다른데도 불구하고 최유효이용이 되는 경우가 있다.

③ 중도적 이용에 할당되고 있는 부동산을 평가할 때는 토지와 개량물을 같은 용도로 평가해야 한다.

④ 단순히 최고의 수익을 창출하는 잠재적 용도가 아니라 적어도 그 용도에 대한 유사부동산의 시장수익률과 동등 이상의 수준이 되어야 한다.

⑤ 투기적 목적으로 사용되고 있는 토지에 대한 최유효이용분석에 있어서는 특정한 용도를 미리 상정해서는 안 되며 미래 사용에 대한 일반적 유형을 상정해야 한다.

23 자본환원율에 관한 설명으로 옳지 <u>않은</u> 것은?

① 자본환원율이란 대상부동산이 장래 산출할 것으로 기대되는 표준적인 순영업소득과 부동산 가격의 비율이다.

② 감가상각 전의 순영업소득으로 가치를 추계하는 경우 감가상각률을 제외한 자본환원율을 사용해야 한다.

③ 할인현금흐름분석법에서는 별도로 자본회수율을 계산하지 않는다.

④ 부채감당법에 의한 자본환원율은 부채감당률에 저당비율과 저당상수를 곱하여 구한다.

⑤ 지분수익률은 매기간 세전현금수지의 현가와 기말지분복귀액의 현가의 합을 지분투자액과 같게 만드는 내부수익률이다.

24 감정평가에 관한 규칙상 시산가액 조정에 관한 설명으로 옳지 <u>않은</u> 것은?

① 평가대상물건별로 정한 감정평가방법을 적용하여 산정한 가액을 시산가액이라 한다.

② 평가대상물건의 시산가액은 감정평가 3방식 중 다른 감정평가방식에 속하는 하나 이상의 감정평가방법으로 산정한 시산가액과 비교하여 합리성을 검토하여야 한다.

③ 시산가액 조정시 공시지가기준법과 거래사례비교법은 같은 감정평가방식으로 본다.

④ 대상물건의 특성 등으로 인하여 다른 감정평가방법을 적용하는 것이 곤란하거나 불필요한 경우에는 시산가액 조정을 생략할 수 있다.

⑤ 산출한 시산가액의 합리성이 없다고 판단되는 경우에는 주된 방법 및 다른 감정평가방법으로 산출한 시산가액을 조정하여 감정평가액을 결정할 수 있다.

25 다음의 조건을 가진 A부동산에 관한 설명으로 옳지 <u>않은</u> 것은? (단, 주어진 조건에 한함)

- 가능총소득 : 연 1억 원
- 공실 및 대손 : 가능총소득의 10%
- 운영경비 : 유효총소득의 30%
- 가격구성비 : 토지 40%, 건물 60%
- 토지환원율 : 연 3%, 건물환원율 : 연 5%

① 유효총소득은 연 9천만 원이다.
② 순영업소득은 연 6천3백만 원이다.
③ 자본환원율은 연 4%이다.
④ 수익가격은 15억 원이다.
⑤ 운영경비는 연 2천 7백만 원이다.

26 주거분리와 여과과정에 관한 설명으로 옳지 <u>않은</u> 것은?

① 저가주택이 수선되거나 재개발되어 상위계층의 사용으로 전환되는 것을 상향여과라 한다.
② 민간주택시장에서 저가주택이 발생하는 것은 시장이 하향여과작용을 통해 자원할당기능을 원활하게 수행하고 있기 때문이다.
③ 주거입지는 침입과 천이현상으로 인해 변화할 수 있다.
④ 주거분리는 도시 전체에서뿐만 아니라 지리적으로 인접한 근린지역에서도 발생할 수 있다.
⑤ 하향여과는 고소득층 주거지역에서 주택의 개량을 통한 가치상승분이 주택개량비용보다 큰 경우에 발생한다.

27 부동산시장에 관한 설명으로 옳지 <u>않은</u> 것은? (단, 주어진 조건에 한함)

① 부동산시장은 단기적으로 수급조절이 쉽지 않기 때문에 가격의 왜곡이 발생할 가능성이 높다.
② 부동산의 공급이 탄력적일수록 수요증가에 따른 가격변동의 폭이 크다.
③ 취득세의 강화는 수급자의 시장진입을 제한하여 시장의 효율성을 저해한다.
④ 토지이용 규제로 인한 택지공급의 비탄력성은 주택공급의 가격탄력성을 비탄력적으로 하는 요인 중 하나이다.
⑤ 주택시장에서 시장균형가격보다 낮은 수준의 가격상한규제는 장기적으로 민간주택 공급량을 감소시킨다.

28 A지역 임대아파트의 시장수요함수가 $Q_D = 100 - \frac{1}{2}P$이고, 시장공급함수는 $Q_S = 20 + \frac{1}{3}P$이다. 정부가 임대료를 시장균형임대료에서 36만 원을 낮추었을 경우 A지역 임대의 초과수요량은? (단, Q_D = 수요량, Q_S = 공급량, P : 임대료, 단위는 천 호 및 만 원이고, 다른 조건은 불변임)

① 30천 호
② 32천 호
③ 40천 호
④ 52천 호
⑤ 70천 호

29 우리나라의 부동산정보 관리 정책에 관한 설명으로 옳은 것은?

① 부동산거래 계약과 신고 등에 관한 정보체계 구축의 법적 근거는 「공간정보의 구축 및 관리 등에 관한 법률」이다.

② 국토교통부장관 또는 시장·군수·구청장은 정보의 관리를 위하여 관계 행정기관이나 그 밖에 필요한 기관에 필요한 자료를 요청할 수 있으며, 이 경우 관계 행정기관 등은 특별한 사유가 없으면 요청에 따라야 한다.

③ 광역시장·도지사는 적절한 부동산정책의 수립 및 시행을 위하여 부동산 거래상황, 외국인 부동산 취득 현황, 부동산 가격 동향 등에 관한 정보를 종합적으로 관리하고, 이를 관련 기관·단체 등에 제공해야 한다.

④ 광역시장·도지사는 효율적인 정보의 관리 및 국민 편의 증진을 위하여 대통령령으로 정하는 바에 따라 부동산거래의 계약·신고·허가·관리 등의 업무와 관련된 정보체계를 구축·운영해야 한다.

⑤ 국토교통부장관은 정보체계에 구축되어 있는 정보를 수요자에게 제공할 수 있으며, 이 경우 제공하는 정보의 종류와 내용을 제한할 수 없다.

30 개업공인중개사의 금지행위에 해당하지 <u>않는</u> 것은?

① 경매대상 부동산의 권리분석 및 취득을 알선하는 행위

② 중개대상물의 매매를 업으로 하는 행위

③ 중개의뢰인과 직접 거래를 하거나 거래당사자 쌍방을 대리하는 행위

④ 당해 중개대상물의 거래상의 중요사항에 관하여 거짓된 언행 그 밖의 방법으로 중개의뢰인의 판단을 그르치게 하는 행위

⑤ 중개사무소의 개설등록을 하지 아니하고 중개업을 영위하는 자인 사실을 알면서 그를 통하여 중개를 의뢰받는 행위

31 민간투자사업의 추진방식에 관한 설명으로 옳지 <u>않은</u> 것은?

① 사회기반시설의 준공과 동시에 해당 시설의 소유권이 국가 또는 지방자치단체에 귀속되며, 사업시행자에게 일정기간의 시설관리운영권을 인정하는 방식을 BTO방식이라고 한다.

② 사회기반시설의 준공과 동시에 해당 시설의 소유권이 국가 또는 지방자치단체에 귀속되며, 사업시행자에게 일정기간의 시설관리운영권을 인정하되, 그 시설의 국가 또는 지방자치단체 등이 협약에서 정한 기간 동안 임차하여 사용, 수익하는 방식을 BLT방식이라고 한다.

③ 사회기반시설의 준공 후 일정기간 동안 사업시행자에게 해당 시설의 소유권이 인정되며 그 기간이 만료되면 시설소유권이 국가 또는 지방자치단체에 귀속되는 방식을 BTO방식이라고 한다.

④ BTO방식은 초등학교 교사 신축사업에 적합한 방식이다.

⑤ BTL방식은 사업시행자가 최종수요자에게 사용료를 직접 부과하기 어려운 경우 적합한 방식이다.

32 부동산관리방식에 관한 설명으로 옳지 <u>않은</u> 것은?

① 자기관리방식은 소유자가 직접 관리하는 방식으로 단독주택이나 소형빌딩과 같은 소규모 부동산에 주로 적용된다.

② 위탁관리방식은 부동산관리 전문업체에 위탁해 부동산을 관리하는 방식으로 대형건물의 관리에 유용하다.

③ 혼합관리방식은 관리 업무 모두를 위탁하지 않고 필요한 부분만 따로 위탁하는 방식이다.

④ 자기관리방식은 전문성 결여의 가능성이 높으나 신속하고 종합적인 운영관리가 가능하다.

⑤ 위탁관리방식은 관리 업무의 전문성과 효율성을 제고할 수 있으며 기밀유지의 장점이 있다.

33 부동산개발의 시장위험에 해당하지 <u>않는</u> 것은? (단, 다른 조건은 불변임)

① 이자율 상승

② 행정인허가 불확실성

③ 공실률 증가

④ 공사자재 가격급등

⑤ 임대료 하락

34 워포드의 부동산개발 7단계의 순서로 올바르게 나열한 것은?

ㄱ. 사업구상	ㄴ. 마케팅
ㄷ. 예비타당성분석	ㄹ. 부지확보
ㅁ. 금융	ㅂ. 건설
ㅅ. 타당성분석	

① ㄱ - ㄴ - ㄷ - ㄹ - ㅅ - ㅁ - ㅂ

②.ㄱ - ㄴ - ㄷ - ㅅ - ㅁ - ㄹ - ㅂ

③ ㄱ - ㄷ - ㄴ - ㅅ - ㄹ - ㅁ - ㅂ

④ ㄱ - ㄷ - ㄹ - ㅅ - ㅁ - ㅂ - ㄴ

⑤ ㄱ - ㄹ - ㄷ - ㅁ - ㅅ - ㅂ - ㄴ

35 부동산개발의 개념에 관한 설명으로 옳지 <u>않은</u> 것은?

① 「부동산개발업의 관리 및 육성에 관한 법률」 상 부동산개발은 시공을 담당하는 행위를 포함한다.

② 부동산개발은 온전하게 운용할 수 있는 부동산을 생산하기 위한 토지와 개량물의 결합이다.

③ 부동산개발이란 인가에게 생활, 일, 쇼핑, 레저 등의 공간을 제공하기 위한 토지, 노동, 자본 및 기업가적 능력의 결합과정이다.

④ 부동산개발은 토지조성활동과 건축활동을 포함한다.

⑤ 부동산개발은 토지 위에 건물을 지어 이익을 얻기 위해 일정 면적의 토지를 이용하는 과정이다.

36 부동산마케팅 전략에 관한 설명으로 옳은 것은?

① 시장점유마케팅전략은 AIDA원리에 기반을 두면서 소비자의 욕구를 파악하여 마케팅 효과를 극대화하는 전략이다.

② 고객점유마케팅전략은 공급자 중심의 마케팅 전략으로 표적시장을 선정하거나 틈새시장을 점유하는 전략이다.

③ 관계마케팅전략은 생산자와 소비자의 지속적인 관계를 통해서 마케팅효과를 도모하는 전략이다.

④ STP전략은 시장세분화, 표적시장 선정, 판매촉진으로 구성된다.

⑤ 4P-MIX 전략은 제품, 가격, 유통경로, 포지셔닝으로 구성된다.

37 부동산 중개계약에 관한 설명으로 옳은 것은?

① 순가중개계약은 중개의뢰인이 다수의 개업공인중개사에게 의뢰하는 계약의 행태이다.

② 독점중개계약을 체결한 개업공인중개사는 자신이 거래를 성립시키지 않았을 경우 중개보수를 받지 못한다.

③ 전속중개계약을 체결한 개업공인중개사는 누가 거래를 성립시켰는지에 상관없이 중개보수를 받을 수 있다.

④ 공동중개계약은 다수의 개업공인중개사가 상호 협동하여 공동으로 중개 역할을 하는 것이다.

⑤ 일반중개계약은 거래가격을 정하여 개업공인중개사에게 제시하고, 이를 초과한 가격으로 거래가 이루어진 경우 그 초과액을 개업공인중개사가 중개보수로 획득하는 방법이다.

38 컨버스의 분기점모형에 따르면 상권은 거리의 제곱에 반비례하고 인구에 비례한다. 다음의 조건에서 A, B도시의 상권 경계지점은 A시로부터 얼마나 떨어진 곳에 형성되는가? (단, 주어진 조건에 한함)

- A시의 인구 : 16만 명, B시의 인구 : 4만 명
- 두 도시 간의 거리 : 15km
- 두 도시의 인구는 모두 구매자이며, 두 도시에서만 구매함

① 8km
② 9km
③ 10km
④ 11km
⑤ 12km

39 지대이론 및 도시공간구조이론에 관한 설명으로 옳지 않은 것은?

① 리카도는 비옥한 토지의 희소성과 수확체감의 법칙으로 인해 지대가 발생한다고 보았다.

② 마샬은 일시적으로 토지와 유사한 성격을 가지는 생산요소에 귀속되는 소득을 준지대로 보았다.

③ 알론소는 각 토지의 이용은 최고의 지대지불의사가 있는 용도에 할당된다고 보았다.

④ 호이트는 저급주택지가 고용기회가 많은 도심지역과의 교통이 편리한 지역에 선형으로 입지한다고 보았다.

⑤ 해리스와 울만은 도시 내부의 토지이용이 단일한 중심이 아니라 여러 개의 전문화된 중심으로 이루어진다고 보았다.

40 자산A, B, C에 대한 경제상황별 예상수익률이 다음과 같을 때, 이에 관한 설명으로 옳지 않은 것은? (단, 호황과 불황의 확률은 같음)

경제상황별 예상수익률(%)

구분	호황	불황
자산A	8	4
자산B	12	8
자산C	16	10

① 기대수익률은 자산C가 가장 높고, 자산A가 가장 낮다.

② 합리적인 투자자라면 자산A와 자산B 중에서는 자산B를 투자안으로 선택한다.

③ 평균분산지배원리에 따르면 자산C가 자산B를 지배한다.

④ 자산B의 변동계수는 0.2이다.

⑤ 자산C가 상대적으로 다른 자산에 비해서 위험이 높다.

01 다음의 내용과 모두 관련된 토지의 특성은?

> • 부동산활동에서 임장활동이 중요하다.
> • 외부효과가 발생한다.
> • 부동산활동 및 현상을 국지화시킨다.

① 영속성 ② 부증성
③ 부동성 ④ 개별성
⑤ 기반성

02 부동산활동과 관련된 다음의 내용을 설명하는 용어로 옳게 연결된 것은?

> ㄱ. 인근지역의 주위환경 등의 사정으로 보아 현재의 용도에서 장래 택지 등 다른 용도로의 전환이 객관적으로
>   예상되는 토지
> ㄴ. 택지 등 다른 용도로 조성되기 이전 상태의 토지

① ㄱ : 후보지, ㄴ : 소지
② ㄱ : 후보지, ㄴ : 공지
③ ㄱ : 이행지, ㄴ : 소지
④ ㄱ : 이행지, ㄴ : 공지
⑤ ㄱ : 성숙지, ㄴ : 소지

03 입목에 관한 법령상 옳지 <u>않은</u> 것은?

① 입목의 소유자는 토지와 분리하여 입목을 양도할 수 있다.
② 입목을 위한 법정지상권은 성립하지 않는다.
③ 토지소유권 또는 지상권 처분의 효력은 입목에 미치지 않는다.
④ 입목을 목적으로 하는 저당권의 효력은 입목을 베어 낸 경우에 그 토지로부터 분리된 수목에도 미친다.
⑤ 지상권자에게 속하는 입목이 저당권의 목적이 되어 있는 경우에는 지상권자는 저당권자의 승낙 없이
   그 권리를 포기할 수 없다.

04 소급감정평가를 의뢰받은 감정평가사 A는 종전 감정평가서의 관련서류인 등기부등본을 통해 감정평가 대상 임야의 면적이 1정 3무인 것을 확인하였다. 감정평가서 기재를 위한 사정면적은? (단, 임야대장에 등록되는 면적으로 사정하며, 임야도의 축척은 1 : 3,000임)

① 12,893m^2

② 10,215m^2

③ 9,947m^2

④ 4,298m^2

⑤ 3,405m^2

05 부동산과 준부동산에 관한 설명으로 옳은 것은? (다툼이 있으면 판례에 따름)

① 신축 중인 건물은 사용승인이 완료되기 전에는 토지와 별개의 부동산으로 취급되지 않는다.

② 개개의 수목은 명인방법을 갖추더라도 토지와 별개의 부동산으로 취급되지 않는다.

③ 토지에 정착된 담장은 토지와 별개의 부동산으로 취급된다.

④ 자동차에 관한 압류등록은 자동차 등록원부에 한다.

⑤ 총톤수 10톤 이상의 기선(機船)과 범선(帆船)은 등기가 가능하다.

06 부동산시장의 효율성에 관한 설명으로 옳지 않은 것은? (단, 다른 조건은 고려하지 않음)

① 약성 효율적 시장은 현재의 시장가치가 과거의 추세를 충분히 반영하고 있는 시장이다.

② 준강성 효율적 시장은 어떤 새로운 정보가 공표되는 즉시 시장가치에 반영되는 시장이다.

③ 강성 효율적 시장은 공표된 것이건 공표되지 않은 것이건 어떠한 정보도 이미 시장가치에 반영되어 있는 시장이다.

④ 부동산시장은 주식시장이나 일반상품시장보다 더 불완전하고 비효율적이므로 할당 효율적일 수 없다.

⑤ 부동산시장의 제약조건을 극복하는 데 소요되는 거래비용이 타 시장보다 부동산시장을 더 비효율적이 게 하는 주요한 요인이다.

07 입지 및 도시공간구조이론에 관한 설명으로 옳지 않은 것은?

① 최소마찰비용이론은 경제부문의 집적화 이익이 시공간적으로 누적적 인과 과정을 통해 낙후된 지역까 지 파급된다고 본다.

② 알론소(Alonso)의 입찰지대곡선은 도심으로부터 교외로 이동하면서 거리에 따라 가장 높은 지대를 지불할 수 있는 산업들의 지대곡선을 연결한 선이다.

③ 해리스(Harris)와 울만(Ullman)의 다핵심이론은 서로 유사한 활동이 집적하려는 특성이 있다고 본다.

④ 버제스(Burgess)의 동심원이론은 침입, 경쟁, 천이과정을 수반하는 생태학적 논리에 기반하고 있다.

⑤ 호이트(Hoyt)의 선형이론은 도시공간의 성장 및 분화가 주요 교통노선을 따라 확대되면서 나타난다고 본다.

08 전국에 세 개의 지역(A, B, C)과 세 개의 산업(제조업, 금융업, 숙박업)만 존재한다고 가정할 때 입지계수에 관한 설명으로 옳은 것은?

지역 산업	A	B	C	전국
제조업 고용자수(명)	150	170	195	515
금융업 고용자수(명)	200	180	190	570
숙박업 고용자수(명)	180	190	200	570
합계(명)	530	540	585	1,655

① B지역의 제조업은 A지역의 숙박업보다 입지계수가 낮다.

② A지역의 숙박업은 C지역의 금융업보다 입지계수가 높다.

③ A지역의 숙박업과 B지역의 제조업의 입지계수는 같다.

④ A지역의 제조업은 C지역의 숙박업보다 입지계수가 높다.

⑤ B지역의 제조업은 C지역의 금융업보다 입지계수가 낮다.

09 부동산정책의 시행으로 A지역 아파트시장의 공급함수는 일정하고 수요함수는 다음과 같이 변화되었다. 이 경우 y축, 수요곡선, 공급곡선으로 둘러싸인 도형의 면적과 균형거래량의 변화는? (단, 거래량과 도형 면적의 단위는 무시하며, x축은 수량, y축은 가격을 나타냄)

> • 수요함수 : $Q_{D1} = 50 - P$(이전) $\rightarrow$ $Q_{D2} = 80 - P$(이후)
>
> • 공급함수 : $Q_S = -40 + 2P$
>
> (P는 가격, Q_D는 수요량, Q_S는 공급량)

① 면적 : 700 증가, 균형거래량 : 10 증가

② 면적 : 900 증가, 균형거래량 : 10 증가

③ 면적 : 700 증가, 균형거래량 : 20 증가

④ 면적 : 900 증가, 균형거래량 : 20 증가

⑤ 면적 : 700 증가, 균형거래량 : 30 증가

10 부동산의 가치와 가격에 관한 설명으로 옳지 <u>않은</u> 것은?

① 일정시점에서 부동산가격은 하나밖에 없지만, 부동산가치는 여러 개 있을 수 있다.

② 부동산 가격은 장기적 고려 하에서 형성된다.

③ 부동산의 가격과 가치 간에는 오차가 있을 수 있으며, 이는 감정평가 필요성의 근거가 된다.

④ 부동산 가격은 시장경제에서 자원배분의 기능을 수행한다.

⑤ 부동산 가치는 부동산의 소유에서 비롯되는 현재의 편익을 미래가치로 환원한 값이다.

11 D 도시 인근에 A, B, C 세 개의 쇼핑센터가 있다. 허프(Huff)의 상권분석모형을 적용할 경우, 각 쇼핑센터의 이용객 수는? (단, 거리마찰계수 : 2, D 도시 인구의 40%가 위 쇼핑센터의 이용객이고, A, B, C 중 한 곳에서만 쇼핑함)

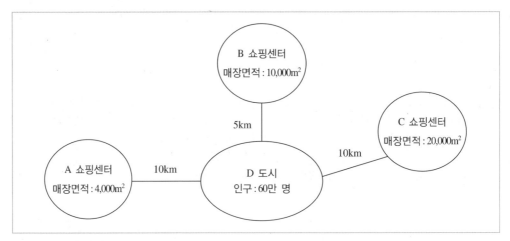

① A : 15,000명, B : 150,000명, C : 75,000명

② A : 15,000명, B : 155,000명, C : 70,000명

③ A : 15,000명, B : 160,000명, C : 65,000명

④ A : 16,000명, B : 150,000명, C : 74,000명

⑤ A : 16,000명, B : 155,000명, C : 69,000명

12 다음과 같은 상황이 주어졌을 때 총투자수익률(ROI : return on investment)과 부채감당률(DCR : debt coverage ratio)은? (단, 총투자기간은 1년, 수치는 소수점 이하 둘째자리에서 반올림함)

> • 총투자액 : 12억 원(현금)
> • 순영업소득(순수익) : 1억 원/연
> • 세전현금흐름(세전현금수지) : 7천만 원/연
> • 저당지불액(부채서비스액) : 5천만 원/연
> • 공실 및 불량부채(공실손실상당액 및 대손충당금) : 5천만 원/연
> • 사업소득세 : 1천만 원/연
> • 유효총소득승수 : 4
> • 지분투자액 : 5억 원

① 총투자수익률 : 8.3%, 부채감당률 : 2.0
② 총투자수익률 : 8.4%, 부채감당률 : 2.4
③ 총투자수익률 : 9.3%, 부채감당률 : 2.0
④ 총투자수익률 : 9.4%, 부채감당률 : 2.4
⑤ 총투자수익률 : 10.3%, 부채감당률 : 3.0

13 부동산 투자타당성 분석기법에 관한 설명으로 옳지 않은 것은?

① 수익성지수는 투자개시시점에서의 순현가와 현금지출의 현재가치 비율이다.
② 내부수익률법은 화폐의 시간가치를 고려한다.
③ 동일한 투자안에 대해서 복수의 내부수익률이 존재할 수 있다.
④ 내부수익률은 순현가가 '0'이 되는 할인율이다.
⑤ 순현가법에 적용되는 할인율은 요구수익률이다.

14 포트폴리오 이론에 따른 부동산투자의 포트폴리오 분석에 관한 설명으로 옳지 않은 것은?

① 체계적 위험은 분산투자를 통해서도 회피할 수 없다.
② 위험과 수익은 상충관계에 있으므로 효율적 투자선은 우하향하는 곡선이다.
③ 투자자의 무차별곡선과 효율적 투자선의 접점에서 최적의 포트폴리오가 선택된다.
④ 비체계적 위험은 개별적인 부동산의 특성으로 야기되며 분산투자 등으로 회피할 수 있다.
⑤ 포트폴리오 구성자산의 수익률 간 상관계수(p)가 '−1'인 경우는 상관계수(p)가 '1'인 경우에 비해서 위험회피효과가 더 크다.

15 경제상황별 예상수익률이 다음과 같을 때, 상가 투자안의 변동계수(coefficient of variation)는? (단, 호황과 불황의 확률은 같음)

경제상황별 예상수익률

구분	호황	불황
상가	0.1	0.06

① 0.25 ② 0.35
③ 0.45 ④ 0.55
⑤ 0.65

16 우리나라의 부동산투자회사제도에 관한 설명으로 옳지 <u>않은</u> 것은?

① 자기관리 부동산투자회사의 설립 자본금은 5억 원 이상이다.
② 부동산투자회사는 발기설립의 방법으로 하여야 하며, 현물출자에 의한 설립이 가능하다.
③ 위탁관리 부동산투자회사는 자산의 투자·운용업무를 자산관리회사에 위탁하여야 한다.
④ 부동산투자회사는 최저자본금준비기간이 끝난 후에는 매 분기 말 현재 총자산의 100분의 80 이상을 부동산, 부동산 관련 증권 및 현금으로 구성하여야 한다.
⑤ 부동산투자회사의 상근 임원은 다른 회사의 상근 임직원이 되거나 다른 사업을 하여서는 아니 된다.

17 다음과 같이 고정금리부 원리금균등분할상환조건의 주택저당대출을 받는 경우 매월 상환해야 하는 원리금을 구하는 산식은?

- 대출원금 : 1억 원
- 대출이자율 : 연 5.0%
- 대출기간 : 10년(대출일 : 2018.4.1.)
- 원리금상환일 : 매월 말일

① 1억 원 $\times [(1+0.05)^{10} - 1]/[0.05 \times (1+0.05)^{10}]$

② 1억 원 $\times [0.05 \times (1+0.05)^{10}]/[(1+0.05)^{10} - 1]$

③ 1억 원 $\times [0.05 \times (1+0.05)^{120}]/[(1+0.05)^{120} - 1]$

④ 1억 원 $\times [0.05/12 \times (1+0.05/12)^{120}]/[(1+0.05/12)^{120} - 1]$

⑤ 1억 원 $\times [(1+0.05/12)^{120} - 1]/[0.05/12 \times (1+0.05/12)^{120}]$

18 한국주택금융공사법령에 의한 주택담보노후연금제도에 관한 설명으로 옳지 <u>않은</u> 것은?

① 주택소유자와 그 배우자 모두 60세 이상이어야 이용할 수 있다.

② 연금지급방식으로 주택소유자가 선택하는 일정한 기간 동안 노후생활자금을 매월 지급받는 방식이 가능하다.

③ 주택담보노후연금보증을 받은 사람은 담보주택의 소유권등기에 한국주택금융공사의 동의 없이는 제한물권을 설정하거나 압류 등의 목적물이 될 수 없는 재산임을 부기등기 하여야 한다.

④ 주택담보노후연금을 받을 권리는 양도하거나 압류할 수 없다.

⑤ 한국주택금융공사는 주택담보노후연금보증을 받으려는 사람에게 소유주택에 대한 저당권 설정에 관한 사항을 설명하여야 한다.

19 프로젝트 사업주(sponsor)가 특수목적회사인 프로젝트 회사를 설립하여 특정 프로젝트 수행에 필요한 자금을 금융회사로부터 대출받는 방식의 프로젝트 파이낸싱(PF)에 관한 설명으로 옳은 것을 모두 고른 것은? (단, 프로젝트 사업주가 프로젝트 회사를 위해 보증이나 담보제공을 하지 않음)

> ㄱ. 일정한 요건을 갖춘 프로젝트 회사는 법인세 감면을 받을 수 있다.
> ㄴ. 프로젝트 사업주의 재무상태표에 해당 부채가 표시되지 않는다.
> ㄷ. 금융회사는 담보가 없어 위험이 높은 반면 대출이자율을 높게 할 수 있다.
> ㄹ. 프로젝트 회사가 파산하더라도 금융회사는 프로젝트 사업주에 대해 원리금 상환을 청구할 수 없다.

① ㄱ, ㄴ, ㄷ   ② ㄱ, ㄴ, ㄹ

③ ㄱ, ㄷ, ㄹ   ④ ㄴ, ㄷ, ㄹ

⑤ ㄱ, ㄴ, ㄷ, ㄹ

20 시장실패 또는 정부의 시장개입에 관한 설명으로 옳지 <u>않은</u> 것은?

① 외부효과는 시장실패의 원인이 된다.

② 소비의 비경합성과 비배제성을 수반하는 공공재는 시장실패의 원인이 된다.

③ 정보의 비대칭성은 시장실패의 원인이 아니다.

④ 시장가격에 임의로 영향을 미칠 수 있는 독과점 공급자의 존재는 시장실패의 원인이 된다.

⑤ 시장실패의 문제를 해결하기 위하여 정부는 시장에 개입할 수 있다.

21 현재 우리나라에서 시행 중인 부동산정책이 <u>아닌</u> 것은?

① 토지거래허가제

② 실거래가신고제

③ 개발이익환수제

④ 분양가상한제

⑤ 택지소유상한제

22 정부의 간접적 시장개입방법이 <u>아닌</u> 것은?

① 주택에 대한 금융지원정책

② 토지비축정책

③ 토지에 대한 조세감면정책

④ 토지거래에 관한 정보체계 구축

⑤ 임대주택에 대한 임대료 보조

23 부동산조세에 관한 설명으로 옳은 것은?

① 취득세와 재산세는 비례세율을 적용한다.

② 상속세와 등록면허세는 누진세율을 적용한다.

③ 종합부동산세와 상속세는 국세에 속한다.

④ 증여세와 재산세는 보유세에 속한다.

⑤ 취득세와 증여세는 지방세에 속한다.

24 양도소득세의 과세대상인 양도소득에 속하지 <u>않는</u> 것은?

① 지상권의 양도로 발생하는 소득

② 전세권의 양도로 발생하는 소득

③ 지역권의 양도로 발생하는 소득

④ 등기된 부동산임차권의 양도로 발생하는 소득

⑤ 부동산을 취득할 수 있는 권리의 양도로 발생하는 소득

25 다음에 해당하는 민간투자사업방식은?

> • 민간사업자가 기숙사를 개발하여 준공과 동시에 그 소유권을 공공에 귀속시켰다.
> • 민간사업자는 30년간 시설관리 운영권을 갖고, 공공은 그 시설을 임차하여 사용하고 있다.

① BOT(Build-Own-Transfer) 방식
② BTO(Build-Transfer-Operate) 방식
③ BTL(Build-Transfer-Lease) 방식
④ BLT(Build-Lease-Transfer) 방식
⑤ BOO(Build-Own-Operate) 방식

26 부동산관리에 관한 설명으로 옳은 것은?

① 시설관리(facility management)는 부동산시설의 자산 및 부채를 종합관리하는 것으로 시설사용자나 기업의 요구에 따르는 적극적인 관리에 해당한다.
② 자기관리방식은 입주자와의 소통 측면에 있어서 위탁관리방식에 비해 유리한 측면이 있다.
③ 위탁관리방식은 자기관리방식에 비해 기밀유지가 유리한 측면이 있다.
④ 혼합관리방식은 자기관리방식에 비해 문제발생시 책임소재 파악이 용이하다.
⑤ 건물의 고층화와 대규모화가 진행되면서 위탁관리방식에서 자기관리방식으로 바뀌는 경향이 있다.

27 부동산마케팅에 관한 설명으로 옳지 <u>않은</u> 것은?

① 부동산 공급자가 부동산시장을 점유하기 위한 일련의 활동을 시장점유마케팅전략이라 한다.
② AIDA 원리는 소비자가 대상 상품을 구매할 때까지 나타나는 심리 변화의 4단계를 의미한다.
③ 시장점유마케팅전략에 해당되는 STP전략은 시장세분화(segmentation), 표적시장선정(targeting), 포지셔닝(positioning)으로 구성된다.
④ 고객점유마케팅전략에 해당되는 4P MIX전략은 유통경로(place), 제품(product), 위치선점(position), 판매촉진(promotion)으로 구성된다.
⑤ 고객점유마케팅전략은 AIDA 원리를 적용하여 소비자의 욕구를 충족시키기 위해 수행된다.

28 부동산개발의 사업타당성분석에 관한 설명으로 옳지 <u>않은</u> 것은?

① 물리적 타당성분석은 대상 부지의 지형, 지세, 토질과 같은 물리적 요인들이 개발대상 부동산의 건설 및 운영에 적합한지 여부를 분석하는 과정이다.

② 법률적 타당성분석은 대상 부지와 관련된 법적 제약조건을 분석해서 대상 부지 내에서 개발 가능한 용도와 개발규모를 판단하는 과정이다.

③ 경제적 타당성분석은 개발사업에 소요되는 비용, 수익, 시장수요와 공급 등을 분석하는 과정이다.

④ 민감도분석은 사업타당성분석의 주요 변수들의 초기투입 값을 변화시켰을 때 수익성의 변화를 예측하는 과정이다.

⑤ 투자결정분석은 부동산개발에 영향을 미치는 인근 환경요소의 현황과 전망을 분석하는 과정이다.

29 다음과 같은 이유들로 인해 나타날 수 있는 부동산투자의 위험은?

- 근로자의 파업 가능성
- 관리자의 관리 능력
- 영업경비의 증가
- 임대료의 연체

① 인플레이션위험 ② 금융위험
③ 유동성위험 ④ 입지위험
⑤ 운영위험

30 공시지가기준법에 의한 토지의 감정평가시 개별요인 세항목의 비교내용이 다음의 표와 같을 때 개별요인 비교치(격차율)는? (단, 주어진 자료 이외의 내용은 없음)

조건	항목	세항목	비교내용
접근조건	교통의 편부	취락과의 접근성	대상토지가 10% 우세
		농로의 상태	대상토지가 5% 열세
자연조건	일조 등	일조, 통풍 등	대상토지가 10% 우세
	토양, 토질	토양·토질의 양부	대상토지가 5% 열세
획지조건	면적, 경사 등	경사도	대상토지가 5% 열세
	경작의 편부	형상에 의한 장애정도	동일함
행정적조건	행정상의 조장 및 규제 정도	용도지역	동일함
기타조건	기타	장래의 동향	대상토지가 10% 열세

① 0.980 ② 0.955
③ 0.950 ④ 0.943
⑤ 0.934

31 감정평가에 관한 규칙에서 규정하고 있는 내용으로 옳지 <u>않은</u> 것은?

① 감정평가업자는 자신의 능력으로 업무수행이 불가능한 경우 감정평가를 하여서는 아니 된다.

② 감정평가업자는 감정평가조건의 합리성이 결여되었다고 판단할 때에는 감정평가 의뢰를 거부할 수 있다.

③ 유사지역이란 감정평가의 대상이 된 부동산이 속한 지역으로서 인근지역과 유사한 특성을 갖는 지역을 말한다.

④ 둘 이상의 대상물건 상호간에 용도상 불가분의 관계가 있는 경우에는 일괄하여 감정평가할 수 있다.

⑤ 기준시점을 미리 정하였을 때에는 그 날짜에 가격조사가 가능한 경우에만 기준시점으로 할 수 있다.

32 감정평가에 관한 규칙상 대상물건별 주된 감정평가방법으로 옳지 <u>않은</u> 것은?

① 임대료 – 임대사례비교법

② 자동차 – 거래사례비교법

③ 비상장채권 – 수익환원법

④ 건설기계 – 원가법

⑤ 과수원 – 공시지가기준법

33 우리나라의 부동산가격공시제도에 관한 설명으로 옳은 것은?

① 다가구주택은 공동주택가격의 공시대상이다.

② 개별공시지가의 공시기준일이 6월 1일인 경우도 있다.

③ 표준주택에 그 주택의 사용·수익을 제한하는 권리가 설정되어 있을 때에는 이를 반영하여 적정가격을 산정하여야 한다.

④ 국세 또는 지방세 부과대상이 아닌 단독주택은 개별주택가격을 결정·공시하지 아니할 수 있다.

⑤ 표준지공시지가의 공시권자는 시장·군수·구청장이다.

34 감정평가사 A는 표준지공시지가의 감정평가를 의뢰받고 현장조사를 통해 표준지에 대해 다음과 같이 확인하였다. 표준지조사평가보고서의 토지특성 기재방법으로 옳게 연결된 것은?

> ㄱ. 토지이용상황 : 주변의 토지이용상황이 '답'으로서 돈사·우사 등으로 이용되고 있는 토지
> ㄴ. 도로접면 : 폭 12미터의 도로에 한면이 접하면서 자동차 통행이 가능한 폭 6미터의 도로에 다른 한면이 접하고 있는 토지

① ㄱ : 목장용지,　ㄴ : 중로각지
② ㄱ : 목장용지,　ㄴ : 소로각지
③ ㄱ : 답기타,　　ㄴ : 중로각지
④ ㄱ : 답기타,　　ㄴ : 소로각지
⑤ ㄱ : 답축사,　　ㄴ : 중로각지

35 감정평가에 관한 규칙상 감정평가업자가 의뢰인과 협의하여 확정할 기본적 사항이 아닌 것은?

① 감정평가 목적
② 감정평가조건
③ 실지조사 여부
④ 기준가치
⑤ 수수료 및 실비에 관한 사항

36 공인중개사법령상 개업공인중개사가 주택을 중개하는 경우 확인·설명해야 할 사항이 아닌 것은?

① 일조·소음·진동 등 환경조건
② 벽면 및 도배의 상태
③ 중개대상물의 최유효이용상태
④ 중개대상물의 권리관계
⑤ 시장·학교와의 접근성 등 입지조건

37 공인중개사법령상 법인인 개업공인중개사가 할 수 있는 업무가 아닌 것은?

① 주택의 분양대행
② 부동산의 이용에 관한 상담
③ 민사집행법에 의한 경매대상 부동산의 취득알선
④ 상업용 건축물의 관리대행
⑤ 부동산거래의 안전보장을 위한 계약금·중도금의 보관

38 감정평가사 A는 권리분석을 위해 등기사항전부증명서를 발급하였다. 등기사항전부증명서의 을구에서 확인가능한 내용은?

① 구분지상권 ② 유치권
③ 가압류 ④ 점유권
⑤ 예고등기

39 부동산경매에서 어떤 권리들은 말소촉탁의 대상이 되지 않고 낙찰자가 인수해야 하는 권리가 있다. 부동산경매의 권리분석에서 말소와 인수의 판단기준이 되는 권리인 말소기준권리가 될 수 <u>없는</u> 것은?

① 압류
② 전세권
③ 근저당권
④ 담보가등기
⑤ 강제경매개시결정등기

40 다음의 자료는 수익형 부동산 A에 관한 내용이다. 수익환원법에 적용할 순수익은? (단, 모든 금액은 연 기준이며, 제시된 자료에 한함)

- 가능총수익 : 9천만 원
- 공실손실상당액 : 3백만 원
- 대손충당금 : 1백만 원
- 관리직원 인건비 : 2천 4백만 원
- 자본적 지출액 : 6백만 원
- 수선유지비 : 3백만 원
- 재산세 : 2백만 원
- 광고선전비 : 3백만 원
- 사업소득세 : 6백만 원

① 42,000,000원 ② 48,000,000원
③ 52,000,000원 ④ 54,000,000원
⑤ 60,000,000원

06 2017년 제28회 기출문제

01 부동산정책의 공적개입 필요성에 관한 설명으로 옳지 <u>않은</u> 것은?

① 정부가 부동산시장에 개입하는 논리에는 부(−)의 외부효과 방지와 공공재 공급 등이 있다.

② 부동산시장은 불완전정보, 공급의 비탄력성으로 인한 수요·공급 시차로 인하여 시장실패가 나타날 수 있다.

③ 정부는 토지를 경제적·효율적으로 이용하고 공공복리의 증진을 도모하기 위하여 용도지역제를 활용하고 있다.

④ 정부는 주민의 편의를 위해 공공재인 도로, 공원 등의 도시계획시설을 공급하고 있다.

⑤ 공공재는 시장기구에 맡겨둘 경우 경합성과 배제성으로 인하여 무임승차(free ride) 현상이 발생할 수 있다.

02 부동산시장이 과열국면일 경우, 정부가 시행할 수 있는 부동산시장 안정화 대책을 모두 고른 것은?

> ㄱ. 양도소득세율 인상
> ㄴ. 분양가상한제 폐지
> ㄷ. 아파트 전매제한 기간 확대
> ㄹ. 주택 청약시 재당첨제한 폐지
> ㅁ. 담보인정비율(LTV) 및 총부채상환비율(DTI)의 축소

① ㄱ, ㄴ, ㄷ   ② ㄱ, ㄷ, ㅁ

③ ㄱ, ㄹ, ㅁ   ④ ㄴ, ㄷ, ㄹ

⑤ ㄴ, ㄹ, ㅁ

03 부동산정책의 수단을 직접개입과 간접개입으로 구분할 때, 정부의 간접개입 수단에 해당하는 것은?

① 공영개발사업

② 토지세제

③ 토지수용

④ 토지은행제도

⑤ 공공임대주택 공급

04 A금융기관은 원금균등분할상환방식과 원리금균등분할상환방식의 대출을 제공하고 있다. 두 방식에 의해 산정한 첫번째 월불입액의 차액은? (단, 주어진 조건에 한함)

- 주택가격 : 6억 원
- 담보인정비율(LTV) : 50%
- 대출조건(매월말 상환) : 대출기간은 30년, 대출이자율은 연 6%(월 0.5%, 월 저당상수 = 0.006443)
- 원금균등분할상환방식 : 3년 거치 후 원금균등분할상환하며, 거치기간 동안에는 이자만 지급함
- 원리금균등분할상환방식 : 거치기간 없음

① 332,900원
② 432,900원
③ 532,900원
④ 632,900원
⑤ 732,900원

05 주택금융에 관한 설명으로 옳은 것을 모두 고른 것은?

ㄱ. 주택금융은 주택수요자에게 자금을 융자해 줌으로써 주택구매력을 높여준다.
ㄴ. 주택소비금융은 주택을 구입하려는 사람이 신용을 담보로 제공하고, 자금을 제공받는 형태의 금융을 의미한다.
ㄷ. 주택개발금융은 서민에게 주택을 담보로 하고 자금을 융자해주는 실수요자 금융이다.
ㄹ. 주택자금융자는 주로 장기융자 형태이므로, 대출기관의 유동성 제약이 발생할 우려가 있어 주택저당채권의 유동화 필요성이 있다.

① ㄱ, ㄴ
② ㄱ, ㄷ
③ ㄱ, ㄹ
④ ㄴ, ㄹ
⑤ ㄷ, ㄹ

06 프로젝트 파이낸싱(PF)에 의한 부동산개발에 관한 설명으로 옳지 않은 것은?

① PF는 부동산개발로 인해 발생하는 현금흐름을 담보로 개발에 필요한 자금을 조달한다.
② 일반적으로 PF의 자금관리는 부동산 신탁회사가 에스크로우(Escrow) 계정을 관리하면서 사업비의 공정하고 투명한 자금집행을 담당한다.
③ 일반적으로 PF의 차입금리는 기업 대출 금리보다 높다.
④ PF는 위험분담을 위해 여러 이해관계자가 계약관계에 따라 참여하므로, 일반개발 사업에 비해 사업진행이 신속하다.
⑤ PF의 금융구조는 비소구금융이 원칙이나, 제한적 소구금융의 경우도 있다.

07 한국주택금융공사법에 의한 주택담보노후연금에 관한 설명으로 옳지 <u>않은</u> 것은?

① 단독주택, 다세대주택, 오피스텔, 상가주택 등이 연금의 대상주택이 된다.

② 연금 수령 중 담보 주택이 주택재개발, 주택재건축이 되더라도 계약을 유지할 수 있다.

③ 연금의 방식에는 주택소유자가 선택하는 일정기간 동안 노후생활자금을 매월 지급받는 방식이 있다.

④ 가입자와 그 배우자는 종신거주, 종신지급이 보장되며, 가입자는 보증료를 납부해야 한다.

⑤ 연금의 방식에는 주택소유자가 생존해 있는 동안 노후생활자금을 매월 지급 받는 방식이 있다.

08 다음 자료에 의한 영업소득세는? (단, 주어진 조건에 한함)

- 세전현금수지 : 4,000만 원
- 대체충당금 : 350만 원
- 원금상환액 : 400만 원
- 감가상각액 : 250만 원
- 세율 : 20%

① 820만 원   ② 900만 원

③ 1,000만 원   ④ 1,100만 원

⑤ 1,200만 원

09 부동산투자 의사결정방법에 관한 설명으로 옳지 <u>않은</u> 것은?

① 수익성지수법은 투자된 현금유출의 현재가치를 이 투자로부터 발생되는 현금유입의 현재가치로 나눈 것이다.

② 회계적이익률법에서는 상호배타적인 투자안일 경우에 목표이익률보다 큰 투자안 중에서 회계적 이익률이 가장 큰 투자안을 선택한다.

③ 순현가법은 화폐의 시간가치를 고려한 방법으로 순현가가 "0"보다 작으면 그 투자안을 기각한다.

④ 내부수익률은 투자안의 순현가를 "0"으로 만드는 할인율을 의미하며, 투자자 입장에서는 최소한의 요구수익률이기도 하다.

⑤ 회수기간법은 화폐의 시간적 가치를 고려하지 않고, 회수기간이 더 짧은 투자안을 선택하는 투자결정법이다.

10 부동산투자의 수익률에 관한 설명으로 옳지 <u>않은</u> 것은? (단, 주어진 조건에 한함)

① 기대수익률은 투자한 부동산의 예상수입과 예상지출로 계산되는 수익률이다.
② 실현수익률이란 투자가 이루어지고 난 후에 실제로 달성된 수익률이다.
③ 요구수익률은 투자자에게 충족되어야 할 최소한의 수익률이다.
④ 장래 기대되는 수익의 흐름이 주어졌을 때, 요구수익률이 클수록 부동산의 가치는 증가한다.
⑤ 투자자의 요구수익률은 체계적 위험이 증대됨에 따라 상승한다.

11 A부동산의 1년 동안 예상되는 현금흐름이다. 다음 중 옳은 것은? (단, 주어진 조건에 한함)

- A부동산 가격 : 15억 원(자기자본 : 10억 원, 대출 : 5억 원)
- 순영업소득 : 1억 5,000만 원
- 영업소득세 : 5,000만 원
- 저당지불액 : 8,000만 원

① 부채비율 : 20%
② 순소득승수 : 15
③ 지분투자수익률 : 30%
④ 부채감당비율 : 53%
⑤ 총투자수익률 : 10%

12 부동산투자시 위험과 수익과의 관계에 관한 설명으로 옳은 것을 모두 고른 것은?

ㄱ. 위험회피형 투자자는 위험 증가에 따른 보상으로 높은 기대수익률을 요구한다.
ㄴ. 위험과 수익과의 상쇄관계는 위험이 크면 클수록 요구하는 수익률이 작아지는 것을 의미한다.
ㄷ. 위험의 크기에 관계 없이 기대수익률에만 의존해서 행동하는 투자유형을 위험선호형이라 한다.
ㄹ. 요구수익률은 무위험률과 위험할증률을 합산하여 계산해야 한다.
ㅁ. 평균 - 분산모형에서, 기대수익률이 같다면 위험이 작은 투자안을 선택하고, 위험이 같다면 기대수익률이 높은 투자안을 선택하는 투자안의 선택기준을 지배원리(dominance principle)라고 한다.

① ㄱ, ㄴ
② ㄴ, ㄷ
③ ㄱ, ㄹ, ㅁ
④ ㄴ, ㄷ, ㅁ
⑤ ㄷ, ㄹ, ㅁ

13 시장상황별 수익률의 예상치가 다음과 같은 경우 기대수익률과 분산은?

시장상황	수익률	확률
불황	20%	30%
보통	30%	40%
호황	40%	30%

① 기대수익률 : 20%, 분산 : 0.004
② 기대수익률 : 20%, 분산 : 0.006
③ 기대수익률 : 30%, 분산 : 0.004
④ 기대수익률 : 30%, 분산 : 0.006
⑤ 기대수익률 : 30%, 분산 : 0.04

14 원가법에 의한 대상물건 기준시점의 감가누계액은? (단, 주어진 조건에 한함)

- 준공시점 : 2012.3.2.
- 기준시점 : 2017.3.2.
- 기준시점 재조달원가 : 500,000,000원
- 경제적 내용년수 : 50년
- 감가수정은 정액법에 의함
- 내용년수 만료시 잔존가치율은 10%

① 35,000,000원   ② 40,000,000원
③ 45,000,000원   ④ 50,000,000원
⑤ 55,000,000원

15 부동산의 개념 등에 관한 설명으로 옳지 않은 것은?
① 부동산이란 토지 및 그 정착물을 말하며, 부동산 이외의 물건은 동산이다.
② 부동산의 복합개념은 부동산을 법률적·경제적·기술적인 측면 등으로 이해하고자 하는 것이다.
③ 부동산은 20년간 소유의 의사로 평온, 공연하게 점유하고 등기함으로써 그 소유권을 취득한다.
④ 동산은 용익물권과 담보물권의 설정이 가능하다.
⑤ 넓은 의미의 부동산에는 등기·등록의 대상이 되는 항공기·선박·자동차 등도 포함된다.

16 토지의 자연적·인문적 특성에 관한 설명으로 옳지 <u>않은</u> 것은?

① 부동성(위치의 고정성)으로 인해 외부효과가 발생한다.

② 분할·합병의 가능성은 용도의 다양성을 지원하는 특성이 있다.

③ 용도의 다양성은 토지용도 중에서 최유효이용을 선택할 수 있는 근거가 된다.

④ 일반적으로 부증성은 집약적 토지이용과 가격급등 현상을 일으키기도 한다.

⑤ 토지의 인문적 특성 중에서 도시계획의 변경, 공업단지의 지정 등은 위치의 가변성 중 사회적 위치가 변화하는 예이다.

17 토지의 정착물과 동산에 관한 설명으로 옳지 <u>않은</u> 것은?

① 부동산과 동산은 공시방법을 달리하며, 동산은 공신의 원칙이 인정되나 부동산은 공신의 원칙이 인정되지 않는다.

② 토지의 정착물 중 명인방법을 구비한 수목의 집단은 토지와 독립적인 거래의 객체가 될 수 있다.

③ 토지의 정착물 중 도로와 교량 등은 토지와 독립적인 것이 아니라 토지의 일부로 간주된다.

④ 제거하여도 건물의 기능 및 효용의 손실이 없는 부착된 물건은 일반적으로 동산으로 취급한다.

⑤ 임차인이 설치한 영업용 선반·카운터 등 사업이나 생활의 편의를 위해 설치한 정착물은 일반적으로 부동산으로 취급한다.

18 다음 중 연립주택에 해당하는 것은?

① 주택으로 쓰는 층수가 5개 층 이상인 주택

② 주택으로 쓰는 1개 동의 바닥면적 합계가 660m^{2}를 초과하고, 층수가 4개 층 이하인 주택

③ 학교 또는 공장 등의 학생 또는 종업원 등을 위하여 쓰는 것으로서 1개 동의 공동 취사시설 이용세대가 전체의 50퍼센트 이상인 주택

④ 주택으로 쓰는 1개 동의 바닥면적 합계가 660m^2 이하이고, 층수가 4개 층 이하인 주택

⑤ 주택으로 쓰는 층수가 3개 층 이하이고, 1개 동의 주택으로 쓰이는 바닥면적의 합계가 660m^2 이하인 주택

19 부동산 권리분석의 원칙에 해당하지 <u>않는</u> 것은?

① 능률성의 원칙　　　　　　② 안전성의 원칙

③ 탐문주의의 원칙　　　　　④ 증거주의의 원칙

⑤ 사후확인의 원칙

20 부동산 권리분석에 관한 내용으로 옳지 <u>않은</u> 것은?

① 부동산의 상태 또는 사실관계, 등기능력 없는 권리 및 등기를 요하지 않는 권리관계 등 자세한 내용에 이르기까지 분석의 대상으로 하는 것이 협의의 권리분석이다.

② 매수인이 대상부동산을 매수하기 전에 소유권이전을 저해하는 조세체납, 계약상 하자 등을 확인하기 위해 공부 등을 조사하는 일도 포함된다.

③ 부동산 권리관계를 실질적으로 조사, 확인, 판단하여 일련의 부동산활동을 안전하게 하려는 것이다.

④ 대상부동산의 권리에 하자가 없는지 여부를 판단하는 것을 권리분석이라 한다.

⑤ 권리분석 보고서에는 대상부동산 및 의뢰인, 권리분석의 목적, 판단결과의 표시 및 이유, 권리분석의 방법 및 성격, 수집한 자료 목록, 면책사항 등이 포함된다.

21 수익방식의 직접환원법에 의한 대상부동산의 시산가액은? (단, 주어진 조건에 한함)

- 가능총수익 : 연 2천만 원
- 공실 및 대손 : 가능총수익의 10%
- 임대경비비율 : 유효총수익의 30%
- 가격구성비 : 토지, 건물 각각 50%
- 토지환원율 : 연 5%, 건물환원율 : 연 7%

① 190,000,000원 ② 200,000,000원

③ 210,000,000원 ④ 220,000,000원

⑤ 230,000,000원

22 부동산평가활동에서 부동산가격의 원칙에 관한 설명으로 옳지 <u>않은</u> 것은?

① 기여의 원칙이란 부동산가격이 대상부동산의 각 구성요소가 기여하는 정도의 합으로 결정된다는 것을 말한다.

② 최유효이용의 원칙이란 객관적으로 보아 양식과 통상의 이용능력을 지닌 사람이 대상토지를 합법적이고 합리적이며 최고최선의 방법으로 이용하는 것을 말한다.

③ 변동의 원칙이란 가치형성요인이 시간의 흐름에 따라 지속적으로 변화함으로써 부동산가격도 변화한다는 것을 말한다.

④ 적합의 원칙이란 부동산의 유용성이 최고도로 발휘되기 위해서는 부동산구성요소의 결합에 균형이 있어야 한다는 것을 말한다.

⑤ 예측의 원칙이란 평가활동에서 가치형성요인의 변동추이 또는 동향을 주시해야 한다는 것을 말한다.

23 감가수정에 관한 설명으로 옳은 것은?

① 치유가능한 감가는 내용년수 항목 중에서 치유로 증가가 예상되는 효용이 치유에 요하는 비용보다 큰 경우의 감가를 의미한다.

② 감가수정의 방법은 직접법과 간접법이 있으며, 직접법에는 내용년수법, 관찰감가법 및 분해법이 있다. 감가수정액의 산정은 이 세가지 방법을 병용하여 산정해야 한다.

③ 감가수정은 재조달원가에서 부동산가격에 영향을 미치는 물리적·기능적·경제적 감가요인 등을 고려하고, 그에 해당하는 감가수정액을 공제하여, 기준시점 현재 대상물건의 기간손익의 배분을 산정하기 위한 것이다.

④ 감정평가대상이 되는 부동산의 상태를 면밀히 관찰한 후 감정평가사의 폭넓은 경험과 지식에 의존하는 것이 분해법이다.

⑤ 감가요인을 물리적·기능적·경제적 요인으로 세분하고, 치유가능·불능항목으로 세분하여 각각의 발생감가의 합계액을 감가수정액으로 하는 방법이 관찰감가법이다.

24 환원이율에 관한 설명으로 옳지 <u>않은</u> 것은?

① 환원이율은 투하자본에 대한 수익비율로써 상각 후·세공제전의 이율을 말한다.

② 개별환원이율이란 토지와 건물 각각의 환원이율을 말한다.

③ 환원이율이란 대상부동산이 장래 산출할 것으로 기대되는 표준적인 순수익과 부동산 가격의 비율이다.

④ 환원이율은 순수익을 자본환원해서 수익가격을 구하는 경우에 적용되며, 이는 결국 부동산의 수익성을 나타낸다.

⑤ 세공제전 환원이율이란 세금으로 인한 수익의 변동을 환원이율에 반영하여 조정(배제)하지 않은 환원이율을 말한다.

25 감정평가에 관한 규칙의 내용으로 옳지 <u>않은</u> 것은?

① 대상물건에 대한 감정평가액은 시장가치를 기준으로 결정하나, 감정평가 의뢰인이 요청하는 경우 등에는 시장가치 외의 가치를 기준으로 결정할 수 있다.

② 적정한 실거래가는 부동산 거래신고에 관한 법률에 따라 신고된 실제 거래가격으로서 거래 시점이 도시지역은 3년 이내, 그 밖의 지역은 5년 이내인 거래가격 중에서 감정평가업자가 인근지역의 지가수준 등을 고려하여 감정평가의 기준으로 적용하기에 적정하다고 판단하는 거래가격을 말한다.

③ 가치형성요인은 대상물건의 경제적 가치에 영향을 미치는 일반요인, 지역요인 및 개별요인 등을 말한다.

④ 시장가치는 감정평가의 대상이 되는 토지 등(이하 "대상물건")이 통상적인 시장에서 충분한 기간 동안 거래를 위하여 공개된 후 그 대상물건의 내용에 정통한 당사자 사이에 신중하고 자발적인 거래가 있을 경우 성립될 가능성이 가장 높다고 인정되는 대상물건의 가액을 말한다.

⑤ 유사지역은 감정평가의 대상이 된 부동산이 속한 지역으로서 부동산의 이용이 동질적이고 가치형성요인 중 지역요인을 공유하는 지역을 말한다.

26 감정평가유형에 관한 설명으로 옳지 <u>않은</u> 것은?

① 일괄평가란 2개 이상의 대상물건이 일체로 거래되거나 대상물건 상호간에 용도상 불가분의 관계가 있는 경우에는 일괄하여 평가하는 것을 말한다.

② 조건부평가란 일체로 이용되고 있는 물건의 일부만을 평가하는 것을 말한다.

③ 구분평가란 1개의 대상물건이라도 가치를 달리하는 부분은 이를 구분하여 평가하는 것을 말한다.

④ 현황평가란 대상물건의 상태, 구조, 이용방법 등을 있는 그대로 평가하는 것을 말한다.

⑤ 참모평가란 대중평가가 아니라 고용주 혹은 고용기관을 위해 하는 평가를 말한다.

27 부동산개발과 시장 분석에 관한 설명으로 옳지 <u>않은</u> 것은? (단, 주어진 조건에 한함)

① 부동산 개발과정에서 시장분석의 목적은 개발과 관련된 의사결정을 하기 위하여 부동산의 특성상 용도별, 지역별로 각각의 수요와 공급에 미치는 요인들과 수요와 공급의 상호 관계가 개발사업에 어떠한 영향을 미치는가를 조사·분석하는 것이다.

② 시장성분석은 현재와 미래의 대상 부동산에 대한 수요·공급 분석을 통해 흡수율 분석과 시장에서 분양될 수 있는 가격, 적정개발 규모 등의 예측을 한다.

③ 지역경제분석은 지역의 경제활동, 지역인구와 소득 등 대상지역시장 전체에 대한 총량적 지표를 분석한다.

④ 부동산 개발과정의 시장분석은 속성상 지리적·공간적 범위에 국한되지 않으며, 대상 개발사업의 경쟁력 분석에 한한다.

⑤ 경제성분석은 구체적으로 개발사업의 수익성 여부 등을 평가한다.

28 부동산시장에 관한 설명으로 옳은 것은?

① 부동산시장은 부동산 재화와 서비스가 교환되는 매커니즘이기 때문에 유형의 부동산 거래는 허용되며, 무형의 이용과 관련한 권리는 제외된다.

② 일반적으로 부동산시장은 일반시장에 비해 거래비용이 많이 들고, 수요자와 공급자의 시장진출입이 제약을 받게 되어 완전경쟁시장이 된다.

③ 부동산의 입지성으로 인해 소유자는 해당 부동산의 활용과 가격결정에 있어서 입지 독점권(location monopoly)을 가지며, 이것은 하위시장의 형성과 관련 있다.

④ 정부가 제품의 품질이나 규격을 통제하는 건축기준은 양적규제의 예로 들 수 있다.

⑤ 준강성 효율적 시장은 공표된 것이건 그렇지 않은 것이건 어떠한 정보도 이미 가치에 반영되어 있는 시장이다.

29 A와 B도시 사이에 C마을이 있다. 레일리의 소매인력법칙을 적용할 경우, C 마을에서 A도시와 B도시로 구매 활동에 유인되는 인구수는? (단, C마을 인구의 60%만 A도시 또는 B도시에서 구매하고, 주어진 조건에 한함) **문제 변형**

① A : 3천 명,   B : 9천 명

② A : 4천 명,   B : 8천 명

③ A : 5천 명,   B : 7천 명

④ A : 5천 5백 명, B : 6천 5백 명

⑤ A : 6천 명,   B : 6천 명

30 부동산의 수요와 공급, 균형에 관한 설명으로 옳은 것은? (단, 다른 조건은 동일함)

① 부동산의 수요는 유효수요의 개념이 아니라, 단순히 부동산을 구입하고자 하는 의사만을 의미한다.

② 건축비의 하락 등 생산요소 가격의 하락은 주택공급곡선을 왼쪽으로 이동시킨다.

③ 수요자의 소득이 변하여 수요곡선 자체가 이동하는 경우는 수요량의 변화에 해당한다.

④ 인구의 증가로 부동산 수요가 증가하는 경우 균형가격은 상승하고, 균형량은 감소한다.

⑤ 기술의 개발로 부동산 공급이 증가하는 경우 수요의 가격탄력성이 작을수록 균형가격의 하락폭은 커지고, 균형량의 증가폭은 작아진다.

31 법인인 개업공인중개사가 할 수 있는 업무로 옳지 않은 것은?

① 상업용 건축물 및 주택의 임대관리 등 부동산의 관리대행

② 부동산의 이용·개발 및 거래에 관한 상담

③ 상업용 건축물 및 주택의 개발대행

④ 개업공인중개사를 대상으로 한 중개업의 경영기법 및 경영정보의 제공

⑤ 중개의뢰인의 의뢰에 따른 도배·이사업체의 소개 등 주거이전에 부수되는 용역의 알선

32 부동산 보유과세와 관련된 내용으로 옳지 <u>않은</u> 것은?

① 종합부동산세는 인별 과세이고 누진세율을 채택하고 있다.

② 토지에 대한 종합부동산세는 종합합산과세대상인 경우에는 국내에 소재하는 해당 과세대상토지의 공시가격을 합한 금액이 3억 원을 초과하는 자는 종합부동산세를 납부할 의무가 있다.

③ 종합부동산세는 조세부담의 형평성을 제고하고 가격안정을 도모하기 위해 도입되었다.

④ 종합부동산세는 주택에 대한 종합부동산세와 토지에 대한 종합부동산세의 세액을 합한 금액을 그 세액으로 한다.

⑤ 종합부동산세의 과세기준일은 재산세의 과세기준일로 한다.

33 상업용 부동산 시장분석에 관한 설명으로 옳지 <u>않은</u> 것은?

① 소매점포 개설을 위한 시장분석의 절차는 부지평가 → 구역분석 → 시장선택의 3단계로 이루어진다.

② 통계적 분석방법은 기존통계를 분석해서 시장의 지역성을 포착하고, 그 지역성을 기초로 상권의 특성을 추계하는 방법이다.

③ 상권추정기법에는 실제조사방법, 2차 자료 이용방법, 통계적 분석방법 등이 있다.

④ 수정허프모델에서 고객의 구매확률은 상업지의 매장면적과 상업지로의 도달거리에 의해 결정된다.

⑤ 체크리스트법은 매출액과 비용에 영향을 미칠 것으로 예상되는 다양한 요인들을 나열하고 이를 토대로 전문가적 경험에 의존하여 시장 내 대안부지들을 체계적으로 비교·평가하는 기법이다.

34 부동산 조세에 관한 설명으로 옳지 <u>않은</u> 것은?

① 재산세나 종합부동산세는 과세관청이 세액을 산정하여 납세의무자에게 교부하여 징수하는 세금인 반면, 상속세나 양도소득세는 납세의무자가 과세관청에 신고를 통해 납부하는 세금이다.

② 자본이득에 과세하는 양도소득세의 경우 소유자가 자산을 계속 보유함으로써 시장에서 자산거래가 위축되는 동결효과(lock-in effect)가 발생할 수 있다.

③ 토지분 재산세의 과세대상 중 공장용지·전·답·과수원·목장용지와 같이 생산 활동에 이용되는 토지는 별도 합산하여 과세한다.

④ 취득세의 납세의무자는 사실상 취득자이다.

⑤ 양도소득세의 양도가액은 원칙적으로 그 자산의 양도 당시의 양도자와 양수자 간에 실제로 거래한 가액에 따른다.

35 부동산마케팅전략에 관한 설명으로 옳지 <u>않은</u> 것은?

① 시장점유마케팅전략에는 STP전략과 4P Mix전략이 있다.

② 시장점유마케팅전략은 AIDA원리로 대표되는 소비자중심의 마케팅전략이다.

③ 관계마케팅전략은 생산자와 소비자의 지속적인 관계를 통해서 상호 이익이 되는 장기적인 관점의 마케팅전략이다.

④ STP전략 중 시장세분화 전략은 부동산시장을 명확한 여러 개의 구매자 집단으로 나누는 것을 말한다.

⑤ 제품 포지셔닝이란 표적 고객의 마음속에 특정 상품이나 서비스가 자리 잡는 느낌을 말하며, 고객에게 자사의 상품과 서비스 이미지를 자리 잡게 디자인하는 활동을 말한다.

36 다음은 부동산개발과정에 내재하는 위험에 관한 설명이다. (   )에 들어갈 내용으로 옳게 연결된 것은?

> • (ㄱ)은 정부의 정책이나 용도지역제와 같은 토지이용규제의 변화로 인해 발생하기도 한다.
> • (ㄴ)은 개발된 부동산이 분양이나 임대가 되지 않거나, 계획했던 가격 이하나 임대료 이하로 매각되거나 임대되는 경우를 말한다.
> • (ㄷ)은 인플레이션이 심할수록, 개발기간이 연장될수록 더 커진다.

① ㄱ : 법률적 위험,   ㄴ : 시장위험,   ㄷ : 비용위험

② ㄱ : 법률적 위험,   ㄴ : 관리위험,   ㄷ : 시장위험

③ ㄱ : 사업위험,   ㄴ : 계획위험,   ㄷ : 비용위험

④ ㄱ : 계획위험,   ㄴ : 시장위험,   ㄷ : 비용위험

⑤ ㄱ : 시장위험,   ㄴ : 계획위험,   ㄷ : 사업위험

37 택지개발방식 중 환지방식에 관한 설명으로 옳지 <u>않은</u> 것을 모두 고른 것은?

> ㄱ. 사업자로서는 상대적으로 사업시행이 간단하고 용이하다.
> ㄴ. 개발이익은 토지소유자, 사업자 등이 향유한다.
> ㄷ. 사업자의 초기 사업비 부담이 크고, 토지소유자의 저항이 심할 수 있다.
> ㄹ. 감보된 토지는 새로이 필요로 하는 공공시설 용지로 사용되고, 나머지 체비지는 환지한다.
> ㅁ. 환지의 형평성을 기하기 위해 사업시행기간이 장기화 될 수 있다.
> ㅂ. 혼용방식은 수용 또는 사용방식과 환지방식을 혼용하여 시행하는 방식이다.

① ㄱ, ㄴ, ㄷ   ② ㄱ, ㄷ, ㄹ

③ ㄱ, ㄹ, ㅁ   ④ ㄴ, ㅁ, ㅂ

⑤ ㄹ, ㅁ, ㅂ

38 부동산개발 과정의 일반적인 절차 중에서 다음에 해당하는 단계는?

> • 개발방향을 설정하기 위해 사업시행 이전에 개발여건 및 개발잠재력을 분석
> • 개발아이템과 개발규모의 결정, 사업타당성의 평가, 시설 종류의 배치 및 동선계획 등을 통해 보다 사업을 구체화시키는 단계

① 구상단계
② 개발전략 수립단계
③ 관리 및 마케팅단계
④ 예비적 타당성분석단계
⑤ 건설단계

39 부동산 경기변동과 중개활동에 관한 설명으로 옳지 <u>않은</u> 것은?

① 하향시장의 경우 종전의 거래사례 가격은 새로운 매매활동에 있어 가격 설정의 상한선이 되는 경향이 있다.
② 상향시장에서 매도자는 가격상승을 기대하여 거래의 성립을 미루려는 반면, 매수자는 거래성립을 앞당기려 하는 경향이 있다.
③ 중개물건의뢰의 접수와 관련하여 안정기의 경우 공인중개사는 매각의뢰와 매입의뢰의 수집이 다 같이 중요하다.
④ 실수요 증가에 의한 공급부족이 발생하는 경우 공인중개사는 매수자를 확보해 두려는 경향을 보인다.
⑤ 일반적으로 부동산경기는 일반경기에 비하여 경기의 변동폭이 큰 경향이 있다.

40 다음과 같은 조건 하에서 아파트에 대한 수요함수가 $Q_D = -2P + 6Y + 100$이고, $P = 5$, $Y = 5$인 경우, 수요의 소득탄력성(E_y)은? (단, Q_D: 수요량, P : 가격, Y : 소득이고, 소득탄력성(E_y)은 점탄력성을 말하며, 다른 조건은 동일함)

① $\dfrac{1}{2}$ ② $\dfrac{1}{3}$

③ $\dfrac{1}{4}$ ④ $\dfrac{1}{5}$

⑤ $\dfrac{1}{6}$

07 2016년 제27회 기출문제

01 부동산의 개념에 관한 설명으로 옳지 <u>않은</u> 것은?

① 법률적 개념에서 협의의 부동산은 민법 제99조 제1항에서의 '토지 및 그 정착물'을 말한다.

② 부동산의 경우에는 등기로써 공시의 효과를 가지지만 동산은 점유로써 공시의 효과를 가진다.

③ 좁은 의미의 부동산과 준부동산을 합쳐 광의의 부동산이라 하며, 자본, 자산 등과 함께 기술적 측면에서의 부동산으로 구분된다.

④ 준부동산은 물권변동을 등기나 등록수단으로 공시하는 동산을 포함한다.

⑤ 입목에 관한 법령에 의해 소유권보존등기된 입목, 공장 및 광업재단 저당법령에 의하여 저당권의 목적물이 되고 있는 공장재단은 부동산에 준하여 취급된다.

02 용도지역지구제에 관한 설명으로 옳지 <u>않은</u> 것은?

① 토지이용에 수반되는 부(-)의 외부효과를 제거하거나 감소시키는 것에 목적이 있다.

② 국토의 계획 및 이용에 관한 법령상 시·도지사는 도시의 자연환경 및 경관을 보호하고 도시민에게 건전한 여가·휴식공간을 제공하기 위하여 도시지역 안에서 식생이 양호한 산지의 개발을 제한할 필요가 있다고 인정하면 도시자연공원구역의 지정을 도시·군관리계획으로 결정할 수 있다.

③ 사적시장이 외부효과에 대한 효율적인 해결책을 제시하지 못할 경우, 정부가 부동산규제의 한 방법으로 채택할 수 있다.

④ 국토의 계획 및 이용에 관한 법령상 시·도지사는 시설보호지구를 문화재, 중요시설물 및 문화적·생태적으로 보존가치가 큰 지역의 보호와 보존에 필요하면 그 용도지구의 지정 또는 변경을 도시·군관리계획으로 결정한다.

⑤ 국토의 계획 및 이용에 관한 법령상 시·도지사는 도시·군관리계획결정으로 주거지역을 세분하여 지정할 수 있는데, 공동주택 중심의 양호한 주거환경을 보호하기 위하여 필요한 지역은 제2종 전용주거지역으로 지정할 수 있다.

03 다음은 토지에 관하여 설명한 내용이다. 옳은 것을 모두 고른 것은?

> ㄱ. 택지는 토지에 건물 등의 정착물이 없고 공법이나 사법의 제한을 받는 토지를 말한다.
> ㄴ. 획지는 법률상의 단위개념으로 소유권이 미치는 범위를 말한다.
> ㄷ. 이행지는 용도적 지역의 분류 중 세분된 지역 내에서 용도에 따라 전환되는 토지를 말한다.
> ㄹ. 후보지는 임지지역, 농지지역, 택지지역 상호 간에 다른 지역으로 전환되고 있는 지역의 토지를 말한다.
> ㅁ. 건부지는 관련법령이 정하는 바에 따라 재난시 피난 등 안전이나 일조 등 양호한 생활환경 확보를 위해, 건축하면서 남겨놓은 일정면적 부분의 토지를 말한다.

① ㄷ
② ㄱ, ㄴ
③ ㄷ, ㄹ
④ ㄱ, ㄹ, ㅁ
⑤ ㄴ, ㄷ, ㄹ

04 부동산의 특성에 관한 설명으로 옳지 <u>않은</u> 것은?

① 부동성으로 인해 부동산활동을 국지화시키고 임장활동을 배제한다.
② 토지는 물리적인 측면에서는 영속성을 가지나, 경제적 가치는 주변상황의 변화에 의하여 하락될 수 있다.
③ 영속성으로 인해 토지는 감가상각에서 배제되는 자산이다.
④ 개별성으로 인해 부동산활동이 구체적이고 개별적으로 전개되며, 부동산시장에서 정보의 중요성이 증대된다.
⑤ 용도의 다양성으로 인해 토지이용결정과정에서 용도가 경합할 경우, 최유효이용 할 수 있는 방안을 도출하여 실행하게 한다.

05 에스크로우(Escrow)제도에 관한 설명으로 옳지 <u>않은</u> 것은?

① 매수자는 권원상의 하자나 부담으로부터 발생하는 위험을 사전에 방지할 수 있다.
② 매수자뿐만 아니라 권원의 이전에 관계되는 매도자, 저당대출기관 등의 권익을 보호하는 역할을 한다.
③ 권리보험제도와 병행하여 활성화하면 거래안전의 시너지 효과를 거둘 수 있다.
④ 공인중개사법령상 개업공인중개사는 거래의 안전을 보장하기 위하여 필요하다고 인정하는 경우에는 거래계약의 이행이 완료될 때까지 계약금·중도금 또는 잔금을 개업공인중개사 명의로 금융기관에 예치하도록 거래당사자에게 권고할 수 있다.
⑤ 에스크로우 회사는 매도자와 매수자의 협상과정에 참여하여 거래과정에서 발생하는 여러 가지 문제에 대하여 조언을 한다.

06 부동산 중개계약에 관한 설명으로 옳은 것을 모두 고른 것은?

> ㄱ. 독점중개계약 : 매각의뢰를 받은 경우 그 계약기간 내에 거래가 성사되면 개업공인중개사가 당해 부동산
> 　거래를 성사시키지 않았더라도 중개수료 청구권이 발생한다.
> ㄴ. 전속중개계약 : 공인중개사법령상 중개의뢰인은 중개대상물의 중개를 의뢰함에 있어서 특정한 개업공인
> 　중개사를 정하여 그 개업공인중개사에 한하여 당해 중개대상물을 중개하도록 하는 계약을 체결하여야
> 　한다고 규정하고 있다.
> ㄷ. 일반중개계약 : 소유자는 다수의 개업공인중개사에게 매도를 의뢰할 수 있고, 매수인과의 거래를 먼저
> 　성사시킨 개업공인중개사에게 수료를 지불한다.
> ㄹ. 공동중개계약 : 부동산정보센터나 부동산협회 등을 매체로 하여 다수의 개업공인중개사가 상호 협동하여
> 　공동으로 중개 역할을 하는 것을 말한다.
> ㅁ. 순가중개계약 : 거래가격을 정하고 이를 초과한 금액으로 거래가 이루어진 경우 초과액은 개업공인중개사
> 　와 의뢰인이 나누어 갖는 것이다.

① ㄷ
② ㄱ, ㄴ
③ ㄷ, ㄹ
④ ㄱ, ㄷ, ㄹ
⑤ ㄷ, ㄹ, ㅁ

07 부동산권리분석에 관한 설명으로 옳지 <u>않은</u> 것은?

① 권리관계를 취급하지만 재판이나 수사행위와 같이 권력행위가 아니므로 비권력적 성격을 가진다.
② 우리나라 등기는 관련 법률에 다른 규정이 있는 경우를 제외하고는 당사자의 신청 또는 관공서의 촉탁
　에 따라 행하는 신청주의 원칙을 적용한다.
③ 부동산권리분석을 행하는 주체가 분석대상권리의 주요한 사항을 직접 확인해야 한다는 탐문주의의
　원칙은 권리분석활동을 하는 데 지켜야 할 이념이다.
④ 자료판독을 할 때 환매특약의 등기와 신탁에 관한 등기는 소유권에 관한 사항을 기록하는 부동산 등기
　부의 을구에서 그 기재사항을 살펴보아야 한다.
⑤ 대상부동산의 권리관계를 조사·확인하기 위한 판독 내용에는 공법상 이용제한 및 거래규제의 확인·
　판단이 포함된다.

08 부동산권리분석활동을 위한 자료의 조사·확인 및 분석에 관한 설명으로 옳은 것은?

① 공간정보의 구축 및 관리 등에 관한 법령상 지적도에 기재된 지목의 부호가 「공」으로 표기되어 있어, 분석대상부동산의 지목을 공장용지로 확인·판단하였다.

② 용수 또는 배수를 위하여 일정한 형태를 갖춘 인공적인 수로·둑 및 그 부속시설물의 부지와 자연의 유수가 있거나 있을 것으로 예상되는 소규모 수로부지를 공간정보의 구축 및 관리 등에 관한 법령상의 지목인 하천으로 확인·판단하였다.

③ 부동산경매에서 경락허가결정 확정 후 경매대금을 완납한 때에 경락인은 등기를 하여야만 목적부동산의 소유권을 취득하는 것으로 확인·판단하였다.

④ 국토의 계획 및 이용에 관한 법령상 토지이용계획확인서를 통해 건물의 소재지, 구조, 용도 등의 사실관계를 확인·판단하였다.

⑤ 공간정보의 구축 및 관리 등에 관한 법령상 토지대장의 등록사항을 통해 토지소유자가 변경된 날과 그 원인을 확인·판단하였다.

09 부동산경기변동에 관한 설명으로 옳지 <u>않은</u> 것은?

① 계절적 변동은 예기치 못한 사태로 초래되는 비순환적 경기변동 현상을 말한다.

② 부동산경기변동이란 일반적으로 상승과 하강국면이 반복되는 현상을 말한다.

③ 건축착공량과 부동산거래량은 부동산경기를 측정할 수 있는 지표로 활용될 수 있다.

④ 하향시장 국면이 장기화되면 부동산 공실률 증가에 의한 임대료 감소 등의 이유로 부동산 소유자에게 부담이 될 수 있다.

⑤ 회복시장은 일반적으로 경기가 하향을 멈추고 상승을 시작하는 국면이다.

10 디파스퀄리-위튼(DiPasquale & Wheaton)의 4사분면 모형에 관한 설명으로 옳지 <u>않은</u> 것은?

① 부동산 공간시장과 부동산 자산시장의 관계를 설명한 모형이다.

② 1사분면은 부동산 가격과 공간재고량의 관계를 나타낸다.

③ 2사분면은 부동산 가격과 임대료의 관계를 나타낸다.

④ 3사분면은 부동산 가격과 신규건설량의 관계를 나타낸다.

⑤ 4사분면은 신규건설량과 공간재고량의 관계를 나타낸다.

11 부동산신탁에 관한 설명으로 옳지 <u>않은</u> 것은?

① 신탁이란 위탁자가 특정한 재산권을 수탁자에게 이전하거나 기타의 처분을 하고, 수탁자로 하여금 수익자의 이익 또는 특정한 목적을 위하여 그 재산권을 관리·처분하게 하는 법률관계를 말한다.

② 부동산신탁의 수익자란 신탁행위에 따라 신탁이익을 받는 자를 말한다.

③ 수익자는 위탁자가 지정한 제3자가 될 수도 있다.

④ 신탁계약은 수익자와 위탁자 간에 체결되며 투자자는 위탁자가 발행하는 수익증권을 매입함으로써 수익자가 되어 운용성과를 얻을 수 있게 된다.

⑤ 수탁자는 자산운용을 담당하는 신탁회사가 될 수 있다.

12 다음에서 설명하는 내용을 모두 충족하는 민간투자사업방식은?

- 시설을 준공한 후, 소유권을 정부 또는 지방자치단체에 귀속시키고, 그 대가로 받은 시설의 관리운영권을 가지고 해당 시설을 직접 운영하여 수익을 획득하는 방식이다.
- 대표적인 사업으로 도로, 터널, 철도, 항만 등이 있으며, 시설 이용자로부터 이용료를 징수할 수 있어 자체적으로 수익을 낼 수 있는 사회기반시설의 사업방식으로 활용되고 있다.

① BOO(build-own-operate) 방식

② BTO(build-transfer-operate) 방식

③ BOT(build-own-transfer) 방식

④ BLT(build-lease-transfer) 방식

⑤ BTL(build-transfer-lease) 방식

13 주택저당대출방식에 관한 설명으로 옳지 <u>않은</u> 것은?

① 원금균등분할상환방식은 대출기간 동안 매기 원금을 균등하게 분할 상환하고 이자는 점차적으로 감소하는 방식이다.

② 원리금균등분할상환방식의 원리금은 대출금에 감채기금계수를 곱하여 산출한다.

③ 만기일시상환방식은 만기 이전에는 이자만 상환하다가 만기에 일시로 원금을 상환하는 방식이다.

④ 체증분할상환방식은 원리금 상환액 부담을 초기에는 적게 하는 대신 시간이 경과할수록 원리금 상환액 부담을 늘려가는 상환방식이다.

⑤ 원리금균등분할상환방식은 원금이 상환됨에 따라 매기 이자액의 비중은 점차적으로 줄고 매기 원금상환액 비중은 점차적으로 증가한다.

14 외부효과에 관한 설명으로 옳지 <u>않은</u> 것은?

① 외부효과는 한 사람의 행위가 제3자의 경제적 후생에 영향을 미치고, 그에 대해 지급된 보상을 제3자가 인지하지 못하는 현상을 말한다.

② 정(+)의 외부효과는 핌피(PIMFY) 현상을 초래할 수 있다.

③ 부(-)의 외부효과를 완화하기 위한 수단으로 배출권 거래제도 등이 있다.

④ 정(+)의 외부효과를 장려하기 위한 수단으로 보조금 지급 등이 있다.

⑤ 공장이 설립된 인근지역에는 당해 공장에서 배출되는 폐수 등으로 인해 부(-)의 외부효과가 발생할 수 있다.

15 부동산조세 유형 중 보유과세를 모두 고른 것은?

ㄱ. 취득세	ㄴ. 상속세
ㄷ. 재산세	ㄹ. 종합부동산세
ㅁ. 양도소득세	

① ㄱ, ㄴ
② ㄴ, ㄷ
③ ㄷ, ㄹ
④ ㄴ, ㄷ, ㄹ
⑤ ㄷ, ㄹ, ㅁ

16 도시 및 부동산개발에 관한 설명으로 옳지 <u>않은</u> 것은?

① 부동산개발업의 관리 및 육성에 관한 법령상 부동산개발이란 토지를 건설공사의 수행 또는 형질변경의 방법으로 조성하면서 시공을 담당하는 행위를 말한다.

② 부동산개발업의 관리 및 육성에 관한 법령상 부동산개발업이란 타인에게 공급할 목적으로 부동산개발을 수행하는 업을 말한다.

③ 부동산개발업의 관리 및 육성에 관한 법령상 공급이란 부동산개발을 수행하여 그 행위로 조성·건축·대수선·리모델링·용도변경 또는 설치되거나 될 예정인 부동산, 그 부동산의 이용권으로서 대통령령으로 정하는 권리의 전부 또는 일부를 타인에게 판매 또는 임대하는 행위를 말한다.

④ 도시개발법령상 도시개발사업이란 도시개발구역에서 주거, 상업, 산업, 유통, 정보통신, 생태, 문화, 보건 및 복지 등의 기능이 있는 단지 또는 시가지를 조성하기 위하여 시행하는 사업을 말한다.

⑤ 도시 및 주거환경정비법령상 건축물이 훼손되거나 일부가 멸실되어 붕괴 그 밖의 안전사고의 우려가 있는 건축물은 노후·불량건축물에 해당한다.

17 다음 (   )에 알맞은 모기지(Mortgage) 증권은?

> (   )은/는 발행자가 주택저당채권 집합물을 가지고 일정한 가공을 통해 위험 – 수익 구조가 다양한 트랜치 (tranche)로 구성된 증권으로 발행된 채권형 증권을 말한다.

① MPTS(Mortgage Pass–Through Securities)

② MBB(Mortgage Backed Bond)

③ MPTB(Mortgage Pay–Through Bond)

④ CMO(Collateralized Mortgage Obligation)

⑤ CMBS(Commercial Mortgage Backed Securities)의 MBB

18 다음 보기에는 지분금융, 메자닌금융(mezzanine financing), 부채금융이 있다. 이 중 지분금융 (equity financing)을 모두 고른 것은?

> ㄱ. 저당금융
> ㄴ. 신탁증서금융
> ㄷ. 부동산 신디케이트(syndicate)
> ㄹ. 자산유동화증권(ABS)
> ㅁ. 신주인수권부사채

① ㄷ   ② ㄴ, ㅁ

③ ㄷ, ㄹ   ④ ㄷ, ㅁ

⑤ ㄱ, ㄷ, ㅁ

19 다음은 대상부동산의 1년 동안 예상되는 현금흐름이다. (상각 전) 순영업소득(NOI)은? (단, 주어진 조건에 한함)

> • 임대면적 : 100m²
> • 임대면적당 매월 임대료 : 20,000원/m²
> • 공실손실상당액 : 연간 임대료의 5%
> • 영업경비 : 유효총소득의 60%(감가상각비 2,000,000원 포함)

① 10,080,000원   ② 10,880,000원

③ 11,120,000원   ④ 12,320,000원

⑤ 12,420,000원

20 현재 대상부동산의 가치는 3억 원이다. 향후 1년 동안 예상되는 현금흐름이 다음 자료와 같을 경우, 대상부동산의 자본환원율(종합환원율)은? (단, 가능 총소득에는 기타소득이 포함되어 있지 않고, 주어진 조건에 한함)

> • 가능총소득 : 20,000,000원
> • 기타소득 : 1,000,000원
> • 공실손실상당액 : 3,000,000원
> • 영업경비 : 4,500,000원

① 4.0%   ② 4.5%

③ 5.5%   ④ 6.0%

⑤ 6.5%

21 다음 자료를 활용한 연간 실질임대료는? (단, 주어진 조건에 한함)

> • 지불임대료 : 200,000원(매월 기준)
> • 예금적 성격을 갖는 일시금의 운용수익 : 400,000원(연 기준)
> • 선불적 성격을 갖는 일시금의 상각액 : 80,000원(연 기준)

① 2,400,000원   ② 2,480,000원

③ 2,720,000원   ④ 2,800,000원

⑤ 2,880,000원

22 재무비율에 관한 설명으로 옳지 <u>않은</u> 것은?

① 총투자수익률(ROI)은 순영업소득(NOI)을 총투자액으로 나눈 비율이다.

② 지분투자수익률(ROE)은 세후현금흐름(ATCF)을 지분투자액으로 나눈 비율이다.

③ 유동비율은 유동자산을 유동부채로 나눈 비율이다.

④ 순소득승수(NIM)는 총투자액을 순영업소득으로 나눈 값이다.

⑤ 부채감당률(DCR)이 1보다 작으면 순영업소득으로 원리금 지불능력이 충분하다.

23 감정평가에 관한 규칙상 감정평가업자가 감정평가를 의뢰받았을 때 의뢰인과 협의하여 확정하여야 할 기본적 사항이 <u>아닌</u> 것은?

① 공시지가   ② 기준가치

③ 대상물건   ④ 기준시점

⑤ 감정평가 목적

24 다음과 같은 복합부동산의 조건하에서 거래시점의 토지 단가는? (단, 건물은 원가법으로 평가함)

- 거래사례 개요
  - 토지·건물 일체의 거래가액 : 300,000,000원
  - 거래시점 : 2016.2.21.
  - 토지 면적 : 250m^2
- 건물 관련 자료
  - 건물 연면적 : 350m^2
  - 건물 사용승인일 : 1992.12.25.
  - 건물의 경제적 내용년 수 : 50년
  - 건물 재조달원가(거래시점 기준) : 500,000원/m^2
- 감가수정은 정액법 만년감가 기준, 잔가율 "0"으로 가정

① 811,000원/m^2 ② 822,000원/m^2

③ 833,000원/m^2 ④ 844,000원/m^2

⑤ 855,000원/m^2

25 감정평가에 관한 규칙상 감정평가에 관한 설명으로 옳지 <u>않은</u> 것은?

① 토지를 감정평가할 때에 부동산 가격공시 및 감정평가에 관한 법률에 따라 공시지가기준법을 적용하여야 한다.

② 공시지가기준법에 따라 토지를 감정평가할 때에는 비교표준지 선정, 시점수정, 지역요인 비교, 개별요인 비교, 그 밖의 요인 보정의 순서에 따라야 한다.

③ 건물을 감정평가할 때에 원가법을 원칙적으로 적용하여야 한다.

④ 과수원을 감정평가할 때에 수익환원법을 원칙적으로 적용하여야 한다.

⑤ 자동차를 감정평가할 때에 거래사례비교법을 원칙적으로 적용하여야 하나, 본래 용도의 효용가치가 없는 물건은 해체처분가액으로 감정평가할 수 있다.

26 다음 부동산투자 타당성분석 방법 중 할인기법을 모두 고른 것은?

> ㄱ. 순현재가치법
> ㄴ. 내부수익률법
> ㄷ. 현가회수기간법
> ㄹ. 회계적 수익률법

① ㄱ, ㄴ

② ㄴ, ㄷ

③ ㄱ, ㄴ, ㄷ

④ ㄱ, ㄷ, ㄹ

⑤ ㄴ, ㄷ, ㄹ

27 다음은 부동산투자의 예상 현금흐름표이다. 이 투자안의 수익성지수(PI)는?(단, 현금유출은 기초, 현금유입은 기말로 가정하고, 0년차 현금흐름은 현금유출이며, 1년차부터 3년차까지의 현금흐름은 연 단위의 현금유입만 발생함. 할인율은 연 10%이고, 주어진 조건에 한함)

(단위 : 만 원)

사업 기간	0년	1년	2년	3년
현금흐름	2,000	550	1,210	1,331

① 1.15

② 1.25

③ 1.35

④ 1.40

⑤ 1.45

28 A는 주택구입자금을 마련하기 위해 20x6년 1월 1일 현재, 4년 동안 매년 말 1,000만 원씩 불입하는 4년 만기의 정기적금에 가입하였다. 이 정기적금의 이자율이 복리로 연 10%라면 4년 후의 미래가치는?

① 4,541만 원
② 4,564만 원
③ 4,621만 원
④ 4,641만 원
⑤ 4,821만 원

29 부동산투자회사법령상 부동산투자회사에 관한 설명으로 옳은 것은?

① 영업인가를 받은 날부터 6개월이 지난 자기관리 부동산투자회사의 자본금은 70억 원 이상이 되어야한다.
② 위탁관리 부동산투자회사 및 기업구조조정 부동산투자회사의 설립 자본금은 10억 원 이상으로 한다.
③ 자기관리 부동산투자회사의 설립 자본금은 3억 원 이상으로 한다.
④ 영업인가를 받은 날부터 6개월이 지난 위탁관리 부동산투자회사 및 기업구조조정 부동산투자회사의 자본금은 100억 원 이상이 되어야 한다.
⑤ 부동산투자회사는 부동산 등 자산의 운용에 관하여 회계처리를 할 때에는 국토교통부가 정하는 회계처리기준에 따라야 한다.

30 시장상황별 추정 수익률의 예상치가 다음과 같은 투자자산의 분산은?

시장상황	수익률	확률
호황	20%	0.6
불황	10%	0.4

① 0.0012
② 0.0014
③ 0.0024
④ 0.0048
⑤ 0.0096

31 다음과 같은 조건하에서 이 부동산기업의 가중평균자본비용(WACC)은? (단, 법인세율은 없음)

구분	가치(만 원)	비용(%)
타인자본	4,000	5
자기자본	6,000	15

① 9.5%   ② 10.0%

③ 11.0%   ④ 11.5%

⑤ 12.0%

32 주택법령상 주택의 정의에 관한 설명으로 옳지 않은 것은?

① 주택은 세대의 구성원이 장기간 독립된 주거생활을 할 수 있는 구조로 된 건축물의 전부 또는 일부
및 그 부속토지를 말한다.

② 준주택은 주택 외의 건축물과 그 부속토지로서 주거시설로 이용가능한 시설 등을 말한다.

③ 공동주택은 건축물의 벽·복도·계단이나 그 밖의 설비 등의 전부 또는 일부를 공동으로 사용하는
각 세대가 하나의 건축물 안에서 각각 독립된 주거생활을 할 수 있는 구조로 된 주택을 말한다.

④ 민영주택은 국민주택 등을 제외한 주택을 말한다.

⑤ 세대구분형 공동주택은 300세대 미만의 국민주택규모에 해당하는 주택으로서 단지형 연립주택, 단지
형 다세대주택, 원룸형 주택으로 분류한다.

33 다음은 어떤 부동산의 특성에서 파생된 특징을 설명한 것이다. 이를 모두 충족하는 부동산의 특성으로
옳은 것은?

• 토지이용을 집약화시킨다.

• 토지의 독점소유욕을 발생시킨다.

• 토지의 가격문제를 발생시킨다.

• 토지의 양적 공급을 제한한다.

---

① 부동성   ② 영속성

③ 부증성   ④ 개별성

⑤ 용도의 다양성

34 부동산정책에 관한 설명으로 옳지 <u>않은</u> 것은?

① 부동산정책이란 바람직한 부동산활동을 유도하기 위한 목표설정과 이를 달성하기 위한 각종 부동산대책의 결정 및 운용에 관한 정부의 공적인 계획이나 실행행위를 말한다.

② 부동산 거래신고 제도는 부동산 거래신고에 관한 법령에 따라 거래당사자가 부동산 등에 관한 매매계약을 체결한 경우 그 실제 매매가격 등을 거래계약 후 잔금일로부터 60일 이내에 그 부동산 등의 소재지를 관할하는 시장·군수 또는 구청장에게 공동 또는 예외적인 경우 단독으로 신고하게 하여 건전하고 투명한 부동산 거래질서를 확립하여 국민경제에 이바지함을 목적으로 한다.

③ 개발제한구역의 지정 및 관리에 관한 특별조치법령상 국토교통부장관은 국방부장관의 요청으로 보안상 도시의 개발을 제한할 필요가 있다고 인정되면 개발제한구역의 지정 및 해제를 도시·군관리계획으로 결정할 수 있다.

④ 지적재조사사업은 공간정보의 구축 및 관리 등에 관한 법령에 따라 지적공부의 등록사항을 조사·측량하여 기존의 지적공부를 디지털에 의한 새로운 지적공부로 대체함과 동시에 지적공부의 등록사항이 토지의 실제 현황과 일치하지 아니하는 경우 이를 바로 잡기 위하여 실시하는 국가사업으로 국토를 효율적으로 관리함과 아울러 국민의 재산권 보호에 기여함을 목적으로 한다.

⑤ 산지관리법령상 국가나 지방자치단체는 산지전용·일시사용제한지역의 지정목적을 달성하기 위하여 필요하면 산지소유자와 협의하여 산지전용·일시사용제한지역의 산지를 매수할 수 있다.

35 분양가상한제에 관한 설명으로 옳지 <u>않은</u> 것은?

① 주택구매 수요자들의 주택구입 부담을 덜어주기 위해 신규분양주택의 분양가격을 주택법령에 따라 정한 가격을 초과하여 받지 못하도록 규제하는 제도이다.

② 주택법령상 사업주체가 일반인에게 공급하는 공동주택 중 공공택지 외의 택지에서 주택가격 상승 우려가 있어 심의를 거쳐 지정하는 지역에서 공급하는 주택의 경우에는 기준에 따라 산정되는 분양가격 이하로 공급하여야 한다.

③ 공급자의 이윤이 저하되어 주택의 공급이 감소하는 현상이 나타날 수 있다.

④ 주택법령상 사업주체는 분양가상한제 적용주택으로서 공공택지에서 공급하는 주택에 대하여 입주자 모집 승인을 받았을 때에는 입주자 모집공고에 택지비, 공사비, 간접비 등에 대하여 분양가격을 공시하여야 한다.

⑤ 주택법령상 사업주체가 일반인에게 공급하는 공동주택 중 공공택지에서 공급하는 도시형 생활주택은 분양가상한제를 적용한다.

36 부동산조세에 관한 설명으로 옳지 **않은** 것은?

① 상속세는 과세표준을 화폐단위로 표시하는 종량세에 해당한다.

② 재산세는 지방세에 해당한다.

③ 선박은 재산세 과세대상에 해당한다.

④ 상속세는 국세에 해당한다.

⑤ 상속세는 직접세에 해당한다.

37 부동산마케팅에 관한 설명으로 옳은 것은?

① 표적시장(Target market)은 목표시장에서 고객의 욕구를 파악하여 경쟁 제품과 차별성을 가지도록 제품 개념을 정하고 소비자의 지각 속에 적절히 위치시키는 것이다.

② 포지셔닝(Positioning)은 세분화된 시장 중 가장 좋은 시장기회를 제공해 줄 수 있는 특화된 시장이다.

③ 4P에 의한 마케팅 믹스 전략의 구성요소는 제품(Product), 유통경로(Place), 판매촉진(Promotion), 포지셔닝(Positioning)이다.

④ STP란 시장세분화(Segmentation), 표적화(Targeting), 가격(Price)을 표상하는 약자이다.

⑤ 고객점유 마케팅 전략은 AIDA(Attention, Interest, Desire, Action) 원리를 적용하여 소비자의 욕구를 충족시키기 위한 마케팅 전략이다.

38 부동산관리에 관한 설명으로 옳지 **않은** 것은?

① 자산관리(Asset Management)는 부동산자산을 포트폴리오(portfolio) 관점에서 관리하는 자산·부채의 종합관리를 의미한다.

② 재산관리(Property Management)는 시설사용자나 사용과 관련한 타부문의 요구에 단순히 부응하는 정도의 소극적이고 기술적인 측면을 중시하는 부동산관리를 의미한다.

③ 대상건물의 기능을 유지하기 위해서 건물에 대해 수리 및 점검을 하는 등의 관리는 기술적 측면의 관리에 해당한다.

④ 위탁관리방식은 전문업자를 이용함으로써 합리적이고 편리하며, 전문화된 관리와 서비스를 받을 수 있다는 장점이 있다.

⑤ 기밀유지 측면에서는 자가관리방식이 위탁관리방식보다 유리하다.

39 도시성장구조이론에 관한 설명으로 옳지 <u>않은</u> 것은?

① 버제스(Burgess)의 동심원이론은 도시생태학적 관점에서 접근하였다.

② 해리스(Harris)와 울만(Ullman)의 다핵심이론은 도시가 그 도시내에서도 수개의 핵심이 형성되면서 성장한다는 이론이다.

③ 동심원이론은 도시가 그 중심에서 동심원상으로 확대되어 분화되면서 성장한다는 이론이다.

④ 다핵심이론과 호이트(Hoyt)의 선형이론의 한계를 극복하기 위해서 개발된 동심원이론에서 점이지대는 저소득지대와 통근자지대 사이에 위치하고 있다.

⑤ 선형이론은 도시가 교통망을 따라 확장되어 부채꼴 모양으로 성장한다는 이론이다.

40 C도시 인근에 A할인점과 B할인점이 있다. 허프(D.L.Huff)의 상권분석모형을 적용할 경우, A할인점의 이용객수는 C도시 인구의 몇 %인가? (단, 거리에 대한 소비자의 거리마찰계수값은 2이고, C도시 인구 중 50%가 A할인점이나 B할인점을 이용함)

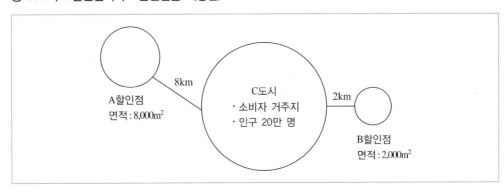

① 5.0%　　　　　　　　② 10.0%

③ 15.0%　　　　　　　④ 20.0%

⑤ 25.0%

당신이 저지를 수 있는 가장 큰 실수는,
실수를 할까 두려워하는 것이다.

- 앨버트 하버드 -

PART 02
정답 및 해설

01 2022년 제33회 정답 및 해설

01	02	03	04	05	06	07	08	09	10	11	12	13	14	15	16	17	18	19	20
②	②	⑤	⑤	①	⑤	③	③	①	①	③	②	①	⑤	④	⑤	③	④	③	③
21	22	23	24	25	26	27	28	29	30	31	32	33	34	35	36	37	38	39	40
⑤	④	④	①	④	⑤	④	④	①	⑤	③	⑤	③	②	②	②	①	④	②	②

01 난도 ★★
답 ②

▌정답해설▐

자연으로서 토지는 인간의 노력에 의해 그 특성을 바꿀 수 있다. 자연으로서의 토지는 인간의 삶에 필요한 장소를 제공하면서 모든 생산활동을 위한 요소이다. 토지는 생산할 수 없으므로 유한성을 극복하기 위해서 효율적인 이용을 강조하여 최유효이용의 개념이 중시된다. 그리고 자연으로서의 토지가치를 점차 크게 인식하기 때문에 토지는 개발보다는 보전을 위한 노력이 필요하다.

02 난도 ★★★
답 ②

▌정답해설▐

ㄱ. [O] 1필지의 토지를 2인 이상이 공동으로 소유하고 있는 토지의 지분을 감정평가할 때에는 대상토지 전체의 가액에 지분비율을 적용하여 감정평가한다. 다만, 대상지분의 위치가 확인되는 경우에는 그 위치에 따라 감정평가할 수 있다.

ㄷ. [O] 선하지는 고압선 등이 통과하는 토지는 통과전압의 종별, 고압선 등의 높이, 고압선 등 통과부분의 면적 및 획지 안에서의 위치, 철탑 및 전선로의 이전 가능성, 지상권설정 여부 등에 따른 제한의 정도를 고려하여 감정평가할 수 있다.

ㄹ. [O] 맹지는 지적도상 도로에 접한 부분이 없는 토지를 말하며 「민법」 제219조에 따라 공로에 출입하기 위한 통로를 개설하기 위해 비용이 발생하는 경우에는 그 비용을 고려하여 감정평가한다. 다만, 다음 각 호의 어느 하나에 해당하는 경우에는 해당 도로에 접한 것으로 보고 감정평가할 수 있다.
ⓐ 토지소유자가 그 의사에 의하여 타인의 통행을 제한할 수 없는 경우 등 관습상 도로가 있는 경우
ⓑ 지역권(도로로 사용하기 위한 경우) 등이 설정되어 있는 경우

▌오답해설▐

ㄴ. [×] 일단(一團)으로 이용 중인 토지 2필지 이상의 토지가 일단으로 이용 중이고 그 이용 상황이 사회적·경제적·행정적 측면에서 합리적이고 대상토지의 가치형성 측면에서 타당하다고 인정되는 등 용도상 불가분의 관계에 있는 경우에는 일괄감정평가를 할 수 있다.

ㅁ. [×] 「도시개발법」에서 규정하는 환지방식에 따른 사업시행지구 안에 있는 토지는 다음과 같이 감정평가한다.
ⓐ 환지처분 이전에 환지예정지로 지정된 경우에는 환지예정지의 위치, 확정예정지번(블록·롯트), 면적, 형상, 도로접면상태와 그 성숙도 등을 고려하여 감정평가한다. 다만, 환지면적이 권리면적보다 큰 경우로서 청산금이 납부되지 않은 경우에는 권리면적을 기준으로 한다.
ⓑ 환지예정지로 지정 전인 경우에는 종전 토지의 위치, 지목, 면적, 형상, 이용상황 등을 기준으로 감정평가한다.

03 난도 ★ | 답 ⑤

┃정답해설┃

주어진 지문에 대한 설명으로, ㄱ : 부증성, ㄴ : 부동성, ㄷ : 개별성에 대한 것이다.

04 난도 ★★ | 답 ⑤

┃정답해설┃

주어진 내용은 모두 옳은 지문이다.
- 용도다양성은 최유효이용, 경제적 공급 등과 연관되어 있다.
- 외부효과는 부동성 또는 인접성과 연관되어 있다.
- 분할·합병의 가능성은 부동산의 가치를 변화시킨다.
- 부동성은 인근지역과 유사지역의 분류, 즉 지역분석의 근거가 된다.
- 영속성은 부동산활동을 장기적으로 고려하게 한다.

05 난도 ★★★ | 답 ①

┃정답해설┃

장기균형에서 4개의 내생변수, 즉 공간재고, 임대료, 자산가격, 건물의 신규공급량이 결정된다.

┃오답해설┃

② 3사분면의 신축을 통한 건물의 신규공급량은 자산가격(P)과 생산요소의 가격(C) 및 정부규제에 의해 결정된다는 이론이다. 원가방식에 접근하여 재조달원가와 자산가격과의 관계에 의해서 주택건설량이 결정된다는 이론이다.

③ 자본환원율은 요구수익률을 의미하며, 이때 자본환원율은 시장이자율 조세, 금리, 기대상승률, 위험프리미엄 등의 모든 요인을 포함한다.

④ 1사분면인 최초 공간재고가 공간서비스에 대한 수요량과 일치할 때 균형임대료가 결정한다.

⑤ 4사분면인 건물의 신규공급량과 기존 재고의 소멸에 의한 재고량 감소분이 일치할 때 장기균형에 도달한다.

06 난도 ★★★ | 답 ⑤

┃정답해설┃

(1) 수요와 공급을 일치시킨다.

수요함수 : $Q_D = 2,600 - 2P$,

공급함수 : $3Q_S = 600 + 4P \rightarrow Q_S = 200 + \dfrac{4}{3}P$

∴ 균형가격 = 720, 균형량 = 1,160

(2) 탄력성을 구하기 위하여 수요함수와 공급함수를 미분한다.

- 수요의 가격탄력성(ϵ_P)

  : $\dfrac{dQ}{dP} \times \dfrac{P}{Q} = \left| -2 \times \dfrac{720}{1,160} \right| = \dfrac{36}{29}$

- 공급의 가격탄력성(η)

  : $\dfrac{dQ}{dP} \times \dfrac{P}{Q} = \dfrac{4}{3} \times \dfrac{720}{1,160} = \dfrac{24}{29}$

(3) 수요와 공급 가격탄력성의 합은 다음과 같다.

수요의 가격탄력성($\dfrac{36}{29}$) + 공급의 가격탄력성($\dfrac{24}{29}$)

$= \dfrac{60}{29}$

07 난도 ★★ | 답 ③

┃정답해설┃

정부의 부동산시장 간접개입방식으로는 개발부담금제, 부동산거래세, 부동산가격공시제도 등이 있다.

직접개입방식	공영개발, 공공임대보유, 공공투자사업, 토지은행, 도시개발사업, 매수, 수용, 환지, 보금자리주택 공급 등
이용규제방식	토지이용계획, 도시계획, 지구단위계획, 지역지구제, 토지구획규제, 건축규제, 인허가, 임대료상환제, 담보대출규제
간접개입방식	토지세, 부동산 거래세, 부동산보유세, 토지거래허가세, 개발부담금제, 금융지원, 행정적지원(가격공시제도, 등기부등본 등)

08 난도 ★★   답 ③

┃정답해설┃

뢰쉬(A. Lösch)의 최대수요이론은 생산비용은 어디서나 동일하나 수요가 다르다는 전제하에 결국 최대의 수익을 올릴 수 있는 곳이 공업의 최적입지가 된다는 논리다. 뢰쉬는 공업의 최적입지장소는 제품을 가장 많이 팔 수 있는 소비시장, 즉 수요극대화지점이라고 주장하여, 비용인자보다는 수요 곧 시장인자에 중점을 두었다.

09 난도 ★★   답 ①

┃정답해설┃

특정 투자자가 얻은 초과이윤이 이를 발생시키는데, 소요되는 정보비용보다 크면 초과이윤이 발생하므로 배분 효율적 시장이 되지 않는다.

┃오답해설┃

② 강성 효율적 시장은 정보가 완전하고 모든 정보가 공개되어 있으며, 정보비용이 없다는 완전경쟁시장의 조건을 만족한다.
③ 부동산시장은 주식시장이나 일반적인 재화시장보다 더 불완전경쟁적이지만 배분 효율성을 달성할 수도 있다.
④ 강성 효율적 시장에서는 어떤 정보를 이용하여도 초과이윤을 얻을 수 없다.
⑤ 준강성 효율적 시장의 개념은 약성 효율적 시장의 성격을 모두 포함하고 있다.

10 난도 ★★   답 ①

┃오답해설┃

② 상향여과는 고소득층 주거지역에서 주택의 개량을 통한 가치상승분이 주택개량비용보다 큰 경우에 발생한다.
③ 다른 조건이 동일한 경우 고가주택에 가까이 위치한 저가주택에는 정(+)의 외부효과가 발생한다.
④ 민간주택시장에서 불량주택이 발생하는 것은 시장성공, 즉 자원이 할당효율적 배분되는 시장을 의미한다.
⑤ 주거분리현상은 도시지역 전체뿐만 아니라, 도시와 지리적으로 인접한 근린지역에서도 발생한다.

11 난도 ★   답 ③

┃정답해설┃

분양프리미엄 유발 - 분양주택의 전매제한 강화, 보유기간 강화 등

12 난도 ★★   답 ②

┃정답해설┃

저소득층에 대한 임대주택 공급은 소득의 간접분배효과가 있다.

13 난도 ★★★   답 ①

┃정답해설┃

ㄱ : 추가투자가 없는 경우의 NPV
- 수익현가
  = (4천만 원×0.952) + (3천만 원×0.906) + (4천만 원 ×0.862) = 9,974만 원
- 비용의 현가 = 1억 원
- 순현가
  = 수익의 현가(9,974만 원) − 비용의 현가(1억 원)
  = −26만 원

ㄴ : 추가투자가 있는 NPV
- 수익현가
  = (3천만 원×0.906) + (4천만 원×0.862)
  = 6,166만 원
- 비용의 현가 = 5천만 원×0.906 = 4,530만 원
- 순현가
  = 수익의 현가(6,166만 원) − 비용의 현가(4,530만 원)
  = 1,636만 원

14 난도 ★★　　　　　　　답 ⑤

┃정답해설┃

위탁관리 부동산투자회사가 제1항에 따라 이익을 배당할 때에는 이익을 초과하여 배당할 수 있다. 이 경우 초과배당금의 기준은 해당 연도 감가상각비의 범위에서 대통령령으로 정한다.

┃오답해설┃

① 최저자본금준비기간이 지난 위탁관리 부동산투자회사의 자본금은 50억 원 이상이 되어야 한다.
② 자기관리 부동산투자회사의 설립자본금은 5억 원 이상으로 한다.
③ 자기관리 부동산투자회사는 그 자산을 투자·운용할 때에는 전문성을 높이고 주주를 보호하기 위하여 대통령령으로 정하는 바에 따라 다음 각 호에 따른 자산운용 전문인력을 상근으로 두어야 한다.
　㉠ 감정평가사 또는 공인중개사로서 해당 분야에 5년 이상 종사한 사람
　㉡ 부동산 관련 분야의 석사학위 이상의 소지자로서 부동산의 투자·운용과 관련된 업무에 3년 이상 종사한 사람
　㉢ 그 밖에 제1호 또는 제2호에 준하는 경력이 있는 사람으로서 대통령령으로 정하는 사람
④ 부동산투자회사는 최저자본금준비기간이 끝난 후에는 매 분기 말 현재 총자산의 100분의 80 이상을 부동산, 부동산 관련 증권 및 현금으로 구성하여야 한다. 이 경우 총자산의 100분의 70 이상은 부동산(건축 중인 건축물을 포함한다)이어야 한다.

15 난도 ★★　　　　　　　답 ④

┃정답해설┃

두 개별자산으로 구성된 포트폴리오에서 자산간 상관계수가 양수인 경우에 음수인 경우보다 포트폴리오 위험절감효과가 낮다. 상관계수 값이 낮을수록 위험절감효과는 더 높아진다.

16 난도 ★★★　　　　　　답 ⑤

┃오답해설┃

① 투자규모가 상이한 투자안에서 수익성지수(PI)가 큰 투자안이 순현재가치(NPV)가 항상 높은 것은 아니다.
② 서로 다른 투자안 A, B를 결합한 새로운 투자안의 내부수익률(IRR)은 A의 내부수익률과 B의 내부수익률을 합(가치합산원칙 적용)하여 계산할 수 없는 단점이 있다. 그러나 순현가는 가치합산원칙을 적용할 수 있다. 따라서 내부수익률도 이런 단점을 보완한 하나의 방법으로 증분IRR(incremental IRR)을 사용하는 방법이 있다. 이는 A, B 투자안의 현금흐름을 서로 뺀 현금흐름들이 각각 연도의 현금흐름이라고 가정하고 이를 통해 IRR을 산출한다.
③ 할인현금수지분석법인 순현재가치법과 수익성지수법, 내부수익률 등은 화폐의 시간가치를 고려하며, 매기 현금흐름도 고려한다.
④ 투자안마다 두 개 이상의 내부수익률도 존재한다.

17 난도 ★★　　　　　　　답 ③

┃정답해설┃

대출조건이 동일하다면 대출기간동안 차입자의 총원리금상환액은 원금균등분할상환방식이 원리금균등분할상환방식보다 낮다. 이유는 이자지급액 때문이다. 즉, 이자지급액은 미상환잔금에 이자율을 곱하기 때문에 원금균등분할상환방식이 원리금균등분할상환방식보다 미상환잔금이 낮기 때문에 이자지급액이 낮다. 따라서 전체 누적이자지급액이 원금균등분할상환이 낮다.

18 난도 ★★★　　　답 ④

정답해설

- 대출잔액

$$= 대출액 \times 잔금비율\left(\frac{연금현가계수(잔여기간)}{연금현가계수(전체기간)}\right)$$

- 주어진 지문은 원리금균등분할상환방식에서 대출기간(15년)에서 5년 경과한 후 잔여기간이 10년에 대출잔액을 파악하고자 한다.
  원리금상환조건은 매월 상환 조건이므로 대출기간(180월), 잔여기간(120월)이고 이자율($\frac{6\%}{12월} = 0.5\%$)로 적용하여야 한다.

- 대출액(47,400만 원)

$$\times 잔금비율\left(\frac{연금현가(0.5\%, \ 120 : 90.07)}{연금현가(0.5\%, \ 180 : 118.50)} = 0.76\right)$$

$$= 36,028만 원$$

19 난도 ★★★　　　답 ③

정답해설

A : 주어진 지문은 연금의 현재가치를 사용한다.
- 250만 원 × 연금의 현재가치(4.212) = 1,053만 원

B : 주어진 지문은 연금의 내가계수를 활용한다.
- 200만 원 × 연금의 내가(5.637) = 1,127만 4,000원

C : 일정성장 영구연금의 현재가치
- 일정성장 연구성장은 매 기간 일정비율로 증가하면서 영구히(기간 n이 무한함) 발생하는 현금흐름을 말한다.
- 현재가치 = 1기말의 현금흐름(40만 원)

$$\times \frac{1}{이자율(6\%) - 증가율(2\%)} = 1,000만 원$$

20 난도 ★★　　　답 ③

정답해설

저당담보부채권(MBB)의 발행기관이 채무불이행위험을 부담하고 저당권을 보유하고, 원리금수취권도 가지고 있다.

오답해설

④ 저당이체증권(MPTS)은 지분형 증권이며 유동화기관의 부채로 표기되지 않고(부외금융), 투자자가 원리금수취권과, 조기상환 위험, 저당권을 보유한다.

⑤ 지불이체채권(MPTB)의 투자자는 조기상환위험과 원리금수취권을 보유한다.

21 난도 ★★　　　답 ⑤

정답해설

총부채원리금상환비율(DSR)은 소득기준으로, 담보인정비율(LTV)은 부동산 가치로 채불이행위험을 측정하는 지표이다.

㉠ DSR은 개인소득을 기준으로 대출비율을 산정한다.

$$DSR = \frac{주택대출\ 원리금\ 상환액 + 기타\ 대출\ 원리금\ 상환액}{연간\ 소득}$$

㉡ LTV는 주택의 담보가치에 따라 대출 비율을 통해 산정한다.

$$LTV = \frac{Loan(대출액)}{Value(부동산\ 가치)}$$

22 난도 ★★★　　　답 ④

정답해설

주어진 지문은 연금의 현가계수($= \frac{1-(1+r)^{-n}}{r}$)를 계산하는 문제이다.

- 주어진 조건은 매월 지급조건이다. 따라서 모든 조건을 연단위를 월로 변환하여야 한다. 즉, 이자율($= \frac{6\%}{12월}$), 기간(30년 × 12)으로 환산하여야 한다.

- 연금현가계수 $= \dfrac{1-(1+\frac{0.06}{12})^{-30 \times 12}}{\frac{0.06}{12}}$

- 30만 원 $\times \left[\dfrac{1-(1+\frac{0.06}{12})^{-30 \times 12}}{\frac{0.06}{12}}\right]$

23 난도 ★★   답 ④

▌정답해설▌

주어진 지문은 자산관리(Asset Management)에 대한 설명이다.

재산관리(Property Management)란 건물 및 임대차관리라고 하는데, 이는 임대 및 수지관리로서 수익목표의 수립, 자본적, 수익적 지출계획 수립, 연간 예산 수립, 임대차 유치 및 유지, 비용통제 등을 수행하는 것을 말한다.

24 난도 ★   답 ①

▌오답해설▌

② 혼합관리방식은 필요한 부분만 일부 위탁하는 방식으로 관리자들간의 불협화음이 자주 발생한다.

③ 자기관리방식은 관리업무의 타성에 빠지기 쉽다. 그러나 위탁관리방식은 타성화를 방지할 수 있다.

④ 위탁관리방식은 외부전문가가 관리하므로 기밀 및 보안 유지에 불리하다.

⑤ 혼합관리방식은 관리문제 발생시 책임소재가 불명확하다.

25 난도 ★★   답 ④

▌정답해설▌

토지의 취득방식에 따른 개발방식

ㄱ. [O] 단순개발방식 – 지주에 의한 자력개발방식

ㄷ. [O] 매수(수용)방식 – 공공부문이 토지를 전면 매수하여 개발하는 방식, 택지공영개발방식, 주택지조성사업 등 개발사업 후 개발사업 전 토지소유권자의 권리는 소멸된다. 수용절차가 필요하고 사업시행자와 주민의 갈등 발생, 초기에 막대한 토지 구입비용발생

ㄹ. [O] 혼용방식 – 환지방식과 매수(수용)방식을 혼합한 방식, 도시개발사업, 산업단지개발사업 등

▌오답해설▌

ㄴ. [X] 환지방식 – 택지화되기 전의 토지의 위치, 면적, 지목, 등급, 이용도 등을 고려하여 개발 후 개발된 토지를 토지소유자에게 재분배하는 개발방식, 토지구획정리사업

26 난도 ★   답 ⑤

▌정답해설▌

AIDA 원리에 따르면 소비자의 구매의사결정은 주의(Attention) → 관심(Interest) → 욕망(Desire) → 행동(Action)의 단계를 순차적으로 거친다.

27 난도 ★★   답 ④

▌정답해설▌

ㄱ : 시장성분석에 대한 설명이다. 주의할 것은 시장분석과 혼동해서는 안 된다. 시장분석은 특정 부동산에 대한 시장지역의 수요와 공급상황을 분석하는 것을 말한다.

ㄴ : 투자분석에 대한 설명이다. 대상개발사업의 타당성이 충분하다고 해서, 언제나 투자자에게 채택되는 것은 아니다. 투자자의 입장에서 대상개발사업은 투자 가능한 대안 중의 하나일 뿐이다.

ㄷ : 민감도분석에 대한 설명이다. 민감도는 투입요소가 변화하여 그 결과치의 변화를 파악하고자 하는 분석이다.

28 난도 ★★   답 ④

▌정답해설▌

에스크로우 회사는 은행이나 권원보험회사, 신탁회사 등도 산하에 별도의 에스크로우 부서를 설치하여 에스크로우 대행업자로서의 역할을 하기도 한다.

▌오답해설▌

① 에스크로우는 부동산의 매매에 한정하지 않고, 교환·매매예약 등의 업무도 하는 부동산거래계약의 이행행위를 대행하는 부동산업의 한 종류이다.

② 권리관계조사, 물건확인 등의 업무를 포함한다. 이외에도 에스크로우업은 대금의 회수, 소유권 이전 업무대행 이외에 부동산거래를 완결짓는 세금·금융이자·보험료·임료 등의 청산도 대행한다.

③ 매수자, 매도자, 저당대출기관 등의 권익을 보호한다. 즉, 에스크로우 대행업자는 공정한 제3자적 입장에서 등기증서를 기록하고 권원조사를 지시하고, 권원상에 하자가 없을 경우에는 대금을 매도자에게 전달하는 역할을 한다.

29 난도 ★

정답해설

- 순가중개계약은 중개의뢰인이 중개대상물의 가격을 사전에 중개업자에게 제시하고 그 금액을 초과하여 거래계약을 성립시키면 초과하는 부분은 모두 중개수수료로 지불하기로 하는 중개계약이다. 즉 초과액은 개업공인중개사가 가져간다.
- 순가중개계약은 공인중개사법령에서는 금지하고 있는 중개계약에 해당된다. 그러나 순가중개계약을 체결했다는 자체만으로는 중개업자 등의 금지행위에 해당되지 않고, 중개수수료를 초과하여 받는 경우에만 중개업자 등의 금지행위에 해당된다.

30 난도 ★★★

답 ⑤

정답해설

ㄱ, ㄴ, ㄷ, ㄹ, ㅁ 모두 확인·설명해야 할 사항이다. 개업공인중개사가 매수·임차중개의뢰인 등 권리를 취득하고자 하는 중개의뢰인에게 확인·설명하여야 하는 사항은 다음과 같다.

- 중개대상물의 종류·소재지·지번·지목·면적·용도·구조 및 건축연도 등 중개대상물에 관한 기본적인 사항
- 소유권·전세권·저당권·지상권 및 임차권 등 중개대상물의 권리관계에 관한 사항
- 거래예정금액·중개보수 및 실비의 금액과 그 산출내역
- 토지이용계획, 공법상의 거래규제 및 이용제한에 관한 사항
- 수도·전기·가스·소방·열공급·승강기 및 배수 등 시설물의 상태
- 벽면 및 도배의 상태
- 일조·소음·진동 등 환경조건
- 도로 및 대중교통수단과의 연계성, 시장·학교와의 근접성 등 입지조건
- 중개대상물에 대한 권리를 취득함에 따라 부담하여야 할 조세의 종류 및 세율

31 난도 ★★★

답 ③

정답해설

종량세란, 단위당 t원의 조세를 부과하는 방식으로 조세를 부과하면 공급곡선이 상방으로 평행이동 또는 수요곡선이 하방으로 평행이동한다. 조세는 공급자에게 부과하거나 소비자에게 부과하나 결과는 같다. 단, 주의할 것은 단위당 세금이 부과되었으므로 가격을 '1P'로 변형하는 것이 중요하다.

따라서 주어진 조건을 변형한다.

시장수요함수는 $P = 1,200 - \dfrac{1}{2} Q_D$이고,

공급함수는 $P = 400 + \dfrac{1}{3} Q_S$가 된다.

(1) 조세부과 전 주택시장의 균형가격과 균형거래량은 다음과 같다.

수요와 공급을 일치시키면 균형거래량과 균형가격을 측정할 수 있다.

균형가격(Q)은 960(∵ $1,200 - \dfrac{1}{2} Q_D = 400 + \dfrac{1}{3} Q_S$,

$5Q = 4,800$, $Q = 960$)이고, 이를 수요함수(혹은 공급함수)에 대입하면 균형가격(P) = 720임을 알 수 있다.

(2) 조세부과 후 주택가격과 균형거래량은 다음과 같다.

단위당 20만 원의 조세가 부과되면 공급곡선이 20만 원만큼 상방으로 이동하므로 공급함수가 $P = 420 + \dfrac{1}{3} Q_S$로 바뀌게 된다. 이제 조세부과 이후의 균형거래량을 구하면 균형가격(Q)은 936(∵ $1,200 - \dfrac{1}{2} Q_D = 420 + \dfrac{1}{3} Q_S$,

$5Q = 4,680$, $Q = 936$)이고, 이를 수요함수(혹은 공급함수)에 대입하면 균형가격(P) = 732임을 알 수 있다.

그러므로 조세부과에 따라 거래량은 24만 호 감소하고, 가격은 12만 원 상승한다.

따라서 조세부과에 따른 사회적 후생손실(즉, 초과부담)은 240억 원(= $\dfrac{1}{2}$ × 세금(20만 원) × 거래량(24만 호) = 240억 원)이 된다.

108 감정평가사 1차 부동산학원론 기출문제집(+ 최종모의고사)

32 난도 ★★   답 ⑤

┃정답해설┃

부동산 조세의 종류

구분	국세	지방세
취득단계	상속세(누진세), 증여세, 인지세	취득세(비례세), 등록세
보유단계	종합부동산세(누진세), 소득세, 법인세	재산세 (누진세, 비례세)
처분단계	양도소득세	–

33 난도 ★★   답 ③

┃정답해설┃

권리분석 활동의 절차는 다음과 같다.

> 자료의 수집(각종 공부 등의 자료수집) → 자료판독 →
> 임장활동 → 권리상태의 인식

주어진 지문은 권리보증이 아니라 자료판독에 해당되는 내용이다.

34 난도 ★★★   답 ②

┃정답해설┃

- 등기능력이 없는 권리관계 : 등기사항전부증명서를 통해 확인할 수 없는 것은 유치권, 점유권, 법정지상권, 분묘기지권, 권리질권이 해당되는 내용이다.
- 등기를 요하지 않는 권리관계 : 상속·공용징수·판결·경매, 법정지상권 등이 있다.

35 난도 ★★   답 ②

┃정답해설┃

- '적산법(積算法)'이란 기준시점에 있어서의 대상물건의 기초가액에 기대이율을 곱하여 산정된 기대수익에 대상물건을 계속하여 임대하는 데에 필요한 경비를 더하여 대상물건의 임대료를 산정하는 감정평가 방법을 말한다.
- '원가법'이란 기준시점에서 대상물건의 재조달원가에 감가수정(減價修正)을 하여 대상물건의 가액을 산정하는 감정평가 방법을 말한다(감정평가에 관한 규칙 제2조 제5호).

36 난도 ★★★   답 ②

┃정답해설┃

할인현금수지분석법의 유형은 순영업소득모형, 세전현금수지모형, 세후현금수지모형으로 구분된다. 이 중에서 주어진 문제는 순영업소득모형에 해당된다.

> 시장가치
> = 순영업소득의 현가합 + 기간 말 재매도가치의 현가

(1) 순영업소득의 현가합
   = 순영업소득(9천만 원) × 연금현가계수(4.329)
   = 38,961만 원

(2) 재매도가치의 현가(: 주어진 지문은 기간 말 1년 후의 순영업소득임)
   ① 재매도가치

   $$= \frac{6기\ 순영업소득(1억\ 원)}{기출환원율(5\%)} - 매도경비(1억\ 원)$$

   = 19억 원
   (매도경비 = 재매도가치(20억 원)의 5% = 1억 원)
   ② 재매도가치의 현가합
   = 기간 말 재매도가치(19억 원) × 일시불현가(0.783)
   = 148,770만 원

(3) 시장가치
   = 순영업소득의 현가합(38,961만 원) + 재매도가치의 현가(148,770만 원)
   = 187,731만 원

37 난도 ★★★　　　　　　　　답 ①

┃정답해설┃

운영경비에 감가상각비를 제외시킨 상각전환원율을 적용한다.

┃오답해설┃

② 직접환원법에서 사용할 환원율은 시장추출법으로 구하는 것을 원칙으로 한다. 다만, 시장추출법의 적용이 적절하지 않은 때에는 요소구성법, 투자결합법, 유효총수익승수에 의한 결정방법, 시장에서 발표된 환원율 등을 검토하여 조정할 수 있다.

④ 할인 또는 환원할 순수익을 구할 때 영업경비를 고려하는데 자본적 지출은 영업경비에 포함되지 않지만 수익적 지출은 비용으로 고려한다.

38 난도 ★★★　　　　　　　'　　　답 ④

┃정답해설┃

C토지의 실거래가격과 정상가격과의 차이를 묻는 문제이다.

- 거래가격(1.5억 원) × 면적$\left(\dfrac{\text{대상토지}(200)}{\text{사례토지}(150)} \right)$

  × 지가변동률(1 + 0.1) × 개별요인(1 + 0.1)

  = 평가액(2.42억 원)

∴ 주어진 조건에 의하면 C토지의 평가가격은 2.42억 원으로 평가된다.

- 그러나 C토지의 실제평가가격은 2억 원에 평가되었다. 따라서 B토지의 실제 정상가치와 실거래가격에 오차가 발생한다.

  즉, 사정보정이 요구된다.

  따라서 21% 고가$\left(\dfrac{2.42억\ 원}{2억\ 원} \right)$로 매매된 것으로 판단된다.

39 난도 ★　　　　　　　　답 ②

┃정답해설┃

"적정한 실거래가"란 「부동산 거래신고에 관한 법률」에 따라 신고된 실제 거래가격(이하 "거래가격"이라 한다)으로서 거래 시점이 도시지역(「국토의 계획 및 이용에 관한 법률」 제36조 제1항 제1호에 따른 도시지역을 말한다)은 3년 이내, 그 밖의 지역은 5년 이내인 거래가격 중에서 감정평가업자가 인근지역의 지가수준 등을 고려하여 감정평가의 기준으로 적용하기에 적정하다고 판단하는 거래가격을 말한다(감정평가에 관한 규칙 제2조 제12의2호).

40 난도 ★★★　　　　　　　　답 ②

┃정답해설┃

건물잔여법을 활용한다.

(1) 순영업소득

　　= 가능총수익(7,200만 원) − 공실 및 대손(1,200만 원)

　　　− 운영경비(1,200만 원)

　　= 4,800만 원

(2) 토지와 건물의 가격구성비가 50 : 50이므로 건물가격은 4억 원이다.

(3) 건물의 순영업소득

　　= 전체 순영업소득(4,800만 원) − [건물가치(4억 원)

　　　× 건물상각후환원율(5%)]

　　= 2,800만 원

(4) 건물환원율 = $\dfrac{\text{건물순영업소득}(2,800만\ 원)}{\text{건물가치}(4억\ 원)}$ = 7%

(5) 환원율(7%) = 자본수익률(5%) + 자본회수율(x%)

∴ 자본회수율(연간감가율) = 2%

01	02	03	04	05	06	07	08	09	10	11	12	13	14	15	16	17	18	19	20
⑤	②	②	⑤	④	③	④	⑤	③	②	②	①	②	②	⑤	④	④	③	①	①
21	22	23	24	25	26	27	28	29	30	31	32	33	34	35	36	37	38	39	40
③	①	⑤	②	③	④	①	⑤	①	④	⑤	⑤	②	③	③	④	①	④	④	③

01 난도 ★   답 ⑤

▮정답해설▮

복합부동산이 아니라 복합개념의 부동산에 대한 설명이다. 복합부동산이란 토지와 그 토지 위의 정착물이 각각 독립된 거래의 객체이면서도 마치 하나의 결합된 상태로 다루어져 부동산 활동의 대상으로 삼는 것을 말한다.

02 난도 ★   답 ②

▮오답해설▮

① 필지는 법률적 개념으로 다른 토지와 구별되는 권리가 동일한 일단의 토지이다.
③ 나지가 아니라 공지에 대한 설명이다.
④ 표본지가 아니라 표준지에 대한 설명이다.
⑤ 공한지가 아니라 한계지에 대한 설명이다.

03 난도 ★   답 ②

▮오답해설▮

ㄱ. [×] 부증성으로 인해 물리적 공급은 불가능하나, 이용전환을 통한 토지의 용도적 공급이 가능하다.
ㄹ. [×] 인접성으로 인해 외부효과가 발생한다.

04 난도 ★★   답 ⑤

▮정답해설▮

수요의 가격탄력성이 비탄력적이면 가격의 변화율보다 수요량의 변화율이 더 작아진다. 반면에 수요의 가격탄력성이 탄력적이면 가격의 변화율보다 수요량의 변화율이 더 커진다.

05 난도 ★★   답 ④

▮정답해설▮

• A부동산의 기울기는

$Q_d = 200 - P \rightarrow P = 200 - Q_d \rightarrow$ 기울기는 1

$Q_s = 10 + \dfrac{1}{2}P \rightarrow P = 2Q_s - 20 \rightarrow$ 기울기는 2

수요는 탄력적이고, 공급은 비탄력적이므로 수렴형이다.

• B부동산의 기울기는

$Q_d = 400 - \dfrac{1}{2}P \rightarrow P = 800 - 2Q_d \rightarrow$ 기울기는 2

$Q_s = 50 + 2P \rightarrow P = \dfrac{1}{2}Q_s - 25 \rightarrow$ 기울기는 $\dfrac{1}{2}$

수요는 비탄력적이고, 공급은 탄력적이므로 발산형이다.

06 난도 ★★　　　　　답 ③

┃정답해설┃

선형이론이 아니라 동심원이론에 대한 설명이다.

버제스의 동심원이론에 따르면,

㉠ 도시의 확장은 침입과 경쟁, 천이의 과정에서 확장된다.

㉡ 고용기회가 많고, 접근성이 양호한 지역은 저소득계층이 차지한다.

㉢ 범죄, 질병 등이 많이 발생하는 지역은 도심 안쪽에 위치한다.

07 난도 ★★★　　　　　답 ④

┃정답해설┃

㉠ 정보가 불확실한 경우

$$= \frac{(2억 \ 7,500만 \ 원 \times 0.6) + (9,350만 \ 원 \times 0.4)}{(1 + 0.1)^1}$$

$= 1억 \ 8,400만 \ 원$

㉡ 정보가 확실한 경우 $= \dfrac{2억 \ 7,500만 \ 원}{(1 + 0.1)^1}$

$\qquad\qquad\qquad\quad = 2억 \ 5,000만 \ 원$

㉢ 정보가치 = 2억 5,000만 원 − 1억 8,400만 원

$\qquad\quad = 6,600만 \ 원$

08 난도 ★★　　　　　답 ⑤

┃오답해설┃

① 일반상품의 시장과 달리 비조직성을 갖고 지역을 확대하는 특성이 있다.

② 토지의 자연적 특성인 지리적 위치의 고정성으로 인하여 지역화된다.

③ 매매의 장기성으로 인하여 유동성과 환금성이 낮다.

④ 거래정보의 대칭성으로 인하여 정보수집이 어렵고 은밀성이 커진다.

09 난도 ★★　　　　　답 ③

┃정답해설┃

균형가격은 수요량과 공급량이 일치할 때이다.

(1) 단기시장에서 균형가격과 균형량

　단기공급함수는 $Q = 300$,

　수요함수는 $Q = 400 - \dfrac{1}{2}P$

　→ ㉠ 균형가격은 $300 = 400 - \dfrac{1}{2}P \to P = 200$

　　　㉡ 균형량은 300

(2) 장기시장에서 균형가격과 균형량

　장기공급함수는 $Q = P + 250$,

　수요함수는 $Q = 400 - \dfrac{1}{2}P$

　→ ㉠ 균형가격은 $P + 250 = 400 - \dfrac{1}{2}P \to \dfrac{3}{2}P = 150$

　　　　$\to P = 100$

　　　㉡ P 대신 100을 삽입하면 균형량은 350이 된다.

(3) 결과

　㉠ 균형가격 : 200 → 100　∴ 100 감소

　㉡ 균형량 : 300 → 350　∴ 50 증가

10 난도 ★★★　　　　　답 ②

┃오답해설┃

• 표준주택가격의 조사・평가는 한국부동산원이 담당한다.

• 공동주택가격의 공시권자는 국토교통부장관이다.

• 표준지공시지가는 표준지의 사용・수익을 제한하는 사법상의 권리가 설정되어 있는 경우 이를 반영하지 않고 평가한다.

• 표준지공시지가는 감정평가법인 등이 개별적으로 토지를 감정평가하는 경우에 기준이 된다.

11 난도 ★★★　　　답 ②

정답해설

ㄱ. 경사도가 15도 이하인 경우는 완경사이고 15도 초과 시에는 급경사라 한다.

ㄴ. 광대 1면 : 폭 25m 이상 도로에 1면이 접한 토지

중로 1면 : 폭 12m 이상~25m 미만 도로에 1면이 접한 토지

소로 1면 : 폭 8m 이상~12m 미만 도로에 1면이 접한 토지

12 난도 ★★★　　　답 ①

오답해설

② 검인계약서제 – 「부동산등기특별조치법」

③ 토지은행제 – 「공공토지의 비축에 관한 법률」

④ 개발부담금제 – 「개발이익 환수에 관한 법률」

⑤ 분양가상한제 – 「주택법」

13 난도 ★★　　　답 ②

정답해설

용도지역은 다음과 같다.

도시지역	• 주거지역(전용주거지역, 일반주거지역, 준주거지역) • 상업지역(중심상업지역, 일반상업지역, 유통상업지역, 근린상업지역) • 공업지역(전용공업지역, 일반공업지역, 준공업지역) • 녹지지역(보전녹지지역, 생산녹지지역, 자연녹지지역)
관리지역	계획관리지역, 생산관리지역, 보전관리지역
농림지역	–
자연환경보전지역	–

14 난도 ★★★　　　답 ②

오답해설

• 부동산정책이 자원배분의 비효율성을 악화시키는 것을 정부의 실패라 한다.

• 부동산거래신고제(2005년), 부동산실명제(1995년)

• 개발행위허가제는 현재 시행되나 택지소유상한제는 현재 시행되고 있지 않다.

• 분양가상한제는 이용규제에 해당하나 개발부담금제는 간접개입에 해당한다.

15 난도 ★★★　　　답 ⑤

정답해설

영업수지계산

• 가능총소득(4천만 원) – 공실손실상당액 및 대손충당금(가능총소득의 25%, 1천만 원) = 유효총소득(3천만 원)

• 유효총소득(3천만 원) – 영업경비(가능총소득의 50%인 2천만 원) = 순영업소득(1천만 원)

① 부채감당률(DCR) = $\dfrac{\text{순영업소득(1천만 원)}}{\text{원리금상환액(1천만 원)}}$ = 1.0

② 채무불이행률(DR)

$= \dfrac{\text{영업경비(2천만 원) + 원리금상환액(1천만 원)}}{\text{유효총소득(3천만 원)}}$

$= 1.0$

③ 총부채상환비율(DTI) = $\dfrac{\text{원리금상환액(1천만 원)}}{\text{연소득(5천만 원)}}$

$= 0.2$

④ 부채비율(debt ratio)

$= \dfrac{\text{저당투자액(2억 원)}}{\text{지분투자액(= 가치(4억 원) – 대출액(2억 원) = 2억 원)}}$

$= 1.0$

⑤ 영업경비비율(OER, 유효총소득 기준)

$= \dfrac{\text{영업경비(2천만 원)}}{\text{유효총소득(3천만 원)}} = 0.666$

16 난도 ★★★　　　　　　　답 ④

┃ 정답해설 ┃

(1) 각 할인율에서 순현가

ㄱ 할인율 5%인 경우

: 현금유입의 현재가치(303,465천 원) – 현금유출
(3억 원) = 3,465천 원

ㄴ 할인율 6%인 경우

: 현금유입의 현재가치(295,765천 원) – 현금유출
(3억 원) = –4,235천 원

(2) 보간법

$$5\% + 1\% \times \frac{\text{순현가}(5\%, \ 3{,}465\text{천 원})}{\text{순현가}(5\%, \ 3{,}465\text{천 원}) - \text{순현가}(6\%, \ -4{,}235\text{천 원})}$$

= 5.45%

17 난도 ★★　　　　　　　답 ④

┃ 정답해설 ┃

무위험자산이 없는 경우의 최적 포트폴리오는 효율적 프론
티어와 투자자의 무차별곡선이 접하는 점에서 결정되는데,
투자자가 위험선호형일 경우 최적 포트폴리오는 위험기피
형에 비해 고위험 – 고수익 포트폴리오가 된다.

18 난도 ★★　　　　　　　답 ③

┃ 오답해설 ┃

ㄱ. [×] 현금유출의 현가합이 4천만 원이고 현금유입의 현
가합이 5천만 원이라면, 수익성지수는 1.25이다.

ㄴ. [×] 내부수익률은 투자로부터 발생하는 현재와 미래 현
금흐름의 순현재가치를 0으로 만드는 할인율을 말한다.

ㄷ. [×] 재투자율로 내부수익률법에서는 내부수익률을 사용
하지만, 순현재가치법에서는 요구수익률을 사용한다.

19 난도 ★★★　　　　　　　답 ①

┃ 오답해설 ┃

② 원금균등분할상환방식이 아닌 원리금균등분할상환방식
이다.

③ 연금의 현재가치계수가 아니라 감채기금을 사용한다.

④ 연금의 미래가치계수에 일시불의 현재가치계수를 곱하
면 연금의 현재가치계수가 된다.

⑤ 저당상수에 연금의 현재가치계수를 곱하면 1이 된다.

20 난도 ★★★　　　　　　　답 ①

┃ 오답해설 ┃

② 가치상승공유형대출(SAM : Shared Appreciation Mort-
gage)은 담보물의 가치상승 일부분을 차입자가 사전약정
에 의해 대출자에게 이전하기로 하는 조건의 대출이다.

③ 기업구조조정 부동산투자회사에 대하여는 주식분산, 자
산구성, 1인당 주식소유한도, 처분제한을 제한하는 규정
이 없다. 반면에 현물출자와 최저자본금에 대한 제한 규
정은 존재한다.

④ 저당담보부증권(MBS)은 부채금융이고, 조인트벤쳐(joint
venture)는 지분금융에 속한다.

⑤ 우리나라의 공적보증형태 역모기지제도로 현재 주택연
금, 농지연금만이 시행되고 있다.

21 난도 ★★　　　　　　　답 ③

┃ 정답해설 ┃

③ 부동산개발PF ABCP는 부동산개발PF ABS에 비해 만기
가 짧아서, 대부분 사모로 발행된다. 반면에 부동산개발
PF ABS는 특별목적회사(SPC)에서 채권을 발행하며, 대
체로 발행기간이 장기간이며, 대부분 공모로 발행된다.

22 난도 ★★ 　　　　　　　　　답 ①

┃정답해설┃

공인회계사는 자산운용 전문인력에 해당되지 않는다.

> **부동산투자회사법　제22조(자기관리부동산투자회사의 자산운용 전문인력)**
> ① 자기관리 부동산투자회사는 그 자산을 투자 · 운용할 때에는 전문성을 높이고 주주를 보호하기 위하여 대통령령으로 정하는 바에 따라 자산운용 전문인력을 상근으로 두어야 한다.
> 　1. 감정평가사 또는 공인중개사로서 해당 분야에 5년 이상 종사한 사람
> 　2. 부동산 관련 분야의 석사학위 이상의 소지자로서 부동산의 투자 · 운용과 관련된 업무에 3년 이상 종사한 사람
> ② 제1항에 따른 자산운용 전문인력은 자산운용에 관한 사전교육을 이수하여야 한다.

23 난도 ★★★ 　　　　　　　　　답 ⑤

┃정답해설┃

(1) 5년 거치가 있을 경우 : 5년 경과 후에 1회차 원금상환시 작함
　㉠ 1회차 원리금 상환액
　　= 대출금(1.2억) × 월 저당상수(0.00474)
　　= 568,800원
　㉡ 1회차 이자지급액
　　= 대출금(1.2억) × 이자율$\left(\dfrac{3\%}{12월}\right)$ = 300,000원
　㉢ 원금상환액
　　= 원리금상환액(568,800원) − 이자지급액(300,000원)
　　= 268,800원

(2) 거치가 없을 경우
　㉠ 1회차 원리금 상환액
　　= 대출금(1.2억) × 월저당상수(0.00422)
　　= 506,400원
　㉡ 1회차 이자지급액
　　= 대출금(1.2억) × 이자율$\left(\dfrac{3\%}{12월}\right)$ = 300,000원
　㉢ 원금상환액
　　= 원리금상환액(506,400원) − 이자지급액(300,000원)
　　= 206,400원

∴ 원금상환액의 차이(A − B) = 268,800원 − 206,400원
　　　　　　　　　　　　　　 = 62,400원

24 난도 ★★★ 　　　　　　　　　답 ②

┃정답해설┃

저당대출차입자에게 주어진 조기상환권은 콜옵션의 일종으로 차입자가 조기상환을 한다는 것은 대출잔액을 행사가격으로 하여 대출채권을 매각하는 것과 같다.

25 난도 ★★ 　　　　　　　　　답 ③

┃정답해설┃

주어진 지문은 담보신탁에 대한 설명이다.

담보신탁은 부동산을 담보로 하여 금융기관에서 자금을 차용하려는 경우에 이용하는 방법으로서 담보신탁을 의뢰하면 신탁회사는 부동산감정평가의 범위 내에서 수익증권을 발급하고 부동산소유자는 이를 해당 은행에 제출하여 자금의 대출을 받는 방식이다.

┃오답해설┃

① 관리신탁은 부동산소유자가 맡긴 부동산을 총체적으로 관리 · 운용하여 그 수익을 부동산소유자 또는 부동산소유자가 지정한 사람(수익자)에게 배당하는 것을 말한다.
② 처분신탁은 부동산소유자가 맡긴 부동산에 대하여 처분 시까지의 총체적 관리행위 및 처분행위를 신탁회사가 행하며, 처분대금을 부동산소유자 또는 수익자에게 교부하는 것을 말한다.
④ 토지개발신탁은 토지소유자가 토지를 신탁회사에게 위탁하면 신탁회사는 그 토지를 개발시킨 다음 임대하거나 분양하는 방식으로서 토지신탁이라고도 한다.
⑤ 명의신탁(을종 관리신탁)은 관리의 일부(소유권 관리)만을 위임받아 신탁업무를 수행하는 것을 말한다.

26 난도 ★   답 ④

┃ 정답해설 ┃

㉠ 건폐율 = $\dfrac{건축면적(120)}{대지면적(200)} \times 100 = 60\%$

㉡ 용적률 = $\dfrac{지상1층(120) + 지상2층(120)}{대지면적(200)} \times 100$

            $= 120\%$

- 용적률에 지하면적은 포함되지 않는다.
- 대지면적은 토지면적($240m^2$)에서 도시·군계획시설 (공원)저촉면적($40m^2$)을 뺀 $200m^2$이다.

27 난도 ★   답 ①

┃ 정답해설 ┃

환지방식은 수용방식에 비해 종전 토지소유자에게 개발이익이 귀속될 가능성이 큰 편이다.

┃ 오답해설 ┃

② 수용방식은 토지매입비가 수반되기 때문에 환지방식에 비해 사업비의 부담이 큰 편이다.
③ 수용방식은 환지방식에 비해 개발이익환수가 용이하기 때문에 기반시설의 확보가 용이한 편이다.
④ 환지방식은 토지소유주에게 개발 후에 각종 비용을 제외하고 돌려주기 때문에 수용방식에 비해 사업시행자의 개발토지 매각부담이 적은 편이다.
⑤ 환지방식은 원소유주에게 토지를 재분배하기 때문에 수용방식에 비해 종전 토지소유자의 재정착이 쉬운 편이다.

28 난도 ★★   답 ⑤

┃ 정답해설 ┃

모두 옳은 표현이다.

29 난도 ★★★   답 ①

┃ 정답해설 ┃

교육에 관한 업무는 시·도지사의 업무로서 정책심의위원회의 심의사항에 해당하지 않는다.

> **공인중개사법 제2조의2(공인중개사 정책심의위원회)**
> ① 공인중개사의 업무에 관한 다음 각 호의 사항을 심의하기 위하여 국토교통부에 공인중개사 정책심의위원회를 둘 수 있다.
>   1. 공인중개사의 시험 등 공인중개사의 자격취득에 관한 사항
>   2. 부동산 중개업의 육성에 관한 사항
>   3. 중개보수 변경에 관한 사항
>   4. 손해배상책임의 보장 등에 관한 사항

30 난도 ★★   답 ④

┃ 정답해설 ┃

하천구역에 포함되어 사권이 소멸된 포락지는 개인소유재산이 아니므로 중개대상물이 될 수 없다.

31 난도 ★★   답 ⑤

┃ 정답해설 ┃

종합부동산세와 재산세의 과세기준일은 매년 6월 1일이다.

32 난도 ★★   답 ⑤

┃ 정답해설 ┃

증거주의에 대한 설명이 아니라 탐문주의에 대한 설명이다. 증거주의란 부동산권리분석사가 행한 일련의 조사·확인·판단은 반드시 증거에 의해서 뒷받침되어야 한다는 것을 말한다. 탐문주의란 부동산권리분석활동에 필요한 여러 가지 자료와 정보를 부동산권리분석사가 직접 탐문하여 얻는 것을 말한다.

33 난도 ★★★　　답 ②

┃정답해설┃

등기사항전부증명서를 통해 확인할 수 없는 것은 유치권, 점유권, 법정지상권, 분묘기지권이다.

34 난도 ★　　답 ③

┃정답해설┃

"인근지역"이란 감정평가의 대상이 된 부동산(이하 "대상부동산"이라 한다)이 속한 지역으로서 부동산의 이용이 동질적이고 가치형성요인 중 지역요인을 공유하는 지역을 말한다(감정평가에 관한 규칙 제2조 제13호).

35 난도 ★★　　답 ③

┃정답해설┃

균형의 원칙이 아니라 적합의 원칙에 대한 설명이다. 균형의 원칙이란 부동산의 유용성이 최고도로 발휘되기 위해서는 내부적 구성요소(생산요소) 간의 결합비율이 균형을 이루어야 한다는 것을 말한다.

36 난도 ★★★　　답 ④

┃정답해설┃

감정평가업자는 법령에 다른 규정이 있는 경우, 의뢰인의 요청이 있는 경우, 감정평가의 목적에 비추어 사회통념상 필요하다고 인정되는 경우에 감정평가조건을 붙여 감정평가할 수 있다. 감정평가조건을 붙일 때에는 감정평가조건의 합리성, 적법성 및 실현가능성을 검토하여야 한다. 다만, 법령에 다른 규정이 있는 경우라서 감정평가조건을 붙여 감정평가하는 경우에는 감정평가조건의 합리성, 적법성 및 실현가능성의 검토를 생략할 수 있다(감정평가에 관한 규칙 제6조 제2항, 제3항).

37 난도 ★　　답 ①

┃정답해설┃

감정평가업자는 선박을 감정평가할 때에 선체·기관·의장(艤裝)별로 구분하여 감정평가하되, 각각 원가법을 적용하여야 한다(감정평가에 관한 규칙 제20조 제3항).

38 난도 ★★★　　답 ④

┃정답해설┃

대상토지가액
= 기준 공시지가(6,000,000원) × 시점수정(1.02)
　 × 가로조건(1.05) × 환경조건(0.9) × 그 밖의 요인(1.5)
= 8,675,100원/m²

39 난도 ★★★　　답 ④

┃정답해설┃

㉠ 재조달원가
　 = 공사비(100만 원) × 연면적(200) × 건축비지수(1.1)
　 = 22,000만 원
㉡ 매년감가액

$$= \frac{재조달원가(22,000만\ 원) - 잔존가격(0)}{경제적내용연수(40년)}$$

　 = 550만 원
㉢ 감가누계액
　 = 매년감가액(550만 원) × 경과연수(4년) = 2,200만 원
(주의) 승인시점(2016.06.30.)과 기준시점(2021.04.24)에서 만년감가기준은 4년이 된다.
㉣ 적산가격
　 = 재조달원가(22,000만 원) - 감가누계액(2,200만 원)
　 = 198,000,000원

┃정답해설┃

직접환원법에서 사용할 환원율은 시장추출법으로 구하는 것을 원칙으로 한다. 다만, 시장추출법의 적용이 적절하지 않은 때에는 요소구성법, 투자결합법, 유효총수익승수에 의한 결정방법, 시장에서 발표된 환원율 등을 검토하여 조정할 수 있다.

> **더 알아보기** **감정평가 실무기준 – 수익방식의 주요 감정평가방법**
>
> 1. 수익환원법
> (1) 정의
> ① 수익환원법이란 대상물건이 장래 산출할 것으로 기대되는 순수익이나 미래의 현금흐름을 환원하거나 할인하여 대상물건의 가액을 산정하는 감정평가방법을 말한다.
> ② 수익가액이란 수익환원법에 따라 산정된 가액을 말한다.
> (2) 환원방법
> ① 직접환원법은 단일기간의 순수익을 적절한 환원율로 환원하여 대상물건의 가액을 산정하는 방법을 말한다.
> ② 할인현금흐름분석법은 대상물건의 보유기간에 발생하는 복수기간의 순수익(이하 "현금흐름"이라 한다)과 보유기간 말의 복귀가액에 적절한 할인율을 적용하여 현재가치로 할인한 후 더하여 대상물건의 가액을 산정하는 방법을 말한다.
> ③ 수익환원법으로 감정평가할 때에는 직접환원법이나 할인현금흐름분석법 중에서 감정평가 목적이나 대상물건에 적절한 방법을 선택하여 적용한다. 다만, 부동산의 증권화와 관련한 감정평가 등 매기의 순수익을 예상해야 하는 경우에는 할인현금흐름분석법을 원칙으로 하고 직접환원법으로 합리성을 검토한다.

03 2020년 제31회 정답 및 해설

01	02	03	04	05	06	07	08	09	10	11	12	13	14	15	16	17	18	19	20
④	④	②	③	⑤	②	③	③	⑤	②	①	④	③	②	①	①	②	⑤	⑤	⑤
21	22	23	24	25	26	27	28	29	30	31	32	33	34	35	36	37	38	39	40
①	③	③	②	②	④	③	③	①	⑤	①	③	④	①	⑤	①	④	⑤	②	⑤

01 난도 ★ 답 ④

정답해설

합병·분할의 가능성이 아니라 용도 다양성에 대한 설명이다.

02 난도 ★★ 답 ④

정답해설

부동산 권리분석의 특별원칙은 능률성, 안정성, 증거주의, 탐문주의가 있는데 주어진 제시문은 안정성의 하위원칙에 대한 설명이다.

03 난도 ★ 답 ②

정답해설

주어진 제시문은 부증성에 대한 설명이다.

04 난도 ★★ 답 ③

정답해설

여러 가지 증거를 가지고 판독하는 작업으로서 판독에 대한 설명이다.

05 난도 ★★ 답 ⑤

정답해설

수익분석법이 아니라 수익환원법에 대한 설명이다.
수익분석법이란 일반기업 경영에 의하여 산출된 총수익을 분석하여 대상물건이 일정한 기간에 산출할 것으로 기대되는 순수익에 대상물건을 계속하여 임대하는 데에 필요한 경비를 더하여 대상물건의 임대료를 산정하는 감정평가방법을 말한다.

06 난도 ★★★ 답 ②

정답해설

권리금을 개별로 감정평가하는 것이 곤란하거나 적절하지 아니한 경우에는 일괄하여 감정평가할 수 있다. 이 경우 감정평가액은 합리적인 배분기준에 따라 유형재산가액과 무형재산가액으로 구분하여 표시할 수 있다.

> **더 알아보기** 감정평가 실무기준
>
> 4. 권리금의 감정평가
> 4.1 정의
> ① 권리금이란 임대차 목적물인 상가건물에서 영업을 하는 자 또는 영업을 하려는 자가 영업시설·비품, 거래처, 신용, 영업상의 노하우, 상가건물의 위치에 따른 영업상의 이점 등 유형·무형의 재산적 가치의 양도 또는 이용대가로서 임대인, 임차인에게 보증금과 차임 이외에 지급하는 금전 등의 대가를 말한다.

② 유형재산이란 영업을 하는 자 또는 영업을 하려고 하는 자가 영업활동에 사용하는 영업시설, 비품, 재고자산 등 물리적·구체적 형태를 갖춘 재산을 말한다.

③ 무형재산이란 영업을 하는 자 또는 영업을 하려고 하는 자가 영업활동에 사용하는 거래처, 신용, 영업상의 노하우, 건물의 위치에 따른 영업상의 이점 등 물리적·구체적 형태를 갖추지 않은 재산을 말한다.

4.2 자료의 수집 및 정리권리금의 가격자료에는 거래사례, 수익자료, 시장자료 등이 있으며, 대상 권리금의 특성에 맞는 적절한 자료를 수집하고 정리한다. 유형재산의 경우에는 해당 물건의 자료의 수집 및 정리 규정을 준용한다.

4.3 권리금의 감정평가방법

4.3.1 권리금의 감정평가 원칙

① 권리금을 감정평가할 때에는 유형·무형의 재산마다 개별로 감정평가하는 것을 원칙으로 한다.

② 제1항에도 불구하고 권리금을 개별로 감정평가하는 것이 곤란하거나 적절하지 아니한 경우에는 일괄하여 감정평가할 수 있다. 이 경우 감정평가액은 합리적인 배분기준에 따라 유형재산가액과 무형재산가액으로 구분하여 표시할 수 있다.

4.3.2 유형재산의 감정평가

① 유형재산을 감정평가할 때에는 원가법을 적용하여야 한다.

② 제1항에도 불구하고 원가법을 적용하는 것이 곤란하거나 부적절한 경우에는 거래사례비교법 등으로 감정평가할 수 있다.

4.3.3 무형재산의 감정평가

4.3.3.1 무형재산의 감정평가방법

① 무형재산을 감정평가할 때에는 수익환원법을 적용하여야 한다.

② 제1항에도 불구하고 수익환원법을 적용하는 것이 곤란하거나 부적절한 경우에는 거래사례비교법이나 원가법 등으로 감정평가할 수 있다.

4.3.3.2 수익환원법의 적용

무형재산을 수익환원법으로 감정평가할 때에는 무형재산으로 인하여 발생할 것으로 예상되는 영업이익이나 현금흐름을 현재가치로 할인하거나 환원하는 방법으로 감정평가한다. 다만, 무형재산의 수익성에 근거하여 합리적으로 감정평가할 수 있는 다른 방법이 있는 경우에는 그에 따라 감정평가할 수 있다.

4.3.3.3 거래사례비교법의 적용무형재산을 거래사례비교법으로 감정평가할 때에는 다음 각 호의 어느 하나에 해당하는 방법으로 감정평가한다. 다만, 무형재산의 거래사례에 근거하여 합리적으로 감정평가할 수 있는 다른 방법이 있는 경우에는 그에 따라 감정평가할 수 있다.

1. 동일 또는 유사 업종의 무형재산만의 거래사례와 대상의 무형재산을 비교하는 방법

2. 동일 또는 유사 업종의 권리금 일체 거래사례에서 유형의 재산적 가치를 차감한 가액을 대상의 무형재산과 비교하는 방법

4.3.3.4 원가법의 적용무형재산을 원가법으로 감정평가할 때에는 대상 상가의 임대차 계약 당시 무형재산의 취득가액을 기준으로 취득 당시와 기준시점 당시의 수익 변화 등을 고려하여 감정평가한다. 다만, 무형재산의 원가에 근거하여 합리적으로 감정평가할 수 있는 다른 방법이 있는 경우에는 그에 따라 감정평가할 수 있다.

4.3.4 유형재산과 무형재산의 일괄감정평가

① 유형재산과 무형재산을 일괄하여 감정평가할 때에는 수익환원법을 적용하여야 한다.

② 제1항에도 불구하고 수익환원법을 적용하는 것이 곤란하거나 부적절한 경우에는 거래사례비교법 등으로 감정평가할 수 있다.

07 난도 ★★★   답 ③

┃정답해설┃

- 순영업소득(9,000만 원)
  = 가능조소득(1억 원) − 공실상당액(5% : 500만 원)
    − 영업경비(500만 원)
- 영업경비(500만 원)
  = 재산세(300만 원) + 화재보험료(200만 원)
- 환원이율(8%)
  = [토지비율(40%) × 토지환원율(5%)] + [건물비율(60%) × 건물환원율(10%)]
- $\dfrac{\text{순영업소득}(9{,}000\text{만 원})}{\text{환원율}(8\%)}$ = 수익가격(1,125,000,000원)

08 난도 ★★★   답 ③

┃정답해설┃

대상토지가격 = $\dfrac{\text{대상토지}(200)}{\text{사례토지}(250)}$ × 거래가격(6억 원)
× 지가변동율(1.03) × 개별요인(1.08)
= 533,952,000원

09 난도 ★★　　　답 ⑤

┃정답해설┃

토지와 건물의 일괄, 과수원, 자동차는 거래사례비교법을 적용한다.

┃오답해설┃

토지는 공시지가기준법을 적용하고, 건물은 원가법, 임대료는 임대사례비교법을 적용한다.

10 난도 ★★★　　　답 ②

┃정답해설┃

- 순영업소득
  = 유효총소득(8,000만 원) − 영업경비(700만 원)
  = 7,300만 원

- 부채감당율 = $\dfrac{\text{순영업소득}(7,300만\ 원)}{\text{부채서비스액}(4,000만\ 원)}$ = 1.825

- 환원이율
  = 저당상수(0.09) × 부채감당율(1.825) × 대부비율(30%)
  = 0.049275

11 난도 ★★★　　　답 ①

┃정답해설┃

레일리의 B도시에 대한 A도시의 구매지향비율

$$\left(\dfrac{B_A}{B_B}\right) = \dfrac{B_A}{B_B} = \dfrac{P_A}{P_B} \times \left(\dfrac{D_B}{D_A}\right)^2$$

$$\dfrac{\text{A도시의 인구}}{\text{B도시의 인구}} \times \left(\dfrac{\text{B도시까지의 거리}}{\text{A도시까지의 거리}}\right)^2$$

$$= \dfrac{45,000}{20,000} \times \left(\dfrac{18}{36}\right)^2$$

$$= \dfrac{9}{4} \times \dfrac{1}{4} = \dfrac{9}{16}$$

∴ '도시 A로의 인구유인비율 : 도시 B로의 인구유인비율
　= 36% : 64%'이다.

12 난도 ★★★　　　답 ④

┃정답해설┃

이 이론은 부동산 자산시장과 이용시장을 연계하여 전체 부동산 시장의 작동을 설명하는 이론으로서 임대료, 자산가격, 신규건설, 공간재고 4개의 내생변수 균형이 결정된다는 이론이다. 4사분면은 신규건설과 재고의 멸실량과 관계를 나타낸 것으로서 균형상태에서는 재고의 변화없이 정확하게 멸실되는 양만큼 신규로 건설된다는 것을 전제로 한다.

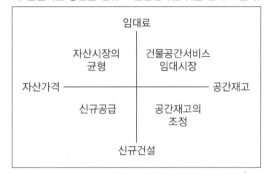

13 난도 ★　　　답 ③

┃정답해설┃

헨리 조지의 토지 단일세에 대한 설명이다. 토지 단일세란 오직 토지만 세금을 부과하고 토지 이외는 세금을 부과하지 않는다는 것으로 지대인 불로소득에 대하여 세금을 부과하면 세금이 임차인에게 전혀 전가되지 않는다는 내용이다.

14 난도 ★　　　답 ②

┃오답해설┃

① 토지비축제는 직접개입이고, 개발부담금제도는 간접개입에 해당된다.
③ 최고가격제도는 이용규제이고, 부동산조세는 간접개입에 해당된다.
④ 보조금제도는 간접개입이고, 용도지역지구제는 이용규제에 해당된다.
⑤ 담보대출규제, 부동산거래허가제는 이용규제에 해당된다.

15 난도 ★★ 답 ①

┃ 정답해설 ┃

가. 종합 토지세는 2005년부터 폐지되었고 대신에 종합부동
산세에 편입되었다.

나. 공한지세는 논란으로 재산세에 편입되면서 지금은 폐지
되었다.

라. 택지소유상한제도는 폐지된 제도이다.

16 난도 ★ 답 ①

┃ 정답해설 ┃

주어진 제시문은 환지방식에 대한 설명이다.

환지방식은 사업 후에 개발토지 중에 각종 비용을 공제한
후에 원소유자에게 되돌려 주는 방식이다.

17 난도 ★ 답 ②

┃ 정답해설 ┃

회계적수익률법(ARR)은 화폐의 시간가치를 고려하지 않는
방식이다.

화폐의 시간가치를 고려하는 방식은 순현재가치법, 내부수
익률법, 수익성지수법, 현가회수기간법이 이에 속한다.

18 난도 ★★ 답 ⑤

┃ 정답해설 ┃

용도지역지구제에 따른 용도 지정 후, 관련법에 의해 사인의
토지이용이 제한된다.

19 난도 ★ 답 ⑤

┃ 정답해설 ┃

혼합관리방식에 있어 관리상의 문제가 발생할 경우, 책임소
재에 대한 구분이 불명확하다.

20 난도 ★★ 답 ⑤

┃ 정답해설 ┃

후분양은 개발업자의 시장위험을 증가시키는 반면에 선분
양제도가 개발업자의 시장위험을 감소시킨다.

21 난도 ★★ 답 ①

┃ 오답해설 ┃

② 지불이체채권(MPTB)의 모기지 소유권은 발행자에게 이
전되고, 원리금 수취권은 투자자에게 이전된다.

③ 저당담보부채권(MBB)의 조기상환위험과 채무불이행
위험은 발행자가 부담한다.

④ 다계층증권(MBB)은 혼합형 증권으로 구성되어 있다.

⑤ 상업용 저당증권(CMBS)은 공적 유동화중개기관 이외에
서도 발행된다.

22 난도 ★★ 답 ③

┃ 정답해설 ┃

「부동산개발업의 관리 및 육성에 관한 법률」 제2조에 따르
면 "부동산개발"이란 다음 각 목의 어느 하나에 해당하는
행위를 말한다. 다만, 시공을 담당하는 행위는 제외한다.

가. 토지를 건설공사의 수행 또는 형질변경의 방법으로 조성
하는 행위

나. 건축물을 건축·대수선·리모델링 또는 용도변경 하거
나 공작물을 설치하는 행위

23 난도 ★★ 답 ③

┃ 정답해설 ┃

금융기관의 입장이 아니라 사업주의 입장에 대한 설명이다.
즉, 사업주는 부외금융이기 때문에 채무수용능력이 높아지
는 특징이 있다.

24 난도 ★★★　답 ②

┃정답해설┃

ㄱ. BOT방식 : 사업주가 시설준공(B) 후 소유권을 취득하여, 일정 기간 동안 운영(O)을 통해 운영수익을 획득하고, 그 기간이 만료되면 공공에게 소유권을 이전(T)하는 방식

ㄴ. BTL방식 : 사업주가 시설준공(B) 후 소유권을 공공에게 귀속(T)시키고, 그 대가로 받은 시설 운영권으로 그 시설을 공공에게 임대(L)하여 임대료를 획득하는 방식

ㄷ. BTO방식 : 사업주가 시설준공(B) 후 소유권을 공공에게 귀속(T)시키고, 그 대가로 일정 기간 동안 시설 운영권(O)을 받아 운영수익을 획득하는 방식

ㄹ. BOO방식 : 사업주가 시설준공(B) 후 소유권을 취득(O)하여, 그 시설을 운영(O)하는 방식으로, 소유권이 사업주에게 계속 귀속되는 방식

25 난도 ★★　답 ②

┃정답해설┃

① 원리금균등분할상환 방식의 경우, 원리금의 합계가 매기 동일하다.

③ 다른 조건이 일정하다면, 대출채권의 듀레이션(평균 회수기간)은 원리금균등분할상환 방식이 원금균등분할상환 방식보다 길다.

④ 체증분할상환 방식은 장래 소득이 증가될 것으로 예상되는 차입자에게 적합한 대출방식이다.

⑤ 거치식 방식은 대출자 입장에서 금리수입이 증가하는 상환방식이다.

26 난도 ★★★　답 ④

┃정답해설┃

- 부채서비스액 = $\dfrac{\text{순영업소득(3,000만 원)}}{\text{부채감당율(1.5)}}$ = 2,000만 원

- 대출액 = 부채서비스액(2,000만 원) ÷ 저당상수(0.1)
  = 2억 원

- 대부비율 = $\dfrac{\text{대출액(2억 원)}}{\text{매매가격(5억 원)}}$ = 40%

27 난도 ★★★　답 ③

┃정답해설┃

- 미상환 잔금 = 대출액 × 잔금비율 $\left(\dfrac{\text{연금현가(잔여기간)}}{\text{연금현가(전체기간)}} \right)$

- 전체기간 : 20년, 상환기간 : 7년, 잔여기간 : 13년

- 연금현가 = $\dfrac{1-(1+i)^{-n}}{i}$

- 잔금비율

  = $\dfrac{\dfrac{1-(1+0.04)^{-13}}{0.04}}{\dfrac{1-(1+0.04)^{-20}}{0.04}}$ = $\dfrac{1-0.6}{1-0.46}$ = $\dfrac{0.4}{0.54}$ = 0.74074

- 미상환 잔금 = 5억 원 × 0.74074 = 3억 7037만 원

28 난도 ★★★　답 ③

┃정답해설┃

- 가능조소득
  = 연 임대료(24만 원) × 임대면적(100) = 2,400만 원
- 유효총소득
  = 가능조소득(2,400만 원) − 공실손실상당액(240만 원)
- 순영업소득
  = 유효총소득(2,160만 원) − 영업경비(648만 원)
- 세전현금수지
  = 순영업소득(1,512만 원) − 부채서비스액(600만 원)
- 세후현금수지
  = 세전현금수지(912만 원) − 소득세(182.4만)
  = 729.6만 원

29 난도 ★★　답 ①

┃정답해설┃

다른 조건이 일정하다면, 승수법에서는 승수가 작을수록 더 좋은 투자안이다. 승수값이 클수록 회수기간이 더 길어진다는 의미를 말한다.

30 난도 ★★ 답 ⑤

정답해설

연금의 미래가치계수가 아니라 감채기금계수를 사용한다. 감채기금계수는 미래 1원을 만들기 위해서 매기간 납입할 금액을 파악하고자 하는 방식이다.

31 난도 ★ 답 ①

정답해설

빈지는 일반적으로 바다와 육지사이의 해변 토지와 같이 소유권이 인정되지 않으며 이용실익이 있는 토지이다. 반면에 법지란 법률상 존재하지만, 활용실익이 적거나 없는 토지를 말한다.

32 난도 ★★ 답 ③

정답해설

투자자의 개별적인 위험혐오도에 따라 무위험률이 아니라 위험할증률이 결정된다. 요구수익률 중에 위험은 위험할증률에 가산된다.

33 난도 ★★ 답 ④

정답해설

물을 이용할 수 있는 권리는 지표권에 해당된다. 지하권은 토지소유자가 지하공간으로부터 어떤 이익을 획득하거나 사용할 수 있는 권리를 말한다.

34 난도 ★★★ 답 ①

정답해설

주거용 건물 건설업은 부동산업의 세분류 항목에 포함되지 않는다.

더 알아보기 한국표준산업분류(제10차) 부동산업

대분류	중분류	소분류	세분류	세세분류
부동산업	부동산업	부동산 임대업 및 공급업	부동산 임대업	• 주거용 건물임대업 • 비주거용 건물임대업 • 기타 부동산임대업
			부동산 개발 및 공급업	• 주거용 건물 개발 및 공급업 • 비주거용 건물 개발 및 공급업 • 기타 부동산개발 및 공급업
		부동산 관련 서비스업	부동산 관리업	• 주거용 부동산관리업 • 비주거용 부동산관리업
			부동산 중개 및 감정평가업	• 부동산 중개업 및 대리업 • 부동산 투자자문업 및 감정평가업

35 난도 ★★ 답 ⑤

정답해설

가치발생요인은 다음과 같다.

• 부동산의 유용성(有用性 : 효용성) : 부동산이 제공하는 여러 가지 유용한 편익을 통칭하는 것이다.

• 상대적 희소성 : 토지는 사람들이 요구하는 특정 토지에 대한 공급이 상대적으로 제한(상대적 희소성)되어 있기 때문에 가치를 지닌다.

• 유효수요 : 어떤 물건을 구입할 의사와 대가를 지불할 능력을 갖춘 유효수요가 있어야 한다.

• 이전성 : 법적 개념으로 어떤 재화가 가치가 있으려면 그 재화의 권리 등의 이전이 될 수 있어야 한다. 여기서 ⑤ 이전성은 법률적인 측면에서의 가치발생요인이다.

36 난도 ★★★　　　답 ①

┃정답해설┃

(1) 수요와 공급을 일치시킨다.

　　수요함수 : $Q_D = 100 - P$,

　　공급함수 : $2Q_S = -40 + 3P$, $Q_S = -20 + \dfrac{3}{2}P$

　　∴ 균형가격 = 48, 균형량 = 52

(2) 탄력성을 구하기 위하여 수요함수와 공급함수를 미분을 한다.

　　① 수요의 가격탄력성(ϵ_P)

　　　: $\dfrac{dQ}{dP} \times \dfrac{P}{Q} = \left| -1 \times \dfrac{48}{52} \right| = \dfrac{12}{13}$

　　② 공급의 가격탄력성(η)

　　　: $\dfrac{dQ}{dP} \times \dfrac{P}{Q} = \dfrac{3}{2} \times \dfrac{48}{52} = \dfrac{18}{13}$

37 난도 ★★★　　　답 ④

┃오답해설┃

① 공인중개사법에 의한 공인중개사자격을 취득한 자를 공인중개사라고 하고, 공인중개사법에 의하여 중개사무소의 개설등록을 한 자를 개업공인중개사라고 말한다.

② 선박법 및 선박등기법에 따른 선박은 등기여부를 불문하고 공인중개사법에 의한 중개대상물에 해당하지 않는다.

③ 개업공인중개사에 소속된 공인중개사로서 중개업무를 수행하거나 중개업무를 보조하는 자는 소속공인중개사에 해당한다.

⑤ 중개보조원이란 공인중개사가 아닌 자로서 중개대상물에 대한 현장안내 및 일반서무 등 개업공인중개사의 중개업무와 관련된 단순한 업무를 보조하는 자를 말한다.

38 난도 ★★★　　　답 ⑤

┃정답해설┃

취득세, 등록면허세, 재산세는 지방세에 해당한다. 국세는 상속세, 증여세, 종합부동산세, 양도소득세가 이에 속한다.

더 알아보기	부동산 조세의 종류	

구분	국세	지방세
취득단계	상속세(누진세), 증여세, 인지세	취득세(비례세), 등록세
보유단계	종합부동산세(누진세), 소득세, 법인세	재산세 (누진세, 비례세)
처분단계	양도소득세	–

39 난도 ★★★　　　답 ②

┃정답해설┃

종량세란 단위당 t원의 조세를 부과하는 방식으로 조세를 부과하면 공급곡선이 상방으로 평행이동 또는 수요곡선이 하방으로 평행이동한다. 조세는 공급자에게 부과하거나 소비자에게 부과하나 결과는 같다.

(1) 조세부과 전 주택시장의 균형가격과 균형거래량은 다음과 같다.

　　수요와 공급을 일치시키면 균형거래량과 균형가격을 측정할 수 있다.

　　균형거래량(Q)은 52(= $200 - 2Q_D = 3Q_S - 60$, $5Q = 260$, $Q = 52$)이고, 이를 수요함수(혹은 공급함수)에 대입하면 균형가격(P) = 96임을 알 수 있다.

(2) 조세부과 후 주택가격과 균형거래량은 다음과 같다.

　　단위당 10만 원의 조세가 부과되면 공급곡선이 10만 원만큼 상방으로 이동하므로 공급함수가 $P = 3Q_S - 50$으로 바뀌게 된다. 이제 조세부과 이후의 균형거래량을 구하면 $Q = 50$(= $200 - 2Q_D = 3Q_S - 50$, $5Q = 250$, $Q = 50$)이고, 이를 수요함수(혹은 공급함수)에 대입하면 균형가격(P) = 100임을 알 수 있다.

그러므로 조세부과에 따라 거래량은 2만 호 감소하고, 가격은 4만 원 상승한다.

따라서 조세부과에 따른 사회적 후생손실(즉, 초과부담)은 10억 원(= $\dfrac{1}{2}$ × 세금(10만 원) × 거래량(2만 호) = 10억)이 된다.

참고로 단위당 조세액(10만 원) 중에 소비자에게 전가되는 부분이 4만 원이고, 공급자에게 6만 원이 전가된다. 이때 정부의 조세수입은 500억 원(= 10만 원×50만 호 = 500억 원)으로 계산된다. 이 중 소비자가 부담하는 부분은 200억 원(= 4만 원×50만 호 = 200억 원)이고 공급자가 부담하는 부분은 300억 원(= 6만 원×50만 호 = 300억 원)이 된다.

40 난도 ★★　　　　답 ⑤

┃ 정답해설 ┃

거래당사자가 부동산의 거래신고를 한 후 해당 거래계약이 취소된 경우에는 취소가 확정된 날부터 30일 이내에 해제 등의 신고를 하여야 한다.

04 2019년 제30회 정답 및 해설

01	02	03	04	05	06	07	08	09	10	11	12	13	14	15	16	17	18	19	20
③	①	①	⑤	⑤	②	①	④	⑤	②	③	⑤	②	②	④	⑤	④	①	③	④
21	22	23	24	25	26	27	28	29	30	31	32	33	34	35	36	37	38	39	40
⑤	①	②	③	③	⑤	②	①	②	①	④	⑤	②	④	①	③	④	③	④	③

01 난도 ★   답 ③

정답해설

영속성은 토지관리의 필요성을 높여주지만 감정평가에서 원가방식의 이론적 근거가 되지는 않는다.

02 난도 ★   답 ①

정답해설

포락지에 대한 설명이다.

오답해설

② 유휴지 : 비정상적으로 쉬고 있는 토지
③ 공한지 : 도시토지로서 지가상승을 목적으로 장기간 방치된 토지
④ 건부지 : 건물 등의 부지로 활용되는 토지
⑤ 휴한지 : 토지의 지력회복을 목적으로 쉬고 있는 토지

03 난도 ★   답 ①

정답해설

지역 내의 변화이므로 이행지에 대한 설명이다.

오답해설

② 우등지 : 토지의 비옥도 중에 열등지의 상대적 개념으로 상대적으로 비옥한 토지를 말한다.

③ 체비지 : 토지구획정리사업의 시행자가 그 사업에 필요한 재원을 확보하기 위하여 환지(換地) 계획에서 제외하여 유보한 토지를 말한다.

④ 한계지 : 어떤 용도로 최원방권에 있는 토지를 말한다.

⑤ 후보지 : 택지지역, 농지지역, 임지지역 상호 간에 다른 지역으로 전환되고 있는 토지를 말한다.

04 난도 ★★   답 ⑤

정답해설

입목에 관한 법률에 의해 소유권보존등기를 한 입목은 독립정착물로서 토지와 분리하여 양도할 수 있다. 독립정착물로서 건물, 명인방법을 취한 수목, 타인토지에 경작되고 있는 농작물 등이 이에 속한다.

05 난도 ★★   답 ⑤

오답해설

① 토지비축제도, 토지수용 등은 직접개입이고 금융지원, 보조금 지급은 간접개입방식이다.

② 개발부담금제가 아니라 개발권양도제에 대한 설명이다.

③ 토지선매에 있어 시장, 군수, 구청장은 토지거래계약허가를 받아 취득한 토지를 그 이용목적대로 이용하고 있지 아니한 토지에 대해서 선매자에게 강제로 수용하게 할 수 있는 것이 아니라 협의매수 할 수 있다.

④ 개발권양도제가 아니라 개발이익의 환수방법에 대한 설명이다.

06 난도 ★   답 ②

▌정답해설▌

제시문은 용도의 다양성에 대한 설명이다.

07 난도 ★★   답 ①

▌정답해설▌

총투자수익률보다 지분투자수익률이 클 경우 정(+)의 수익률이 나오는 경우에는 정(+)의 레버리지가 발생한다. 반면에 총투자수익률이 지분투자수익률보다 클 경우는 부(−)의 지렛대 효과가 발생한다.

08 난도 ★★   답 ④

▌정답해설▌

ㄱ. [×] 요구수익률이란 투자자가 투자하기 위한 최소한의 수익률을 말하는 것으로 시간에 대한 비용은 고려한다.

ㄷ. [×] 기대수익률이 요구수익률보다 높으면, 대상부동산에 대하여 수요가 증가하여 기대수익률이 하락한다.

09 난도 ★★★   답 ⑤

▌오답해설▌

① 두 개별자산간의 상관계수가 1인 경우에는 체계적 위험을 완전히 제거할 수 있다.

② 두 개별자산간의 상관계수가 −1인 경우에는 비체계적 위험을 완전히 제거할 수 있다.

③ 두 개별자산간의 상관계수가 0인 경우의 위험과 수익 궤적을 나타낸 선은 없다.

④ 두 개별자산간의 상관계수가 1인 경우에는 비체계적 위험을 제거할 수 없다.

10 난도 ★★★   답 ②

▌정답해설▌

- 유효총소득승수(5) = $\dfrac{\text{총투자(10억 원)}}{\text{유효총소득}}$

  → 유효총소득 = 2억 원

- 영업경비 = 유효총소득(2억 원) − 순영업소득(1억 원)

           = 1억 원

∴ 운영경비율 = $\dfrac{\text{영업경비(1억 원)}}{\text{조소득(2억 원)}} = 0.5$

∴ 부채감당률 = $\dfrac{\text{순영업소득(1억 원)}}{\text{부채서비스액(4천만 원)}} = 2.5$

11 난도 ★★   답 ③

▌오답해설▌

① 예상치 못한 인플레이션이 발생할 경우 대출기관에게 유리한 유형은 변동금리대출이다.

② 일반적으로 대출일 기준 시 이자율은 변동금리대출이 고정금리대출보다 낮다.

④ 변동금리대출은 시장상황에 따라 이자율을 변동시킬 수 있으므로 기준금리 외에 가산금리는 별도로 고려한다.

⑤ 변동금리대출의 경우 시장이자율 상승 시 이자율 조정주기가 짧을수록 대출기관에게 유리하다.

12 난도 ★★   답 ⑤

▌정답해설▌

순현재가치가 0보다 큰 경우나 내부수익률이 요구수익률보다 큰 경우에는 투자한다. 또한 수익성 지수가 1보다 큰 경우에 투자한다.

13 난도 ★★★　　답 ②

┃정답해설┃

주어진 조건에서 월부상환이다.

(1) 원금균등상환방식에서 원금상환액은 다음과 같이 구한다.

$$원금상환액 = \frac{대출금(1억 \ 2천만 \ 원)}{대출기간(120월)} = 100만 \ 원$$

(2) 원리금균등상환방식에서 원금상환액의 산출방식은 다음과 같다.

$$\boxed{원리금상환액(㉠) - 이자지급액(㉡) = 원금상환액(㉢)}$$

㉠ 원리금상환액 = 대출액(1.2억) × 저당상수(0.0111)
　　　　　　　　 = 133.2만 원

㉡ 이자지급액 = 대출액(1.2억) × 이자율$\left(\dfrac{6\%}{12월}\right)$

　　　　　　　 = 60만 원

㉢ 원금상환액
　　= 원리금상환액(133.2만 원) − 이자지급액(60만 원)
　　= 73.2만 원

14 난도 ★★★　　답 ②

┃정답해설┃

저당담보부채권(MBB)이 아니라 저당이체증권(MPTS)에 대한 설명이고, 저당담보부채권(MBB)은 모기지풀에서 발생하는 현금흐름과 관련된 위험을 발행자가 가진다.

15 난도 ★★　　답 ④

┃정답해설┃

해당 프로젝트가 부실화되더라도 대출기관의 채권회수에는 영향을 준다. 즉, 비(제한)소구금융이므로 대출기관은 원리금회수가 되지 않는 경우도 있다.

16 난도 ★★★　　답 ⑤

┃오답해설┃

① 모든 대안별 대출금액에 대한 상환방식은 다르지만, 첫째년도에 지불하는 이자금액은 대안1, 대안2, 대안3은 동일하나, 대안4는 다르다.

② 모든 대안의 대출기간 동안에 상환환원금과 이자의 총합계액은 다르다. 즉, 원리금상환액의 누적액이 큰 순서는 대안1 > 대안4 > 대안2 > 대안3이다.

③ 대안4는 다른 대안에 비해서 대출기간이 경과할수록 원리금상환이 점증하는 구조이다.

④ 대안3은 대안2에 비해서 첫째년도의 원금상환액이 큰 방식이다.

17 난도 ★★★　　답 ④

┃정답해설┃

• 취득세 – 지방세, 취득과세, 비례세
• 재산세 – 지방세, 보유과세, 누진세 및 비례세
• 종합부동산세 – 국세, 보유과세, 누진세
• 상속세 – 국세, 취득과세, 누진세
• 양도소득세 – 국세, 양도세, 누진세 및 비례세

18 난도 ★★★　　답 ①

┃정답해설┃

종합부동산세와 재산세의 과세대상은 일치하지 않는다. 종합부동산세는 주택과 토지만 과세대상의 범위이지만 재산세는 모든 부동산을 포함한 선박 등도 과세대상의 범위가 된다.

19 난도 ★　　답 ③

┃오답해설┃

① 지역분석은 일반적으로 개별분석에 선행하여 행하는 것으로 그 지역 내의 표준적 이용을 판정하는 것이다.

② 인근지역이란 대상부동산이 속한 지역으로 부동산의 이용이 동질적이고 가치형성요인 중 지역요인을 고유하는 지역이다.

④ 개별분석이란 지역분석의 결과로 얻어진 정보를 기준으로 대상부동산의 가격을 구체화, 개별화시키는 작업을 말한다.
⑤ 지역분석 시에는 적합의 원칙에, 개별분석 시에는 균형의 원칙에 더 유의해야 한다.

20 난도 ★★　　　답 ④

┃정답해설┃

"시장가치"란 감정평가의 대상물건이 통상적인 시장에서 충분한 기간 동안 거래를 위하여 공개된 후 그 대상물건의 내용에 정통한 당사자 사이에 신중하고 자발적인 거래가 있을 경우 성립될 가능성이 가장 높다고 인정되는 대상물건의 가액(價額)을 말한다(「감정평가에 관한 규칙」 제2조 제1호).

21 난도 ★★★　　　답 ⑤

┃정답해설┃

주어진 조건은 연간이다. 따라서 월 조건을 년으로 변환하여야 한다.
비준임료 = 년임료(1,200만 원) × 임대료 상승률(1.1)
　　　　　　× 개별요인(1.05)
　　　　　= 13,860,000

22 난도 ★★★　　　답 ①

┃정답해설┃

토지이용흡수율 분석은 경제적 타당성 여부판단에 활용되어야 한다.

23 난도 ★★★　　　답 ②

┃정답해설┃

감가상각 전의 순영업소득으로 가치를 추계하는 경우 감가상각률을 포함한 자본환원율을 사용해야 한다. 그러나 감가상각 후의 순영업소득으로 가치를 추계하는 경우 감가상각률을 제외한 자본환원율을 사용해야 한다.

24 난도 ★★　　　답 ③

┃정답해설┃

시산가액 조정시 공시지가기준법과 거래사례비교법은 다른 감정평가방식으로 본다. 즉, 공시지가기준법은 산술평균으로 하지만, 거래사례비교법은 가중평균을 통해서 한다.

25 난도 ★★★　　　답 ③

┃정답해설┃

자본환원율 = [토지비율(40%) × 토지환원율(3%)]
　　　　　　 + [건물비율(60%) × 건물환원율(5%)]
　　　　　 = 4.2%

┃오답해설┃

① 유효총소득
　 = 가능총소득(1억) − 공실 및 대손(10%, 1,000만 원)
　 = 9,000만 원
②·⑤ 순영업소득
　 = 유효총소득(9천만 원) − 운영경비(30% : 2,700만 원)
　 = 6,300만 원
④ 수익가격 = $\dfrac{\text{순영업소득(6,300만 원)}}{\text{자본환원율(4.2\%)}}$ = 15억 원이다.

26 난도 ★★　　　답 ⑤

┃정답해설┃

상향여과는 고소득층 주거지역에서 주택의 개량을 통한 가치상승분이 주택개량비용보다 큰 경우에 발생한다.

27 난도 ★　　　답 ②

┃정답해설┃

부동산의 공급이 탄력적일수록 수요증가에 따른 가격변동의 폭이 적다. 반면에 부동산의 공급이 비탄력적일수록 수요증가에 따른 가격변동의 폭이 크다.

28 난도 ★★★ 정답 ①

정답해설

시장균형임대료에서 36만 원을 낮추었다고 하였으므로 시장임대료를 구해야 한다.

$$100 - \frac{1}{2}P \rightarrow 20 + \frac{1}{3}P \rightarrow \frac{5}{6}P = 80 \rightarrow P = 96만\ 원$$

96만 원에서 정부가 36만 원을 낮추었으므로 시장균형임대료는 60만 원

$Q_d = 100 - \frac{1}{2}P \rightarrow P$에

60만 원 대입하면, 수요량은 70천 호

$Q_s = 20 + \frac{1}{3}P \rightarrow P$에

60만 원 대입하면, 공급량은 40천 호

따라서 초과수요량은 30천 호가 된다.

29 난도 ★★★ 정답 ②

오답해설

① 부동산거래 계약과 신고 등에 관한 정보체계 구축의 법적 근거는 「공간정보의 구축 및 관리 등에 관한 법률」이 아니라 「부동산거래신고 등에 관한 법률」이다.
③ 국토교통부장관 또는 시장·군수·구청장은 적절한 부동산정책의 수립 및 시행을 위하여 부동산 거래상황, 외국인 부동산 취득현황, 부동산 가격 동향 등 이 법에 규정된 사항에 관한 정보를 종합적으로 관리하고, 이를 관련 기관·단체 등에 제공할 수 있다.
④ 국토교통부장관은 효율적인 정보의 관리 및 국민편의 증진을 위하여 대통령령으로 정하는 바에 따라 부동산거래의 계약·신고·허가·관리 등의 업무와 관련된 정보체계를 구축·운영할 수 있다.
⑤ 국토교통부장관은 정보체계에 구축되어 있는 정보를 수요자에게 제공할 수 있다. 이 경우 정보체계 운영을 위하여 불가피한 사유가 있거나 개인정보의 보호를 위하여 필요하다고 인정할 때에는 제공하는 정보의 종류와 내용을 제한할 수 있다.

30 난도 ★★ 정답 ①

정답해설

경매·공매대상 부동산에 대한 권리분석 및 취득알선업무는 개업공인중개사(법 부칙 제6조 제2항의 개업공인중개사는 제외)의 겸업업무로서 금지행위에 해당하지 않는다.

31 난도 ★★ 정답 ④

정답해설

초등학교 교사 신축사업이나 군인 아파트 사업은 민간이 운영하면 수익이 창출되지 않으므로 BTL과 BLT방식이 효과적이다.

32 난도 ★ 정답 ⑤

정답해설

위탁관리방식은 관리 업무의 전문성과 효율성을 제고할 수 있으나, 기밀유지가 되지 않는 단점이 있다.

33 난도 ★ 정답 ②

정답해설

행정인허가 불확실성은 법률적 위험에 해당되고, 나머지는 시장위험에 속한다.

34 난도 ★ 정답 ④

정답해설

워포드의 부동산개발 7단계 순서는 사업구상 – 예비타당성분석 – 부지확보 – 타당성분석 – 금융 – 건설 – 마케팅의 순서로 진행된다.

35 난도 ★★ 답 ①

정답해설

「부동산개발업의 관리 및 육성에 관한 법률」 상 부동산개발이란 토지를 건설공사의 수행 또는 형질변경으로 조성하는 행위나, 건축물을 건축·대수선·리모델링 또는 용도변경하거나 공작물을 설치하는 행위 중 어느 하나에 해당하는 행위이지만, 시공을 담당하는 행위를 제외한다.

36 난도 ★★ 답 ③

오답해설

① 시장점유마케팅전략이 아니라 고객점유마케팅전략에 대한 설명이다.
② 고객점유마케팅전략이 아니라 시장점유마케팅전략에 대한 설명이다.
④ STP전략은 시장세분화, 표적시장 선정, 차별화로 구성된다.
⑤ 4P-MIX 전략은 제품, 가격, 유통경로, 촉진으로 구성된다.

37 난도 ★★ 답 ④

오답해설

① 순가중개계약이 아니라 일반중개계약에 대한 설명이다.
② 독점중개계약을 체결한 개업공인중개사는 누가 거래를 성립시켰는지에 상관없이 중개보수를 받을 수 있다.
③ 전속중개약이 아니라 독점중개계약에 대한 설명이다.
⑤ 일반중개계약이 아니라 순가중개계약에 대한 설명이다.

38 난도 ★★★ 답 ③

정답해설

컨버스의 분기점모형에서 상권분리의 경계점 파악은 다음과 같은 공식을 활용한다.

$$\text{A도시에서 상권 경계지점} = \frac{\text{거리}(15)}{1 + \sqrt{\dfrac{\text{상대면적}(4\text{만 명})}{\text{기준면적}(16\text{만 명})}}} = 10$$

39 난도 ★★ 답 ④

정답해설

호이트는 고급주택지가 고용기회가 많은 도심지역과의 교통이 편리한 지역에 선형으로 입지한다고 보았다. 반면에 버제스의 동심원이론에서는 저급주택지가 고용기회가 많고 접근성이 양호한 도심지역에 위치한다고 보았다.

40 난도 ★★★ 답 ③

정답해설

평균분산지배원리에 따르면 자산C가 자산B를 지배할 수 없다.

오답해설

- 자산A의 기대수익률
  $= (8\% \times 50\%) + (4\% \times 50\%) = 6\%$
- 자산B의 기대수익률
  $= (12\% \times 50\%) + (8\% \times 50\%) = 10\%$
- 자산C의 기대수익률
  $= (16\% \times 50\%) + (10\% \times 50\%) = 13\%$

따라서 기대수익률은 자산C가 가장 높고, 자산A가 가장 낮다.

05　2018년 제29회 정답 및 해설

01	02	03	04	05	06	07	08	09	10	11	12	13	14	15	16	17	18	19	20
③	①	②	②	④	④	①	②	④	⑤	①	①	①	②	①	②	④	①	⑤	③
21	22	23	24	25	26	27	28	29	30	31	32	33	34	35	36	37	38	39	40
⑤	②	③	③	③	②	④	⑤	⑤	④	③	⑤	④	⑤	③	③	⑤	①	②	④

01 난도 ★　　　　　　답 ③

▌정답해설▐

③ 주어진 지문은 부동성에 대한 설명이다.

> **더 알아보기** **부동성의 특징**
>
> 1. 부동산은 공시방법으로 등기를 하는데 반해 동산은 점유로써 공시를 한다.
> 2. 부동산시장은 불완전경쟁 시장, 추상적 시장, 구체적 시장이다.
> 3. 지역 범위를 획정하여 정보를 파악하여야 한다. 따라서 지역분석이 필요하다.
> 4. 중앙정부의 제도적 규율의 대상과 지방자치단체의 운영을 위한 세수입의 근거
> 5. 일반상품과 같이 견본(sample) 또는 진열하여 매매·거래할 수가 없으며, 부동산의 유통기구로서 부동산중개업이 제도화되는 이유가 된다.

02 난도 ★　　　　　　답 ①

▌정답해설▐

① ㄱ. 후보지, ㄴ. 소지에 대한 설명이다. 후보지란 용도지역인 임지지역, 농지지역, 택지지역 상호 간에 다른 지역으로 전환되고 있는 지역의 토지를 말하며, 가망지(可望地) 또는 예정지(豫定地)라고도 한다. 이행지란 용도지역의 분류 중 세분된 지역 내에서 용도가 전환되고 있는 토지를 말한다. 즉, 임지지역(신탄림지역, 용재림지역),

농지지역(전·답·과수원), 택지지역(주택·상업·공업지) 내의 지역 간 용도변경이 진행되고 있는 토지를 말한다.

03 난도 ★★　　　　　　답 ②

▌정답해설▐

② 입목에 대해 법정지상권 설정이 가능하다(입목에 관한 법률 제6조 제1항 참고).

> **제6조(법정지상권)**
> ① 입목의 경매나 그 밖의 사유로 토지와 그 입목이 각각 다른 소유자에게 속하게 되는 경우에는 토지소유자는 입목소유자에 대하여 지상권을 설정한 것으로 본다.

▌오답해설▐

① 입목에 관한 법률 제3조 제2항 참고

> **제3조(입목의 독립성)**
> ② 입목의 소유자는 토지와 분리하여 입목을 양도하거나 저당권의 목적으로 할 수 있다.

③ 입목에 관한 법률 제3조 제3항 참고

> **제3조(입목의 독립성)**
> ③ 토지소유권 또는 지상권 처분의 효력은 입목에 미치지 아니한다.

④ 입목에 관한 법률 제4조 제1항 참고

> **제4조(저당권의 효력)**
> ① 입목을 목적으로 하는 저당권의 효력은 입목을 베어
> 낸 경우에 그 토지로부터 분리된 수목에도 미친다.

⑤ 입목에 관한 법률 제7조 참고

> **제7조(지상권 또는 임차권에 대한 저당권의 효력)**
> 지상권자 또는 토지의 임차인에게 속하는 입목이 저당권
> 의 목적이 되어 있는 경우에는 지상권자 또는 임차인은
> 저당권자의 승낙 없이 그 권리를 포기하거나 계약을 해
> 지할 수 없다.

04 난도 ★★★　답 ②

▌정답해설▌

㉠ 도량형 계산
　: 1정(= 3,000평), 1단(= 300평), 1무(= 30평)
㉡ 주어진 지문은 1정 3무이므로 3,090평에 해당된다.
㉢ 따라서 면적을 환산하면
　　$3,090평 \times 3.305785m^2 = 10,214.8m^2$

05 난도 ★★　답 ④

▌정답해설▌

④ 자동차등록원부 갑 상에서는 보통 차량에 대한 모든 정
　보와 소유자 변경 정보 그리고 검사내용과 저당설정, 자
　동차 압류 내용까지 확인이 된다.

▌오답해설▌

① 신축 중인 건물은 사용승인이 완료와 관계없이 토지와
　별개의 부동산으로 취급된다.
② 개개의 수목은 명인방법을 갖추더라도 토지와 별개의 부
　동산으로 취급된다.
③ 토지에 정착된 담장은 종속정착물이므로 담장은 토지의
　일부로 본다.
⑤ 선박등기법은 20톤 이상의 기선(機船)과 범선(帆船) 및
　총톤수 100톤 이상의 부선(艀船)에 대하여 적용된다(선
　박등기법 제2조).

06 난도 ★★　답 ④

▌정답해설▌

④ 부동산시장은 주식시장이나 일반상품시장보다 더 불완
　전하고 비효율적이므로 할당 효율적이 될 수도 있고 되
　지 않을 수도 있다. 즉, 불완전경쟁시장이지만, 초과이
　윤이 발생하지 않으면 할당효율적 시장이 되고, 초과이
　윤이 발생하면 할당효율적이지 못한 시장이 된다.

▌오답해설▌

⑤ 부동산시장은 다른 시장보다 정보의 비대칭성이 높기 때
　문에 정보비용의 대가로 중개수수료(거래비용) 등이 수
　반되므로 초과이윤이 발생될 확률이 높으므로 비효율적
　이게 하는 주요 요인이 된다.

07 난도 ★★★　답 ①

▌정답해설▌

① 헤이그의 최소마찰비용이론은 교통비용과 지대와의 관
　계를 설명한 이론이다. 즉, 교통비의 절약액이 지대로
　본다. 어떤 위치의 토지를 이용하고자 하는 자는 공간마
　찰을 극복하기 위한 비용으로 교통비와 지대를 지불하게
　된다. 이때 중심지로부터 멀어질수록 수송비는 증가하
　고 지대는 감소한다고 보고 교통비의 중요성을 강조했
　다. 교통수단이 좋을수록 공간의 마찰이 적어지며, 이때
　토지이용자는 마찰비용으로 교통비와 지대를 지불한다
　고 본다.
　미르달(Myrdal)의 누적적 인과모형은 누적적 인과원리
　란 하나의 변화가 다른 변화를 동일한 방향으로 연쇄적
　으로 촉발한다는 이론이다. 즉, 성장지역은 주변지역에
　긍정적, 부정적 효과를 발생시킴으로서 노동·자본·
　물자를 끌어들이고 성장하는 승수효과를 통해 더욱 발
　전한다.

▮정답해설▮

② A지역의 숙박업(0.986)은 C지역의 금융업(0.943)보다 입지계수가 높다.

　㉠ 입지계수

$$= \frac{\text{특정산업의 지역 고용율}}{\text{특정산업의 전국 고용율}}$$

$$= \frac{\dfrac{\text{특정지역의 특정산업의 고용자 수}}{\text{특정지역의 전체산업의 고용자 수}}}{\dfrac{\text{전국의 특정산업의 고용자 수}}{\text{전국의 전체산업의 고용자 수}}}$$

　㉡ 입지계수(LQ) = $\dfrac{\dfrac{\text{특정지역 특정산업 인구}}{\text{특정지역 전체 인구}}}{\dfrac{\text{특정산업의 인구}}{\text{전국 전체 인구}}}$

　㉢ A지역 제조업 = $\dfrac{\dfrac{150}{530}}{\dfrac{515}{1655}} = 0.909$

　　A지역 금융업 = $\dfrac{\dfrac{200}{530}}{\dfrac{570}{1655}} = 1.09$

　　A지역 숙박업 = $\dfrac{\dfrac{180}{530}}{\dfrac{570}{1655}} = 0.986$

　　B지역 제조업 = $\dfrac{\dfrac{170}{540}}{\dfrac{515}{1655}} = 1.01$

　　B지역 금융업 = $\dfrac{\dfrac{200}{540}}{\dfrac{570}{1655}} = 1.09$

　　B지역 숙박업 = $\dfrac{\dfrac{190}{540}}{\dfrac{570}{1655}} = 1.075$

　　C지역 제조업 = $\dfrac{\dfrac{195}{585}}{\dfrac{515}{1655}} = 1.071$

　　C지역 금융업 = $\dfrac{\dfrac{190}{585}}{\dfrac{570}{1655}} = 0.943$

　　C지역 숙박업 = $\dfrac{\dfrac{200}{585}}{\dfrac{570}{1655}} = 0.992$

▮오답해설▮

① B지역의 제조업(1.01)은 A지역의 숙박업(0.986)보다 입지계수가 높다.

③ A지역의 숙박업(0.986)이 B지역의 제조업(1.01)보다 입지계수가 낮다.

④ A지역의 제조업(0.909)은 C지역의 숙박업(1.07)보다 입지계수가 낮다.

⑤ B지역의 제조업(1.01)은 C지역의 금융업(0.94)보다 입지계수가 높다.

▮정답해설▮

(1) 균형거래량 변화 : 20 증가

　　→ 최초 균형량측정

　　　: $50 - P = -40 + 2P$ → $P = 30$이다.

　　가격을 수요함수에 대입하면 균형거래량은 20이다.

　　→ 변화 후의 균형거래량 측정

　　　: $80 - P = -40 + 2P$ → $P = 40$이다.

　　가격(40)을 수요함수에 대입하면 균형거래량은 40이다. 따라서 최초 균형거래량(20)에서 변화 후의 균형거래량은 (40)이므로 20만큼 증가한다.

(2) 면적의 변화 : 900 증가

　　이 지문의 핵심은 수요량과 공급량이 '0'일 때 각각의 가격을 산출하여 삼각형 넓이를 구하면 된다.

(3) 가격 산출 : 수요량과 공급량을 '0'일 때를 가정한다.

　　㉠ 공급함수 : $0 = -40 + 2P$ → $P = 20$

　　㉡ 최초 수요함수 : $0 = 50 - P$ → $P = 50$

　　　변화 후 수요함수 : $0 = 80 - P$ → $P = 80$

(4) 면적 측정 : (수요와 공급 가격 차이)×균형량× $\frac{1}{2}$

    ㉠ 최초면적 : $(50-20) \times 20 \times \frac{1}{2} = 300$

    ㉡ 변화 후 면적 : $(80-20) \times 40 \times \frac{1}{2} = 1,200$

따라서 면적은 900 증가한다.

10 난도 ★★★   답 ⑤

┃ 정답해설 ┃

⑤ 부동산 가치는 부동산의 소유에서 비롯되는 미래의 편익을 현재가치로 환원한 값이다.

더 알아보기	가치(Value)와 가격(Price) 비교
가치(Value)	① 장래편익을 현재가치로 환원한 값 ② 대상부동산에 대한 현재의 값 ③ 가치는 감정평가사가 전문가 ④ 주어진 시점에 따라 무수히 많다.
가격(Price)	① 교환의 대가로 실제 지불된 값 ② 대상부동산에 대한 과거의 값 ③ 가격은 공인중개사가 전문가 ④ 주어진 시점에서 하나밖에 없다.

11 난도 ★★★   답 ①

┃ 정답해설 ┃

(1) D도시 인구가 A, B, C 쇼핑센터 이용객 수는,
    60만 명×40% = 24만 명
(2) 각 쇼핑센터의 고객유인력과 고객 수
    ㉠ A 고객유인력

$$\frac{A(\frac{4,000}{10^2})}{A(\frac{4,000}{10^2}) + B(\frac{10,000}{5^2}) + C(\frac{20,000}{10^2})} = 6.25\%$$

    → 고객 수 = 24만 명×6.25% = 15,000명

    ㉡ B 고객유인력

$$\frac{B(\frac{10,000}{5^2})}{A(\frac{4,000}{10^2}) + B(\frac{10,000}{5^2}) + C(\frac{20,000}{10^2})} = 62.5\%$$

    → 고객 수 = 24만 명×62.5% = 150,000명

    ㉢ C 고객유인력

$$\frac{A(\frac{20,000}{10^2})}{A(\frac{4,000}{10^2}) + B(\frac{10,000}{5^2}) + C(\frac{20,000}{10^2})} = 31.25\%$$

    → 고객 수 = 24만 명×31.25% = 75,000명

12 난도 ★★   답 ①

┃ 정답해설 ┃

㉠ 총투자수익률= $\frac{순영업소득(1억 원)}{총투자(12억 원)}$ = 8.33%

㉡ 부채감당률= $\frac{순영업소득(1억 원)}{부채서비스액(5천만 원)}$ = 2.0

13 난도 ★★   답 ①

┃ 정답해설 ┃

① 수익성지수는 투자개시시점에서의 현금유입의 현재가치와 현금지출의 현재가치 비율이다.

┃ 오답해설 ┃

② 화폐의 시간가치를 고려하는 것은 순현가법, 내부수익률법, 수익성지수법, 현가회수기간법 등이 있다.
③ 동일한 투자안에 대해서 복수의 내부수익률이 존재할 수 있다. 이때는 투자안을 선택할 수 없다.
④ 내부수익률은 순현가가 '0' 또는 수익성지수가 "1"이 되는 할인율이다.
⑤ 순현가법에 적용되는 할인율은 요구수익률이고 내부수익률법의 할인율은 내부수익률을 사용한다.

14 난도 ★★★　　답 ②

정답해설

② 위험과 수익은 상충관계에 있으므로 효율적 투자선은 우상향하는 곡선이다.

오답해설

① 시장에서 야기되는 체계적 위험은 분산투자를 통해서도 회피할 수 없는 위험이지만, 개별부동산의 특성에서 야기되는 비체계적 위험은 피할 수 있는 위험이다. 따라서 포트폴리오의 목적은 비체계적 위험을 제거 또는 감소할 목적이다.

⑤ 포트폴리오 구성자산의 수익률 간에 완전 정반대 방향을 가는 상관계수(p)가 '−1'인 경우는 분산투자하면 비체계적 위험은 "0"까지 감소하지만, 수익률 간에 완전 동일한 방향으로 가는 상관계수(p)가 '1'인 경우는 분산투자를 해도 위험을 전혀 제거하지 못한다.

15 난도 ★★★　　답 ①

정답해설

ⓛ 기대수익률 = $(0.1 \times 0.5) + (0.06 \times 0.5) = 0.08(8\%)$

ⓛ 분산 = $\{(10\% - 8\%)^2 \times 50\%\} + \{(6\% - 8\%)^2 \times 50\%\}$
　　　$= 0.02(2\%)$

ⓒ 변동계수 = $\dfrac{위험(분산\ 2\%)}{기대수익률(8\%)} = 0.25$

16 난도 ★★　　답 ②

정답해설

② 부동산투자회사는 발기설립의 방법으로 하여야 하며, 현물출자에 의한 설립이 불가능하다. 또한 부동산투자회사는 영업인가를 받고 최저자본금 이상을 갖추기 전에는 현물출자를 받는 방식으로 신주를 발행할 수 없다.

오답해설

① 자기관리 부동산투자회사의 설립 자본금은 5억 원 이상이고, 위탁관리와 기업구조조형 부동산투자회사는 설립 자본금은 3억 원 이상이다.

③·④ 위탁관리와 기업구조조정 부동산투자회사는 자산의 투자, 운용업무를 자산관리회사에 위탁하여야 한다. 부동산투자회사는 최저자본금준비기간이 끝난 후에는 매분기 말 현재 총자산의 80% 이상을 부동산, 부동산 관련 증권 및 현금으로 구성하여야 한다. 이 경우 총자산의 70% 이상은 부동산이어야 한다.

⑤ 부동산투자회사법 제31조 제2항 참고

제31조(부동산투자회사의 겸업 제한 등)
② 부동산투자회사의 상근 임원은 다른 회사의 상근 임직원이 되거나 다른 사업을 하여서는 아니 된다.

17 난도 ★★★　　답 ④

정답해설

주어진 공식은 저당상수를 사용해야 한다.

저당상수는 $\dfrac{r}{1 - (1+r)^{-n}} \rightarrow \dfrac{r(1+r)^n}{(1+r)^n - 1}$ 공식이다.

주어진 지문이 월부상환이므로 년부상환을 월부상환조건으로 변형해야 한다. 따라서 이자율 연 5%(→ 월 0.05/12)로 변화하고 대출기간 10년(→ 120개월)으로 변환해야 한다. 월부 원리금상환은 다음과 식으로 적용한다.

$$1억\ 원 \times \dfrac{\dfrac{0.05}{12} \times (1 + \dfrac{0.05}{12})^{120}}{(1 + \dfrac{0.05}{12})^{120} - 1}$$

18 난도 ★★　　답 ①

정답해설

① 주택소유자와 그 배우자 중에 연장자가 55세 이상이어야 이용할 수 있다. 즉 주택노후연금 가입가능연령은 ⓛ 주택소유자 또는 배우자가 만 55세 이상(근저당권 설정일 기준), ⓛ 확정기간방식 : 연소자가 만 55세 ~ 만 74세 우대방식 : 주택소유자 또는 배우자가 만 65세 이상(기초연금 수급자) 단 주택소유자 또는 배우자가 대한민국 국민(단, 외국인 단독 및 부부 모두 외국인인 경우에는 가입 불가)

오답해설

② 연금지급방식으로 사망시까지 지급하는 종신형 방식도 있고, 일정기간까지만 지급하는 확정기간방식 등이 있다.

19 난도 ★★★　　　답 ⑤

┃정답해설┃

⑤ ㄱ, ㄴ, ㄷ, ㄹ 모두 옳은 지문이다.

> **더 알아보기** **프로젝트 파이낸싱의 특징**
>
> 1. 독립된 프로젝트 회사 설립으로 출자자가 파산하더라도 회사는 직접적 영향이 없다.
> 2. 프로젝트가 파산이 난다 하더라도 금융기관은 사업주에게 그 책임을 묻지 못한다. 이를 비소구금융(Non-Recourse Finance)이라 한다. 그러나 예외적으로 사업주가 여신의 일부를 부담하는 제한소구금융을 하는 경우도 있다.
> 3. 다양한 사업주체가 해당사업에 참여하고 이해당사자 간에는 위험의 분산이 가능하다. 그러나 여러 업체들은 사업주체에게 위험을 보완할 수 있는 보증보험 가입을 요구하므로 보증보험비용이 수반된다.
> 4. 사업성을 기초로 대출이 이루어지므로 사업주에 대한 신용평가 없이 대출금에 대한 상환이 가능해지므로 정보의 비대칭성 문제를 해결할 수 있고 신용평가비용이 절감된다.
> 5. 회계처리상 프로젝트의 사업주는 자신의 신용상태 또는 대차대조표상에 아무런 영향을 주지 않는 부외금융(off-balance sheet financing)의 특징을 가지고 있으므로 사업주의 재무구조는 현 상태로 유지를 하면서 채무수용능력이 제고된다.
> 6. 신탁계정(에스크로계정, 자금관리)은 주거래은행에 있으므로 사업주가 파산이 난다 하더라도 개발사업에 직접적 영향을 주지 않는다.

20 난도 ★　　　답 ③

┃정답해설┃

③ 정보의 비대칭성은 시장실패의 원인이다. 시장실패의 원인으로 공공재, 외부효과, 독과점, 정보의 비대칭성문제, 소득과 부의 불공평한 재분배 등이 있다.

┃오답해설┃

① 외부효과(external effect)는 한 개인이 자신의 경제활동과정에서 특별한 보상이나 대가를 받지 않고 다른 경제주체의 효용이나 생산에 직접 영향을 미치는 현상이라고 할 수 있다. 외부효과의 존재는 시장실패의 원인이 된다.

⑤ 어떠한 요인에 의해서 사적(私的) 시장의 메커니즘이 자원의 적정한 분배를 자율적으로 조정하지 못하는 시장실패의 문제를 해결하기 위하여 정부는 시장에 개입할 수 있다.

21 난도 ★★　　　답 ⑤

┃정답해설┃

⑤ 현행제도에 시행하고 있지 않는 것은 택지소유상환제, 토지초과이득세, 종합토지세, 공한지세, 개발권양도제 등이 있다.

22 난도 ★★　　　답 ②

┃정답해설┃

② 토지비축정책은 직접적 시장개입방법이다.

> **더 알아보기** **정부의 토지정책수단**
>
> | 직접개입 방식 | 공영개발, 공공임대보유, 공공투자사업, 토지은행, 도시개발사업, 매수, 수용, 환지, 보금자리주택 공급 등 |
> | --- | --- |
> | 이용규제 방식 | 토지이용계획, 도시계획, 지구단위계획, 지역지구제, 토지구획규제, 건축규제, 인허가, 임대료상환제, 담보대출규제 |
> | 간접개입 방식 | 토지세, 부동산 거래세, 부동산보유세, 토지거래허가세, 개발부담금제, 금융지원, 행정적지원(가격공시제도, 등기부등본 등) |

23 난도 ★★★　　　답 ③

┃정답해설┃

> **더 알아보기** **부동산 조세의 종류**
>
> | 구분 | 국세 | 지방세 |
> | --- | --- | --- |
> | 취득단계 | 상속세(누진세), 증여세, 인지세 | 취득세(비례세), 등록세 |
> | 보유단계 | 종합부동산세(누진세), 소득세, 법인세 | 재산세 (누진세, 비례세) |
> | 처분단계 | 양도소득세 | – |

24 난도 ★★★   답 ③

┃정답해설┃

③ 양도소득세의 과세대상은 토지 건물(무허가, 미등기 건물도 포함), 부동산을 취득할 수 있는 권리, 지상권, 전세권, 등기된 부동산 임차권 등이다. 지역권, 등기되지 않은 부동산 임차권, 사업에 사용하는 건물과 분리되어 양도하는 영업권 등은 양도소득세 과세대상이 아니다.

25 난도 ★★   답 ③

┃정답해설┃

③ 민간사업자가 기숙사를 개발하여 준공(build)과 동시에 그 소유권을 공공에 귀속(transfer)시켰다. 민간사업자는 30년간 시설관리 운영권(operate)을 갖고, 공공은 그 시설을 임차(lease)하여 사용하고 있다. 준공(build) – 귀속(transfer) – 운영권(operate) – 임차(lease)로 표현되는데 이때 OL이 같이 있으면 '운영권(operate)'은 표현을 하지 않는다.

26 난도 ★★   답 ②

┃정답해설┃

② 자기관리방식은 입주자와의 소통 측면에 있어서 위탁관리방식에 비해 유리한 측면이 있으며 유사시에 신속한 대응 및 양호한 환경보전이 가능하며, 기능수준을 높게 유지하기가 편리하다는 장점이 있다.

┃오답해설┃

① 시설관리(facility management)가 아니라 자산관리에 대한 설명이다.
③ 위탁관리방식은 자기관리방식에 비해 기밀유지가 불리한 측면이 있다.
④ 혼합관리방식은 자기관리방식에 비해 문제발생 시 책임소재 파악이 불명확하다.
⑤ 건물의 고층화와 대규모화가 진행되면서 자가관리방식에서 위탁관리방식으로 바뀌는 경향에 있다.

27 난도 ★★   답 ④

┃정답해설┃

④ 고객점유마케팅전략이 아니라 시장점유마케팅전략에 대한 설명이다. 또한 4P MIX(마케팅 믹스)는 유통경로(place), 제품(product), 가격(price), 판매촉진(promotion)으로 구성되어 있다.

┃오답해설┃

⑤ AIDA원리는 주의(Attention), 관심(Interest), 욕망(Desire), 행동(Action)으로 이어지는 소비자의 구매의사결정과정을 말한다.

28 난도 ★★   답 ⑤

┃정답해설┃

⑤ 투자결정분석이 아니라 지역경제분석에 대한 설명이다.

더 알아보기	지역경제분석과 투자결정분석 비교
지역경제분석	• 대상지역의 인구, 고용, 소득 등 모든 부동산의 수요와 시장에 영향을 미치는 요인을 분석, 확인 및 예측하는 작업 • 거시적 시장분석의 한 부분
투자결정분석	투자분석에서는 대상개발사업을 위험과 수익의 상쇄관계에서 다른 투자대안과 비교·분석하여 최종적으로 투자 여부를 결정

29 난도 ★   답 ⑤

┃정답해설┃

⑤ 주어진 지문은 투자위험 중에 운영상 위험에 속한다.

┃오답해설┃

① 대출자들은 인플레이션이 발생한다면 화폐가치의 하락위험을 피하기 위하여 고정이자율보다는 변동이자율로 대출하기를 원하며, 따라서 변동이자율이 변경된 만큼 차입자는 원리금상환부담이 커지는 위험을 안게 된다.
② 금융위험은 부채비율을 늘릴수록 지분수익률은 커지나, 원금과 이자에 대한 채무불이행의 가능성이 높아지고 파산위험도 증가한다.

③ 유동성위험은 대상부동산을 현금으로 전환하는 과정에서 발생하는 시장가치의 손실 가능성을 의미한다. 유동성은 부동산자산이 현금으로 전환될 수 있는 용이성의 정도로 측정된다.

30 난도 ★★★ 답 ④

┃정답해설┃

접근조건$(1 + 0.1 - 0.05) \times$ 자연조건$(1 + 0.1 - 0.05)$
$\times$ 획지조건$(1 - 0.05) \times$ 기타조건$(1 - 0.1) = 0.9426$

31 난도 ★★★ 답 ③

┃정답해설┃

③ 유사지역이란 감정평가의 대상이 된 부동산이 속하지 않는 지역으로서 인근지역과 유사한 특성을 갖는 지역을 말한다(감정평가에 관한 규칙 제2조 제14호).

┃오답해설┃

① 감정평가에 관한 규칙 제3조 제1호 참고

> **제3조(감정평가법인 등의 의무)**
> 감정평가법인 등은 다음 각 호의 어느 하나에 해당하는 경우에는 감정평가를 해서는 안 된다.
> 1. 자신의 능력으로 업무수행이 불가능하거나 매우 곤란한 경우

② 감정평가에 관한 규칙 제5조 제4항 참고

> **제5조(시장가치기준 원칙)**
> ④ 감정평가법인 등은 시장가치 외의 가치를 기준으로 하는 감정평가의 합리성 및 적법성이 결여(缺如)되었다고 판단할 때에는 의뢰를 거부하거나 수임(受任)을 철회할 수 있다.

④ 감정평가에 관한 규칙 제7조 제2항 참고

> **제7조(개별물건기준 원칙 등)**
> ② 둘 이상의 대상물건이 일체로 거래되거나 대상물건 상호 간에 용도상 불가분의 관계가 있는 경우에는 일괄하여 감정평가할 수 있다.

⑤ 감정평가에 관한 규칙 제9조 제2항 참고

> **제9조(기본적 사항의 확정)**
> ② 기준시점은 대상물건의 가격조사를 완료한 날짜로 한다. 다만, 기준시점을 미리 정하였을 때에는 그 날짜에 가격조사가 가능한 경우에만 기준시점으로 할 수 있다.

32 난도 ★★ 답 ⑤

┃정답해설┃

⑤ 과수원을 감정평가할 때는 거래사례비교법을 적용해야 한다.

┃오답해설┃

① 임대료를 감정평가할 때는 임대사례비교법을 적용해야 한다.
② 자동차를 감정평가할 때는 거래사례비교법을 적용해야 한다.
③ 비상장채권(거래소에서 거래가 이루어지지 아니하는 등 형성된 시세가 없는 채권을 말한다)을 감정평가할 때는 수익환원법을 적용해야 한다.
④ 건설기계를 감정평가할 때는 원가법을 적용해야 한다.

33 난도 ★★★ 답 ④

┃정답해설┃

④ 부동산 가격공시에 관한 법률 제17조 제2항 참조

> **제17조(개별주택가격의 결정·공시 등)**
> ① 시장·군수 또는 구청장은 제25조에 따른 시·군·구부동산가격공시위원회의 심의를 거쳐 매년 표준주택가격의 공시기준일 현재 관할 구역 안의 개별주택의 가격(이하 "개별주택가격"이라 한다)을 결정·공시하고, 이를 관계 행정기관 등에 제공하여야 한다.
> ② 제1항에도 불구하고 표준주택으로 선정된 단독주택, 그 밖에 대통령령으로 정하는 단독주택에 대하여는 개별주택가격을 결정·공시하지 아니할 수 있다. 이 경우 표준주택으로 선정된 주택에 대하여는 해당 주택의 표준주택가격을 개별주택가격으로 본다.

① 다가구주택은 단독주택가격의 공시대상이다.
② 개별공시지가의 공시기준일이 7월 1일인 경우도 있고 개별주택가격의 공시기준일은 6월 1일인 경우도 있다.
③ 표준주택에 전세권 그 밖의 주택의 사용·수익을 제한하는 권리가 설정되어 있는 경우에는 당해 권리가 존재하지 아니하는 것으로 보고 적정가격을 평가하여야 한다.
⑤ 표준지공시지가의 공시권자는 국토교통부장관이다.

34 난도 ★★★　　　　　　　　답 ⑤

ㄱ. 현황평가를 한 결과, 토지의 이용상황이 답이므로 지목이 답이고 건축물은 돈사·우사이므로 '축사'로 표현한다.
ㄴ. 도로접면 폭이 12미터이므로 중로이고 두 개의 도로가 있으므로 '각지'이다.

더 알아보기	도로접면	
구분	표기	내용
광대로한면	광대한면	폭 25m 이상의 도로에 한 면이 접하고 있는 토지
광대로 −광대로 광대로−중로 광대로−소로	광대소각	광대로에 한면이 접하고 소로(폭 8m 이상 12m 미만)이상의 도로에 한면이상 접하고 있는 토지
광대로 −세로(가)	광대세각	광대로에 한 면이 접하면서 자동차 통행이 가능한 세로(폭 8m 미만)에 한면 이상 접하고 있는 토지
중로한면	중로한면	폭12m 이상 25m 미만 도로에 한 면이 접하고 있는 토지
중로−중로 중로−소로 중로−세로	중로각지	중로에 한 면이 접하면서 중로, 소로, 자동차 통행이 가능한 세로(가)에 한면 이상이 접하고 있는 토지
소로한면	소로한면	폭8m 이상 12m 미만의 도로에 한면이 접하고 있는 토지
소로−소로 소로−세로	소로각지	소로에 두면 이상이 접하거나 소로에 한면이 접하면서 자동차 통행이 가능한 세로(가)에 한 면 이상 접하고 있는 토지
세로한면(가)	세로(가)	자동차 통행이 가능한 폭8m 미만이 도로에 한면이 접하고 있는 토지
세로(가) −세로(가)	세각(가)	자동차 통행이 가능한 세로에 두면 이상이 접하고 있는 토지
세로한면(불)	세로(불)	자동차 통행이 불가능하나 경운기의 통행이 가능한 세로에 한면이 접하고 있는 토지
세로(불) −세로(불)	세각(불)	자동차 통행이 불가능하나 경운기의 통행이 가능한 세로에 두면 이상 접하고 있는 토지
맹지	맹지	경운기의 통행이 불가능한 토지

35 난도 ★★★　　　　　　　　답 ③

③ 감정평가업자가 의뢰인과 협의하여 확정할 기본적 사항은 다음과 같다. ㉠ 의뢰인, ㉡ 대상물건 ㉢ 감정평가목적 ㉣ 기준시점 ㉤ 감정평가조건 ㉥ 기준가치 ㉦ 관련 전문가에 대한 자문 또는 용역에 관한 사항 ㉧ 수수료 및 실비에 관한 사항

36 난도 ★★★　　　　　　　　답 ③

③ 중개대상물의 최유효이용상태는 개업공인중개사가 주택을 중개하는 경우 확인·설명해야 할 사항이 아니다.

더 알아보기	중개대상물 확인설명 사항
㉠ 중개대상물의 종류·소재지·지번·지목·면적·용도·구조 및 건축연도 등 중개대상물에 관한 기본적인 사항
㉡ 소유권·전세권·저당권·지상권 및 임차권 등 중개대상물의 권리관계에 관한 사항
㉢ 거래예정금액·중개보수 및 실비의 금액과 그 산출내역
㉣ 토지이용계획, 공법상의 거래규제 및 이용제한에 관한 사항
㉤ 수도·전기·가스·소방·열공급·승강기 및 배수 등 시설물의 상태

ⓗ 벽면 및 도배의 상태
ⓐ 일조·소음·진동 등 환경조건
ⓞ 도로 및 대중교통수단과의 연계성, 시장·학교와의 근접성 등 입지조건
ⓩ 중개대상물에 대한 권리를 취득함에 따라 부담하여야 할 조세의 종류 및 세율

37 난도 ★★★ 답 ⑤

▌정답해설▐

⑤ 공인중개사법 제14조 참고

> 제14조(개업공인중개사의 겸업제한 등)
> ① 법인인 개업공인중개사는 다른 법률에 규정된 경우를 제외하고는 중개업 및 다음 각 호에 규정된 업무와 제2항에 규정된 업무 외에 다른 업무를 함께 할 수 없다.
>   1. 상업용 건축물 및 주택의 임대관리 등 부동산의 관리대행
>   2. 부동산의 이용·개발 및 거래에 관한 상담
>   3. 개업공인중개사를 대상으로 한 중개업의 경영기법 및 경영정보의 제공
>   4. 상업용 건축물 및 주택의 분양대행
>   5. 그 밖에 중개업에 부수되는 업무로서 대통령령으로 정하는 업무
> ② 개업공인중개사는 「민사집행법」에 의한 경매 및 「국세징수법」 그 밖의 법령에 의한 공매대상 부동산에 대한 권리분석 및 취득의 알선과 매수신청 또는 입찰신청의 대리를 할 수 있다.

38 난도 ★★★ 답 ①

▌정답해설▐

① 구분지상권은 을구에서 확인가능하다.

> ▌더 알아보기▐ 등기부 등본 표시사항
>
> ㉠ 표제부 : 사실관계
>   → 지번, 건물 명칭 및 번호, 건물내역, 등기원인, 지목/면적

ⓛ 갑구사항 : 소유권에 관한 사항을 표시
  → 소유권, 소유권 이전, (가)압류, 가처분, 임의/강제경매 등
ⓒ 을구사항 : 소유권 이외의 권리
  → 지상권, 지역권, 전세권, 저당권, 임차권

39 난도 ★★ 답 ②

▌정답해설▐

② 말소기준권리가 되는 권리로는 (근)저당권, (가)압류, 담보가등기, 강제경매개시결정등기 등이 있다.

> ▌더 알아보기▐ 경매 말소기준권리
>
> 말소기준권리란 부동산 경매에서 부동산이 낙찰될 경우, 그 부동산에 존재하는 권리가 소멸되는지 여부를 파악할 수 있는 기준권리를 의미한다. 즉, 경매로 나온 하자가 있는 권리들 중에 낙찰로 인해 소멸시킬 수 있는 기준이다. 말소기준권리는 법률용어로 '말소기준등기'라고 말한다. 말소기준권리는 크게 7가지로 근저당, 저당권, 가압류, 압류, 전세권, 담보가등기, 경매개시결정 등기가 있다.

40 난도 ★★★ 답 ④

▌정답해설▐

④ 문제의 핵심은 영업경비에 포함되는 것을 구분할 수 있냐를 묻는 지문이다.
  ㉠ 영업경비(3,200만 원)
    = 관리직원 인건비(2,400만 원) + 수선유지비(300만 원) + 재산세(200만 원) + 광고선전비(300만 원)
  ㉡ 순영업소득
    = 가능총소득(9,000만 원) − 공실손실상당액(300만 원) − 대손충당금(100만 원) − 영업경비(3,200만 원)
    = 5,400만 원

06 2017년 제28회 정답 및 해설

01	02	03	04	05	06	07	08	09	10	11	12	13	14	15	16	17	18	19	20
⑤	②	②	②	③	④	①	②	①	④	⑤	③	④	③	④	⑤	⑤	②	⑤	①
21	22	23	24	25	26	27	28	29	30	31	32	33	34	35	36	37	38	39	40
③	④	①	①	⑤	④	②	③	①	⑤	③	②	①	③	②	①	②	④	④	③

01 난도 ★ 답 ⑤

┃정답해설┃

⑤ 공공재란 그 특성상 비경합성과 비배제성을 가진 재화를 말한다. 대표적인 예로서 국방, 치안, 외교 등이 이에 속한다. 공공재는 무임승차자(free-rider)의 문제와 초과이윤(시장실패)이 발생하므로 시장원리에서는 과소생산하게 된다.

┃오답해설┃

① 정부가 부동산시장에 개입하는 논리에는 정치적 기능(사회적 목표달성)과 시장실패(부의 외부효과 방지, 공공재 공급 등)이 있다.
② 시장실패의 원인으로 공공재, 외부효과, 독과점, 정보의 비대칭성문제, 소득과 부의 불공평한 재분배 등이 있다.

02 난도 ★ 답 ②

┃정답해설┃

② 분양가상한제 폐지(분양가 자율화 시행), 청약시 재당첨제한 폐지는 부동산 시장을 오히려 과열국면을 더 심화시키는 현상이다. 부동산 시장과열 국면을 안정화하는 기본 방향은 수요억제정책과 공급확대정책을 가져야 한다. 따라서 부동산시장 안정화 정책으로는 ㄱ. 양도소득세율 인상, ㄷ. 아파트 전매제한 기간 확대, ㅁ. 담보인정비율(LTV) 및 총부채상환비율(DTI)의 축소가 이에 해당한다.

03 난도 ★ 답 ②

┃정답해설┃

② 정부의 부동산시장 간접개입방식으로는 개발부담금제, 부동산거래세, 부동산가격공시제도 등이 있다.

더 알아보기	정부의 토지정책수단
직접개입 방식	공영개발, 공공임대보유, 공공투자사업, 토지은행, 도시개발사업, 매수, 수용, 환지, 보금자리주택 공급 등
이용규제 방식	토지이용계획, 도시계획, 지구단위계획, 지역지구제, 토지구획규제, 건축규제, 인허가, 임대료상환제, 담보대출규제
간접개입 방식	토지세, 부동산 거래세, 부동산보유세, 토지거래허가세, 개발부담금제, 금융지원, 행정적지원(가격공시제도, 등기부등본 등)

04 난도 ★★★ 답 ②

┃정답해설┃

(1) 원금균등상환조건의 월불입액
  ㉠ 원금상환액은 첫해는 없다. 거치기간은 3년이다.
  ㉡ 월이자지급액 = 대출액(3억 원) × 월이자율(0.5%)
    = 150만 원
  ㉢ 월불입액 = 원금상환액(0원) + 월이자액(150만 원)
    = 150만 원

(2) 원리금균등상환조건의 월불입액

월불입액 = 대출액(3억 원) × 저당상수(0.006443)

= 193.29만 원

(3) 월불입액 차이

원리금균등상환(193.29만 원) − 원금균등상환(150만 원)

= 432,900원

05 난도 ★★ 답 ③

┃정답해설┃

ㄱ. [O] 주택금융이란 주택의 구입이나 건설, 보수를 위해 금융기관으로부터 자금을 차입하는 것으로 주택시장의 활성화 기능을 한다.

ㄹ. [O] 주택저당채권유동화제도는 주택금융기관이 주택자금을 빌려주고 받은 저당권을 매각하거나 증권을 발행해 새로운 주택자금을 마련하는 제도를 말한다.

┃오답해설┃

ㄴ. [×] 주택소비금융은 가계에 대한 금융으로, 주택을 구입하려는 사람이 주택을 담보로 제공하고 자금을 제공받는 형태의 금융을 말한다. 예 저당대부

ㄷ. [×] 주택개발금융은 주택건설업자에 대한 금융으로, 이는 주택건설을 촉진하려는 목적으로 건설활동에 필요한 자금을 주택건설업자에게 대출해 주는 것을 말한다. 예 건축대부

06 난도 ★★★ 답 ④

┃정답해설┃

④ 프로젝트 파이낸싱(PF)는 위험분담을 위해 여러 이해관계자가 계약관계에 따라 참여하므로, 일반개발사업에 비해 사업진행이 느리다.

┃오답해설┃

① 프로젝트 파이낸싱(PF)은 부동산 개발로 인해 발생하는 현금흐름을 담보로 개발에 필요한 자금을 조달하는 것이지 부동산 등을 담보로 하는 것은 아니다.

③ 일반적으로 프로젝트 파이낸싱(PF)의 차입금리는 기업대출 금리보다 높다. 이유는 사업의 계획성(현금흐름)이 담보이고, 은행도 손실을 볼 수 있기 때문이다.

⑤ 프로젝트 파이낸싱(PF)의 금융구조는 비소구금융이 원칙이나, 제한적 소구금융의 경우도 있다. 따라서 은행도 손실을 볼 수가 있다.

07 난도 ★★ 답 ①

┃정답해설┃

① 연금대상이 되는 주택은 주택법상 주택(단독주택, 다세대주택 등), 노인복지주택, 주거목적용 오피스텔은 가능하나, 오피스텔, 상가주택 등이 연금의 대상주택에서 제외된다.

┃오답해설┃

② 연금 수령 중 담보 주택이 주택재개발, 주택재건축이 되더라도 계약을 유지할 수 있다. 다만, 주택이 화재 등으로 멸실, 소멸될 경우는 계약이 유지될 수 없다.

③ 연금의 방식에는 주어진 지문인 확정기간방식도 가능하고 ⑤처럼 종신으로 지급하는 종신지급방식도 가능하다.

④ 초기 보증료와 연 보증료를 가입자 대신하여 은행이 한국주택금융공사에 납부한다.

08 난도 ★★ 답 ②

┃정답해설┃

영업소득세

= {세전현금수지(4,000만 원) + 대체충당금(350만 원) + 원금상환액(400만 원) − 감가상각액(250만 원)} × 세율(20%)

= 900만 원

09 난도 ★★★ 답 ①

┃정답해설┃

① 수익성지수법은 투자된 현금유입의 현재가치를 이 투자로부터 발생되는 현금유출의 현재가치로 나눈 것이다. 수익성지수가 1보다 큰 경우에 투자를 채택한다.

┃오답해설┃

③ 순현가법, 수익성지수법, 내부수익률법 등은 화폐의 시간가치를 고려한 방법이며, 순현가법의 투자선택 기준은 "0"이다. "0"보다 작으면 그 투자안을 기각한다.

④ 내부수익률은 투자안의 순현가를 "0"으로 만드는 할인율을 의미한다. 즉, 순현가의 할인율은 요구수익률이기 때문에 투자자 입장에서는 최소한의 요구수익률이기도 하다.

10 난도 ★★   답 ④

▮정답해설▮

④ 장래 기대되는 수익의 흐름이 주어졌을 때, 요구수익률이 클수록 부동산의 가치는 감소한다.

▮오답해설▮

③ 요구수익률은 기회비용의 대가로서 위험이 주어졌을 때, 투자자에게 충족되어야 할 최소한의 수익률이다.

⑤ 투자자의 요구수익률은 체계적 위험이 증대됨에 따라 상승한다. 즉, 위험과 수익은 비례한다. 또한, 무위험률과 (요구)수익률도 비례관계에 있다.

11 난도 ★★★   답 ⑤

▮정답해설▮

⑤ 총투자수익률(10%) = $\dfrac{순영업소득(1.5억\ 원)}{부동산가격(15억\ 원)}$

▮오답해설▮

① 부채비율(50%) = $\dfrac{대출액(5억\ 원)}{자기자본(10억\ 원)}$

② 순소득승수(10) = $\dfrac{총투자액(15억\ 원)}{순영업소득(1.5억\ 원)}$

③ 지분투자수익률(7%)

= $\dfrac{세전현금수지(1.5억\ 원 - 8천만\ 원 = 7천만\ 원)}{자기자본(10억\ 원)}$

④ 부채감당비율(187.5%) = $\dfrac{순영업소득(1.5억\ 원)}{저당지불액(8천만\ 원)}$

12 난도 ★★   답 ③

▮정답해설▮

ㄱ. [O] 위험회피형(혐오형)은 위험을 피하려는 이성적인 행동으로 위험을 부담하는 경우 정도의 차이는 있으나, 반드시 이에 따르는 보상을 얻고자 하는 보상형을 말한다.

ㄹ. [O] 일반적으로 요구수익률은 시간의 대가인 무위험률과 위험에 대한 대가인 위험할증률로 구성되어 있다.

ㅁ. [O] 평균 – 분산 원리(결정법)란 여러 투자안들의 기대수익과 표준편차(위험)를 분석하여 동일한 수익률 하에서 낮은 위험을, 동일한 위험에서 높은 수익률을 선택하는 기준으로 두 개 이상의 투자대안 중 한 곳에 집중 투자대안을 선택하는 방법이다.

▮오답해설▮

ㄴ. [×] 위험과 수익과의 상쇄관계는 위험이 크면 클수록 요구하는 수익률이 커지는 것을 의미한다.

ㄷ. [×] 주어진 지문은 위험중립형에 대한 설명이다. 위험선호형일지라도 위험에 따라 수익률의 크기가 달라진다.

더 알아보기	투자자의 위험에 대한 태도
위험회피형 (위험혐오형)	• 다른 조건이 동일하다면 보다 위험이 작은 투자안 선호함 • 위험이 존재하면 더 큰 위험을 느끼므로 더 높은 수익률을 요구하는 유형
위험추구형 (위험선호형)	다른 조건이 동일하다면 높은 수익을 획득하기 위해 높은 위험도 기꺼이 감수하는 형태

13 난도 ★★★   답 ④

▮정답해설▮

㉠ 기대수익률

= (20% × 30%) + (30% × 40%) + (40% × 30%)

= 30%

㉡ 분산

= {(20% − 30%)^2 × 30%} + {(30% − 30%)^2 × 40%}

  + {(40% − 30%)^2 × 30%}

= 0.006

14 난도 ★★★ 답 ③

┃정답해설┃

㉠ 매년감가액
= {재조달원가(5억 원) − 최종잔존가격(5억 원×10%)}
÷ 50
= 900만 원

㉡ 감가누계액
= 매년감가액(900만 원) × 경과연수(5년)
= 4,500만 원

15 난도 ★ 답 ④

┃정답해설┃

④ 동산의 경우 용익물권의 설정이 불가능하고 담보물권의 경우에는 유치권과 질권의 설정만이 가능하다.

┃오답해설┃

① 민법 제99조 참고

> **제99조(부동산, 동산)**
> ① 토지 및 그 정착물은 부동산이다.
> ② 부동산 이외의 물건은 동산이다.

② 복합개념의 부동산이란 부동산을 유형적 측면인 물리적(기술적) 측면과 무형적 측면인 법률적·경제적 측면의 복합개념으로 이해하는 것을 말한다.

③ 민법 제245조 제1항 참고

> **제245조(점유로 인한 부동산소유권의 취득기간)**
> ① 20년간 소유의 의사로 평온, 공연하게 부동산을 점유하는 자는 등기함으로써 그 소유권을 취득한다.

⑤ 광의(넓은 의미)의 부동산은 협의부동산과 준(의제) 부동산도 포함된다.

16 난도 ★★ 답 ⑤

┃정답해설┃

⑤ 사회적 위치가 변화가 아니라 행정적 위치의 가변성에 대한 설명이다.

> **더 알아보기 사회적·경제적·행정적 위치의 가변성**
>
> | 사회적 위치의 가변성 |
> | --- |
> | 공장, 공원, 학교에 의한 주거환경의 변화, 인구변화, 가구분리, 공공시설, 도시형성, 건축양식, 교육·복지상태, 부동산거래 및 사용수익의 관행 등 |
> | **경제적 위치의 가변성** |
> | 교통체계(도로, 철도), 경제성장, 소득변화, 국제수지, 물가, 임금, 기술혁신 및 산업구조의 변화, 세 부담의 상태 변화 |
> | **행정적 위치의 가변성** |
> | 정부의 정책·제도·계획의 변화 세제의 변화, 가격 및 임대료에 대한 규제나 통제) |

17 난도 ★ 답 ⑤

┃정답해설┃

⑤ 임차인이 설치한 영업용 선반·카운터 등 사업이나 생활의 편의를 위해 설치한 정착물은 일반적으로 동산으로 취급한다.

> **더 알아보기 정착물의 구분기준**
>
> 1. 물건이 부동산에 부착되어 있는 방법
>   부착된 물건을 제거할 경우 건축물에 손상을 준다면 정착물이고, 손상을 주지 않는다면 동산으로 간주된다. 그러나 물리적으로 아무런 손상 없이 제거할 수 있지만 제거하여 건축물의 효용에 지장을 주게 되는 경우에는 정착물(예 수도꼭지, 형광등, 인터폰 등)로 간주한다.
> 2. 물건의 성격
>   ① 물건이 건물의 특정위치나 용도에 알맞게 고안·구축된 경우 : 정착물로 본다.
>   ② 주물과 종물의 관계 : 물건의 성격이 주물과 종물과의 관계에 있을 때, 주물이 정착물이면 종물도 정착물로 간주한다.

3. 물건을 설치한 의도(당사자의 의도)
   물건을 설치한 목적이 더 높은 수익을 얻을 목적이라면 정착물이고, 이용목적이라면 동산으로 간주한다.
4. 거래당사자 간의 관계
   ① 임차인과 임대인일 경우 : 쌍방의 관계가 임차인과 임대인일 경우, 진열대나 선반이 건물에 부착되어 있다고 하더라도 임대인이 설치했다면 정착물이고, 임차인이 설치했다면 동산으로 간주한다.
   ② 매도자와 매수자일 경우 : 쌍방과의 관계가 매도자와 매수자일 경우 물건의 주인이 불분명할 때에는 정착물로 간주되어 매수자 것으로 취급

더 알아보기 민법상 취급

정착물	종속정착물 (일체거래)	• 교량, 제방, 돌담, 도로, 구거 등 • 경작노력이 없는 수목, 자연식생, 다년생식물
	독립정착물 (독립거래)	• 건물, 입목법에 등기된 수목 • 명인방법을 취한 미분리과실 또는 수목 • 정당한 권원에 의해 타인토지에 재배 중인 농작물
동산	부동산 정착물 아님	• 계속성이 없는 판잣집 • 가식(假植) 중인 수목 • 경작이 완료된 수확물 – 경작수확물 • 기타 쉽게 이동할 수 있는 물건

18 난도 ★★ 답 ②

정답해설

② 연립주택 : 주택으로 쓰는 1개 동의 바닥면적(2개 이상의 동을 지하주차장으로 연결하는 경우에는 각각의 동으로 본다) 합계가 660m²를 초과하고, 층수가 4개 층 이하인 주택

오답해설

① 아파트에 대한 설명이다.
③ 기숙사에 대한 설명이다.
④ 다세대주택에 대한 설명이다.
⑤ 다중주택과 다가구주택에 대한 설명이다.

19 난도 ★ 답 ⑤

정답해설

권리분석의 특별원칙에는 ① 능률성의 원칙 ② 안전성의 원칙 ③ 탐문주의 원칙 ④ 증거주의 원칙이 있다. ⑤ 사후확인의 원칙은 권리분석의 성격에 대한 내용으로서 권리관계를 취급하는 활동, 비권력적 행위, 주관성과 객관성, 사후확인행위, 과학성과 기술성 등이 이에 속한다.

20 난도 ★★★ 답 ①

정답해설

① 최광의의 권리분석은 광의의 권리관계에 '부동산의 상태 또는 사실관계, 등기능력이 없거나 요하지 않는 권리관계' 등을 포함하여 분석의 대상으로 하는 것을 말한다.

더 알아보기 권리관계의 협·광의에 의한 분류

협의의 권리분석	협의의 권리관계(부동산등기법에 의해서 등기할 수 있는 권리관계)를 권리분석의 대상으로 삼는 것
광의의 권리분석	협의의 권리관계에 부동산의 법률적 가치를 포함한 것
최광의의 권리분석	권리관계에 '부동산의 상태 또는 사실관계, 등기능력이 없거나 요하지 않는 권리관계'

21 난도 ★★★ 답 ③

정답해설

$$수익가격 = \frac{순영업소득(1,260만\ 원)}{6\%} = 210,000,000원$$

㉠ 순영업소득(1,260만 원)
   = 가능총수익(2천만 원) − 공실 및 대손(10%, 200만 원)
   − 경비비율(30%, 540만 원)

㉡ 종합환원율
   = [토지구성비(50%) × 토지환원율(5%)] + [건물구성비(50%) × 건물환원율(7%)]
   = 6%

22 난도 ★★　답 ④

┃정답해설┃

④ 적합의 원칙이 아니라 균형의 원칙에 대한 설명이다. 적합의 원칙은 부동산이 그 유용성을 최고도로 발휘하기 위해서는 부동산의 특성이 시장수요와 일치되거나 주변의 토지이용과 어울릴 수 있을 때 높은 가치를 창출하게 된다는 원칙이다.

23 난도 ★★★　답 ①

┃정답해설┃

① '치유(보수)비용 > 가치상승분'인 경우 치유불가능한 감가이고, '치유(보수)비용 < 가치상승분'이면 치유가능한 감가가 된다.

┃오답해설┃

② 감가수정의 방법은 직접법인 내용연수법, 관찰감가법 및 분해법이 있고 간접법인 시장추출법, 임대료손실환원법 등을 통해 적정성을 고려하여 병용한다.
③ 감가수정이란 대상물건에 대한 재조달원가를 감액하여야 할 요인이 있는 경우에 물리적 감가, 기능적 감가 또는 경제적 감가 등을 고려하여 그에 해당하는 금액을 재조달원가에서 공제하여 기준시점에 있어서의 대상물건의 가액을 적정화하는 작업을 말한다(제2조 제12호).
④ 분해법이 아니라 관찰감가법에 대한 설명이다.
⑤ 관찰감가법이 아니라 분해법에 대한 설명이다.

24 난도 ★★★　답 ①

┃정답해설┃

① 환원이율은 투하자본에 대한 수익비율로써 상각 전·후와 세공제전·후의 이율을 말한다. 수익도 상각 전·후와 세공제전·후 수익이 존재한다.

┃오답해설┃

② 환원이율은 종합환원이율과 개별환원이율이 존재한다. 종합환원이율은 토지와 건물 등이 결합된 환원이율이다. 개별환원이율이란 토지와 건물 각각의 환원이율을 말한다.
⑤ 세공제전 환원이율이란 세금이 포함된 환원이율을 말하고, 세공제후 환원이율은 세금을 공제(배제)한 환원이율을 말한다.

25 난도 ★★　답 ⑤

┃정답해설┃

⑤ 유사지역이 아니라 인근지역에 대한 설명이다. 유사지역이란 대상부동산이 속하지 아니하는 지역으로서 인근지역과 유사한 특성을 갖는 지역을 말한다(감정평가에 관한 규칙 제2조 제14호).

26 난도 ★★　답 ②

┃정답해설┃

② 조건부평가가 아니라 부분평가에 대한 설명이다. 조건부 평가란 부동산가격의 증감요인이 되는 새로운 상황의 발생을 상정하여 그 조건이 성취되는 경우를 전제로 부동산을 평가하는 것을 말한다.

> **감정평가에 관한 규칙 제7조(개별물건기준 원칙 등)**
> ① 감정평가는 대상물건마다 개별로 하여야 한다.
> ② 둘 이상의 대상물건이 일체로 거래되거나 대상물건 상호 간에 용도상 불가분의 관계가 있는 경우에는 일괄하여 감정평가할 수 있다.
> ③ 하나의 대상물건이라도 가치를 달리하는 부분은 이를 구분하여 감정평가할 수 있다.
> ④ 일체로 이용되고 있는 대상물건의 일부분에 대하여 감정평가하여야 할 특수한 목적이나 합리적인 이유가 있는 경우에는 그 부분에 대하여 감정평가할 수 있다.

27 난도 ★★   답 ④

▌정답해설▌

④ 시장분석이 아니라 시장성분석에 대한 설명이다. 시장분석이란 일정 지역시장 단위에서 특정 유형의 부동산에 수요와 공급을 연구·분석한다. 수요와 공급과 관련한 시장세분화로 구분하여 분화된 시장 내에서 이루어진다. 반면에 시장성분석은 개발형태에 따른 수요자의 선호와 경쟁환경을 분석하여 개발사업에 대한 매매나 임대될 가능성을 파악하는 것이 목적이다.

28 난도 ★★   답 ③

▌정답해설▌

③ 부동산의 부동성은 시장을 국지화시키는 역할을 하며, 지역시장을 형성하도록 해준다. 또한 지역적으로 세분화되어 하위시장(submarket, 부분시장)으로 존재케 한다.

▌오답해설▌

① 부동산시장은 부동산 재화와 서비스가 교환되는 매커니즘이기 때문에 유형과 무형의 부동산 거래가 모두 허용된다.
② 불완전경쟁시장에 해당된다.
④ 양적규제의 예가 아니라, 질적규제의 예로 들 수 있다.
⑤ 준강성 효율적 시장이 아니라 강성효율적 시장에 대한 설명이다.

29 난도 ★★★   답 ①

▌정답해설▌

㉠ 조건에서 C마을 인구의 60%만 A도시와 B도시에 구매
= 2만명 × 60% = 1.2만 명

㉡ A도시 구매유인력 $= \dfrac{\dfrac{10만\ 명}{20^2}}{A\left(\dfrac{10만\ 명}{20^2}\right) + B\left(\dfrac{30만\ 명}{20^2}\right)}$

= 25%

B도시 구매유인력 $= \dfrac{\dfrac{30만\ 명}{20^2}}{A\left(\dfrac{10만\ 명}{20^2}\right) + B\left(\dfrac{30만\ 명}{20^2}\right)}$

= 75%

㉢ A도시 구매 = 25% × 1.2만 명 = 3천 명
B도시 구매 = 75% × 1.2만 명 = 9천 명

30 난도 ★   답 ⑤

▌정답해설▌

⑤ 공급이 증가하면 가격은 하락하게 되는데 수요가 비탄력적이라면 공급이 증가해서 가격이 하락하더라도 수요량이 크게 증가하지 않고, 조금만 증가하게 되므로 시장에 재고물량이 상대적으로 더 많이 쌓이게 되며 공실이 더 커지게 되므로 가격의 하락은 더 크게 나타난다.

▌오답해설▌

① 부동산의 수요는 유효수요의 개념을 말한다. 즉 구매의사와 구매능력이 포함된 수요를 의미한다.
② 건축비의 하락 등 생산요소 가격의 하락은 주택공급곡선을 오른쪽으로 이동시킨다.
③ 수요자의 소득이 변하여 수요곡선 자체가 이동하는 경우는 수요의 변화에 해당한다.
④ 인구의 증가로 부동산 수요가 증가하는 경우 균형가격은 상승하고, 균형량은 증가한다.

31 난도 ★★　　　　　　　　　　답 ③

┃ 정답해설 ┃

③ 상업용 건축물 및 주택의 개발대행은 개업공인중개사가 할 수 있는 업무가 아니다(공인중개사법 제14조 참고).

> **공인중개사법 제14조(개업공인중개사의 겸업제한 등)**
> ① 법인인 개업공인중개사는 다른 법률에 규정된 경우를 제외하고는 중개업 및 다음 각 호에 규정된 업무와 제2항에 규정된 업무 외에 다른 업무를 함께 할 수 없다.
> 　1. 상업용 건축물 및 주택의 임대관리 등 부동산의 관리대행
> 　2. 부동산의 이용·개발 및 거래에 관한 상담
> 　3. 개업공인중개사를 대상으로 한 중개업의 경영기법 및 경영정보의 제공
> 　4. 상업용 건축물 및 주택의 분양대행
> 　5. 그 밖에 중개업에 부수되는 업무로서 대통령령으로 정하는 업무
> ② 개업공인중개사는 「민사집행법」에 의한 경매 및 「국세징수법」 그 밖의 법령에 의한 공매대상 부동산에 대한 권리분석 및 취득의 알선과 매수신청 또는 입찰신청의 대리를 할 수 있다.

32 난도 ★★★　　　　　　　　　답 ②

┃ 정답해설 ┃

② 토지에 대한 종합합산과세대상인 경우에 과세대상 토지의 공시가격을 합산한 금액이 5억 원을 초과하는 자는 종합부동산세를 납부할 의무가 있다. 반면에 별도합산과세대상인 경우에 과세대상 토지의 공시가격을 합산한 금액이 80억 원 이상인 경우에 납부할 의무가 있다.

> **더 알아보기　부동산 조세의 종류**
>
> | 구분 | 국세 | 지방세 |
> | --- | --- | --- |
> | 취득단계 | 상속세(누진세), 증여세, 인지세 | 취득세(비례세), 등록세 |
> | 보유단계 | 종합부동산세(누진세), 소득세, 법인세 | 재산세 (누진세, 비례세) |
> | 처분단계 | 양도소득세 | – |

33 난도 ★★　　　　　　　　　　답 ①

┃ 정답해설 ┃

① 소매점포 개설을 위한 시장분석의 절차는 '시장선택 → 구역분석 → 부지평가'의 3단계로 이루어진다.

┃ 오답해설 ┃

③ 상권추정기법에는 실제조사방법, 2차 자료 이용방법, 통계적 분석방법(회귀분석, 중력모형 등), 체크리스트 등이 있다.

④ 수정허프모델에서 고객의 구매확률은 상업지의 매장면적과 상업지로의 도달거리, (공간)마찰계수 등에 의해 결정된다.

34 난도 ★★★　　　　　　　　　답 ③

┃ 정답해설 ┃

③ 토지분 재산세의 과세대상 중 공장용지는 예외적으로 별도합산하여 계산할 수 있으나, 전·답·과수원·목장용지와 같이 생산활동에 이용되는 토지는 별도 합산하여 과세해서는 안 된다.

┃ 오답해설 ┃

② 양도소득세를 강화하면 거래가 위축되어 주택공급의 동결효과를 발생한다.

> **더 알아보기　주택양도세(거래이전과세) 중과의 효과**
>
> - 거래가 위축되어 주택공급의 동결효과를 발생
> - 주택가격 상승에 따른 투기수요를 유발하고, 자원배분의 효율성을 저해시킴
> - 거래세는 부정기적으로 부과되므로 정부의 세원관리가 곤란
> - 부동산시장을 활성화하기 위하여 거래세(유통세)를 인하하는 것이 바람직

35 난도 ★★ 답 ②

┃정답해설┃

② 시장점유마케팅전략이 아니라 고객점유마케팅전략에 해당된다. 시장점유마케팅이란 공급자의 전략차원으로서 표적시장을 선점하거나 틈새시장을 점유하는 마케팅전략을 말한다.

더 알아보기 STP전략
시장세분화(Segmentation)
수요자 집단을 연구·경제학적 특성에 따라 세분하고 세분된 시장에 있어서 상품의 판매지향점을 분명히 하는 전략
표적시장(Target)
세분화된 시장에서 자신의 상품과 일치되는 수요집단을 확인하거나, 선정된 표적집단으로부터 신상품을 기획하는 일이 중요
차별화(Positioning)
동일한 표적시장을 갖는 다양한 공급경쟁자들 사이에서 자신의 상품을 어디에 위치시킬 것인가 하는 전략

36 난도 ★★ 답 ①

┃정답해설┃

ㄱ : 법률적 위험, ㄴ : 시장위험, ㄷ : 비용위험

더 알아보기 워포드의 개발위험
법률적 위험부담
개발에 대한 인가를 신청한 경우에 만일 인가되지 않고 반려당한 경우 등의 위험
시장위험부담
• 부동산시장은 항상 끊임없이 변화하기 때문에 개발업자에게 위험을 증가시킴. • 시장의 불확실성이 개발업자에게 지우는 부담
비용위험
• 개발기간이 길면 길수록 비용위험도 그만큼 커지게 되고, 인플레이션이 심한 시기에는 그 위험이 증가 • 개발업자는 인플레이션에 따른 비용위험을 제거할 목적으로 최대가격보증계약을 체결

37 난도 ★★ 답 ②

┃정답해설┃

ㄱ. [×] 사업자로서는 상대적으로 사업시행이 복잡하고 어렵다.

ㄷ. [×] 공영개발 즉, 매수(수용)방식에 대한 설명이다.

ㄹ. [×] 환지방식은 보류지(공공시설 용지와 체비지)를 공제한 후에 나머지를 소유주에게 재분배해 준다.

더 알아보기 환지방식의 특징	
개념	토지이용 효율이 낮은 토지를 개발하여 도시기반시설을 설치하고 원 토지소유지에게 환지하는 개발방식
장점	• 사업주체의 개발비용 부담이 적고 권리의 일부만 제한됨 • 원토지소유자의 소유권을 존중하므로 주민들의 의견수렴을 극대화함
단점	사업기간이 길고, 개발이익환수가 충분하지 못함

38 난도 ★★ 답 ④

┃정답해설┃

④ 주어진 지문은 예비적 타당성분석단계에 대한 설명이다. 예비적 사업타당성이란 개발사업이 완성되었을 때 예상되는 수입과 비용을 개략적으로 계산하여 수익성을 검토해 보는 것을 의미한다.

┃오답해설┃

① 구상단계는 부동산개발과정의 첫 단계로 입지장소, 이용방법, 법률상의 조건, 부지의 매입방법 등에 관한 체계적인 계획을 세우는 단계이다.

③ 관리 및 마케팅단계는 부동산개발사업이 궁극적으로 성공하느냐 실패하느냐의 여부는 개발사업의 시장성(marketability)에 달려 있다. 개발사업의 마케팅에는 두 가지 형태가 있다. 하나는 개발공간의 임대이며, 다른 하나는 매도이다.

⑤ 건설단계는 물리적인 공간을 구체적으로 창조하는 단계이며 택지조성의 경우에는 토지의 형질변경을 통해 개량하여 택지화한다.

┃정답해설┃

④ 매수자가 아니라 매도자를 확보해 두려는 경향을 보인다.

더 알아보기   **부동산 경기순환국면 특징**
하향시장
• 부동산가격 하락하고 거래 한산
• 과거사례가격은 거래가격의 상한선
• 買方(매수인) 중시화 현상이 됨
• 불황에 약한 부동산은 타격이 큼
• 부동산컨설팅의 필요성 제기됨
회복시장
• 부동산가격 점차 상승하고 거래는 점차 활발
• 과거사례가격은 새로운 거래가격의 하한선이 됨
• 매수인중시화현상에서 매도인중시화현상으로 변화함
• 투기현상이 개재되기 쉬움
• 개별적·지역적으로 회복되는 것이 통상적임
상향시장
• 부동산가격 상승하고 거래 활발
• 과거사례가격은 거래가격의 하한선
• 賣方(매도인) 중시화 현상
• 건축의 착공량은 증가됨
후퇴시장
• 부동산가격 점차 하락하고 거래 점차 한산
• 과거사례가격은 새로운 거래가격의 상한선이 됨
• 매도인 중시화 현상에서 매수인 중시화 현상으로 변화함
• 속도는 후퇴국면은 급속한 반면에 회복국면은 느림
안정시장
• 부동산가격 안정이 되고 가벼운 상승을 지속함
• 불황에 강한 부동산이 유리(위치 좋고 규모 작은 주택, 도심지의 점포)
• 과거 사례가격은 새로운 거래가격의 기준가격이 됨
• 모든 부동산이 안정시장국면에 해당되는 것은 아님

┃정답해설┃

㉠ 수요함수를 Y에 대해 미분하면 $\dfrac{dQ}{dY} = 6$이 된다.

㉡ 주어진 수요함수에 숫자를 대입하면

$Q_D = -2(5) + 6(5) + 100 = 120$이 된다.

㉢ 소득탄력성 $= \dfrac{dQ}{dY} \times \dfrac{Y}{Q} = 6 \times \dfrac{5}{120} = \dfrac{1}{4}$

07 2016년 제27회 정답 및 해설

01	02	03	04	05	06	07	08	09	10	11	12	13	14	15	16	17	18	19	20
③	④	③	①	⑤	④	④	⑤	①	②	④	②	②	①	③	①	④	①	③	②
21	22	23	24	25	26	27	28	29	30	31	32	33	34	35	36	37	38	39	40
⑤	⑤	①	②	④	③	②	④	①	③	③	⑤	③	②	⑤	①	⑤	②	④	②

01 난도 ★★　　답 ③

정답해설

③ 좁은 의미의 부동산과 준부동산을 합쳐 '광의의 부동산'이라 하며, 다만, 자본, 자산 등은 경제적 측면에서의 부동산으로 구분된다.

오답해설

⑤ 민법이 규정하는 부동산은 '토지 및 그 정착물'이지만 부동산 평가활동 등에서는 특정의 동산이나 동산과 일체로 된 부동산 집단을 부동산에 준하여 금융활동면 등 요청에 응하고 있으며 이를 '준부동산'이라 한다. 가령 공장재산 전체를 하나의 부동산으로 보는 공장재단, 광업재단, 자동차, 항공기, 중기, 선박 그리고 입목 등이 대표적인 것들이다.

02 난도 ★★★　　답 ④

정답해설

④ 시설보호지구에 대한 법이 삭제되고 역사문화환경보호지구에 관한 법령으로 변경된 내용이다.

오답해설

①·③ 용도지역지구제를 하는 목적 중 하나는 어울리지 않는 토지이용을 제거 또는 감소하여 주어진 토지를 효율적으로 이용하는 것이다. 따라서 부(−)의 외부효과를 제거 등의 정책으로 활용되고 있다.

② 국토의 계획 및 이용에 관한 법률 제38조의2 제1항 참고

> **제38조의2(도시자연공원구역의 지정)**
> ① 시·도지사 또는 대도시 시장은 도시의 자연환경 및 경관을 보호하고 도시민에게 건전한 여가·휴식공간을 제공하기 위하여 도시지역 안에서 식생(植生)이 양호한 산지(山地)의 개발을 제한할 필요가 있다고 인정하면 도시자연공원구역의 지정 또는 변경을 도시·군관리계획으로 결정할 수 있다.

⑤ 1종 전용주거지역은 단독주택 중심이고, 2종 전용주거지역은 공동주택 중심이다(국토의 계획 및 이용에 관한 법률 시행령 제30조 제1항 제1호).

03 난도 ★　　답 ③

정답해설

ㄷ. [O] 이행지는 택지 간(주거용, 상업용, 공업용), 농지 간(전, 답, 과수원), 산지 간(용재림, 신탄림) 용도가 변화하고 있는 토지를 말한다. 즉, 용도지역 내에서 지역 간 용도변경이 진행되고 있는 토지로서, 반드시 지목변경을 초래하는 것은 아니다.

ㄹ. [O] 후보지란 택지지역, 농지지역, 산지지역 상호 간에 다른 지역으로 전환되고 있는 토지이다. 후보지는 반드시 지목변경을 초래한다.

오답해설

ㄱ. [X] 택지는 이용 중이거나 이용목적으로 조성된 토지를 말한다. 나지란 토지에 건물 등의 정착물이 없고 사법의 제한을 받지 않는 토지이고 공법상 제한을 받는 토지를 말한다.

ㄴ. [×] 획지에 대한 설명이 아니라 필지에 대한 설명이다.
ㅁ. [×] 건부지가 아니라 공지에 대한 설명이다.

04 난도 ★   답 ①

정답해설

① 부동성으로 인해 부동산활동을 국지화시키고 임장활동을 배제가 아니라 임장활동의 대상이 된다.

더 알아보기   부동성으로부터 파생된 특징
부동산과 동산을 구별하는 근거
움직이는 재산을 동산, 움직이지 않는 재산은 부동산이다.
부동산시장은 **불완전 시장, 추상적(抽象的) 시장, 구체적 시장**
자본시장에서는 추상적 시장 성격을 가지지만, 공간시장에서는 구체적 시장이다.
시장의 지역성(국지성), 지역 간의 수급조절 곤란성
• 부동산시장을 국지화시키는 역할을 하며, 지역시장을 형성하도록 해준다. 또한 지역적으로 세분화되어 하위시장(submarket, 부분시장)으로 존재케 한다. • 어느 지역이 수요가 증대되었다고 해서 그 지역으로 이동시켜 이용할 수가 없다. 따라서 지역 간의 수급조절이 어렵다.
임장활동, 정보활동, 지역분석의 필요성
• 부동산활동은 현장으로 나가서 조사를 해야 하는 임장활동과 정보활동이 필요하다. • 부동산활동시 지역분석을 통해 정보활동을 분석한다.

05 난도 ★★★   답 ⑤

정답해설

⑤ 에스크로우 회사는 매도자와 매수자의 협상과정에 참여하는 것이 아니라, 업무를 대행해주는 것이다. 즉 중개의뢰계약부터 매매계약체결까지는 중개업에 대한 업무범위이고, 매매계약체결 후부터 거래가 종결될 때까지는 에스크로우의 업무의 범위이다. 또한 매도자와 매수자에게 공정한 제3자의 입장에서 업무를 처리한다. 따라서 매도자와 매수자의 협상과정에 개입할 수가 없다.

오답해설

③ 외국의 경우 거래사고를 방지할 목적으로 에스크로우제도와 권원요약서, 권원증서, 권원보험제도 등을 동시에 시행하고 있다.

④ 현행 공인중개사법령에는 지문과 같이 매매과정에서 거래사고를 방지할 목적으로 개업공인중개사 명의로 금융기관에 예치할 수 있는 에스크로제도를 시행하고 있다.

06 난도 ★★★   답 ④

정답해설

ㄱ. [○] 독점중개계약은 매각의뢰를 받은 경우 그 계약기간 내에 거래가 성사되면 개업공인중개사가 당해 부동산거래를 성사시키지 않았더라도 중개수수료 청구권이 발생한다. 그러나 전속중개계약은 의뢰인이 직접 거래를 성사한 경우는 개업공인중개사가 중개수수료 청구권이 발생하지는 않는다.

ㄷ. [○] 일반중개계약은 보통중개계약이라고도 하는데 중개의뢰인이 불특정다수의 중개업자에게 서로 경쟁적인 중개를 의뢰하는 중개계약의 형태로서 우리나라에서 가장 많이 이용하는 중개계약이다. 중개의뢰를 받은 여러 중개업자 중에서 가장 먼저 거래계약체결을 중개한 중개업자만이 중개수수료를 받고 중개의뢰인이 스스로 발견한 제3자와 거래계약을 체결한 경우에 중개의뢰인은 중개업자에게 어떠한 책임이나 의무를 부담하지 않는다.

오답해설

ㄴ. [×] 전속중개계약 : 공인중개사법 제23조 제1항은 "중개의뢰인은 중개대상물의 중개를 의뢰함에 있어서 특정한 개업공인중개사를 정하여 그 개업공인중개사에 한하여 당해 중개대상물을 중개하도록 하는 계약을 체결할 수 있다."고 규정하고 있다. 즉, 강행규정이 아니라, 임의규정이다.

ㅁ. [×] 순가중개계약 : 거래가격을 정하고 이를 초과한 금액으로 거래가 이루어진 경우 초과액은 개업공인중개사가 나누어 갖는 것으로 의뢰인은 나누어 갖는 것이 아니다.

┃정답해설┃

④ 소유권에 관한 사항은 갑구에서 사항을 살펴봐야 한다.

더 알아보기	등기부 등본 표시사항
표제부	• 사실관계 • 지번, 건물 명칭 및 번호, 건물내역, 등기원인, 지목/면적
갑구	• 소유권에 관한 사항 • 소유권, 소유권 이전, (가)압류, 가처분, 임의/강제경매 등
을구	• 소유권 이외의 권리 • 지상권, 지역권, 전세권, 저당권, 임차권

┃오답해설┃

① 권리분석의 성격으로는 권리관계를 취급하는 활동, 비권력적 행위, 사후확인행위, 과학성과 기술성 등을 들 수 있다.

② 부동산등기법 제22조 제1항 참고

제22조(신청주의)

① 등기는 당사자의 신청 또는 관공서의 촉탁에 따라 한다. 다만, 법률에 다른 규정이 있는 경우에는 그러하지 아니하다.

③ 권리분석의 특별원칙에는 능률성, 안전성, 증거주의 탐문주의가 있다.

⑤ 권리관계의 분석은 등기할 수 있는(사법적) 권리관계, 법률적 가치(공법상 제한 정도), 등기능력이 없거나 요하지 않는 권리관계도 광협에 따라 분석할 수 있다.

┃정답해설┃

⑤ 공간정보의 구축 및 관리 등에 관한 법률 시행규칙 제68조 제2항 제4호

제71조(토지대장 등의 등록사항)

① 토지대장과 임야대장에는 다음 각 호의 사항을 등록하여야 한다.

1. 토지의 소재
2. 지번
3. 지목
4. 면적
5. 소유자의 성명 또는 명칭, 주소 및 주민등록번호(국가, 지방자치단체, 법인, 법인 아닌 사단이나 재단 및 외국인의 경우에는 「부동산등기법」 제49조에 따라 부여된 등록번호를 말한다. 이하 같다)
6. 그 밖에 국토교통부령으로 정하는 사항

동 시행규칙 제68조(토지대장 등의 등록사항 등)

② 법 제71조 제1항 제6호에서 "그 밖에 국토교통부령으로 정하는 사항"이란 다음 각 호의 사항을 말한다.

1. 토지의 고유번호(각 필지를 서로 구별하기 위하여 필지마다 붙이는 고유한 번호를 말한다. 이하 같다)
2. 지적도 또는 임야도의 번호와 필지별 토지대장 또는 임야대장의 장번호 및 축척
3. 토지의 이동사유
4. 토지소유자가 변경된 날과 그 원인
5. 토지등급 또는 기준수확량등급과 그 설정·수정 연월일
6. 개별공시지가와 그 기준일
7. 그 밖에 국토교통부장관이 정하는 사항

┃오답해설┃

① 지목의 부호가 '공'이란 공원을 말함이다. 공장용지는 '장'으로 표현한다.

② 지문의 내용은 '구거'에 대한 설명이다.

③ 부동산 매매는 '등기'를 하여야만 소유권을 취득할 수 있지만, 경매는 '경매대금완납시' 소유권을 취득할 수 있다.

④ 주어진 지문은 토지이용계획확인서가 아니라 건축물대장에 대한 설명이다.

▌정답해설▐

① 계절적 변동이 아니라 불규칙(무작위)적 경기변동에 대한 설명이다. 계절적 경기변동은 매년 특정 계절(시기)에 반복적으로 발생하는 현상을 말한다.

▌오답해설▐

② 부동산경기변동의 순환국면은 반복적으로 발생하지만, 뚜렷하거나 분명하지는 않다.
③ 공급측면의 부동산경기측정지표에는 착공량, 완공량, 허가량, 택지의 분양실적, 미분양사태 등이 있고 수요측면에서는 주택의 거래량, 매매량, 주택금융상태 등이 부동산경기를 측정하는 지표가 될 수 있다.
④ 하향시장은 건축허가신청 건수가 최저, 부동산의 공실률이 최대가 되는 시장이다.
⑤ 회복시장은 점차 건축허가건수가 증가하며, 부동산에 대한 수요도 증가하기 시작한다.

▌정답해설▐

② 1사분면은 부동산 임대료와 공간재고량의 관계를 나타낸다.

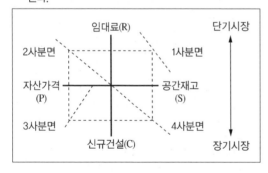

▌정답해설▐

④ 수익증권 발행자는 위탁자가 아니라 신탁회사(수탁자)이다. 즉, 신탁계약은 수익자와 위탁자 간에 체결되며 투자자는 신탁회사(수탁자)가 발행하는 수익증권을 매입함으로써 수익자가 되어 운용성과를 얻을 수 있게 된다.

▌오답해설▐

① 신탁이란 위탁자(신탁 설정자)와 수탁자(신탁을 인수하는 자)와의 특별한 신임관계에 의거하여 위탁자가 특정의 재산권을 수탁자에게 이전하거나 기타의 처분을 하고 수탁자로 하여금 일정한 자(수익자)의 이익을 위하여 또는 특정의 목적을 위하여 그 재산권을 관리·처분하게 하는 법률관계를 말하며, 신탁법에 그 기초를 두고 있다.
③ 수익자는 위탁자 본인이 될 수도 있고, 위탁자가 지정한 제3자가 될 수도 있다.

▌정답해설▐

② 설문은 BTO 방식에 해당한다. BTO 방식은 '준공(Build) – 귀속(Transfer) – 운영(Operate)'으로 시설을 준공(Build)한 후, 소유권을 정부 또는 지방자치단체에 귀속(Transfer)시키고, 그 대가로 받은 시설의 관리운영권(Operate)을 가지고 해당 시설을 직접 운영하여 수익을 획득하는 방식이다.

더 알아보기	사회간접자본시설에 활용되는 프로젝트 파이낸싱
BOT(Build–Operate–Transfer)	
특정 프로젝트 시설을 건설한 민간사업자가 투자비용을 회수할 때까지 이를 관리·운영한 후 계약기간 종료 시에 정부에 당해 시설을 양도하는 방식	
BTO(Build–Transfer–Operate)	
사업시행자가 사회간접자본시설(SOC시설)을 건설하여 소유권을 주무관청에 양도하고 사업시행자에게 일정기간 시설관리 운영권을 부여하여 시설을 운영하는 방식	
BOO(T)(Build–Own–Operate–Transfer)	
사업시행자가 SOC시설을 건설하여 사업시행자가 당해 시설의 소유권을 갖고 시설을 운영하는 방식	

BTL(Build-Transfer-Lease)
시설의 준공(B)과 동시에 해당 시설의 소유권이 국가 또는 지방자치단체에 귀속(T)되며 이후 사업시행자에게 일정기간의 시설관리 운영권을 인정하면서도 그 시설에 대한 일정기간의 임차를 약속함으로서 국가 또는 지방자치단체(필요시 이용자도)가 시설임대료와 사용료를 지불하는 방식

BLT(Build-Lease-Transfer)
사업시행자가 SOC시설을 건설하여 일정기간 동안 시설을 주무관청에 리스하고, 리스기간 종료 후에 시설의 소유권을 주무관청에 양도하는 방식

ROT(Rehabilitate-Operate-Transfer)
사업시행자가 SOC시설을 개량·소유하고 운영하여 계약기간 종료 시에 시설 소유권을 주무관청에 양도하는 방식

ROO(Rehabilitate-Own-Operate)
사업시행자가 SOC시설을 개량하여 사업시행자가 당해 시설의 소유권을 갖고 시설을 운영하는 방식

13 난도 ★★ 답 ②

┃정답해설┃

② 감채기금계수가 아니라 저당상수를 사용한다. 즉, 원리금균등상환방식의 원리금상환액은 대출금에 저당상수를 곱하여 계산한다.

> 원리금상환액(저당지불액) = 대출액 × 저당상수

┃오답해설┃

① 원금균등분할상환방식은 대출기간 동안 매기 원금을 균등하게 분할 상환하고 이자는 점차적으로 감소하여 원리금상환액도 점차 감소하는 방식이다.

⑤ 원리금균등분할상환방식은 매기 이자액의 비중은 점차적으로 줄고 원금상환액 비중은 점차적으로 증가하여 원리금상환액은 매기 동일하게 상환하는 방식이다.

14 난도 ★ 답 ①

┃정답해설┃

① 외부효과는 한 사람의 행위가 제3자의 경제적 후생에 영향을 미치고, 제3자에게 그에 대한 대가나 보상이 이루어지지 않는 현상을 말한다.

┃오답해설┃

② 정(+)의 외부효과는 핌피현상(PIMFY) 발생하고, 부(-)의 외부효과는 님비현상이 초래할 수 있다.

③ 부(-)의 외부효과를 완화하기 위한 수단으로 배출권 거래제도, 코오즈정리, 용도지역지구제 등이 있다.

④ 정(+)의 외부효과를 장려하기 위한 수단으로 보조금 지급, 세금감면, 금융혜택 등이 있다.

15 난도 ★★ 답 ③

┃정답해설┃

ㄷ. [○] 재산세 : 지방세이며 보유 관련된 세금
ㄹ. [○] 종합부동산세 : 국세이며 보유 관련된 세금

┃오답해설┃

ㄱ. [×] 취득세 : 지방세이며 취득 관련 세금
ㄴ. [×] 상속세 : 국세이며 보유 관련된 세금
ㅁ. [×] 양도소득세 : 국세이며 처분 관련된 세금

16 난도 ★★ 답 ①

┃정답해설┃

① 부동산개발업의 관리 및 육성에 관한 법령상 부동산개발에서 시공을 담당하는 행위는 제외된다(부동산개발업의 관리 및 육성에 관한 법률 제2조 제2호). 즉 부동산개발업의 관리 및 육성에 관한 법령상 부동산개발이란 토지를 건설공사의 수행 또는 형질변경으로 조성하는 행위나, 건축물을 건축·대수선·리모델링 또는 용도변경하거나 공작물을 설치하는 행위 중 어느 하나에 해당하는 행위이지만, 시공을 담당하는 행위를 제외한다. 또한 부동산개발업이란 타인에게 공급할 목적으로 부동산개발을 수행하는 업을 말한다.

② 부동산개발업의 관리 및 육성에 관한 법률 제2조 제2호
③ 부동산개발업의 관리 및 육성에 관한 법률 제2조 제5호
④ 도시개발법 제2조 제1항 제2호
⑤ 도시 및 주거환경정비법 제2조 제2호 다목

17 난도 ★★ 답 ④

■ 정답해설 ■

④ CMO(Collateralized Mortgage Obligation)는 다양한 트렌치로 구성된 증권이다. 즉, 저당채권의 총발행액을 몇 개의 그룹으로 배분한 후, 종류에 따라 분류된 그룹별 상환기간 순서에 의해서 연속적으로 이자와 원금상환이 이루어진다. 이러한 진행과정을 거쳐 발행된 채권을 저당담보부 채권(CMO)이라 하고, 세분된 각 개의 그룹을 트랜치(tranch)라 한다.

■ 오답해설 ■

① MPTS(Mortgage Pass-Through Securities)는 이체식 이전저당증권으로 차입자가 지불하는 부채서비스액이 저당관리비용을 제하고, 바로 투자자에게 지불되기 때문에 이체증권이라 한다.
② MBB(Mortgage Backed Bond)는 주택저당담보부채권으로 주택저당 담보부채권의 집합물을 담보로 하여 발행기관이 자기의 신용으로 발행하는 주택저당 담보부채권이다.
③ MPTB(Mortgage Pay-Through Bond)는 원리금 이체식 저당채권으로 발행기관이 저당권을 담보로 하여 채권을 발행한다.
⑤ CMBS(Commercial Mortgage Backed Securities)는 상업용 저당담보증권으로 상업용 부동산을 담보로 하는 저당대부이다.

18 난도 ★ 답 ①

■ 정답해설 ■

① 부동산 신디케이트(syndicate)는 지분금융에 해당한다.

더 알아보기	지분금융·메자닌 금융·부채금융	
지분금융	신디케이트, 리츠, 펀드, 유무상 증상, 공사모 등
메자닌 금융	신주인수권부사채, 전환사채, 우선주 등
부채금융	저당금융, 신탁증서금융, 상환사채, MBS, CMBS, ABS 등

19 난도 ★★★ 답 ③

■ 정답해설 ■

(상각 전)순영업소득(1,112만 원)
= (상각 후)순영업소득(912만 원) + 감가상각비(200만 원)

㉠ 연 임대료 = 월 임대료(2만 원) × 12월 = 24만 원
㉡ 가능조소득(2,400만 원)
  = 임대료(24만 원) × 임대면적(100m^2)
㉢ 유효조소득(2,280만 원)
  = 가능조소득(2,400만 원) − 공실손실상당액(5%, 120만 원)
㉣ (상각 후)순영업소득(912만 원)
  = 유효조소득(2,280만 원) − 영업경비(유효총소득 60% : 1,368만 원)

20 난도 ★★★ 답 ②

■ 정답해설 ■

㉠ 순영업소득(1,350만 원)
  = 가능총소득(2,000만 원) − 공실손실상당액(300만 원) + 기타소득(100만 원) − 영업경비(450만 원)
㉡ 환원이율 = $\dfrac{순영업소득(1,350만 원)}{가치(3억 원)}$ = 4.5%

21 난도 ★★★ 답 ⑤

정답해설

A	실질임료 : A + B + C
① 예금적 성격을 갖는 일시금의 운용수익	순임료 : A + B
② 선불적 성격을 갖는 일시금의 상각액	지불임료 : B + C
③ 선불적 성격을 갖는 일시금의 미상각액에 대한 운용수익	

B	C
④ 각 지불시기에 지불되는 순지불임료액	필요제경비
⑤ 공익비, 부가사용료 중 실비 초과액	

주어진 조건이 연간 실질임료이므로

㉠ 연 지불임료(B + C : 240만 원)
  = 월 지불임료 (20만 원) × 12월
㉡ 일시금(A : 48만 원)
  = 예금적 성격을 갖는 일시금(40만 원) + 선불적 성격을 갖는 일시금(8만 원)
㉢ 실질임료(A + B + C)
  = ㉡ 일시금(A : 48만 원) + ㉠ 연 지불임료(B + C : 240만 원)
  = 288만 원

22 난도 ★★ 답 ⑤

정답해설

⑤ 부채감당률(DCR)은 순영업소득을 부채서비스액으로 나눈 비율로서 1보다 작으면 순영업소득으로 원리금 지불능력이 부족하다는 의미이다. 1보다 크면 원리금을 상환하고도 남는다는 의미이다.

23 난도 ★★ 답 ①

정답해설

① 의뢰인과 합의하여야 할 기본적 사항에 공시지가는 포함되지 않는다. 기본적 사항에 포함될 내용은 다음과 같다.

㉠ 의뢰인
㉡ 대상물건
㉢ 감정평가 목적
㉣ 기준시점
㉤ 감정평가조건
㉥ 기준가치
㉦ 관련 전문가에 대한 자문 또는 용역에 관한 사항
㉧ 수수료 및 실비에 관한 사항

24 난도 ★★★ 답 ②

정답해설

(1) 토지단가
  ㉠ 토지가격(20,550만 원)
    = 복합부동산 가격(3억 원) – 건물가격(9,450만 원)
  ㉡ 토지단가(822,000원/m^2)
    = 토지가격(20,550만 원)/토지면적(250m^2)

(2) 건물가격
  ㉠ 매년감가액
    = 재조달원가(50만 원/m^2)/경제적 내용연수(50년)
    = 1만 원/m^2
  ㉡ 감가누계액
    = 매년감가액(1만 원) × 경과연수(23년) × 건축면적(350m^2)
    = 8,050만 원
  ㉢ 건물가격
    = 재조달원가(50만 원 × 350m^2
    = 17,500만 원) – 감가누계액(8,050만 원)
    = 9,450만 원

25 난도 ★★　　답 ④

┃정답해설┃

④ 과수원을 감정평가할 때에 '거래사례비교법'을 원칙적으로 적용하여야 한다.

┃오답해설┃

① 토지를 감정평가할 때 원칙은 공시지가기준법을 적용하지만, 예외적으로 실거래가액이 존재하는 경우는 거래사례비교법을 사용한다.

② 공시지가기준법에 따라 토지를 감정평가할 때에는 사정보정은 하지 않는다.

⑤ 자동차를 감정평가할 때에 거래사례비교법을 사용하고 항공기, 선박, 건설기계는 원가법을 사용한다.

26 난도 ★　　답 ③

┃정답해설┃

③ 할인기법(화폐의 시간가치)을 고려하는 것은 순현가법(ㄱ), 내부수익률법(ㄴ), 수익성지수법, 현가회수기간법(ㄷ) 등이 있다. 회계적 수익률법은 할인기법이 아니다.

27 난도 ★★★　　답 ②

┃정답해설┃

수익성 지수법 = 현금유입의 현가(가 = 2,500)/현금유출의 현가(나 = 2,000) = 1.25

(가) 현금유입의 현가 $= \dfrac{550}{(1+1)^1} + \dfrac{1,210}{(1+1)^2} + \dfrac{1,331}{(1+1)^3}$

$= 2,500$

(나) 현금유출의 현가 = 2,000

28 난도 ★★　　답 ④

┃정답해설┃

주어진 지문은 연금의 내가계수를 묻는 내용이다.

1,000만 원 × 연금의 내가계수(4년, 10%, $\dfrac{(1+0.1)^4 - 1}{0.1}$

= 4.641) = 4,641만 원

29 난도 ★★　　답 ①

┃정답해설┃

① 부동산투자회사법 제10조 제1호 참고

> **부동산투자회사법 제10조(최저자본금)**
> 영업인가를 받거나 등록을 한 날부터 6개월(부동산투자회사 및 이해관계자 등이 다른 법령에서 정한 방법 및 절차 등을 이행하기 위하여 소요되는 기간으로서 국토교통부장관이 인정하는 기간은 제외한다. 이하 "최저자본금준비기간"이라 한다)이 지난 부동산투자회사의 자본금은 다음 각 호에서 정한 금액 이상이 되어야 한다.
> 1. 자기관리 부동산투자회사 : 70억 원
> 2. 위탁관리 부동산투자회사 및 기업구조조정 부동산투자회사 : 50억 원

┃오답해설┃

② 위탁관리 부동산투자회사 및 기업구조조정 부동산투자회사의 설립 자본금은 3억 원 이상으로 한다(부동산투자회사법 제6조 제2항).

③ 자기관리 부동산투자회사의 설립 자본금은 5억 원 이상으로 한다(부동산투자회사법 제5조 제1항).

④ 영업인가를 받은 날부터 6개월이 지난 위탁관리 부동산투자회사 및 기업구조조정 부동산투자회사의 자본금은 50억 원 이상이 되어야 한다(부동산투자회사법 제10조 제2호).

⑤ 부동산투자회사는 부동산 등 자산의 운용에 관하여 회계처리를 할 때에는 금융위원회가 정하는 회계처리 기준에 따라야 한다(부동산투자회사법 제25조의2).

30 난도 ★★★　　답 ③

┃정답해설┃

③ 기대수익률 = (20% × 0.6) + (10% × 0.4) = 16%
분산 = $[(20\% - 16\%)^2 \times 0.6 + (10\% - 16\%)^2 \times 0.4]$
$= 0.0024$

31 난도 ★★　　　　　　　답 ③

┃정답해설┃

③ 가중평균자본비용(WACC) = (자기자본비용 × 자기자
본구성비) + [타인자본비용 × (1 − 법인세율) × 타인자
본구성비]

→ (40% × 5%) + (60% × 1 × 15%) = 11%

32 난도 ★★　　　　　　　답 ⑤

┃정답해설┃

⑤ 세대구분형 공동주택이 아니라 도시형 생활주택에 대한
설명이다. '세대구분형 공동주택'이란 공동주택의 주택
내부 공간의 일부를 세대별로 구분하여 생활이 가능한
구조로 하되, 그 구분된 공간 일부에 대하여 구분소유를
할 수 없는 주택으로서 대통령령으로 정하는 건설기준,
면적기준 등에 적합하게 건설된 주택을 말한다(주택법
제2조 제19호).

┃오답해설┃

① 주택법 제2조 제1호
② 주택법 제2조 제4호
③ 주택법 제2조 제3호
④ 주택법 제2조 제7호

33 난도 ★　　　　　　　답 ③

┃정답해설┃

③ 주어진 지문은 '부증성'에 대한 설명이다. 이외에도 부증
성 관련된 특성은 다음과 같은 것이 있다. ㉠ 생산비법칙
이 적용 안 된다. ㉡ 토지부족문제를 야기하고, 지가상승
의 원인이 된다. ㉢ 토지이용을 집약화시킨다. ㉣ 물리적
공급곡선이 수직으로 인한 수요자 경쟁에 의하여 가격이
형성된다.

34 난도 ★★★　　　　　　　답 ②

┃정답해설┃

② '그 실제 매매가격 등을 거래계약 체결일로부터 60일 이
내에'로 수정해야 한다. 즉, 부동산 거래신고 제도는 부
동산 거래신고에 관한 법령에 따라 거래당사자가 부동산
등에 관한 매매계약을 체결한 경우 그 실제 매매가격 등
을 거래계약 체결일로부터 60일 이내에 그 부동산 등의
소재지를 관할하는 시장·군수 또는 구청장에게 공동 또
는 예외적인 경우 단독으로 신고하게 하여 건전하고 투
명한 부동산 거래질서를 확립하여 국민경제에 이바지함
을 목적으로 한다(부동산 거래신고 등에 관한 법률 제3조
제1항 제1호).

35 난도 ★★　　　　　　　답 ⑤

┃정답해설┃

⑤ 도시형 생활주택은 분양가상한제가 적용되지 않는다(주
택법 제57조 제2항 제1호 참고).

> **주택법 제57조(주택의 분양가격 제한 등)**
> ① 사업주체가 제54조에 따라 일반인에게 공급하는 공
> 동주택 중 다음 각 호의 어느 하나에 해당하는 지역에
> 서 공급하는 주택의 경우에는 이 조에서 정하는 기준
> 에 따라 산정되는 분양가격 이하로 공급(이에 따라
> 공급되는 주택을 "분양가상한제 적용주택"이라 한다.
> 이하 같다)하여야 한다.
> 1. 공공택지
> 2. 공공택지 외의 택지로서 다음 각 목의 어느 하나
> 에 해당하는 지역
> 　가. 「공공주택 특별법」에 따른 도심 공공주택 복
> 　　 합지구
> 　나. 「도시재생 활성화 및 지원에 관한 특별법」에
> 　　 따른 주거재생혁신지구
> 　다. 주택가격 상승 우려가 있어 제58조에 따라
> 　　 국토교통부장관이 「주거기본법」 제8조에 따
> 　　 른 주거정책심의위원회(이하 "주거정책심의
> 　　 위원회"라 한다)의 심의를 거쳐 지정하는 지역
> ② 제1항에도 불구하고 다음 각 호의 어느 하나에 해당
> 하는 경우에는 제1항을 적용하지 아니한다.
> 1. 도시형 생활주택

36 난도 ★★ 답 ①

정답해설

① 상속세는 과세표준을 화폐단위로 표시하는 종가세에 해당한다. 종량세란 물품의 수량에 따라 세금을 매긴다.

더 알아보기	세금의 특성

취득세	지방세, 취득과세, 비례세
재산세	지방세, 보유과세. 누진세 및 비례세
종합부동산세	국세, 보유과세, 누진세
상속세	국세, 취득과세, 누진세
양도소득세	국세, 양도세, 누진세 및 비례세

37 난도 ★★ 답 ⑤

정답해설

⑤ 고객점유 마케팅전략은 AIDA 원리를 적용하여 소비자의 욕구를 충족시키기 위한 전략이다. AIDA란 소비자가 대상 부동산을 구매할 때까지 나타나는 구매의사결정과정인 주의(Attention), 관심(Interest), 욕망(Desire), 행동(Action)의 심리적인 변화 4단계를 말한다. 따라서 고객점유 마케팅전략은 AIDA 원리에 기반을 두면서 소비자의 욕구를 파악하여 마케팅효과를 극대화하는 전략이다.

오답해설

① 표적시장이 아니라 포지셔닝에 대한 설명이다.
② 포지셔닝이 아니라 목표(표적)시장(Targeting)에 대한 설명이다.
③ 포지셔닝이 아니라 가격이다. 즉, 4P에 의한 마케팅 믹스 전략의 구성요소는 제품, 유통경로, 판매촉진, 가격이다.
④ 가격(Price)이 아니라 포지셔닝(Positioning)에 대한 설명이다.

38 난도 ★★ 답 ②

정답해설

② 재산관리(Property Management)가 아니라 시설관리에 대한 설명이다. 시설관리란 각종 부동산시설을 운영하고 유지하는 것으로서, 시설사용자의 요구에 단순히 부응하는 소극적 관리를 의미한다. 이러한 시설관리는 부동산의 이용자에게 편리하고 쾌적한 물리적 환경을 지속적으로 유지해주기 위해 수행된다. 예로서 설비, 기계운영, 유지보수, 에너지관리, 방범, 환경관리 등이 속한다.

39 난도 ★ 답 ④

정답해설

④ 동심원이론에서 점이지대는 중심업무지대와 저소득지대 사이에 위치하고 있다. 또한 동심원이론을 극복하기 위하며 선형이론이 도출되었다. 또한 토지이용배치를 설명한 것으로서 동심원구조설과 선형설을 결합하고 또 다른 요소를 부가하여 만든 이론이 다핵심이론이다.

40 난도 ★★★ 답 ②

정답해설

$$A\text{할인점의 고객 유인력} = \frac{A\left(\dfrac{8,000}{8^2}\right)}{A\left(\dfrac{8,000}{8^2}\right) + B\left(\dfrac{2,000}{2^2}\right)}$$

$$= 20\%$$

㉠ 조건 : C도시 인구 중 50%가 A할인점이나 B할인점을 이용
= 20만 명 × 50% = 10만 명
㉡ A할인점의 고객 = 10만 명 × 20% = 2만 명
㉢ A할인점의 이용객수는 C도시 인구의 몇 %인가?
A할인점의 고객(2만 명)/C도시 인구(20만 명) = 10%

PART 03

최종모의고사

01 다음 중 부동산학에 대한 설명으로 옳은 것은?

① 중점식 접근방법은 부동산을 기술적·경제적·법률적 측면 등의 복합개념으로 이해하여, 이를 종합해서 이론을 구축하는 방법이다.

② 부동산 활동의 주체가 인간이라는 점에서 대물활동이라 할 수 있고, 체계화된 이론활동 측면에서 기술성이 인정된다.

③ 부동산 현상은 토지 등을 대상으로 의사를 결정하고 실행에 옮기는 관리적 측면의 행위이다.

④ 부동산학이란 부동산활동의 능률화의 원리 및 그 응용기술을 개척하는 순수자연과학이다.

⑤ 부동산학(활동)의 일반원칙 중 경제성원칙이란 부동산 활동을 할 때에 합리적이고 경제적 이익이 최고가 되도록 해야 한다는 원칙이다.

02 다음의 내용과 관련된 것이 「공간정보의 구축 및 관리 등에 관한 법률」상 지목과 바르게 연결된 것은?

> ㉠ 물을 상시적으로 직접 이용하여 벼·연(蓮)·미나리·왕골 등의 식물을 주로 재배하는 토지
> ㉡ 지하에서 온수·약수·석유류 등이 용출되는 용출구(湧出口)와 그 유지(維持)에 사용되는 부지
> ㉢ 영구적 건축물 중 주거·사무실·점포와 박물관·극장·미술관 등 문화시설과 이에 접속된 정원 및 부속시설물의 부지
> ㉣ 용수(用水) 또는 배수(排水)를 위하여 일정한 형태를 갖춘 인공적인 수로·둑 및 그 부속시설물의 부지와 자연의 유수(流水)가 있거나 있을 것으로 예상되는 소규모 수로부지
> ㉤ 물이 고이거나 상시적으로 물을 저장하고 있는 댐·저수지·소류지(소유지)·호수·연못 등의 토지와 연·왕골 등이 자생하는 배수가 잘 되지 아니하는 토지

① ㉠ : 답, ㉡ : 광천지, ㉢ : 대, ㉣ : 구거, ㉤ : 유지

② ㉠ : 전, ㉡ : 하천, ㉢ : 주거용지, ㉣ : 하천, ㉤ : 유지

③ ㉠ : 구거, ㉡ : 유지, ㉢ : 문화용지, ㉣ : 제방, ㉤ : 하천

④ ㉠ : 하천, ㉡ : 구거, ㉢ : 대, ㉣ : 유지, ㉤ : 제방

⑤ ㉠ : 전, ㉡ : 구거, ㉢ : 대, ㉣ : 제방, ㉤ : 하천

03 토지의 자연적 특성 중 영속성에 관한 설명으로 옳은 것을 모두 고른 것은?

> ㉠ 토지의 집약적 이용과 토지 부족 문제의 근거가 된다.
> ㉡ 소모를 전제로 하는 재생산이론과 감가상각(감가수정)이론이 적용되지 않는다.
> ㉢ 부동산 활동시 임장활동과 정보활동이 요구되어진다.
> ㉣ 일물일가의 법칙이 배제되며, 토지시장에서 상품 간 완전한 대체관계가 제약된다.
> ㉤ 부동산활동을 장기배려하게 하며, 토지의 가치 보존력을 우수하게 한다.

① ㉠, ㉢
② ㉡, ㉤
③ ㉠, ㉡, ㉤
④ ㉠, ㉢, ㉣
⑤ ㉡, ㉢, ㉣, ㉤

04 부동산의 수요와 공급, 균형에 관한 설명으로 옳은 것은? (단, 다른 조건은 동일함)

① 부동산의 수요 및 공급은 일정기간 동안 거래하고자 하는 부동산의 양을 나타내는 저량(stock)의 개념이다.
② 아파트가격 하락이 예상되면 수요량의 변화로 동일한 수요곡선상에서 하향으로 이동하게 된다.
③ 부동산의 공급량이란 주어진 가격수준으로 생산자가 판매하고자 의도하는 재화나 서비스의 총량을 의미한다.
④ 수요가 감소하고 공급이 증가한다면 균형가격의 상승여부는 수요와 공급의 변화폭에 따라 달라진다.
⑤ 수요가 증가하고, 공급의 가격탄력성이 탄력적이면 균형가격은 더 크게 상승한다.

05 A지역 오피스텔시장의 시장수요함수가 $Q_D = 100 - P$이고, 시장공급함수가 $2Q_S = -40 + 3P$일 때, 오피스텔 시장의 균형에서 수요의 가격탄력성과 공급의 가격탄력성의 합은? (단, Q_D : 수요량, Q_S : 공급량, P : 가격이고, 수요의 가격탄력성과 공급의 가격탄력성은 점탄력성을 말하며, 다른 조건은 동일함)

① $\dfrac{30}{13}$
② $\dfrac{28}{13}$
③ $\dfrac{28}{12}$
④ $\dfrac{27}{12}$
⑤ $\dfrac{18}{13}$

06 부동산경기변동의 특징에 관한 설명 중 옳은 것은?

① 부동산경기는 일반경기와 비교하여 팽창과 위축국면 간의 차이가 큰 특징이 있다.

② 저점에서 정점에 이르는 기간은 짧은 데 반해, 정점에서 저점에 이르는 기간은 장기간에 걸쳐 나타나는 경향이 있다.

③ 회복시장에서 과거의 사례가격은 새로운 거래의 기준가격이 되거나 상한선이 된다.

④ 상향시장에서 과거의 사례가격은 새로운 거래의 상한선이 된다.

⑤ 일반적으로 부동산경기는 여러 부동산 유형과 지역에서 동시에 같은 국면으로 진행하는 경향이 있다.

07 부동산시장에 관한 설명으로 옳은 것은? (단, 주어진 조건에 한함)

① 부동산시장은 부증성 때문에 부분시장별로 수요초과·공급초과 현상이 발생하기도 한다.

② 부동산시장은 거래의 비공개성으로 불합리한 가격이 형성되며, 이는 비가역성과 관련이 깊다.

③ 부동산시장은 상품의 비표준성, 거래의 비공개성, 시장의 비조직성 등의 특성이 있지만, 세분화된 시장별로는 상품이 이질적인 특성이 있다.

④ 약성 효율적 시장에서는 현재가치에 대한 과거의 역사적 자료를 분석하여 정상이윤을 초과하는 이윤을 획득할 수 있다.

⑤ 완전경쟁시장은 반드시 할당효율적시장만 존재하지만, 할당효율적시장은 완전경쟁시장에서만 존재하는 것은 아니다.

08 지대에 관한 설명으로 틀린 것은?

① 리카도(Ricardo)는 토지비옥도의 차이 및 비옥한 토지의 한정, 수확체감의 법칙의 작용을 지대 발생원인으로 보았다.

② 위치지대설에서 지대함수는 중심지에서 거리가 멀어짐에 따라 지대가 점점 감소하는 함수이다.

③ 마찰비용이론에 의하면 교통수단이 좋을수록 공간의 마찰이 적어지며, 이때 토지이용자는 마찰비용으로 교통비와 지대를 지불한다고 보았다.

④ 특정 토지는 입지경쟁이 일어난다면 최대의 순현재가치를 올릴 수 있는 이용에 할당되는데, 이때 최대의 순현재가치를 올릴 수 있는 원인이 무엇이든 아무런 상관없이 없다.

⑤ 독점지대설은 토지의 소유 자체를 지대발생의 원인으로 보며, 차액지대설로는 설명이 불가능한 최열등지에 대한 지대발생의 근거를 제시하고 있다.

09 다음 그림은 가상도시의 상점입지를 나타낸 것이다. 이 그림에 대한 설명 중 <u>잘못된</u> 것은? (단, 거리에 대한 소비자의 거리마찰계수 값은 2이다)

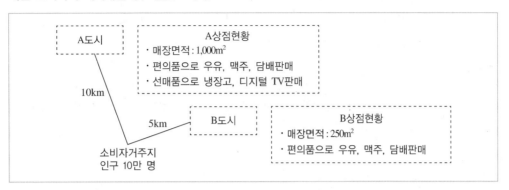

① 우유, 맥주 등의 편의품은 일상생활에 필요한 필수품이기 때문에, 상품의 도달거리가 선매품인 디지털 TV보다 짧다.

② 소비자 거주지의 주민들이 다목적 구매여행 행태를 보이는 경우 10km 거리에 있는 A도시에 있는 상점도 고객을 유인할 수 있다.

③ 허프의 상권모형에 따를 경우, 소비자가 B도시로 구매하러 갈 확률은 50%이다.

④ 허프의 확률적 상권모형에 따를 경우, B도시 상점의 고객유인력은 거리의 제곱에 반비례하고, 매장규모에 비례한다.

⑤ A상점의 경우, 매장면적이 큰 대신에 선매품을 취급하고 있어서 중심지기능 유지에 필요한 최소요구치 수준은 B상점보다 작다.

10 특정 주거지역에서 외부효과가 발생한다면 다음 설명 중 <u>틀린</u> 것은? (단, 다른 조건은 동일함)

① 한 사람의 행위가 제3자의 경제적 후생에 영향을 미치지만, 그에 대한 보상이 이루어지지 않는 현상을 말한다.

② 매연을 배출하는 석탄공장에 대한 규제가 전혀 없다면, 그 주변 주민들에게 부(−)의 외부효과가 발생하게 된다.

③ 부(−)의 외부효과가 발생하게 되면 법적 비용, 진상조사의 어려움 등으로 인해 당사자 간 해결이 곤란한 경우가 많다.

④ 부(−)의 외부효과를 유발하는 업체에게 부담금을 부과하면, 지역의 주택공급이 증가하여 주택가격은 하락한다.

⑤ 새로 조성된 공원이 쾌적성이라는 정(+)의 외부효과를 발생시키면, 공원 주변 주택에 대한 수요곡선이 우측으로 이동하게 된다.

11 현행 시행하고 있는 공공토지의 비축에 관한 법률의 내용 중 옳은 것은?

① "토지은행"이란 공공토지의 비축 및 공급을 위하여 국토교통부에 설치하는 토지은행계정이다.

② 토지은행계정은 한국토지주택공사의 회계와 일괄하여 처리한다.

③ 토지은행에서 토지를 비축할 때에는 공공개발용 토지, 수급조절용 토지, 매립지 등으로 일괄하여 비축한다.

④ 국토교통부장관은 종합계획에 따라 매년 연도별 공공토지비축 시행계획을 수립·시행하여야 한다.

⑤ 공공개발용 토지로서 보상계획 공고 이전일 경우 토지의 소유자는 한국토지주택공사에게 해당 토지의 매수 청구권은 인정되지 않는다.

12 우리나라에서 현재(2022.10.7.) 시행하지 <u>않는</u> 부동산 정책을 모두 고른 것은?

가. 종합 부동산세	나. 공한지세
다. 토지초과이득세	라. 분양가상한제
마. 개발권양도제(TDR)	바. 개발이익환수제
사. 실거래가신고제	아. 부동산실명제

① 가, 나, 라

② 가, 마, 바

③ 가, 바, 사

④ 나, 다, 마

⑤ 라, 사, 아

13 우리나라 토지관련 제도에 관한 설명으로 틀린 것은?

① 개발제한구역의 지정 및 관리에 관한 특별조치법령상 국토교통부장관은 국방부장관의 요청으로 보안상 도시의 개발을 제한할 필요가 있다고 인정되면 개발제한구역의 지정 및 해제를 도시·군관리계획으로 결정할 수 있다.

② 지구단위계획은 도시·군계획 수립 대상지역의 일부에 대하여 토지 이용을 합리화하고 그 기능을 증진시키며 미관을 개선하고 양호한 환경을 확보하며, 그 지역을 체계적·계획적으로 관리하기 위하여 수립하는 계획이다.

③ 용도지역·지구는 토지이용에 수반되는 부(負)의 외부효과를 제거하거나 완화시킬 목적으로 지정하게 된다.

④ 토지선매에 있어 시장·군수·구청장은 토지거래계약허가를 받아 취득한 토지를 그 이용목적대로 이용하고 있지 아니한 토지에 대해서 선매자에게 강제로 수용하게 할 수 있다.

⑤ 토지적성평가에는 토지에 대한 개발과 보전의 문제가 발생했을 때 이를 합리적으로 조정하는 제도로 토지의 토양, 입지, 활용가능성 등 토지의 적성에 대한 내용이 포함되어야 한다.

14 부동산조세에 관한 설명으로 옳지 <u>않은</u> 것은?

① 상속세는 과세표준을 화폐단위로 표시하는 종가세에 해당한다.

② 재산세는 지방세에 해당한다.

③ 선박은 재산세 과세대상에 해당한다.

④ 상속세는 취득관련된 세금이며 비례세에 해당한다.

⑤ 양도소득세는 국세이며 처분관련된 세금에 해당한다.

15 부동산투자의 레버리지효과에 관한 설명으로 옳은 것을 모두 고른 것은? (단, 주어진 조건에 한함)

> ㉠ 총자본수익률보다 저당수익률이 더 클 경우 부채비율을 증가시키면 자기자본수익률은 증가한다.
> ㉡ 대부비율이 50%, 총자본수익률(또는 종합수익률)이 10%, 저당수익률이 8%라면 자기자본수익률은 12% 이다.
> ㉢ 부(−)의 레버리지효과가 발생할 경우 부채비율을 낮추어서 정(+)의 레버리지효과로 전환할 수 있다.
> ㉣ 총자본수익률과 저당수익률이 동일한 경우 부채비율의 변화는 자기자본수익률에 영향을 미치지 못한다.

① ㉠, ㉢   　　　　　　　　② ㉡, ㉢

③ ㉡, ㉣   　　　　　　　　④ ㉠, ㉡, ㉢

⑤ ㉠, ㉢, ㉣

16 부동산투자의 위험분석에 관한 설명으로 틀린 것은? (단, 위험회피형 투자자라고 가정함)

① 투자위험이 높을수록 부동산 가치는 하락한다. 그 이유는 더 높은 요구수익률로 할인하기 때문이다.

② 요구수익률이란 투자자가 투자하기 위한 최소한의 수익률을 말하는 것으로 시간에 대한 비용은 고려한다.

③ 운영위험(operating risk)이란 사무실의 관리, 근로자의 파업, 영업경비의 변동 등으로 인해 야기될 수 있는 수익성의 불확실성을 폭넓게 지칭하는 개념이다.

④ 위험조정할인율을 적용하는 방법으로 장래 기대되는 소득을 현재가치로 환산하는 경우, 위험한 투자일수록 낮은 할인율을 적용한다.

⑤ 민감도분석은 투자효과를 분석하는 모형의 투입요소가 변화함에 따라, 그 결과치에 어떠한 영향을 주는가를 분석하는 기법이다.

17 상가, 오피스텔, 아파트에 대한 경제상황별 수익률이 다음과 같이 추정될 때, 이에 관한 설명으로 <u>틀린</u> 것은?

구분		경제상황	
		호황	불황
확률		0.5	0.5
수익률(%)	상가	16	6
	오피스텔	12	4
	아파트	8	2

① 각 상품의 기대수익률은 경제상황별 확률에 해당 상품의 경제상황별 추정 수익률을 곱하여 계산한다.

② 기대수익률은 상가가 가장 높고, 다음은 오피스텔이며, 아파트가 가장 낮다.

③ 아파트의 기대수익률은 5%이고, 표준편차는 3%이다.

④ 투자위험은 아파트가 가장 낮고, 다음은 오피스텔이며, 상가가 가장 높다.

⑤ 평균분산지배원리를 기준으로 볼 때, 상가가 아파트를 지배한다.

18 화폐의 시간가치에 관한 설명으로 옳은 것을 모두 고른 것은? (단, 다른 조건은 동일함)

> ㄱ. 원금균등상환방식으로 주택저당대출을 받은 경우 저당대출의 매기간 원리금 상환액은 감채기금계수를 이용하여 계산한다.
>
> ㄴ. 매년 4%씩 지가가 상승할 것이라고 예상되는 토지의 가치가 현재 1억 원이라면 5년 후에는 지가가 얼마나 될 것인가를 산정할 때 일시불의 내가계수를 활용한다.
>
> ㄷ. 연금의 현가계수에 감채기금계수를 곱하면 일시불 현재가치계수이다.
>
> ㄹ. 일시불의 현재가치계수는 할인율이 상승할수록 작아진다.

① ㄱ

② ㄴ, ㄷ

③ ㄱ, ㄴ, ㄹ

④ ㄴ, ㄷ, ㄹ

⑤ ㄱ, ㄴ, ㄷ, ㄹ

19 어느 회사의 1년 동안의 운영수지이다. 세후현금수지는? (단, 주어진 조건에 한함)

- 가능조소득 : 4,800만 원
- 공실 : 가능총소득의 5%
- 영업소득세율 : 연 20%
- 원금상환액 : 200만 원
- 이자비용 : 800만 원
- 영업경비 : 240만 원
- 감가상각비 : 200만 원

① 2,496만 원   ② 2,656만 원

③ 2,696만 원   ④ 2,856만 원

⑤ 2,896만 원

20 만약 가용자금이 1억 원으로 한정되어 있다면, 아래의 표를 통하여 투자는 4개의 투자대안 중에 어느 것을 선택하는 것이 최대의 이익을 가져올 것인가를 순현가법과 내부수익률법을 통하여 알아보고자 할 때, 이에 관한 내용 중 **틀린** 것은?

투자대안	필요자금	순현가(9%)	내부수익률
A	5,000만 원	1,000만 원	19.6%
B	8,000만 원	1,400만 원	16.9%
C	3,500만 원	800만 원	22.8%
D	4,500만 원	900만 원	19.1%

① 순현가법에 의한 우선순위는 B → A → D → C이다.

② 내부수익률법에 의한 우선순위는 C → A → D → B이다.

③ 순현가법에 의한 투자는 투자재원 내에서 최대이익을 가져올 경우에는 순현가가 2,400만 원이 된다.

④ 내부수익률법에 의한 투자에서 투자재원 내에서 최대이익은 순현재가치가 1,800만 원이다.

⑤ 위의 내용을 보면 순현가는 부의 극대화를 할 수 있는 방법을 찾을 수 있겠지만 내부수익률은 그러하지 않을 수도 있다.

21 메자닌 금융(mezzanine financing)에 해당하는 것은 몇 개인가?

㉠ 후순위대출	㉡ 전환사채(CB)
㉢ 주택상환사채	㉣ 신주인수권부사채(BW)
㉤ 배당우선주	㉥ 주택저당증권(MBS)

① 1개　　　　　　　　　　　② 2개
③ 3개　　　　　　　　　　　④ 4개
⑤ 5개

22 부동산시장 및 부동산금융에 관한 설명으로 **틀린** 것은? (단, 다른 조건은 동일함)

① 부동산시장은 부동산권리의 교환, 가격결정, 경쟁적 이용에 따른 공간배분 등의 역할을 수행한다.
② 주택시장이 침체하여 주택거래가 부진하면 수요자 금융을 확대하여 주택수요를 증가시킴으로써 주택경기를 활성화시킬 수 있다.
③ 다른 대출조건이 동일한 경우, 통상적으로 고정금리 주택저당대출의 금리는 변동금리 주택저당대출의 금리보다 높다.
④ 총부채상환비율(DTI)은 차입자의 소득을 중심으로 대출을 결정하는 것이고, 융자비율(LTV)은 주택의 담보가치를 중심으로 대출을 결정하는 것이다.
⑤ 주택금융시장은 금융기관이 수취한 예금 등으로 주택담보대출을 제공하는 주택자금공급시장, 투자자로부터 자금을 조달하여 주택자금 대출기관에 공급해주는 주택자금대출시장, 신용보강이 일어나는 신용보증시장 및 기타의 간접투자시장으로 구분할 수 있다.

23 원금균등분할상환, 원리금균등분할상환, 점증식대출 가운데 다음의 조건에 맞는 상환방식을 옳게 연결한 것은?

㉠ 대출 실행시점의 총부채상환비율(debt to income)이 가장 높고, 대출실행 후 중도시점에서 대출비율(loan to value)이 가장 낮은 상환방식은?
㉡ 첫 회 월불입액 납부 후 만기 이전에 중도상환할 경우 미상환 대출잔액이 가장 큰 상환방식은?

① ㉠ 원금균등분할상환,　　㉡ 점증식분할상환방식
② ㉠ 원금균등분할상환,　　㉡ 원리금균등분할상환방식
③ ㉠ 점증식분할상환,　　　㉡ 원금균등분할상환방식
④ ㉠ 점증식분할상환,　　　㉡ 원리금균등분할상환방식
⑤ ㉠ 원리금균등분할상환,　㉡ 점증식분할상환방식

24 주택금융과 관련된 다음 상황에서 옳은 것은? (다른 조건은 배제함)

> ㉠ A는 총부채상환비율(debt to income)이 적용되지 않는 지역에 소재하는 주택매입을 위해 담보인정비율
> (loan to value) 50%를 적용하여 주택담보대출 2억 원을 받으려 할 때, A가 매입하고자 하는 주택의
> 담보평가가격은 얼마 이상이어야 하는가?
> ㉡ 담보인정비율은 적용되지 않으나 총부채상환비율이 40%인 지역에서 연소득 4천만 원인 B가 매월 원리금
> 균등분할 상환액 150만 원인 주택담보대출을 받으려 할 때, B의 대출 가능 여부는?

① ㉠ 4억 원,　　　㉡ 대출 가능
② ㉠ 4억 원,　　　㉡ 대출 불가능
③ ㉠ 3억 5천만 원,　㉡ 대출 불가능
④ ㉠ 3억 원,　　　㉡ 대출 가능
⑤ ㉠ 3억 원,　　　㉡ 대출 불가능

25 주택금융에 관한 설명으로 **틀린** 것은?

① 다계층저당증권(CMO)에서 선순위증권의 신용등급은 후순위증권의 신용등급보다 높다.
② 다른 조건이 동일할 때 변동금리주택담보대출의 조정주기가 짧을수록 금융기관은 금리변동위험을 차
　입자에게 더 전가하게 된다.
③ 금리상한(interest cap) 변동금리주택담보대출을 받은 차입자는 금리상한 이상으로 금리가 상승할 때
　생기는 금리변동 위험을 줄일 수 있다.
④ 한국주택금융공사는 장기모기지론에 소요되는 자금을 주로 주택저당채권담보부채권과 주택저당증권
　의 발행을 통해서 조달하고 있다.
⑤ 주택저당채권담보부채권(MBB)의 투자자는 대출금의 조기상환에 따른 위험을 부담한다.

26 부동산 투자회사법에 대한 설명으로 옳은 것은?

① 기업구조조정 부동산투자회사는 주주 1인과 그 특별관계자는 최저자본금준비기간이 끝난 후에는 부동산투자회사가 발행한 주식 총수의 100분의 50을 초과하여 주식을 소유하지 못한다.

② 부동산투자회사는 영업인가를 받거나 등록을 하고 최저자본금 이상을 갖추기 전에는 현물출자를 받는 방식으로 신주를 발행할 수 있다.

③ 부동산투자자문회사는 설립자본금 70억 원 이상으로 자산운용 전문인력은 5인 이상을 갖춘 것으로 국토교통부장관의 인가를 받아야 한다.

④ 자산관리회사는 부동산 투자·운용에 관한 업무를 하려는 자는 국토교통부장관에게 등록하여야 한다.

⑤ 부동산투자회사는 최저자본금준비기간이 끝난 후에는 매 분기 말 현재 총자산의 100분의 80 이상을 부동산, 부동산 관련 증권 및 현금으로 구성하여야 한다.

27 부동산 개발의 각 단계에 대한 설명으로 타당하지 <u>않은</u> 것은?

① 아이디어 단계에서는 적절한 개발사업을 고안하고 적절한 규모를 고려하며 자금조달방법을 생각해야 한다.

② 예비적 타당성분석단계에서는 개발사업에 대한 기대수익률과 개발업자의 요구수익률을 비교하거나 또는 개발사업의 시장가치와 투자가치를 비교해서 개발사업의 채택여부를 최종 결정짓는다.

③ 타당성 분석의 단계에서는 제안된 개발사업에 대한 물리적·경제적·법적 타당성이 모두 분석대상이 되나, 일반적으로 가장 중요한 것은 경제적(수익성) 타당성 분석이다.

④ 금융단계에서는 개발사업의 타당성 분석결과를 가지고 대출기관으로부터 필요한 자금을 융자받는다.

⑤ 건설단계에서는 건설에 소요된 실제비용이 타당성분석에서 추계되었던 비용을 초과하면 수익성이 떨어지므로 건설업체 선정이 아주 중요하다.

28 부동산개발에 관한 설명으로 옳은 것은?

① 공공개발 : 제2섹터 개발이라고도 하며 민간이 자본과 기술을 제공하고 공공기관이 인·허가 등 행정적인 부분을 담당하는 상호 보완적인 개발을 말한다.

② BTL(Build Transfer Lease) : 사업시행자가 시설을 준공하여 소유권을 보유하면서 시설의 수익을 가진 후 일정기간 경과 후 시설소유권을 국가 또는 지방자치단체에 귀속시키는 방식이다.

③ BTO(Build Transfer Operate) : 사업시행자가 시설의 준공과 함께 소유권을 국가 또는 지방자치단체로 이전하고, 해당 시설을 국가나 지방자치단체에 임대하여 수익을 내는 방식이다.

④ BOT(Build Operate Transfer) : 시설의 준공과 함께 시설의 소유권이 국가 또는 지방자치단체에 귀속되지만 사업시행자가 정해진 기간 동안 시설에 대한 운영권을 가지고 수익을 내는 방식이다.

⑤ BOO(Build Own Operate) : 시설의 준공과 함께 사업의 시행자가 소유권과 운영권을 갖는 방식이다.

29 A회사는 분양면적 500m²의 매장을 손익분기점 매출액 이하이면 기본임대료만 부담하고, 손익분기점 매출액을 초과하는 매출액에 대하여 일정 임대료율을 적용한 추가임대료를 가산하는 비율임대차(percentage lease)방식으로 임차하고자 한다. 향후 1년 동안 A회사가 지급할 것으로 예상되는 연임대료는? (단, 주어진 조건에 한하며, 연간 기준임)

- 예상매출액 : 분양면적 m²당 20만 원
- 기본임대료 : 분양면적 m²당 6만 원
- 손익분기점 매출액 : 5,000만 원
- 손익분기점 매출액 초과 매출액에 대한 임대료율 : 10%

---

① 3,200만 원　　　　　　　　② 3,300만 원

③ 3,400만 원　　　　　　　　④ 3,500만 원

⑤ 3,600만 원

30 부동산 권리분석에 관한 설명으로 옳지 <u>않은</u> 것은?

① 부동산 권리분석시 등기사항전부증명서를 통해 확인할 수 없는 것은 유치권, 점유권, 법정지상권, 분묘기지권 등이 있다.

② 권리분석은 매수인이 대상부동산을 매수하기 전에 소유권이전을 저해하는 사항이 있는지 여부를 확인하기 위하여 공부 등을 조사하는 일도 포함된다.

③ 소유권자, 소유권이전이 표시되었는데, 추가로 가압류, 압류, 가처분, 가등기, 예고등기 등과 이들 권리의 변경등기, 말소 및 회복등기 등은 부동산 등기부 중에 갑구 사항의 내용이다.

④ 권원증서는 대상 부동산에 관한 소유권이 어떠한 사람에게 어떠한 사람으로 이전되어 왔는지, 즉 '권원의 연쇄(chain of title)'에 대한 역사적 사실을 요약해 놓은 것으로 권원추적을 하는 것이다.

⑤ 권원회사는 매수자로 하여금 권원보험에 들게 하고, 그 증서를 매수자에게 교부하는데 이것을 권원보험증서(title insurance policy)라 한다.

31 공인중개사법령상 법인인 개업공인중개사의 업무범위에 해당하지 <u>않는</u> 것은?

① 주택 임대관리

② 부동산 개발에 관한 상담 및 주택의 분양대행

③ 개업공인중개사를 대상으로 한 공제업무의 대행

④ 국세징수법상 공매대상 부동산에 대한 취득의 알선

⑤ 중개의뢰인의 의뢰에 따른 이사업체의 소개

32 공인중개사법령상 개업공인중개사가 중개대상물에 대하여 의무적으로 확인·설명사항에 속하지 <u>않는</u> 것은?

① 중개대상물의 권리관계
② 중개보수 및 실비의 금액과 그 산출내역
③ 중개대상물과 시장, 학교 등과의 근접성
④ 토지이용계획
⑤ 중개대상물의 경제적 가치

33 부동산마케팅에 대한 설명으로 틀린 것은 몇 개인가?

> ㉠ 시장점유마케팅 – AIDA원리, 셀링포인트
> ㉡ 고객점유마케팅 – STP전략, 마케팅 믹스
> ㉢ 관계마케팅 – 소비자와 공급자 간의 우호적으로 지속적인 관계 유지
> ㉣ STP – Segmentation, Targeting, Promotion
> ㉤ 마케팅 믹스 – 제품(Product), 가격(Price), 유통경로(Place), 포지셔닝(Positioning)

① 1개 ② 2개
③ 3개 ④ 4개
⑤ 5개

34 감정평가의 분류에 대한 설명이다. 빈칸에 들어갈 것으로 옳은 것은?

> • 감정평가는 기준시점에서의 대상물건의 이용상황(불법적이거나 일시적인 이용은 제외한다) 및 공법상 제한을 받는 상태를 기준으로 한다 : (㉠) 평가원칙
> • 둘 이상의 대상물건이 일체로 거래되거나 대상물건 상호 간에 용도상 불가분의 관계가 있는 경우에는 (㉡)평가가 인정된다.
> • 하나의 대상물건이라도 가치를 달리하는 부분에 대하여는 (㉢)평가가 인정된다.
> • 일체로 이용되고 있는 물건의 일부에 대하여, 특수한 목적이나 합리적인 조건이 수반되면 그 일부에 대한 (㉣)평가가 인정된다.

① ㉠ : 현황, ㉡ : 일괄, ㉢ : 구분, ㉣ : 부분
② ㉠ : 현황, ㉡ : 일괄, ㉢ : 부분, ㉣ : 구분
③ ㉠ : 현황, ㉡ : 구분, ㉢ : 구분, ㉣ : 부분
④ ㉠ : 조건부, ㉡ : 일괄, ㉢ : 부분, ㉣ : 구분
⑤ ㉠ : 조건부, ㉡ : 구분, ㉢ : 구분, ㉣ : 부분

35 지역분석과 개별분석에 관련된 설명으로 옳은 것은?

① 인근지역은 대상부동산이 속해 있지 않지만 그 지역적 특성이 대상부동산의 가격형성에 영향을 미치는 지역이다.

② 지역분석은 그 지역에 속하는 부동산의 최유효이용을 중심으로 가격형성요인을 판단하는 작업이다.

③ 개별분석은 당해 지역의 표준적 이용의 장래의 동향을 명백히 하고, 지역분석은 지역적 특성하에서의 당해 부동산의 최유효이용을 판정하는 것이다.

④ 지역분석은 균형의 원칙과 관련이 있고, 개별분석은 적합의 원칙과 관련이 있다.

⑤ 개별분석의 개별요인은 당해 토지의 가격형성에 영향을 미치는 개별적인 상태, 조건 등의 제반요인을 말한다.

36 감정평가에 관한 규칙상 시산가액 조정에 관한 설명으로 옳지 <u>않은</u> 것은?

① 평가대상물건별로 정한 감정평가방법을 적용하여 산정한 가액을 시산가액이라 한다.

② 평가대상물건의 시산가액은 감정평가 3방식 중 다른 감정평가방식에 속하는 하나 이상의 감정평가방법으로 산정한 시산가액과 비교하여 합리성을 검토하여야 한다.

③ 시산가액 조정시 공시지가기준법과 거래사례비교법은 같은 감정평가방식으로 본다.

④ 대상물건의 특성 등으로 인하여 다른 감정평가방법을 적용하는 것이 곤란하거나 불필요한 경우에는 시산가액 조정을 생략할 수 있다.

⑤ 산출한 시산가액의 합리성이 없다고 판단되는 경우에는 주된 방법 및 다른 감정평가방법으로 산출한 시산가액을 조정하여 감정평가액을 결정할 수 있다.

37 다음은 부동산평가를 할 때에 나타나는 감가상각(감가수정)에 관한 내용 중 <u>틀린</u> 것은?

① 부동산평가에 있어서는 기업회계에서 준수하는 법률규정과는 상관없이 시간이 경과함에 따라 건물이 실질적으로 하락한 가치를 추계하여 감가수정을 한다.

② 부동산평가에서의 감가수정은 대상부동산의 시장가치를 구하기 위한 것이며, 현실적으로 결국 대상부동산의 순장부가치를 유효내용연수로 감가상각한다.

③ 같은 부동산평가에서의 감가상각이라고 할지라도, 그것의 구체적 내용은 감가수정방법에 따라 서로 달라진다.

④ 대상부동산에 대한 감가상각 요인을 물리적·기능적·경제적 요인으로 세분한 후, 이에 대한 감가상각액을 각각 별도로 측정하고 이것을 전부 합산하여 감가상각액을 산출하는 방법을 분해법(내구성 분해방식)이라 한다.

⑤ 대상부동산 자체와는 상관없이 어떤 외부적인 힘에 의해 발생하는 가치손실분을 경제적 감가상각이라 한다.

38 다음 자료를 활용하여 공시지가기준법으로 평가한 대상 토지의 가액(원/m²)은? (단, 주어진 조건에 한함)

- 소재지 등 : A시 B구 C동 100, 일반상업지역, 상업용
- 기준시점 : 2019.10.26.
- 표준지공시지가(A시 B구 C동, 2019.1.1. 기준)

기호	소재지	용도지역	이용상황	공시지가(원/m²)
1	C동 90	일반공업지역	상업용	1,000,000
2	C동 110	일반상업지역	상업용	2,000,000

- 지가변동률(A시 B구, 2019.01.01. ~ 2019.10.26.)
  - 공업지역 : 4% 상승
  - 상업지역 : 5% 상승
- 지역요인 : 표준지와 대상토지는 인근지역에 위치하여 지역요인은 동일함
- 개별요인 : 대상토지는 표준지 기호 1, 2에 비해 각각 가로조건에서 10% 우세하고, 다른 조건은 동일함(상승식으로 계산할 것)
- 그 밖의 요인으로 보정할 사항 없음

① 1,144,000　　　　　　　　② 1,155,000

③ 2,100,000　　　　　　　　④ 2,288,000

⑤ 2,310,000

39 「감정평가에 관한 규칙」상 용어의 정의로 틀린 것은?

① 원가법은 기준시점에서 대상물건의 재조달원가에 감가수정을 하여 대상물건의 가액을 산정하는 방법을 말한다.

② 수익환원법은 대상물건이 장래 산출할 것으로 기대되는 순수익이나 미래의 현금흐름을 환원하거나 할인하여 대상물건의 가액을 산정하는 방법을 말한다.

③ 시장가치는 대상물건이 통상적인 시장에서 충분한 기간 거래를 위하여 공개된 후 그 대상물건의 내용에 정통한 거래당사자 간에 신중하고 자발적인 거래가 있을 경우 성립될 가능성이 가장 높다고 인정되는 대상물건의 가액을 말한다.

④ 적산법은 대상물건의 기초가액에 기대이율로 곱하여 산정한 금액에 사정보정 등을 가하여 임료를 산정하는 방법을 말한다.

⑤ 거래사례비교법은 대상물건과 동일성 또는 유사성이 있는 물건의 거래사례와 비교하여 대상물건에 현황에 맞게 사정보정 등을 가하여 가액을 산정하는 방법을 말한다.

40 다음 자료를 활용하여 직접환원법으로 평가한 대상부동산의 수익가액은? (단, 주어진 조건에 한하며, 연간 기준임)

- 가능총소득 : 8,000만 원
- 공실손실상당액 및 대손충당금 : 가능총소득의 10%
- 수선유지비 : 400만 원
- 화재보험료 : 100만 원
- 재산세 : 200만 원
- 영업소득세 : 300만 원
- 부채서비스액 : 500만 원
- 환원율 : 10%

① 5억 7천만 원
② 6억 원
③ 6억 5천만 원
④ 6억 7천만 원
⑤ 6억 8천만 원

02 제2회 부동산학원론 최종모의고사 문제

01 부동산의 개념에 관한 설명으로 옳은 것은?

① 제거하였을 때 건물의 기능 및 효용의 손실이 있는 부착된 물건은 부동산으로 취급하지 않는다.

② 토지에 정착되어 있으나 매년 경작노력을 요하지 않는 나무와 다년생식물 등은 부동산의 정착물로 간주되지만 별도의 부동산중개의 대상이 되지 않는다.

③ 쌍방과의 관계가 매도자와 매수자일 경우 물건의 주인이 불분명할 때에는 일단 정착물로 간주되어 매도자 것으로 취급한다.

④ 수목, 돌담, 교량, 제방 등은 토지와는 별개로 거래되는 정착물이다.

⑤ 임대인이 설치한 정착물은 부동산정착물로 취급되지 않는 것이 원칙이다.

02 토지의 분류에 관한 설명으로 **틀린** 것을 모두 고른 것은?

> ㉠ 공지는 필지 중 건축물을 제외하고 남은 부분의 토지를 말한다.
> ㉡ 나지는 일정한 용도로 제공되고 있는 바닥토지를 말하며 하천, 도로 등의 바닥토지에 사용되는 포괄적 용어이다.
> ㉢ 택지는 타인의 토지에 둘러싸여 도로에 직접 연결되지 않은 한 필지의 토지를 말한다.
> ㉣ 획지는 하나의 지번이 붙는 토지의 등록단위이다.
> ㉤ 후보지는 택지지역, 농지지역, 임지지역 상호 간 용도변경이 진행 중인 토지를 의미한다.

① ㉠, ㉡, ㉢   ② ㉠, ㉢, ㉤
③ ㉠, ㉣, ㉤   ④ ㉡, ㉢, ㉣
⑤ ㉢, ㉣, ㉤

03 다음 중 주택법상의 준주택의 범위와 종류에 속하지 <u>않는</u> 것은?

① 건축법령에 따른 다중주택
② 건축법령에 따른 노인복지법의 노인복지주택
③ 건축법령에 따른 오피스텔
④ 건축법령에 따른 기숙사
⑤ 2종 근린시설의 고시원과 생활숙박시설

04 토지의 인문적 특성 중 용도 다양성에 대한 설명으로 옳은 것은 몇 개인가?

> ㉠ 최유효이용 원칙에 따른 적지론(適地論)·입지론의 근거가 된다.
> ㉡ 후보지와 이행지 같은 용어를 사용케 한다.
> ㉢ 가격다원설에 있어서 논리적 근거가 된다.
> ㉣ 토지의 경제적 공급을 가능케 한다.
> ㉤ 부동산관리의 중요성을 강조하게 한다.

① 1개 ② 2개
③ 3개 ④ 4개
⑤ 5개

05 부동산을 공간개념으로 인식할 때, 이에 대한 다음 설명 중 틀린 것은?

① 입체공간으로서의 부동산은 법률적 개념, 경제적 개념인 동시에 기술적 개념이기도 하다.
② 지하 또는 지상의 공간은 상하의 범위를 정하여 건물 기타 공작물을 소유하기 위한 지상권의 목적으로 할 수 있다.
③ 상부 미이용공간에 직접 시설을 건축하여 이용함이 부적당한 경우 상부 미이용공간에 상응하는 용적률의 개발권 등을 인근토지로 양도해서 이용하도록 하는 방법을 공중임대차제도라 한다.
④ 공중공간은 주택·빌딩·기타 공중을 향하여 연장되는 공간으로서 일정한 높이에 한한다.
⑤ 지하공간은 경제적 이용이 가능한 범위 내에서 지표면 하부에 자연적으로 형성되었거나 인위적으로 조성한 일정 규모의 공간자원으로서, 이 공간자원 내에 일정 목적의 시설이 첨가된 경우가 지하시설 또는 지하시설공간이다.

06 한, 미 간 FTA 협정에 따라 수입외제차에 대한 관세가 인하되었고 동시에 휘발유가격이 크게 인상되었다고 가정할 경우 이에 따른 국산자동차 시장에 나타나는 현상으로 옳은 것은? (단, 다른 조건은 일정하다고 가정한다)

① 국산자동차의 균형가격은 상승하고 균형거래량은 감소한다.
② 국산자동차의 균형가격은 상승하고 균형거래량은 증가한다.
③ 국산자동차의 균형가격은 하락하고 균형거래량은 감소한다.
④ 국산자동차의 균형가격은 하락하고 균형거래량은 증가한다.
⑤ 국산자동차의 균형가격은 하락하지만 균형거래량은 모른다.

07 오피스텔의 분양수요함수가 $Q_D = 600 - \dfrac{3}{2}P$로 주어져 있다. 이 경우 사업시행자가 분양수입을 극대화하기 위한 오피스텔 분양가격과 기울기는? (단, P는 분양가격이고 단위는 만 원/m^2, Q_D는 수요량이고, 단위는 m^2, x축은 수량, y축은 가격이며, 기울기에는 부호는 무시한다. 주어진 조건에 한함)

① 180만 원/m^2, $\dfrac{2}{3}$

② 190만 원/m^2, $\dfrac{3}{2}$

③ 200만 원/m^2, $\dfrac{2}{3}$

④ 210만 원/m^2, $\dfrac{3}{2}$

⑤ 220만 원/m^2, $\dfrac{3}{2}$

08 아파트에 대한 수요의 가격탄력성은 0.6, 소득탄력성은 0.4이고, 오피스텔가격에 대한 아파트 수요량의 교차탄력성은 0.2이다. 아파트가격, 아파트 수요자의 소득, 오피스텔가격이 각각 3%씩 상승할 때, 아파트 전체 수요량의 변화율은? (단, 두 부동산은 모두 정상재이고 서로 대체재이며, 아파트에 대한 수요의 가격탄력성은 절댓값으로 나타내며, 다른 조건은 동일함)

① 1.2% 감소   ② 1.8% 증가
③ 2.4% 감소   ④ 3.6% 증가
⑤ 변화 없음

09 A부동산시장과 B부동산시장의 함수조건하에서 가격변화에 따른 동태적 장기 조정과정을 설명한 거미집이론에 의한 모형형태는? (단, P는 가격, Q_D는 수요량, Q_S는 공급량이고, 가격변화에 수요는 즉각적인 반응을 보이지만 공급은 시간적인 차이를 두고 반응하며, 다른 조건은 동일함)

> • A부동산시장 : $2P = 500 - Q_D$, $3P = 300 + 4Q_S$
> • B부동산시장 : $P = 400 - 2Q_D$, $2P = 100 + 4Q_S$

① A : 수렴형,   B : 발산형
② A : 발산형,   B : 순환형
③ A : 순환형,   B : 발산형
④ A : 수렴형,   B : 순환형
⑤ A : 발산형,   B : 수렴형

10 부동산시장에 관한 설명으로 옳은 것은?

① 주택을 주택서비스라는 추상적인 개념으로 본다면 동질적인 상품으로 존재할 수 있다.

② 부동산은 개별성(이질성)이 강하기 때문에 부동산상품별 시장조직화가 용이하다.

③ 부동산시장에 정부가 개입하더라도 부동산의 용도별 수급이 왜곡되지는 않는다.

④ 강성 효율적 시장에서는 정보를 이용하여 초과이윤을 얻을 수 있다.

⑤ 독점을 획득하기 위한 기회비용이 모든 투자자에게 동일하다면, 독점시장은 할당효율적 시장이 될 수 없다.

11 튀넨의 위치지대설에 대한 설명 중 틀린 것은?

① 지대란 매상고에서 생산비와 수송비를 뺀 것으로서 수송비 절약이 지대를 발생시킨다는 이론이다.

② 튀넨의 동심원이론은 알론소의 입찰지대이론의 토대가 된다.

③ 택지의 가격은 위치의 가격에 농업지대를 합한 것이다.

④ 작물, 경제활동에 따라 한계지대의 곡선이 달라진다.

⑤ 중심지에 가까운 곳은 집약적인 토지이용을 한다.

12 다음에서 설명하고 있는 상권획정 접근방법은?

> 상권의 중첩을 인정하며, 회귀분석, 허프(Huff)모형 등을 활용하고 선매품점, 백화점, 슈퍼마켓 등의 상권획정에 많이 적용한다. 이 접근법에서는 CST(Consumer Spotting Technique)에 의해 인당매출액이 높은 지역부터 합산하여 총매출액의 60%에 이르는 지역을 1차 상권으로 하고 기타 지역은 2차 상권으로 구분한다.

① Reilly의 소매중력법

② Kain의 고객 흡인력 모형

③ 공간독점법(spatial monopoly)

④ 시장침투법(market penetration)

⑤ 분산시장 접근법(dispersed market)

어떤 도시에 쇼핑센터 A, B가 있다. A의 면적은 $1,000\text{m}^2$이고, B의 면적은 $9,000\text{m}^2$이다. 컨버스(P.D.Converse)의 분기점 모형에 따르면 두 쇼핑센터의 상권의 경계가 A로부터 2km 지점이라면 A와 B 사이의 거리는 얼마인가?

① 5km   ② 6km

③ 7km   ④ 8km

⑤ 9km

14 부동산시장의 시장실패 및 정부의 개입과 관련된 설명 중 틀린 것은?

① 정부의 시장개입은 시장의 자원배분의 비효율성을 증대시킬 수도 있다.

② 비용을 지불하지 않고도 소비할 수 있는 것은 비배제성이라 한다.

③ PIR(Price to Income Ratio) 값이 높을수록 주택에 대한 주거비부담능력의 위험이 높아진다.

④ 사적 편익보다 사회적 편익이 큰 경우에 정부가 시장에 개입할 필요가 없다.

⑤ 개발행위허가제와 분양가상한제는 현재 시행되고 있는 제도이다.

15 정부의 부동산시장 직접개입 유형에 해당하는 것을 모두 고른 것은?

ㄱ. 토지은행	ㄴ. 공영개발사업
ㄷ. 총부채상환비율(DTI)	ㄹ. 종합부동산세
ㅁ. 개발부담금	ㅂ. 공공투자사업

① ㄱ, ㄴ, ㄷ   ② ㄱ, ㄴ, ㅂ

③ ㄷ, ㄹ, ㅁ   ④ ㄷ, ㅁ, ㅂ

⑤ ㄹ, ㅁ, ㅂ

16 공공주택 특별법령상 공공임대주택의 용어 정의로 **틀린** 것은?

① 국민임대주택은 국가나 지방자치단체의 재정이나 주택도시기금의 자금을 지원받아 대학생, 사회초년생, 신혼부부 등 젊은 층의 주거안정을 목적으로 공급하는 공공임대주택을 말한다.

② 영구임대주택은 국가나 지방자치단체의 재정을 지원받아 최저소득 계층의 주거안정을 위하여 50년 이상 또는 영구적인 임대를 목적으로 공급하는 공공임대주택을 말한다.

③ 장기전세주택은 국가나 지방자치단체의 재정이나 주택도시기금의 자금을 지원받아 전세계약의 방식으로 공급하는 공공임대주택을 말한다.

④ 분양전환공공임대주택은 일정 기간 임대 후 분양전환할 목적으로 공급하는 공공임대주택을 말한다.

⑤ 기존주택전세임대주택은 국가나 지방자치단체의 재정이나 주택도시기금의 자금을 지원받아 기존주택을 임차하여 「국민기초생활보장법」에 따른 수급자 등 저소득층과 청년 및 신혼부부 등에게 전대(轉貸)하는 공공임대주택을 말한다.

17 A지역 주택시장의 시장수요함수는 $Q_D = -2P + 2,400$이고 시장공급함수는 $Q_S = 3P - 1,200$이다. 정부가 부동산거래세를 공급측면에 단위당 세액 40만 원의 종량세 형태로 부과하는 경우에 A지역 주택시장의 경제적 순손실은? (Q_D : 수요량, Q_S : 공급량, P : 가격, 단위는 만 호, 만 원이며, 다른 조건은 동일함)

① 160억 원   ② 220억 원

③ 440억 원   ④ 660억 원

⑤ 960억 원

18 다음 중 위험의 처리방법과 관리에 대한 내용으로 옳은 것은 몇 개인가?

> ㉠ 차입자에게 고정금리대출을 실행하면 대출자의 인플레이션 위험은 낮아진다.
> ㉡ 투입요소가 변화함에 따라 그 결과치가 어떠한 영향을 받는가를 분석하는 것은 위험의 전가에 속한다.
> ㉢ 위험의 처리방법으로 요구수익률을 하향조정하고, 기대수익률은 상향조정 등을 실시한다.
> ㉣ 금융상 위험이란 대상부동산을 현금화하는 과정에서 발생하는 시장가치의 손실가능성을 말한다.
> ㉤ 민감도가 높게 나타나는 위험요소를 집중적으로 관리할 필요가 있다.

① 1개   ② 2개

③ 3개   ④ 4개

⑤ 5개

19 부동산투자의 위험과 수익에 관한 설명으로 **틀린** 것은? (다만, 다른 조건은 동일함)

① 동일한 위험증가에 대해 위험회피형 투자자 중 보수적 투자자는 공격적 투자자보다 더 높은 수익률을 요구하게 된다.

② 투자결정은 기대수익률과 요구수익률을 비교함으로써 이루어지는데 투자자는 투자대안의 기대수익률이 요구수익률보다 큰 경우 투자를 하게 된다.

③ 어떤 부동산에 대한 투자자의 요구수익률이 기대수익률보다 큰 경우 대상부동산에 대한 기대수익률도 점차 하락하게 된다.

④ 부동산투자에서 일반적으로 위험과 수익은 비례관계를 가지고 있다.

⑤ 투자 위험을 전혀 감수하지 않을 경우, 투자자가 얻을 수 있는 수익률은 무위험률밖에 없다.

20 다음은 3개의 투자대상에 대한 분석표이다. 내용 중 옳은 것은?

A. 각 자산의 기대수익률과 표준편차의 값

투자부동산	부동산	채권	주식
기대수익률(%)	7.6	8.2	13.6
표준편차(%)	3.7	5.2	17.1

B. 각 자산별 상관계수값

구분	부동산	채권	주식
부동산	1.000		
채권	0.342	1.000	
주식	0.065	0.079	1.000

① 평균 – 분산결정원리에 따르면 주식이 부동산을 지배한다.

② 분산투자시에 부동산과 채권을 조합했을 때 가장 많은 비체계적 위험을 제거할 수가 있다.

③ 부동산은 예상수익률이 실제수익률에 가깝게 나올 가능성이 크다.

④ 위험혐오적 투자자라면 부동산에 투자할 것이다.

⑤ 변이계수(coefficient of variation)를 통해 위험조정수익을 측정하면, 주식이 부동산보다 더 우월한 투자상품이다.

21 다음 금융분석에 대한 설명으로 타당하지 <u>않은</u> 것은? {금융조건(10%, 5년)에 대한 연복리표를 이용하고, 소수점 3자리 이후는 버림}

일시불내가	연금 내가	감채기금	일시불현가	연금현가	저당상수
1.610	6.105	0.163	0.620	3.790	0.263

① 현재 1억 원이 수익률 10%일 때 5년 후의 가치는 1억 6,100만 원이다.

② 1억 원을 차용한 경우 10%, 5년 조건으로 상환할 금액은 2,630만 원이다.

③ 5년 후 1억 원을 수익률 10%를 현재가치로 할인한 값은 6,200만 원이다.

④ 5년 동안 매년 1억 원씩 발생한 돈을 수익률 10%로 할인한 값은 1억 6,100만 원이다.

⑤ 10% 이자율로 5년 말에 1억 원을 만들려고 할 때 매년 적립할 금액은 1,630만 원이다.

22 다음 1년간 현금흐름 관련 표에서 계산한 비율이 옳은 것은? (다만, 저당대출은 원리금균등분할상환 조건이며, 잠재(가능)총소득과 유효총소득의 차이는 공실로 인한 것임)

> (단위 : 천 원)
>
> • 부동산 가치 1,000,000
> • 대출비율 50%
> • 잠재총소득 100,000
> • 유효총소득 95,000
> • 순영업소득 57,000
> • 세전현금흐름 17,000

① 저당환원율(저당상수) = 8.5%

② 지분환원율(지분배당률) = 4.5%

③ 공실률 = 5.5%

④ 영업경비비율 = 50%

⑤ 자본환원율(종합환원율) = 5.7%

23 투자분석기법에 관한 설명으로 옳은 것은?

① 순현가법은 투자의 가용자금 범위내에서 순현가를 극대화시키는 최적투자조합을 보장해주는 장점이 있다.

② 현금흐름 양상에 따라 투자안의 내부수익률이 '0 또는 2 이상' 존재하는 경우에 투자안의 평가가 가능하다.

③ 2개 투자대안의 투자금액과 회계적 수익률이 각각 동일한 경우, 사업기간 초기에 현금유입이 많은 대안보다 후기에 현금유입이 많은 대안이 내부수익률이 더 높다.

④ 내부수익률은 수익성지수가 1보다 높을 때 존재한다.

⑤ 내부수익률을 산정하기 위해서는 반드시 사전적으로 요구수익률을 결정하여야 한다.

24 주택도시기금법령상 주택도시기금 중 주택계정의 용도가 <u>아닌</u> 것은?

① 국민주택규모 이하의 주택의 구입·임차 또는 개량

② 준주택의 건설에 대한 융자

③ 준주택의 구입·임차 또는 개량에 대한 융자

④ 국민주택규모 이상인 주택의 리모델링에 대한 융자

⑤ 국민주택을 건설하기 위한 대지조성사업에 대한 융자

25 저당의 상환과 관련된 설명으로 옳은 것은? (다른 모든 조건은 일정하다고 가정한다)

① 원리금균등분할상환방식과 원금균등분할상환의 1회차 부채서비스액은 동일하게 나타난다.

② 대출기간 초기에는 원금균등분할상환의 원리금이 원리금균등분할상환의 원리금보다 적다.

③ 원리금균등분할상환은 원금균등분할상환에 비해 초기에는 원리금의 지불액이 많다.

④ 원리금균등분할상환은 원금균등분할상환에 비해 대출 초기 상환부담이 더 크다.

⑤ 원리금균등분할상환은 원금균등분할상환에 비해 대출 초기에 소득이 낮은 차입자에게 유리하다.

26 A는 아파트를 구입하기 위해 은행으로부터 연초에 4억 원을 대출받았다. A가 받은 대출의 조건이 다음과 같을 때, 대출금리(ㄱ)와 2회차에 상환할 원금(ㄴ)은? (단, 주어진 조건에 한함)

- 대출금리 : 고정금리
- 대출기간 : 20년
- 연간 저당상수 : 0.09
- 1회차 원금 상환액 : 1,000만 원
- 원리금 상환조건 : 원리금균등상환방식, 매년말 연단위 상환

① ㄱ : 연간 5.5%, ㄴ : 1,455만 원
② ㄱ : 연간 6.0%, ㄴ : 1,260만 원
③ ㄱ : 연간 6.0%, ㄴ : 1,455만 원
④ ㄱ : 연간 6.5%, ㄴ : 1,065만 원
⑤ ㄱ : 연간 6.5%, ㄴ : 1,260만 원

27 부동산금융에 관한 설명으로 옳은 것은?

① MPTB(mortgage pay-through bond)는 트랜치별로 적용되는 이자율과 만기가 다른 것이 일반적이다.
② MBB(mortgage backed bond)는 채권형 증권으로 발행자는 초과담보를 제공하는 것이 일반적이다.
③ MPTS(mortgage pass-through securities)는 발행기관에 위험(만기 전 변제위험, 이자율위험, 채무불이행위험)이 집중되고, 초과담보가 필요하다.
④ CMO(collateralized mortgage obligations)는 주택저당의 총액과 이체증권의 발행액이 같아지기 때문에 자산의 크기에는 변화가 없게 된다.
⑤ 부동산개발 PF ABCP(자산담보부기업어음)의 도관체(conduit)는 상법의 적용을 받지 않고, 자산유동화에 관한 법률의 적용을 받는 회사로서 특례를 받을 수 있다.

28 시행사에게 프로젝트 금융(PF)을 제공하고 대출 원리금의 회수를 원활하게 하기 위하여 시행사나 시공사에게 요구할 수 있는 사항으로 적합하지 <u>않은</u> 것은?

① 부동산개발사업의 현금흐름을 통제하기 위해서 에스크로우 계정(escrow account)을 운영한다.

② 부동산개발사업의 자금지출 우선순위를 정할 때, 주로 시행사의 개발이익이 공사비보다 먼저 인출되도록 한다.

③ 시행사와 시공사의 부도 등과 같은 사유가 발생할 경우 사업권이나 시공권을 포기하겠다는 각서를 받는다.

④ 시공사에게 책임준공 의무를 지우는 동시에 PF 대출의 채무를 인수하게 하거나 이에 대한 보증을 제공하도록 한다.

⑤ 부동산 개발 사업지를 부동산신탁회사에 담보신탁하고 받은 수익권 증서에 질권을 설정한다.

29 부동산 개발에 관한 옳은 설명으로 묶인 것은?

> ㄱ. 시장성분석은 개발된 부동산이 현재나 미래의 시장상황에서 매매·임대될 수 있는 가능성 정도를 조사하는 것을 말한다.
> ㄴ. 공실률분석에서는 개발 사업과 관련한 거시적 경기동향, 정책환경, 지역시장의 특성 등을 분석한다.
> ㄷ. 흡수율분석의 궁극적인 목적은 과거 및 현재의 추세를 정확하게 파악하는 데 있다.
> ㄹ. 개발사업에 있어서 법적 위험은 토지이용규제와 같은 공법적인 측면과 소유권 관계와 같은 사법적인 측면에서 발생할 수 있는 위험을 말한다.
> ㅁ. 개발의 단계 중 예비적 타당성분석은 개발사업으로 예상되는 수입과 비용을 개략적으로 계산하여 수익성을 검토하는 것이다.

① ㄱ, ㄷ
② ㄱ, ㄴ, ㄷ
③ ㄱ, ㄹ, ㅁ
④ ㄴ, ㄷ
⑤ ㄷ, ㄹ, ㅁ

30 다음은 부동산개발방식에 대한 설명이다. **잘못된** 것은?

① 공영개발방식은 외부효과 등으로 인한 부동산 시장실패를 보전하고, 토지의 계획적 이용을 통해 토지이용의 효율성을 제고할 수 있다.

② 등가교환방식의 경우, 토지소유자가 토지를 제공하고 개발업자가 건물을 건축하여, 그 기여도에 따라 각각 토지·건물의 지분을 갖는다.

③ 사업수탁방식의 경우, 사업 전반이 토지소유자의 명의로 행해지며, 개발지분을 토지소유자와 개발업자가 공유한다.

④ 토지신탁방식의 경우, 토지소유권이 형식적으로 신탁회사에 이전되며, 신탁회사는 토지소유자와의 약정에 의해 수익증권을 발행하며, 수익증권의 소유자에게 수익을 배당한다.

⑤ 대규모 개발사업에서는 사업자금의 조달이나 기술보완 등을 위해 법인간의 컨소시엄을 구성할 수 있는데, 이때 참여회사 중의 하나가 대표회사가 되거나, 참여회사들이 별도의 연합법인을 설립할 수 있다.

31 도시 및 주거환경정비법에 대한 다음의 설명 중 옳은 것은?

> ㉠ 도시저소득 주민이 집단거주하는 지역으로서 정비기반시설이 극히 열악하고 노후·불량건축물이 과도하게 밀집한 지역의 주거환경을 개선하거나 단독주택 및 다세대주택이 밀집한 지역에서 정비기반시설과 공동이용시설 확충을 통하여 주거환경을 보전·정비·개량하기 위한 사업
> ㉡ 정비기반시설이 열악하고 노후·불량건축물이 밀집한 지역에서 주거환경을 개선하거나 상업지역·공업지역 등에서 도시기능의 회복 및 상권활성화 등을 위하여 도시환경을 개선하기 위한 사업
> ㉢ 정비기반시설은 양호하나 노후·불량건축물에 해당하는 공동주택이 밀집한 지역에서 주거환경을 개선하기 위한 사업

① ㉠ : 주거환경개선사업,　㉡ : 재개발사업,　　㉢ : 재건축사업
② ㉠ : 주거환경관리사업,　㉡ : 가로정비구역,　㉢ : 재건축사업
③ ㉠ : 재개발사업,　　　　㉡ : 가로정비구역,　㉢ : 주거환경개선사업
④ ㉠ : 주거환경개선사업,　㉡ : 재건축사업,　　㉢ : 주거환경관리사업
⑤ ㉠ : 주거환경관리사업,　㉡ : 재건축사업,　　㉢ : 재개발사업

32 다음은 각종 부동산의 관리에 관한 사항으로 설명이 **잘못된** 것은?

① 부동산관리에는 기술·경영·법제도 등의 측면이 있어서, 물리적 설비뿐 아니라 경영 및 법률을 포함하는 복합적인 접근이 필요하다.

② 자산관리는 각종 부동산시설을 운영하고 유지하는 것으로 건물의 설비, 기계운영 및 보수, 유지관리 업무에 관한 것이다.

③ 자가관리의 경우, 소유자의 지휘통제력이 발휘될 수 있으며, 의사결정과 업무처리가 신속성과 종합적인 운영이 가능하다.

④ 임차 부동산에서 발생하는 총수입(매상고)의 일정 비율을 임대료로 지불한다면, 이는 임대차의 유형 중 비율임대차에 해당한다.

⑤ 부동산 유지·관리상의 문제가 발생한 후 처리하면 고비용의 지출, 임차인의 불편 등을 야기하므로 예방적 유지·관리를 강화할 필요가 있다.

33 다음은 권리분석의 특별원칙에 대한 설명과 연관된 것을 바르게 연결된 것은?

> ㉠ 모든 권리는 일단 하자가 있는 것으로 가정한다. 어느 권리도 충분히 확인하지 않고 안전하다고 볼 수 없다.
> ㉡ 의심스러우면 안정성에 따라야 한다. 부동산권리분석의 실무과정에는 조금만 의심스러운 경우가 있어도 충분히 확인하여야 한다.
> ㉢ 모든 분석·판단에 있어서 범위를 넓혀서 보도록 노력을 해야 한다. 범위를 넓히는 만큼 안정성이 확보되기 때문이다.

① ㉠ : 하자전제 원칙,　㉡ : 완전심증 원칙,　㉢ : 범위확대 원칙

② ㉠ : 하자전제 원칙,　㉡ : 범위확대 원칙,　㉢ : 완전심증 원칙

③ ㉠ : 유동성대비 원칙,　㉡ : 차단의 원칙,　㉢ : 하자전제 원칙

④ ㉠ : 완전심증 원칙,　㉡ : 범위확대 원칙,　㉢ : 차단의 원칙

⑤ ㉠ : 유동선대비 원칙,　㉡ : 하자전제 원칙,　㉢ : 차단의 원칙

34 부동산마케팅에 대한 설명으로 **틀린** 것은 몇 개인가?

> ㉠ 고객점유 마케팅 전략이란 공급자 중심의 마케팅 전략으로 표적시장을 선정하거나 틈새시장을 점유하는 전략을 말한다.
> ㉡ 차별화(Positioning)는 세분화된 시장 중 가장 좋은 시장기회를 제공해줄 수 있는 특화된 시장이다.
> ㉢ 시장점유마케팅 전략에서는 공급자와 소비자의 관계를 일회적이 아닌 지속적인 관계로 유지하려 한다.
> ㉣ 관계마케팅(interactive marketing) 전략은 AIDA(Attention, Interest, Desire, Action)원리에 기반을 두면서 소비자의 욕구를 파악하여 마케팅효과를 극대화하는 전략이다.
> ㉤ 시장세분화는 상품계획이나 광고 등 여러 판매촉진활동을 전개하기 위한 소비자를 몇 개의 다른 군집으로 나누는 행위를 말한다.

① 1개   ② 2개
③ 3개   ④ 4개
⑤ 5개

35 감정평가에 관한 규칙상 가치에 관한 설명으로 옳지 **않은** 것은?

① 대상물건에 대한 감정평가액은 시장가치를 기준으로 결정하는 것을 원칙으로 한다.
② '시장가치'란 감정평가의 대상물건이 통상적인 시장에서 충분한 기간 동안 거래를 위하여 공개된 후 그 대상물건의 내용에 정통한 당사자 사이에 신중하고 자발적인 거래가 있을 경우 성립될 가능성이 가장 높다고 인정되는 대상물건의 가액을 말한다.
③ 대상물건의 특성에 비추어 사회통념상 필요하다고 인정되는 경우에는 시장가치 외의 가치를 기준으로 감정평가 할 수 있다.
④ 감정평가업자는 시장가치 외의 가치를 기준으로 하는 감정평가의 합리성 및 적법성이 결여되었다고 판단할 때에는 의뢰를 거부하거나 수임을 철회할 수 있다.
⑤ 감정평가업자는 법령에 다른 규정이 있는 경우에는 시장가치 외의 가치로 감정평가하는 경우에는 해당 시장가치 외의 가치의 성격과 특징을 검토하여야 한다.

36 부동산감정평가에서 가격의 제원칙에 관한 설명으로 **틀린** 것은?

① 부동산가격의 원칙은 부동산의 가격이 어떻게 형성되고 유지되는지 그 법칙성을 찾아내어 평가활동의 지침으로 삼으려는 행동기준이다.

② 대체의 원칙은 대체성 있는 2개 이상의 재화가 존재할 때 그 재화의 가격은 서로 관련되어 이루어진다는 원칙으로, 유용성이 동일할 때는 가장 가격이 싼 것을 선택하게 된다.

③ 균형의 원칙은 내부적 관계의 원칙인 적합의 원칙과는 대조적인 의미로, 부동산 구성요소의 결합에 따른 최유효이용을 강조하는 것이다.

④ 기여의 원칙은 부동산의 각 구성요소가 각각 기여하여 부동산 전체의 가격이 형성된다는 원칙이다.

⑤ 변동의 원칙은 재화의 가격이 그 가격형성요인의 변화에 따라 달라지는 것으로, 부동산의 가격도 사회적·경제적·행정적 요인이나 부동산 자체가 가지는 개별적 요인에 따라 지속적으로 변동한다는 것을 강조하는 것이다.

37 다음은 감정평가 실무기준에 따른 원가법에 대한 설명 중 **틀린** 것은?

① 원가법이란 대상물건의 재조달원가에 감가수정을 하여 대상물건의 가액을 산정하는 감정평가방법을 말한다.

② 재조달원가란 대상물건을 기준시점에 재생산하거나 재취득하는 데 필요한 적정원가의 총액을 말한다.

③ 재조달원가는 대상물건을 일반적인 방법으로 생산하거나 취득하는 데 드는 비용으로 하되, 제세공과금 등과 같은 일반적인 부대비용을 포함한다.

④ 감가수정을 할 때에는 경제적 내용연수를 기준으로 한 정액법, 정률법 또는 상환기금법을 혼용하여 대상물건을 평가하여야 한다.

⑤ 내용연수를 기준으로 한 감가수정이 적절하지 아니한 경우에는 물리적·기능적·경제적 감가요인을 고려하여 관찰감가 등으로 조정하거나 다른 방법에 따라 감가수정할 수 있다.

38 감정평가에 관한 규칙상 용어의 정의로 옳은 것은?

① 적정한 실거래가는 부동산 거래신고에 관한 법률에 따라 신고된 실제 거래가격으로서 거래 시점이 도시지역은 3년 이내, 그 밖의 지역은 5년 이내인 거래가격 중에서 감정평가업자가 인근지역의 지가수준 등을 고려하여 감정평가의 기준으로 적용하기에 적정하다고 판단하는 거래가격을 말한다.

② 가치형성요인이란 대상물건의 시장가치에 영향을 미치는 일반요인, 지역요인 및 개별요인 등을 말한다.

③ 유사지역이란 대상부동산과 대체·경쟁관계가 성립하고 가치 형성에 서로 영향을 미치는 관계에 있는 다른 부동산이 존재하는 권역을 말하며, 인근지역과 동일수급권을 포함한다.

④ 임대사례비교법이란 대상물건과 가치형성요인이 같거나 비슷한 물건의 임대사례와 비교하여 대상물건의 현황에 맞게 사정보정, 시점수정, 가치형성요인 비교 등의 과정을 거쳐 대상물건의 가액을 산정하는 감정평가방법을 말한다.

⑤ 수익분석법이란 대상물건이 장래 산출할 것으로 기대되는 순수익이나 미래의 현금흐름을 환원하거나 할인하여 대상물건의 가액을 산정하는 감정평가방법을 말한다.

39 다음과 같은 조건에서 대상부동산의 수익가치 산정시 적용할 환원이율은?

- 순영업소득 : 연 30,000,000원
- 부채서비스액 : 연 15,000,000원
- 지분비율 : 대부비율 = 60% : 40%
- 대출조건 : 이자율 연 12%로 10년간 매년 원리금균등
- 저당상수(이자율 연 12%, 기간 10년) : 0.177

① 3.54
② 5.31
③ 14.16
④ 20.40
⑤ 21.24

40 「감정평가에 관한 규칙」상 물건별 평가에 대한 설명 중 옳은 것은?

① 공시지가기준법에 따라 토지를 감정평가할 때에 비교표준지를 선정하고, 사정보정, 시점수정 등 필요한 조정을 하여야 한다.

② 건물을 감정평가할 때에 거래사례비교법을 적용하여야 한다.

③ 토지와 건물을 일괄하여 감정평가할 때에는 거래사례비교법을 적용하여야 한다.

④ 소음·진동·일조침해 또는 환경오염 등으로 인한 토지 등의 가치하락분을 감정평가할 때에는 소음 등이 발생하기 전의 대상물건의 가액은 고려하지만 원상회복비용은 고려할 필요 없다.

⑤ 감정평가업자는 산림을 감정평가할 때에 산지와 입목(立木)을 일괄하여 감정평가하여야 한다.

03 제3회 부동산학원론 최종모의고사 문제

01 한국표준산업분류상 부동산업에 해당하는 설명으로 틀린 것은?

① 부동산업은 부동산 임대 및 공급업, 부동산 관련 서비스업으로 분류된다.

② 표준산업별 분류상 부동산업은 부동산 투자업, 부동산 금융업으로 분류된다.

③ 부동산임대업은 주거용 건물임대업, 비주거용 건물임대업, 기타 부동산 임대업으로 분류된다.

④ 부동산 관련 서비스업 중 부동산 관리업은 주거용 부동산관리업과 비주거용 부동산관리업으로 분류된다.

⑤ 부동산 중개업은 부동산 자문 및 중개업으로 분류된다.

02 다음 토지에 관한 설명 중 옳은 것은 모두 몇 개인가?

> ㉠ 공지(空地)는 지력회복을 위해 정상적으로 쉬게 하는 토지를 말한다.
> ㉡ 맹지(盲地)는 타인의 토지에 둘러싸여 도로와 접하고 있지 않은 토지를 말한다.
> ㉢ 획지(劃地)는 하나의 지번을 가진 토지등기의 한 단위를 말한다.
> ㉣ 후보지(候補地)는 지목이 동시에 변경되지만, 이행지는 반드시 지목이 변경되는 것은 아니다.
> ㉤ 법지(法地)는 소유권은 인정되지만 이용실익이 없거나 적은 토지를 말한다.

① 1개   ② 2개

③ 3개   ④ 4개

⑤ 5개

03 다음 주택법의 내용 중 틀린 것은?

① 임대주택이란 임대를 목적으로 하는 주택으로서, 「공공주택 특별법」에 따른 공공임대주택과 「민간임대주택에 관한 특별법」에 따른 민간임대주택으로 구분한다.

② 국민주택규모는 주거의 용도로만 쓰이는 면적(주거전용면적)이 1호 또는 1세대당 85제곱미터 이하인 주택을 말한다.

③ 민영주택이란 국민주택을 포함한 주택을 말한다.

④ 도시형 생활주택이란 300세대 미만의 국민주택규모에 해당하는 주택으로서 「국토의 계획 및 이용에 관한 법률」에 따른 도시지역에 건설하는 주택을 말한다.

⑤ 세대구분형 공동주택이란 공동주택의 주택 내부 공간의 일부를 세대별로 구분하여 생활이 가능한 구조로 하되, 그 구분된 공간 일부에 대하여 구분소유를 할 수 없는 주택을 말한다.

04 토지의 특성에 관련된 설명으로 옳은 것을 모두 고른 것은?

> ㄱ. 개별성은 토지시장을 불완전경쟁시장으로 만드는 요인이다.
> ㄴ. 부증성은 토지이용을 집약화시키는 요인이다.
> ㄷ. 부동성은 부동산활동에서 임장활동 필요성의 근거가 된다.
> ㄹ. 영속성은 부동산활동에서 감가상각 필요성의 근거가 된다.

① ㄱ
② ㄴ, ㄹ
③ ㄱ, ㄴ, ㄷ
④ ㄴ, ㄷ, ㄹ
⑤ ㄱ, ㄴ, ㄷ, ㄹ

05 수요곡선이 우하향하고 공급곡선이 우상향할 때 수요 및 공급의 변화에 따른 균형가격과 균형거래량의 변화를 판단한 내용으로 <u>틀린</u> 것은?

① 수요가 증가하고 공급이 동시에 증가하면 균형가격은 수요와 공급의 변화폭에 따라 달라진다.
② 수요가 감소하고 공급이 증가한다면 균형거래량의 변화는 수요와 공급의 변화폭에 따라 달라진다.
③ 수요가 증가하는 폭과 공급이 증가하는 폭이 같다면 균형거래량은 증가한다.
④ 수요가 증가하고 공급이 감소하면 균형가격은 수요와 공급의 변화폭에 따라 달라진다.
⑤ 수요가 증가하는 폭보다 공급이 증가하는 폭이 크다면 균형가격은 하락한다.

06 A지역 아파트시장에서 수요함수는 일정한데, 공급함수는 다음 조건과 같이 변화하였다. 이 경우 균형가격(ㄱ)과 공급곡선의 기울기(ㄴ)는 어떻게 변화하였는가? (단, 가격과 수량의 단위는 무시하며, 주어진 조건에 한함)

> • 공급함수 : $Q_{S1} = 30 + P$(이전) → $Q_{S2} = 30 + 2P$(이후)
> • 수요함수 : $Q_D = 150 - 2P$
>
> (P : 가격, Q_S : 공급량, Q_D : 수요량, x축 : 수량, y축 : 가격)

① ㄱ : 10 감소, ㄴ : $\frac{1}{2}$ 감소

② ㄱ : 10 감소, ㄴ : 1 감소

③ ㄱ : 10 증가, ㄴ : 1 증가

④ ㄱ : 20 감소, ㄴ : $\frac{1}{2}$ 감소

⑤ ㄱ : 20 증가, ㄴ : $\frac{1}{2}$ 증가

07 수요의 가격탄력성의 결정요인에 관한 설명으로 옳은 것은?

① 수요의 탄력성이 적용되는 정도는 부동산의 종류와 상관없이 동일하다.

② 어느 부동산과 밀접한 대체재가 시장에 출현한다면, 그 부동산에 대한 수요의 탄력성은 이전보다 더 작아진다.

③ 부동산의 용도전환이 용이하면 할수록 수요의 가격탄력성은 작아진다.

④ 부동산을 지역별·용도별로 세분할 경우 수요의 가격탄력성은 작아진다.

⑤ 주거용 부동산의 가격탄력성은 다른 용도(상업용, 공업용) 부동산에 비해 큰 편이다.

08 디파스퀼리-위튼(DiPasquale & Wheaton)의 4사분면 모형에 관한 설명으로 옳지 <u>않은</u> 것은? (단, 주어진 조건에 한함)

① 1사분면에서는 부동산 공간시장의 단기공급곡선과 수요곡선에 의해 균형임대료가 결정된다.

② 2사분면에서는 임대료가 동일할 때 금리 또는 위험이 상승할수록 기울기는 할인율에 의해 급경사가 되어 자산가격은 상승한다.

③ 3사분면에서는 자산가격과 재조달원가와의 관계에서 신규공급량이 결정된다.

④ 4사분면에서는 신규공급량과 재고량 감소분(감가상각률)에 의해서 공간재고량이 결정된다.

⑤ 감가상각률이 하락하면 재고량이 증가하여 임대료도 하락하며, 자산가격도 하락하여, 종국에는 신규 건설량도 감소한다.

09 주거분리와 주택의 여과과정(filtering process) 이론에 관한 설명 중 틀린 것은?

① 주거분리란 고소득층의 주거지역과 저소득층의 주거지역이 분리되는 현상을 말한다.

② 주거분리는 주택 소비자가 정(+)의 외부효과 편익은 추구하려 하고, 부(−)의 외부효과 피해는 피하려는 동기에서 비롯된다.

③ 저소득층 주거지역에서 주택의 보수를 통한 가치 상승분이 보수비용보다 크다면 상향여과가 발생할 수 있다.

④ 고소득층 주거지역과 인접한 저소득층 주택은 할증료(premium)가 붙어 거래되며, 저소득층 주거지역과 인접한 고소득층 주택은 할인되어 거래될 것이다.

⑤ 고소득층 주거지역으로 저소득층이 들어오게 되어 상향여과과정이 계속되면, 고소득층 주거지역은 점차 저소득층 주거지역으로 바뀔 것이다.

10 1년 후 신역사가 들어선다는 정보가 있다. 이 정보의 현재가치는? (단, 제시된 가격은 개발정보의 실현 여부에 의해 발생하는 가격차이만 인정하고, 주어진 조건에 한함)

> • 역세권 인근에 일단의 토지가 있다.
> • 역세권개발계획에 따라 1년 후 신역사가 들어설 가능성은 40%로 알려져 있다.
> • 이 토지의 1년 후 예상가격은 신역사가 들어서는 경우 8억 8천만 원, 들어서지 않는 경우 6억 6천만 원이다.
> • 투자자의 요구수익률은 연 10%이다.

① 1억 원
② 1억 1천만 원
③ 1억 2천만 원
④ 1억 3천만 원
⑤ 1억 4천만 원

11 다음의 (   )에 들어갈 이론 및 법칙으로 옳게 연결된 것은?

> • (ㄱ) : 두 개 도시의 상거래흡인력은 두 도시의 인구에 비례하고, 두 도시의 분기점으로부터 거리의 제곱에 반비례함
> • (ㄴ) : 도시 내부 기능지역이 침입, 경쟁, 천이 과정을 거쳐 중심업무지, 점이지대, 주거지역 등으로 분화함
> • (ㄷ) : 도시공간구조가 교통망을 따라 확장되어 부채꼴 모양으로 성장하고, 교통축에의 접근성이 지가에 영향을 주며 형성됨
> • (ㄹ) : 도시공간구조는 하나의 중심이 아니라 몇 개의 분리된 중심이 점진적으로 성장되면서 전체적인 도시가 형성됨

① ㄱ : 선형이론,   ㄴ : 소매인력법칙,   ㄷ : 동심원이론,   ㄹ : 다핵심이론
② ㄱ : 동심원이론,   ㄴ : 다핵심이론,   ㄷ : 선형이론,   ㄹ : 소매인력법칙
③ ㄱ : 다핵심이론,   ㄴ : 선형이론,   ㄷ : 소매인력법칙, ㄹ : 동심원이론
④ ㄱ : 소매인력법칙,   ㄴ : 다핵심이론,   ㄷ : 선형이론,   ㄹ : 동심원이론
⑤ ㄱ : 소매인력법칙,   ㄴ : 동심원이론,   ㄷ : 선형이론,   ㄹ : 다핵심이론

12 허프(D. Huff) 모형을 활용하여, X지역의 주민이 할인점 A를 방문할 확률과 할인점 A의 월 추정매출액을 순서대로 나열한 것은? (단, 주어진 조건에 한함)

- X지역의 현재 주민 : 4,000명
- 1인당 월 할인점 소비액 : 35만 원
- 공간마찰계수 : 2
- X지역의 주민은 모두 구매자이고, A, B, C 할인점에서만 구매한다고 가정

구분	할인점 A	할인점 B	할인점 C
면적	500m²	300m²	450m²
X지역 거주지로부터의 거리	5km	10km	15km

① 80%, 10억 9,200만 원
② 80%, 11억 2,000만 원
③ 82%, 11억 4,800만 원
④ 82%, 11억 7,600만 원
⑤ 82%, 12억 400만 원

13 다음 부동산 관련 제도 중 법령상 도입이 빠른 순서대로 나열한 것은?

ㄱ. 자산유동화제도
ㄴ. 공인중개사제도
ㄷ. 부동산실명제
ㄹ. 부동산거래신고제

① ㄱ → ㄴ → ㄷ → ㄹ ② ㄴ → ㄱ → ㄷ → ㄹ
③ ㄴ → ㄷ → ㄱ → ㄹ ④ ㄷ → ㄴ → ㄹ → ㄱ
⑤ ㄹ → ㄷ → ㄴ → ㄱ

14 우리나라의 부동산 조세정책에 관한 설명으로 틀린 것은?

① 취득세 감면은 부동산 거래의 활성화에 기여할 수 있다.
② 증여세는 국세로서 취득단계에 부과하는 조세이다.
③ 양도소득세의 중과는 부동산 보유자로 하여금 매각을 뒤로 미루게 하는 동결효과(lock-in effect)를 발생시킬 수 있다.
④ 종합부동산세는 국세로서 보유단계에 부과하는 조세이다.
⑤ 재산세는 지방세로서 취득단계에 부과하는 조세이다.

15 주택정책에 관한 설명으로 **틀린** 것은?

① 금융지원정책은 정부의 주택시장 간접개입방식에 속한다.

② 주택정책은 주거안정을 보장해준다는 측면에서 복지기능도 수행한다.

③ 소득대비 주택가격비율(PIR)과 소득대비 임대료비율(RIR)이 높을수록 주택시장에서 가구의 지불능력이 낮아진다.

④ 공공임대주택 공급정책은 입주자가 주거지를 자유롭게 선택할 수 있는 것이 장점이다.

⑤ 주거복지정책상 주거급여제도는 소비자보조방식의 일종이다.

16 개발권양도제(Transferable Development Rights)에 관한 설명 중 **틀린** 것은?

① 개발제한으로 인해 규제되는 보전지역(이하 규제지역)에서 발생하는 토지소유자의 손실을 보전하기 위한 제도이다.

② 초기의 개발권양도제는 도심지의 역사적 유물 등을 보전하기 위한 목적으로 실시되었다.

③ 규제지역 토지소유자의 손실을 개발지역 토지에 대한 소유권 부여를 통해 보전하는 제도이다.

④ 공공이 부담해야 하는 비용을 절감하면서 규제에 따른 손실의 보전이 이루어진다는 점에 의의가 있다.

⑤ 규제지역 토지소유자의 재산상의 손실을 시장을 통해서 해결하려는 제도이다.

17 정부가 시행 중인 부동산정책에 관한 설명으로 옳은 것은?

① 국토교통부장관은 도시의 무질서한 확산을 방지하고 도시 주변의 자연환경을 보전하여 도시민의 건전한 생활환경을 확보하기 위하여 토지거래허가구역을 지정할 수 있다.

② 국토교통부장관 또는 시도지사는 토지의 투기적인 거래가 성행하거나 지가가 급격히 상승하는 지역과 그러한 우려가 있는 지역을 대상으로 개발제한구역을 지정할 수 있다.

③ 재건축부담금은 정비사업 중 재건축사업에서 발생되는 초과이익을 환수하기 위한 제도로 재건축 초과이익 환수에 관한 법령에 의해 시행되고 있다.

④ 부동산 거래신고는 부동산 거래신고에 대한 법령에 따라 거래당사자가 매매계약을 체결한 경우 잔금지급일로부터 30일 이내에 신고하는 제도이다.

⑤ 주택법령상 사업주체가 일반인에게 공급하는 공동주택 중 공공택지에서 공급하는 도시형 생활주택은 분양가상한제를 적용한다.

18 부동산 투자시 타인자본을 활용하지 않는 경우(㉠)와 타인자본을 60% 활용하는 경우(㉡), 각각의 1년간 자기자본수익률은? (단, 주어진 조건에 한정)

> • 투자 부동산가격 : 10억 원
> • 1년간 순영업이익(NOI) : 3천만 원
> • 1년간 부동산가격 상승률 : 연 2%
> • 대출조건
>   - 대출기간 : 1년
>   - 대출이자율 : 연 4%
>   - 대출기간 만료시 이자지급과 원금을 일시상환

① ㉠ : 3%, ㉡ : 6.5%

② ㉠ : 3%, ㉡ : 6%

③ ㉠ : 5%, ㉡ : 6%

④ ㉠ : 5%, ㉡ : 6.5%

⑤ ㉠ : 7%, ㉡ : 8%

19 부동산투자의 위험과 관련하여 (   )에 들어갈 용어로 옳은 것은?

> • (㉠) : 투자재원의 일부인 부채가 증가함에 따라 원금과 이자에 대한 채무불이행의 가능성이 높아지며, 금리 상승기에 추가적인 비용부담이 발생하는 경우
> • (㉡) : 사무실의 관리, 근로자의 파업, 영업경비의 변동 등으로 인해 야기되는 수익성의 불확실성
> • (㉢) : 부동산의 고가성등 때문에 환금성이 약함에 따른 손실가능성이 야기

① ㉠ : 인플레이션 위험, ㉡ : 금융상 위험, ㉢ : 유동성 위험

② ㉠ : 금융상 위험, ㉡ : 운영상 위험, ㉢ : 유동성 위험

③ ㉠ : 유동성 위험, ㉡ : 위치적 위험, ㉢ : 운영상 위험

④ ㉠ : 유동성 위험, ㉡ : 사업상 위험, ㉢ : 인플레이션 위험

⑤ ㉠ : 금융상 위험, ㉡ : 사업상 위험, ㉢ : 법률적 위험

20 다음 투자분석에서 현금흐름에 대한 설명 중 옳은 것은?

> ㉠ 순매도액을 산출할 때 미상환잔금과 자본이득세는 고려하지 않는다.
> ㉡ 순영업소득 산출 시 영업경비는 고려하지만, 공실은 고려하지 않는다.
> ㉢ 영업경비를 산출할 때 저당지불액과 재산세는 고려하지 않는다.
> ㉣ 소득세는 감가상각비는 고려하나 이자지급액은 고려하지 않는다.
> ㉤ 세전현금수지 산출 시 부채서비스액은 고려하나 소득세는 고려하지 않는다.
> ㉥ 자본이득세가 존재하지 않으면 세전지분복귀액과 세후지분복귀액은 동일하다.

① ㉢, ㉣, ㉤
② ㉢, ㉣, ㉥
③ ㉠, ㉡, ㉣
④ ㉠, ㉤, ㉥
⑤ ㉡, ㉢, ㉤

21 포트폴리오와 관련된 설명 중 옳은 것은?

① 포트폴리오에 적용하여 수익과 위험과의 관계를 전체적으로 파악할 수 없는 한계가 있다.
② 경기변동, 인플레이션, 이자율의 변화 등에 의해 야기되는 시장위험은 피할 수 있는 위험으로 이를 비체계적 위험이라 한다.
③ 포트폴리오 분산투자를 통해 비체계적 위험뿐만 아니라 체계적 위험도 상쇄시킬 수 있다.
④ 포트폴리오를 구성하는 자산의 수가 많을수록 불필요한 위험이 통계학적으로 많이 제거되는 이유는 상관계수가 (+)1이기 때문이다.
⑤ 투자자 자신의 무차별곡선과 효율적 프론티어(efficient frontier)의 접점에서 최적의 포트폴리오가 선택된다.

22 다음 표와 같은 투자사업들이 있다. 이 사업들은 모두 사업기간이 1년이며, 사업 초기(1월 1일)에 현금지출만 발생하고 사업 말기(12월 31일)에 현금유입만 발생한다고 한다. 할인율이 연 7%라고 할 때 다음 중 틀린 것은?

사업	현금지출 초기	현금유입 말기
A	3,000만 원	7,490만 원
B	1,000만 원	2,675만 원
C	1,500만 원	3,210만 원
D	1,500만 원	4,815만 원

① B와 C의 순현재가치(NPV)는 같다.
② 수익성지수(PI)가 가장 큰 사업은 D이다.
③ 순현재가치(NPV)가 가장 큰 사업은 A이다.
④ 수익성지수(PI)가 가장 작은 사업은 C이다.
⑤ A의 순현재가치(NPV)는 D의 2배이다.

23 승수법과 수익률법에 관한 설명으로 옳은 것은?
① 총소득승수(GIM)는 총투자액을 세후현금흐름(ATCF)으로 나눈 값이다.
② 세전현금흐름승수(BTM)는 지분투자액을 세전현금흐름(BTCF)으로 나눈 값이다.
③ 순소득승수(NIM)는 지분투자액을 순영업소득(NOI)으로 나눈 값이다.
④ 세후현금흐름승수(ATM)는 총투자액을 세후현금흐름으로 나눈 값이다.
⑤ 지분투자수익률(ROE)은 순영업소득을 지분투자액으로 나눈 비율이다.

24 고정금리대출과 변동금리대출에 관한 설명으로 옳은 것은?
① 예상치 못한 인플레이션이 발생할 경우 대출기관에게 유리한 유형은 고정금리대출이다.
② 일반적으로 대출일 기준시 이자율은 변동금리대출이 고정금리대출보다 높다.
③ 시장이자율 하락시 고정금리대출을 실행한 대출기관은 차입자의 조기상환으로 인한 위험이 커진다.
④ 변동금리대출은 시장상황에 따라 이자율을 변동시킬 수 있으므로 기준금리 외에 가산금리는 별도로 고려하지 않는다.
⑤ 변동금리대출의 경우 시장이자율 상승시 이자율 조정주기가 짧을수록 대출기관에게 불리하다.

25 대출조건이 다음과 같을 때, 5년 거치가 있을 경우(A)와 거치가 없을 경우(B)에 원금상환해야 할 첫 번째 회차의 상환원금의 차액(A − B)은? (단 주어진 조건에 한함)

> - 대출금 : 1억 2천만 원
> - 대출금리 : 고정금리, 연 3%
> - 대출기간 : 30년
> - 월저당상수(360개월 기준) : 0.00422
> - 월저당상수(300개월 기준) : 0.00474
> - 월 원리금균등분할상환방식

① 52,000원　　　　　　　　　② 54,600원
③ 57,200원　　　　　　　　　④ 59,800원
⑤ 62,400원

26 부동산금융에 관한 설명으로 옳은 것은?

① 주택저당담보부채권(mortgage backed bonds)은 저당권 소유권(보유권)과 원리금수취권(이자율), 조기상환위험은 투자자에 이전된다.
② 저당대출자동이체채권(mortgage pay-through bonds)은 하나의 저당집합에서 만기와 이자율을 다양화하여 발행한 여러 종류의 채권을 말한다.
③ 상업용 저당증권(CMBS)은 금융기관 및 기업이 보유하고 있는 매출채권, 부동산저당채권 등 현금흐름이 보장되는 자산을 담보로 발행하는 증권을 의미한다.
④ 부동산개발 PF ABS(자산유동화증권)는 부동산개발 PF ABCP(자산담보부기업어음)에 비해 장기로 자금조달이 가능하다.
⑤ 다계층저당증권(collateralized mortgage obligation)의 투자자는 저당채권의 풀(pool)에 대한 소유권을 가지면서 동 풀(pool)에 대해 채권을 발행하는 것이다.

27 부동산투자회사법상 기업구조조정형 부동산투자회사(REITs)에 관한 설명으로 옳은 것은?

① 주주 1인당 주식소유의 한도가 제한된다.
② 주주를 보호하기 위해서 직원이 준수해야 할 내부통제기준을 제정하여야 한다.
③ 영업인가를 받거나 등록을 한 날부터 2년 이내에 발행하는 주식 총수의 100분의 30 이상을 일반의 청약에 제공하여야 한다.
④ 부동산투자회사법에서 정한 부동산투자회사의 요건을 갖추고 총자산의 100분의 70 이상을 부동산으로 구성하여야 한다.
⑤ 부동산투자회사는 부동산을 취득한 후 1년 이내에는 부동산을 처분하여서는 아니 된다.

28 다음 중 주택노후연금방식에서 담보제공방식과 신탁방식에 대한 설명으로 **틀린** 것은?

① 신탁방식은 주택소유자와 공사가 체결하는 신탁계약에 따른 신탁을 등기(소유권 이전)하여 담보로 제공하는 방식의 보증이다.

② 저당권방식은 보증금 있는 임대차는 불가하고 보증금 없는 월세만 가능하다.

③ 신탁방식에서 담보주택의 유형은 주택, 노인복지주택, 주거목적 오피스텔, 주거면적이 50% 이상인 복합용도주택 등이 포함된다.

④ 저당권방식은 주택소유자가 주택에 저당권을 설정하여 담보로 제공하는 방식이다.

⑤ 신탁방식은 연금가입자가 신탁계약에 따라 담보주택 관리의 주체가 된다.

29 사회간접자본시설의 활용방안에 대한 내용으로 **옳은** 것은?

① BOO방식은 시설의 준공과 함께 시설의 소유권이 국가 또는 지방자치단체에 귀속되지만, 사업시행자가 정해진 기간 동안 시설에 대한 운영권을 가지고 수익을 내는 방식이다.

② BTO방식은 민간사업자가 스스로 자금을 조달하여 시설을 건설하고, 일정기간 소유·운영한 후, 사업이 종료한 때 국가 또는 지방자치단체 등에게 시설의 소유권을 이전하는 것을 말한다.

③ BLT방식은 민간이 개발한 시설의 소유권을 준공과 동시에 공공에 귀속시킨다. 사업시행자인 민간은 일정기간 시설관리 운영권을 가지며, 공공은 그 시설을 임차하여 사용한다.

④ BOT방식은 시설의 준공과 함께 사업시행자가 소유권과 운영권을 갖는 방식이다.

⑤ BOOT방식은 사업시행자가 시설을 준공하여 소유권을 보유하면서 시설의 수익을 가진 후 일정기간 경과 후 시설소유권을 국가 또는 지방자치단체에 귀속시키는 방식이다.

30 부동산신탁에 관한 설명으로 **틀린** 것은?

① 부동산신탁에 있어서 당사자는 부동산 소유자인 위탁자와 부동산 신탁사인 수탁자 및 신탁재산의 수익권을 배당받는 수익자로 구성되어 있다.

② 부동산의 소유권관리, 건물수선 및 유지, 임대차관리 등 제반 부동산 관리업무를 신탁회사가 수행하는 것을 관리신탁이라 한다.

③ 처분신탁은 처분방법이나 절차가 까다로운 부동산에 대한 처분업무 및 처분완료시까지의 관리업무를 신탁회사가 수행하는 것이다.

④ 관리신탁에 의하는 경우 법률상 부동산 소유권의 이전 없이 신탁회사가 부동산의 관리업무를 수행하게 된다.

⑤ 분양신탁관리는 상가 등 건축물 분양의 투명성과 안정성을 확보하기 위하여 신탁회사에게 사업부지의 신탁과 분양에 따른 자금관리업무를 부담시키는 것이다.

31 도시개발법상 환지방식과 수용(매수)방식에 대한 설명으로 **틀린** 것은?

① 환지방식에서는 환지시 감보율이 적용되어 체비지와 공공용지를 제외한 물리적으로 면적이 축소된 토지를 원토지소유자에게 배분한다.

② 환지방식은 개발초기 개발사업주체의 사업초기자금부담이 적다는 장점이 있다.

③ 환지방식은 매수방식에 비해 개발이익의 환수 및 환원이 용이하다는 장점이 있다.

④ 매수방식은 초기에 막대한 토지구입비용이 들기 때문에 재정을 효율적으로 관리하기 어렵다.

⑤ 혼용방식이란 환지방식과 매수방식을 혼합한 방식으로 도시개발사업 등에서 활용하는 방식이다.

32 감정평가사 A는 권리분석을 위해 등기사항전부증명서를 발급하였다. 등기사항전부증명서의 을구에서 확인이 **불가능한** 내용은?

① 구분지상권

② 지역권

③ 가압류

④ 저당권

⑤ 임차권

33 부동산 중개계약에 관한 설명으로 옳은 것을 모두 고른 것은?

> 가. 독점중개계약 : 매각의뢰를 받은 경우 그 계약기간 내에 거래가 성사되면 개업공인중개사가 당해 부동산 거래를 성사시키지 않았더라도 중개수수료 청구권이 발생하지 않는다.
>
> 나. 전속중개계약 : 공인중개사법령상 중개의뢰인은 중개대상물의 중개를 의뢰함에 있어서 특정한 개업공인중개사를 정하여 그 개업공인중개사에 한하여 당해 중개대상물을 중개하도록 하는 계약을 체결하여야 한다고 규정하고 있다.
>
> 다. 일반중개계약 : 소유자는 다수의 개업공인중개사에게 매도를 의뢰할 수 있고, 매수인과의 거래를 먼저 성사시킨 개업공인중개사에게 수수료를 지불한다.
>
> 라. 공동중개계약 : 부동산정보센터나 부동산협회 등을 매체로 하여 다수의 개업공인중개사가 상호 협동하여 공동으로 중개 역할을 하는 것을 말한다.
>
> 마. 순가중개계약 : 거래가격을 정하고 이를 초과한 금액으로 거래가 이루어진 경우 초과액은 개업공인중개사와 의뢰인이 나누어 갖는 것이다.

① 다

② 가, 나

③ 다, 라

④ 가, 다, 라

⑤ 다, 라, 마

34 에스크로우(Escrow)에 관한 설명으로 옳지 <u>않은</u> 것은?

① 에스크로우회사는 은행이나 권원보험회사 등도 산하에 별도의 에스크로우 부서를 설치하여 에스크로우 대행업자로서의 역할을 하기도 한다.

② 에스크로우 대행업자는 공정한 제3자적 입장에서 등기증서를 기록하고 권원조사를 지시하는 역할을 한다.

③ 에스크로우는 부동산의 매매에 한정하지 않고, 교환·매매예약 등의 업무도 하는 부동산거래계약의 이행행위를 대행하는 부동산업의 한 종류이다.

④ 에스크로우업은 대금의 회수, 소유권이전 업무대행 이외에 부동산거래를 완결짓는 세금·금융이자·보험료·임료 등의 청산도 대행한다.

⑤ 법률상 에스크로우 계정이 일괄로 되어 있기 때문에 고객으로부터 받은 금전은 자신의 계정과 일괄로 관리해야 한다.

35 다음 적산법에 관한 설명 중 <u>틀린</u> 것은? (단, 감정평가 실무기준에 따른다)

① 적산법이란 대상물건의 기초가액에 기대이율을 곱하여 산정된 기대수익에 대상물건을 계속하여 임대하는 데 필요한 경비를 더하여 대상물건의 임대료를 산정하는 감정평가방법을 말한다.

② 기초가액이란 적산법으로 감정평가하는 데 기초가 되는 대상물건의 가치를 말한다.

③ 기초가액은 비교방식이나 수익방식으로 감정평가한다. 이 경우 사용 조건·방법·범위 등을 고려할 수 있다.

④ 기대이율은 시장추출법, 요소구성법, 투자결합법, CAPM을 활용한 방법, 그 밖의 대체·경쟁 자산의 수익률 등을 고려한 방법 등으로 산정한다.

⑤ 필요제경비에는 감가상각비, 유지관리비, 조세공과금, 손해보험료, 대손준비금, 공실손실상당액, 정상운영자금이자 등이 포함된다.

36 공시지가기준법에 의한 토지의 감정평가시 개별요인 세항목의 비교내용이 다음의 표와 같을 때 개별요인 비교치(격차율)는? (단, 주어진 자료 이외의 내용은 없음. 소수점 셋째 자리 이하는 무시함)

조건	항목	세항목	비교내용
접근조건	교통의 편부	위락과의 접근성	대상토지가 5% 우세
		농로의 상태	대상토지가 15% 열세
자연조건	일조 등	일조, 통풍 등	대상토지가 10% 우세
	토양, 토질	토양, 토질의 양부	대상토지가 10% 열세
획지조건	면적, 경사 등	경사도	대상토지가 5% 열세
	경작의 편부	형상에 의한 장애정도	대상토지가 15% 우세
행정적 조건	행정상의 조장 및 규제 정도	용도지역	동일함
기타조건	기타	장래의 동향	대상토지가 10% 우세

① 0.980
② 1.089
③ 1.299
④ 1.399
⑤ 1.934

37 감정평가 실무기준에서 규정하고 있는 수익환원법에 관한 내용으로 옳지 않은 것은?

① 수익환원법이란 대상물건이 장래 산출할 것으로 기대되는 순수익이나 미래의 현금흐름을 환원하거나 할인하여 대상물건의 가액을 산정하는 감정평가방법을 말한다.
② 직접환원법은 단일기간의 순수익을 적절한 환원율로 환원하여 대상물건의 가액을 산정하는 방법을 말한다.
③ 할인현금흐름분석법은 대상물건의 보유기간에 발생하는 복수기간의 순수익과 보유기간 말의 복귀가액에 적절한 할인율을 적용하여 현재가치로 할인한 후 더하여 대상물건의 가액을 산정하는 방법을 말한다.
④ 순수익이란 대상물건에 귀속하는 적절한 수익으로서 유효총수익에서 운영경비를 공제하여 산정한다.
⑤ 할인현금흐름분석법의 적용에 따른 복귀가액은 보유기간 경과 후 최종년도의 순수익을 추정하여 최종 환원율로 환원한 후 매도비용을 공제하여 산정한다.

38 감정평가에 관한 규칙에서 직접 규정하고 있는 사항이 <u>아닌</u> 것은?

① 시장가치기준 원칙

② 현황기준 원칙

③ 개별물건기준 원칙

④ 원가방식, 비교방식, 수익방식

⑤ 최유효이용 원칙

39 감정평가에 관한 규칙상의 용어 정의로 옳은 것은?

① 기준시점이란 대상물건의 감정평가액을 결정하기 위해 현장조사를 완료한 날짜를 말한다.

② 유사지역이란 대상부동산이 속한 지역으로서 부동산의 이용이 동질적이고 가치형성요인 중 지역요인을 공유하는 지역을 의미한다.

③ 적산법이란 대상물건의 재조달원가에 감가수정을 하여 대상물건의 가액을 산정하는 감정평가방법을 말한다.

④ 수익분석법이란 대상물건이 장래 산출할 것이라 기대되는 순수익이나 미래의 현금흐름을 환원하거나 할인하여 대상물건의 가액을 산정하는 감정평가방법을 말한다.

⑤ 가치형성요인이란 대상물건의 경제적 가치에 영향을 미치는 일반요인, 지역요인 및 개별요인 등을 말한다.

40 가격공시제도에 관한 설명으로 옳은 것은?

① 개별공시지가는 국가·지방자치단체 등이 그 업무와 관련하여 지가를 산정하거나 감정평가업자가 개별적으로 토지를 감정평가하는 경우에 기준이 된다.

② 국토교통부장관은 국세·지방세 등 각종 세금의 부과 등을 위한 지가산정에 사용되도록 하기 위하여 개별공시지가를 결정·공시한다.

③ 표준지로 선정된 토지, 조세 또는 부담금 등의 부과대상이 아닌 토지에 대하여는 개별공시지가를 결정·공시하지 아니할 수 있다.

④ 국토교통부장관은 공시기준일 이후에 분할·합병 등이 발생한 토지에 대하여는 대통령령으로 정하는 날을 기준으로 하여 개별공시지가를 결정·공시하여야 한다.

⑤ 국토교통부장관이 개별공시지가를 결정·공시하는 경우에는 해당 토지와 유사한 이용가치를 지닌다고 인정되는 하나 또는 둘 이상의 표준지의 공시지가를 기준으로 토지가격비준표를 사용하여 지가를 산정해야 한다.

제1회 부동산학원론 최종모의고사 정답 및 해설

01	02	03	04	05	06	07	08	09	10	11	12	13	14	15	16	17	18	19	20
⑤	①	②	③	①	①	⑤	⑤	⑤	④	④	④	④	④	③	④	⑤	④	②	③
21	22	23	24	25	26	27	28	29	30	31	32	33	34	35	36	37	38	39	40
④	⑤	①	②	⑤	⑤	②	⑤	④	④	③	⑤	④	①	⑤	④	②	⑤	④	③

01 난도 ★ 답 ⑤

▌정답해설▐

⑤ 부동산활동에 있어 경제성의 원칙이란 부동산활동에 있어서 경제원칙의 추구를 강조하자는 것이다.

▌오답해설▐

① 중점식 접근방법이 아니라 종합식 접근방법에 대한 설명이다.
② 대물활동이 아니라 대인활동이고, 기술성이 아니라 과학성에 대한 설명이다.
③ 부동산 현상이 아니라 부동산 활동에 대한 설명이다.
④ 순수자연과학이 아니라 종합응용과학이다.

02 난도 ★★ 답 ①

▌정답해설▐

① 다음은 지목 중에서 ㉠ 답, ㉡ 광천지, ㉢ 대, ㉣ 구거, ㉤ 유지에 대한 설명이다.

더 알아보기	지목의 구분(공간정보의 구축 및 관리 등에 관한 법률 시행령 제58조)
답	물을 상시적으로 직접 이용하여 벼·연(蓮)·미나리·왕골 등의 식물을 주로 재배하는 토지
광천지	지하에서 온수·약수·석유류 등이 용출되는 용출구(湧出口)와 그 유지(維持)에 사용되는 부지. 다만, 온수·약수·석유류 등을 일정한 장소로 운송하는 송수관·송유관 및 저장시설의 부지는 제외한다.
대	영구적 건축물 중 주거·사무실·점포와 박물관·극장·미술관 등 문화시설과 이에 접속된 정원 및 부속시설물의 부지
구거	용수(用水) 또는 배수(排水)를 위하여 일정한 형태를 갖춘 인공적인 수로·둑 및 그 부속시설물의 부지와 자연의 유수(流水)가 있거나 있을 것으로 예상되는 소규모 수로부지
유지	물이 고이거나 상시적으로 물을 저장하고 있는 댐·저수지·소류지(沼溜地)·호수·연못 등의 토지와 연·왕골 등이 자생하는 배수가 잘 되지 아니하는 토지
전	물을 상시적으로 이용하지 않고 곡물·원예작물(과수류는 제외한다)·약초·뽕나무·닥나무·묘목·관상수 등의 식물을 주로 재배하는 토지와 식용으로 죽순을 재배하는 토지
하천	자연의 유수가 있거나 있을 것으로 예상되는 토지
제방	조수·자연유수·모래·바람 등을 막기 위하여 설치된 방조제·방수제·방사제·방파제 등의 부지

03 난도 ★★
답 ②

▌정답해설▐

② ㉡, ㉤이 영속성의 특성에 해당한다.

▌오답해설▐

② ㉠은 부증성에 해당되고, ㉢은 부동성에 해당되며, ㉣은 개별성과 관련된 특성이다.

더 알아보기	토지의 자연적 특성
위치의 고정성	① 동산과 부동산의 구별, 공시방법 차이 ② 시장의 지역성(국지성), 추상적 · 구체적 시장 ③ 외부효과가 발생 ④ 임장활동 · 정보활동 · 지역분석 ⑤ 입지선정 필요(입지론)
영속성	① 물리적 감가상각 없다(기능적 · 경제적 감가상각 가능) ② 임대차시장 발달(소유이익과 사용이익 분리) ③ 건물 : 신규시장과 재고시장 파악 ④ 수익환원법, 잔여(환원)법의 이론적 근거 ⑤ 소모 전제(×), 가치보존력 우수함
부증성	① 토지 : 물리적 공급 제한 · 절대량은 고정 → 공급이 완전비탄력적 ② 간척지 등은 부증성의 예외(×), 국토면적 증가(×), 물리적 공급행위(×) ③ 토지부족 근원, 희소성, 지대발생원인, 집약적 · 효율적 토지이용을 유도 ④ 생산비 법칙(×), 원가방식(×)
개별성	① 물리적 대체 불가능, 비교가 곤란, 가치추계 곤란 ② 일물일가(一物一價)의 법칙 배제 → 개별분석 필요 ③ 상품의 비표준화, 거래정보의 비공개, 시장의 비조직화

04 난도 ★★
답 ③

▌오답해설▐

① 일정기간은 저량(stock)개념이 아니라 유량(flow)의 개념이다.

② 아파트가격 하락이 예상되면 '수요의 변화'로 수요곡선이 하향으로 이동하게 된다.

④ 수요감소, 공급증가이므로 균형가격은 하락하고 균형거래량은 그 변화를 알 수 없다. 즉, 균형가격의 상승여부가 아니라 균형량의 증가여부는 수요와 공급의 변화폭에 따라 달라진다.

⑤ 수요가 증가하고, 공급이 탄력적일수록 균형가격은 더 적게 상승한다. 수요나 공급이 '비탄력적일수록' 균형가격은 '더 많이' 변하고, 균형거래량은 '더 적게' 변한다. 수요나 공급이 '탄력적일수록' 균형가격은 '더 조금' 변하고, 균형거래량은 '더 많이' 변한다.

05 난도 ★★★
답 ①

▌정답해설▐

(1) 수요와 공급을 일치시킨다.

수요함수 : $Q_D = 100 - P$,

공급함수 : $2Q_S = -40 + 3P \rightarrow Q_S = -20 + \dfrac{3}{2}P$

∴ 균형가격 = 48, 균형량 = 52

(2) 탄력성을 구하기 위하여 수요함수와 공급함수를 미분한다.

㉠ 수요의 가격탄력성(ϵ_P)

: $\dfrac{dQ}{dP} \times \dfrac{P}{Q} = \left| -1 \times \dfrac{48}{52} \right| = \dfrac{12}{13}$

㉡ 공급의 가격탄력성(η)

: $\dfrac{dQ}{dP} \times \dfrac{P}{Q} = \dfrac{3}{2} \times \dfrac{48}{52} = \dfrac{18}{13}$

㉢ 수요의 가격탄력성($\dfrac{12}{13}$) + 공급의 가격탄력성($\dfrac{18}{13}$)

$= \dfrac{30}{13}$

06 난도 ★ 답 ①

┃정답해설┃

① 부동산경기는 팽창국면과 위축국면의 차이가 크다. 즉, 진폭이 큰 특징이 있다.

┃오답해설┃

② 부동산경기는 저점에서 정점에 이르는 회복기간이 길고, 정점에서 저점에 이르는 후퇴 기간이 짧은 특징이 있다(회복은 느리고 후퇴는 빠른 우경사 비대칭구조).

③ 회복시장에서 사례가격은 새로운 거래시 하한선이 된다.

④ 상향시장에서 사례가격은 새로운 거래시 하한선이 된다.

⑤ 부동산경기는 여러 부동산 유형과 지역에서 서로 다른 국면으로 진행된다.

07 난도 ★★ 답 ⑤

┃정답해설┃

⑤ 완전경쟁시장은 모든 정보를 다 알고 있으므로 정보비용이 수반이 되지 않는다. 따라서 완전경쟁시장은 할당 효율적인 시장이 될 수밖에 없다. 완전경쟁시장은 할당 효율적인 시장만 존재하지만, 할당 효율적 시장이 반드시 완전경쟁시장을 의미하는 것은 아니다. 불완전경쟁시장도 우수한 정보의 가치와 우수한 정보를 획득하기 위해 지불되는 기회비용이 같으면 할당 효율적인 시장이다.

┃오답해설┃

① 부동산시장은 부동성 때문에 부분시장별로 수요초과·공급초과 현상이 발생하기도 한다.

② 비가역성이란 한번 결정된 사항을 다시 원상태로 환원시키거나 회복시키기 어렵다는 특성이다. 이는 거래의 비공개성과는 무관하다. 거래의 비공개성은 개별성과 더불어 정보의 불완전성에 기인하는 문제이다.

③ 부동산시장은 상품의 비표준성, 거래의 비공개성, 시장의 비조직성 등의 특성이 있지만, 세분화된 시장별로는 상품이 동질적인 특성이 있다.

④ 약성 효율적 시장에서는 현재가치에 대한 과거의 역사적 자료를 분석하여 정상이윤을 초과하는 이윤을 획득할 수 없다. 즉, 초과이윤을 획득할 수 없다.

08 난도 ★★ 답 ⑤

┃정답해설┃

⑤ 독점지대설에 대한 설명이 아닌 마르크스의 절대지대설에 대한 설명이다. 독점지대설은 토지용역의 공급독점에 기인하여 발생하는 지대를 말하며, 토지용역의 수요가 많은 가운데 토지용역의 공급이 어떤 토지소유자에 의하여 독점되어 있기 때문에 발생하는 지대를 말한다.

09 난도 ★★ 답 ⑤

┃정답해설┃

⑤ 선매품점의 경우 편의품점에 비해 중심지 기능 유지에 필요한 최소요구치의 수준이 더 크다(A도시의 상점이 B도시의 상점에 비해 최소요구치 수준이 더 크다).

┃오답해설┃

① 우유, 맥주 등의 편의품은 일상생활에 필요한 필수품이기 때문에, 상품의 도달거리가(재화가 영향을 미치는 그 범위는) 선매품인 디지털 TV보다 짧다.

③ B로의 인구유인 수 = $\dfrac{\text{B의 유인력}}{\text{A의 유인력} + \text{B의 유인력}}$

$$= \dfrac{\dfrac{250}{5^2}}{\dfrac{1,000}{10^2} + \dfrac{250}{5^2}}$$

$$= \dfrac{1}{2} \, (50\%)$$

10 난도 ★★ 답 ④

┃정답해설┃

④ 부(−)의 외부효과를 유발하는 업체에 부담금을 부과하면, 지역의 주택공급이 감소하여 주택가격은 상승한다. 따라서 정부가 부(−)의 외부효과 업체에게 규제하면 그 비용이 지역주민에 전가되는 현상이 발생한다.

┃ 정답해설 ┃

④ 국토교통부장관은 종합계획에 따라 매년 연도별 공공토지비축 시행계획(이하 "시행계획"이라 한다)을 수립·시행하여야 한다(공공토지의 비축에 관한 법률 제5조 제1항).

> **공공토지의 비축에 관한 법률 제2조(정의)**
> 이 법에서 사용하는 용어의 뜻은 다음과 같다.
> 1. "공공토지"란 다음 각 목의 어느 하나에 해당하는 토지를 말한다.
>   가. 「공익사업을 위한 토지 등의 취득 및 보상에 관한 법률」 제4조에 따른 공익사업에 필요한 토지
>   나. 토지시장 안정을 위한 수급조절용 토지
>   다. 「공유수면 관리 및 매립에 관한 법률」 제2조 제4호에 따라 조성된 매립지 및 매립예정지
>   라. 「국유재산법」 제5조에 따른 국유재산 또는 「공유재산 및 물품 관리법」 제4조에 따른 공유재산으로서 「한국토지주택공사법」에 따른 한국토지주택공사(이하 "한국토지주택공사"라 한다)가 관계 법령에 따라 국가나 지방자치단체로부터 위탁받아 관리하는 토지
>   마. 한국토지주택공사가 보유 중인 토지 중 장기임대 또는 저가 공급 등 공익 목적에 제공하기 위하여 제9조에 따른 토지은행계정으로 전입되는 토지
>   바. 그 밖에 제7조에 따른 공공토지비축심의위원회가 인정하는 토지
> 2. "비축"이란 이 법에 따라 공공토지를 취득 및 관리하는 것을 말한다.
> 3. "토지은행"이란 공공토지의 비축 및 공급을 위하여 제9조 제1항에 따라 한국토지주택공사에 설치하는 토지은행계정을 말한다.
> 4. "토지은행사업"이란 한국토지주택공사가 토지은행을 운용하여 수행하는 사업으로서 제11조 각 호의 사업을 말한다.
> 5. "비축대상토지"란 한국토지주택공사가 토지은행사업으로 취득할 공공토지를 말한다.
> 6. "비축토지"란 한국토지주택공사가 토지은행사업으로 취득하여 관리하는 공공토지를 말한다.
> 7. "취득"이란 비축대상토지를 매입·수용·수탁·교환하거나 토지은행계정으로 전입하는 것을 말한다.
> 8. "관리"란 비축토지를 유지·보전하거나 비축토지의 가치를 증대시키는 것을 말한다.
> 9. "공급"이란 비축토지를 임대·매각·교환·양여 등의 방법으로 공급대상자에게 제공하는 것을 말한다.

┃ 정답해설 ┃

④ 현행제도에 시행하고 있지 않는 것은 택지소유상환제, 토지초과이득세, 종합토지세, 공한지세, 개발권양도제 등이 있다.

더 알아보기	한국의 현행제도에서 시행하지 않는 제도
택지소유상한제	서울, 부산, 인천, 대전, 광주, 대구 등의 6대 도시의 경우에, 한 가구당 661㎡가 넘는 택지를 신규로 취득할 수 없게 한 제도. 토지 공개념의 일종이다. 1994년 헌법소원에서 위헌 판결받았다.
토지초과이득세	토지초과이득세법을 제정(1989)하여, 유휴토지 등으로부터 발생한 토지초과이득에 대하여 토지초과이득세를 부과하고 있다. 그러나 1998년 위헌 판결로 폐지되었다.
공한지세	대도시 내의 토지 이용을 효율적으로 촉진시키기 위하여, 사용하지 않는 빈 땅에 부과하는 지방세로서 토지투기에 따른 공한지 문제가 세론의 비판을 받자 공한지에 대해서 토지보유세(재산세)를 높게 매기게 되었다.
종합토지세	1990년에 시행된 전국의 토지를 소유자별로 합산해 누진과세하는 지방세이다. 땅을 많이 가진 사람에게 땅에 대한 세금부담을 늘려 토지의 과다보유를 억제하고 토지투기를 통한 불로소득을 막아 지가안정과 과세형편을 추구하기 위해 마련됐다. 그러나 종합부동산세에 편입되었다.

13 난도 ★★★ 답 ④

┃정답해설┃

④ 선매자에게 강제로 수용하게 할 수 있다. → "선매자를 지정하여 그 토지를 협의 매수하게 할 수 있다."로 바뀌어야 한다.

> **부동산 거래신고 등에 관한 법률 제15조(선매)**
> ① 시장·군수 또는 구청장은 토지거래계약에 관한 허가신청이 있는 경우 다음 각 호의 어느 하나에 해당하는 토지에 대하여 국가, 지방자치단체, 한국토지주택공사, 그 밖에 공공기관 또는 공공단체가 그 매수를 원하는 경우에는 이들 중에서 해당 토지를 매수할 자[이하 "선매자(先買者)"라 한다]를 지정하여 그 토지를 협의 매수하게 할 수 있다.
> 1. 공익사업용 토지
> 2. 토지거래계약허가를 받아 취득한 토지를 그 이용 목적대로 이용하고 있지 아니한 토지
> ② 시장·군수 또는 구청장은 제1항 각 호의 어느 하나에 해당하는 토지에 대하여 토지거래계약 허가신청이 있는 경우에는 그 신청이 있는 날부터 1개월 이내에 선매자를 지정하여 토지 소유자에게 알려야 하며, 선매자는 지정 통지를 받은 날부터 1개월 이내에 그 토지 소유자와 선매협의를 끝내야 한다.

14 난도 ★★ 답 ④

┃정답해설┃

④ 상속세는 취득관련 세금이며 누진세에 해당한다.

더 알아보기	부동산조세
취득세	지방세, 취득과세, 비례세
재산세	지방세, 보유과세. 누진세 및 비례세
종합부동산세	국세, 보유과세, 누진세
상속세	국세, 취득과세, 누진세
양도소득세	국세, 양도세, 누진세 및 비례세

15 난도 ★★★ 답 ③

┃정답해설┃

③ 옳은 지문은 ⓒ, ⓔ이다.

ⓒ [O] 자기자본수익률 = 총자본수익률(10%) + {총자본수익률(10%) − 저당수익률(8%)} × 부채비율(100%) = 12%이다.

ⓔ [O] 지문은 중립적 지렛대인 경우에 대한 설명으로서 중립적 지렛대인 경우 부채비율의 변화는 자기자본수익률에 변화가 없다.

┃오답해설┃

㉠ [×] 총자본수익률보다 저당수익률이 더 클 경우는 부(−)의 지렛대이므로 부채비율을 증가시키면 자기자본수익률은 감소한다.

ⓒ [×] 부(−)의 레버리지효과가 발생할 경우 부채비율을 낮추어서 정(+)의 레버리지효과로 전환할 수 없고, 단지 지렛대의 진폭은 감소시킨다. 다만, 저당수익률을 낮추면 부(−)의 지렛대가 정(+)의 지렛대로 전환할 수 있다.

16 난도 ★★ 답 ④

┃정답해설┃

④ 위험조정할인율은 위험한 투자일수록 높은 할인율을 적용한다.

┃오답해설┃

① 위험과 가치는 반비례관계이고, 가치와 요구수익률은 반비례 관계이다.

② 요구수익률이란 시간에 대한 비용이 무위험률과 위험에 대한 비용인 위험할증률을 고려한다.

17 난도 ★★★ 답 ⑤

┃정답해설┃

⑤ 상가와 아파트를 비교해보면 상가는 아파트보다 기대수익률도 크고 편차도 크기 때문에 상가와 아파트 사이에는 평균분산지배원리가 적용되지 않는다.

① 투자안 기대수익률은 가중평균하여 구한다. 즉, 경제상황별 확률에 해당 상품의 경제상황별 추정 수익률을 곱하여 계산한다.

② 각 투자상품별 기대수익률의 평균값은 다음과 같다.

구분	기대수익률
상가	$(16\% \times 0.5) + (6\% \times 0.5) = 11\%$
오피스텔	$(12\% \times 0.5) + (4\% \times 0.5) = 8\%$
아파트	$(8\% \times 0.5) + (2\% \times 0.5) = 5\%$

따라서 기대수익률은 상가가 가장 높고, 다음은 오피스텔이며, 아파트가 가장 낮다.

③ 투자안의 위험의 크기는 기대수익률의 분포로부터 추정하는데 그 값은 분산이나 표준편차로 측정하게 된다. 다음은 각 투자안별 표준편차는 다음과 같이 계산할 수 있다.

구분	분산(위험)	표준편차
상가	$(16\% - 11\%)^2 \times 0.5$ $+ (6\% - 11\%)^2 \times 0.5 = 25\%$	$\sqrt{0.0025} = 5\%$
오피스텔	$(12\% - 8\%)^2 \times 0.5$ $+ (4\% - 8\%)^2 \times 0.5 = 16\%$	$\sqrt{0.0016} = 4\%$
아파트	$(8\% - 5\%)^2 \times 0.5$ $+ (2\% - 5\%)^2 \times 0.5 = 9\%$	$\sqrt{0.009} = 3\%$

④ 투자위험의 크기는 표준편차에 비례하므로 위의 계산 결과 투자위험은 아파트가 가장 낮고, 다음은 오피스텔이며, 상가가 가장 높다.

18 난도 ★★ 　답 ④

┃정답해설┃

④ ㄴ, ㄷ, ㄹ이 옳다.

ㄴ. [O] '일시불의 미래가치 = 현재의 일정액 × 일시불 내가계수'이다. 따라서 일시불의 미래가치를 산정하기 위해서는 일시불의 내가계수를 사용한다.

ㄹ. [O] 일시불의 현재가치계수는 할인율이 상승할수록 작아진다. 그 이유는 분모의 값이 높을수록 결과값은 낮아진다.

┃오답해설┃

ㄱ. [×] 원금균등상환방식이 아니라 원리금균상환방식이라 표현해야 하고, 감채기금계수가 아니라 저당상수에 대한 설명이다.

19 난도 ★★ 　답 ②

┃정답해설┃

(1) 순영업소득
= ㉠ 가능총소득(4,800만 원) − ㉡ 공실(240만 원 = 4,800만 원 × 0.05) − ㉺ 영업경비(240만 원)
= 4,320만 원

(2) 세전현금수지
= 순영업소득(4,320만 원) − ㉣ 원금상환액(200만 원) − ㉤ 이자비용(800만 원)
= 3,320만 원

(3) 영업소득세
= {순영업소득(4,320만 원) + 대체충당금(0원) − ㉤ 이자비용(800만 원) − ㉦ 감가상각비(200만 원)} × ㉢ 영업소득세율(0.2)
= 664만 원

(4) 세후현금수지
= 세전현금수지(3,320만 원) − 영업소득세(664만원)
= 2,656만 원

20 난도 ★★★ 　답 ③

┃정답해설┃

③ 투자재원 한도 내에서 투자자는 투자대상으로 A와 D를 선택할 것이다. 이 경우 현재가치의 순증가액은 (1,000만 원 + 900만 원) = 1,900만 원이 된다.

┃오답해설┃

① 순현가법에 의한 순위 : B → A → D → C

② 내부수익률에 의한 우선 순위 : C → A → D → B

④ 투자재원 한도 내에서 투자자는 투자대상을 C와 A를 선택할 것이다. 이 경우 현재가치의 순증가액은 (800만 원 + 1,000만 원) = 1,800만 원이 된다.

⑤ 따라서 이 경우에서 보면 알 수 있듯이 내부수익률에 의해서 반드시 투자자의 부의 극대화를 가져오는 것은 아니다.

21 난도 ★   답 ④

┃정답해설┃

④ 메자닌 금융이란 부동산금융을 통해 조달한 자금의 성격을 지분과 부채로 구별할 때, 그 중간적 성격을 지니는 상품을 말하며 후순위대출(㉠), 전환사채(CB)(㉡), 신주인수권부사채(BW)(㉣), 우선주(㉤)가 있다.

더 알아보기	부채금융과 메자닌 금융 비교
부채금융	저당대출, 신탁증서, 주택상환사채, 자산유동화증권(ABS), 주택저당담보부채권(MBS), 상업담보부채권(CMBS) 등
메자닌 금융	신주인수권부사채(BW), 전환사채(CB), 후순위대출, 우선주

22 난도 ★★   답 ⑤

┃정답해설┃

⑤ 주택자금공급시장과 주택자금대출시장에 관한 설명이 바뀌어서 틀린 문항이다. 금융기관이 수취한 예금 등으로 주택담보대출을 제공하는 시장은 주택자금대출시장(1차 저당시장)이고, 투자자로부터 자금을 조달하여 주택자금 대출기관에 공급해주는 시장은 주택자금공급시장(2차 저당시장)이다.

23 난도 ★★   답 ①

┃정답해설┃

㉠ 원금균등분할상환은 대출 실행시점의 총부채상환비율(debt to income)이 가장 높고, 대출실행 후 중도시점에서 대출비율(loan to value)이 가장 낮은 상환방식이다. 즉, 초기 상환액이 높고 중도시점에 가장 잔금이 낮게 산정되는 상환방식이다.

㉡ 점증식분할상환방식은 대출 초기에 가장 적은 원금을 납부하게 되므로, 첫 회 월불입액 납부 후 만기 이전에 중도상환할 경우 미상환 대출잔액이 가장 큰 상환방식이 된다.

24 난도 ★★★   답 ②

┃정답해설┃

② LTV와 DTI를 활용한 대출가능액 및 대출 여부를 판단하면,
　㉠ 부동산가치(x) × 50% = 2억 원이 되기 때문에 부동산가치는 최소 4억 원 이상이어야 한다.
　㉡ DTI를 기준으로 연 최대상환액을 산정하면 4천만 원 × 40% = 1,600만 원(연간 최대상환액)이 되는데, 매월 원리금균등상환방식이므로 차입자의 최대 월상환액은 1,600만 원 ÷ 12개월 = 133만 3,333원까지 가능하다. 그런데 문제조건에서 월상환액이 150만 원이 되는 대출 여부를 물어보고 있기 때문에 이는 불가능하다고 할 수 있다.

25 난도 ★★   답 ⑤

┃정답해설┃

⑤ 주택저당채권담보부채권(MBB)은 차입자의 조기상환위험을 투자자가 부담하는 것이 아니라, 증권발행기관이 부담한다.

┃오답해설┃

① 다계층저당증권(CMO)은 4 ~ 5트랜치로 구성되며 상위계층일수록, 즉 선순위계층의 증권일수록 신용이 우수하다. 따라서 선순위증권의 신용등급은 후순위증권의 신용등급보다 높다.

② 변동금리주택담보대출에서 이자율의 조정주기가 짧을수록 대출자인 금융기관은 인플레이션위험을 신속히 차입자에게 전가할 수 있다.

③ 금리상한 변동금리주택담보대출, 즉 이자율 상한제로 대출받은 차입자는 시장금리가 금리상한선을 초과하더라도 초과한 금리부분은 부담하지 않기 때문에 금리변동위험을 줄일 수 있다.

④ 한국주택금융공사는 장기모기지론에 소요되는 자금을 주로 주택저당채권담보부채권(MBB)과 주택저당증권(MBS)의 발행을 통해서 조달하고 있다.

▌정답해설 ▌

⑤ 부동산투자회사법 제25조 참고

> **제25조(자산의 구성)**
> ① 부동산투자회사는 최저자본금준비기간이 끝난 후에는 매 분기 말 현재 총자산의 100분의 80 이상을 부동산, 부동산 관련 증권 및 현금으로 구성하여야 한다. 이 경우 총자산의 100분의 70 이상은 부동산(건축 중인 건축물을 포함한다)이어야 한다.

▌오답해설 ▌

① 자기관리와 위탁관리 부동산투자회사는 주주 1인과 그 특별관계자는 최저자본금준비기간이 끝난 후에는 부동산투자회사가 발행한 주식 총수의 100분의 50을 초과하여 주식을 소유하지 못한다. 그러나 기업구조조정 부동산투자회사는 의무조항이 아니다.

② 부동산투자회사는 영업인가를 받거나 등록을 하고 최저자본금 이상을 갖추기 전에는 현물출자를 받는 방식으로 신주를 발행할 수 없다.

③ 부동산투자자문회사는 부동산투자회사의 위탁으로 그 자산의 투자·운용에 관한 자문 및 평가 등의 업무를 하려는 자는 국토교통부장관에게 등록하여야 한다. 자본금 10억 원 이상으로 전문인력 3인 이상이어야 한다.

④ 자산관리회사는 설립자본금 70억 원 이상으로 자산운용 전문인력을 5인 이상을 갖춘 것으로 국토교통부장관의 인가를 받아야 한다.

▌정답해설 ▌

② 주어진 지문은 예비적 타당성분석단계가 아니라 사업타당성에 대한 설명이다. 예비적 타당성분석이란 개발사업으로 예상되는 수입과 비용을 개략적으로 계산하여 수익성을 검토하는 것이다.

▌정답해설 ▌

⑤ BOO방식이란 시설이 준공(Build)된 후에 그 즉시 사업시행자가 소유권을 직접 갖고(Own) 운영(Operate)을 담당하는 방식이다.

▌오답해설 ▌

① 해당지문은 민간 + 공공의 제3섹터 개발을 의미한다.

② BTL(Build Transfer Lease) : 사업시행자가 시설을 준공하여 소유권을 정부 및 지자체에게 이전·귀속시킨 후 해당 시설물에 대한 사용·수익권한을 인정하되, 정부에서 해당시설물을 임차(Lease)하여 사용하는 방식이다.

③ BTO(Build Transfer Operate) : 사업시행자가 시설의 준공과 함께 소유권을 국가 또는 지방자치단체로 이전하고, 민간에게 해당 시설물에 대한 사용·수익권한을 인정하되, 민간이 직접 해당 시설물을 관리·운영토록 하는 방식이다.

④ BOT(Build Operate Transfer) : 시설의 준공과 함께 민간이 해당 시설을 관리·운영(Operate)하다가 약정기간이 종료되면 국가 또는 지방자치단체에게 해당 시설물의 소유권을 이전하는 것이다.

▌정답해설 ▌

㉠ 총 매출액 = 500m^2 × m^{2}당 20만 원 = 1억 원

㉡ 기본임대료 = 500m^2 × m^{2}당 6만 원 = 3,000만 원

㉢ 추가임대료
= 초과매출액(5,000만 원) × 임대료율(10%)
= 500만 원

∴ 연 임대료
= 기본임대료(3,000만 원) + 추가임대료(500만 원)
= 3,500만 원

30 난도 ★★　　　　　　　　　　답 ④

┃정답해설┃

④ 주어진 지문은 권원 증서가 아니라 권원요약서에 대한 설명이다. 권원증서란 부동산매매계약이 체결되면 매도자는 권원요약서를 매수자에게 넘겨준다. 매수자가 매도자로부터 권원요약서를 받았다는 사실 자체로서는 아무런 보호책이 되지 못한다. 매수자는 이것을 다시 전문적인 지식과 능력을 갖춘 사람에게 감정을 의뢰한다. 이런 일은 권원조사자 또는 권원분석가가 하고, 이같은 행위 자체를 권원조사 또는 권원분석(권리분석)이라 한다.

31 난도 ★★　　　　　　　　　　답 ③

┃정답해설┃

③ 중개법인은 개업공인중개사를 대상으로 한 중개업의 경영기법 및 경영정보의 제공을 할 수 있고, 공제업무의 대행 업무는 할 수 없다.

> **더 알아보기** 개업공인중개사인 법인의 업무(공인중개사법 제14조 참조)
>
> ㉠ 중개업
> ㉡ 상업용 건축물 및 주택의 임대관리 등 부동산의 관리대행
> ㉢ 상업용 건축물 및 주택의 분양대행
> ㉣ 부동산의 이용, 개발 및 거래에 관한 상담
> ㉤ 도배, 이사업체의 소개 등 주거이전에 부수되는 용역의 알선
> ㉥ 경매, 공매대상 부동산에 대한 권리분석 및 취득의 알선과 매수신청, 입찰신청의 대리
> ㉦ 개업공인중개사를 대상으로 한 중개업의 경영기법 및 경영정보의 제공

32 난도 ★★　　　　　　　　　　답 ⑤

┃정답해설┃

⑤ 중개대상물의 경제적 가치는 공인중개사법시행령 제21조의 중개대상물의 확인·설명 내용에 포함되지 않는다.

> **공인중개사법 시행령 제21조(중개대상물의 확인·설명)**
> ① 법 제25조 제1항에 따라 개업공인중개사가 확인·설명해야 하는 사항은 다음 각 호와 같다.
>   1. 중개대상물의 종류·소재지·지번·지목·면적·용도·구조 및 건축연도 등 중개대상물에 관한 기본적인 사항
>   2. 소유권·전세권·저당권·지상권 및 임차권 등 중개대상물의 권리관계에 관한 사항
>   3. 거래예정금액·중개보수 및 실비의 금액과 그 산출내역
>   4. 토지이용계획, 공법상의 거래규제 및 이용제한에 관한 사항
>   5. 수도·전기·가스·소방·열공급·승강기 및 배수 등 시설물의 상태
>   6. 벽면·바닥면 및 도배의 상태
>   7. 일조·소음·진동 등 환경조건
>   8. 도로 및 대중교통수단과의 연계성, 시장·학교와의 근접성 등 입지조건
>   9. 중개대상물에 대한 권리를 취득함에 따라 부담하여야 할 조세의 종류 및 세율

33 난도 ★　　　　　　　　　　답 ④

┃정답해설┃

④ ㉠, ㉡, ㉣, ㉤ 4개가 틀렸다.
  ㉠ 고객점유마케팅 – AIDA원리, 셀링포인트
  ㉡ 시장점유마케팅 – STP전략, 마케팅 믹스
  ㉣ STP – Segmentation, Targeting, 포지셔닝(Positioning) promotion
  ㉤ 마케팅 믹스 – 제품(Product), 가격(Price), 유통경로(Place), 촉진(Promotion)

34 난도 ★   답 ①

┃정답해설┃

① ㉠ 현황 ㉡ 일괄 ㉢ 구분 ㉣ 부분

현황평가	대상부동산의 상태, 구조, 이용방법, 제한물권의 부착, 점유상태 등을 현황대로 유지할 것을 전제로 하는 평가하는 것을 말한다.
일괄평가	2개 이상의 평가대상물건이 일체로 거래되거나 대상물건 상호 간에 용도상 불가분의 관계에 있는 경우에는 일괄하여 평가할 수 있다.
구분평가	나의 대상물건이라도 가치를 달리하는 부분은 이를 구분하여 평가할 수 있다.
부분평가	일체로 이용되고 있는 대상물건의 일부분에 대하여 감정평가하여야 할 특수한 목적이나 합리적인 이유가 있는 경우에는 그 부분에 대하여 감정평가할 수 있다.

35 난도 ★   답 ⑤

┃정답해설┃

⑤ 개별분석은 지역분석의 결과인 표준적 사용 및 가격수준을 기초로 대상부동산의 부지, 개량물, 위치 등의 개별요인을 분석하여 최유효이용을 판정하고 구체적 가격을 산정하는 작업이다. 개별분석의 개별요인은 당해 토지의 가격형성에 영향을 미치는 개별적인 상태, 조건 등의 제반요인을 말한다.

┃오답해설┃

① 유사지역은 대상부동산이 속해 있지 않지만 그 지역적 특성이 대상부동산의 가격형성에 영향을 미치는 지역이다.
② 지역분석은 그 지역에 속하는 부동산의 표준적 이용을 중심으로 가격형성요인을 판단하는 작업이다.
③ 지역분석은 당해 지역의 표준적 이용의 장래의 동향을 명백히 하고 개별분석은 지역적 특성하에서의 당해 부동산의 최유효이용을 판정하는 것이다.
④ 지역분석은 적합의 원칙과 관련이 있고, 개별분석은 균형의 원칙과 관련이 있다.

36 난도 ★★   답 ③

┃정답해설┃

③ 시산가액 조정시 공시지가기준법과 거래사례비교법은 다른 감정평가방식으로 본다. 즉, 공시지가기준법은 산술평균으로 하지만, 거래사례비교법은 가중평균을 통해서 한다.

37 난도 ★★   답 ②

┃정답해설┃

② 부동산평가에서의 감가수정은 대상부동산의 시장가치를 구하기 위한 것이며, 대상부동산의 순장부가치를 유효내용연수로 감가상각하는 것이 아니라 신규부동산으로 취득하는 재조달원가를 유효내용연수로 감가수정하는 것이다.

38 난도 ★★★   답 ⑤

┃정답해설┃

⑤ 토지가격
= 비교표준지가격(㉠ 200만 원) × 시점수정치(㉡ 1.05) × 지역요인(㉢ 1) × 개별요인(㉣ 1.1) × 그 밖 요인 보정(㉤ 1)
= 231만 원

더 알아보기   토지평가(공시지가기준법)절차

㉠ 비교표준지 선정 = 대상토지가 일반상업지역의 상업용이므로 표준지도 C동 110번지의 일반상업지역의 상업용을 선택하여야 한다. 따라서 비교표준지 공시지가는 200만 원이다.
㉡ 시점수정 = 상업지역이 5% 상승하므로 1.05(= 1 + 0.05)로 산정한다.
㉢ 지역요인은 인근지역에 위치하므로 지역요인을 비교할 필요가 없다.
㉣ 개별요인비교 = 10% 우세이므로 1.1(= 1 + 0.1)로 산정한다.
㉤ 그 밖의 요인으로 보정할 사항 없음

정답해설

④ 적산법이란 대상물건의 기초가액에 기대이율로 곱하여 산정한 금액에 대상물건을 계속하여 임대차하는데 필요한 경비를 가산하여 임료를 산정하는 방법을 말한다. 적산임료를 구하는 공식은 다음과 같다.

적산임료 = (기초가액 × 기대이율) + 필요제경비

정답해설

⑤ 직접환원법에 의한 수익가격 $= \dfrac{순영업소득}{환원율}$ 으로 산출된다.

㉠ 순영업소득
= 가능총소득(8,000만 원) − 공실손실상당액 및 대손충당금(10% 800만 원) − 영업경비(700만 원)
= 6,500만 원

㉡ 영업경비
= 수선유지비(400만 원) + 화재보험료(100만 원) + 재산세(200만 원)
= 700만 원

㉢ 환원율 = 10%

∴ 수익가격 $= \dfrac{순영업소득(6,500만 원)}{환원율(10\%)} = 6억 5천만 원$

01	02	03	04	05	06	07	08	09	10	11	12	13	14	15	16	17	18	19	20
②	④	①	④	③	③	③	⑤	④	①	③	④	④	④	②	①	⑤	①	③	③
21	22	23	24	25	26	27	28	29	30	31	32	33	34	35	36	37	38	39	40
④	⑤	①	④	⑤	④	②	⑤	③	③	①	②	①	④	⑤	③	④	①	③	③

01 난도 ★★　　　　　　　　　　　　답 ②

▌정답해설▌

② 경작노력을 요하지 않는 나무와 다년생식물도 정착물로 간주되지만, 종속정착물이기 때문에 중개대상이 되지 않는다.

▌오답해설▌

① 제거 시 기능 및 효용의 손실이 있을 경우 해당 물건은 정착물로 취급한다. 즉, 동산으로 취급하지 않는다.

③ 쌍방과의 관계가 매도자와 매수자일 경우 물건의 주인이 불분명할 때에는 일단 정착물로 간주되어 매수자 것으로 취급한다.

④ 수목, 돌담, 교량, 제방은 토지의 일부로서 거래된다(종속정착물).

⑤ 임대인이 설치한 정착물은 부동산정착물로 취급된다.

02 난도 ★★　　　　　　　　　　　　답 ④

▌정답해설▌

④ ⓛ은 부지에 대한 설명, ⓒ은 맹지에 대한 설명, ⓔ은 필지에 대한 설명이다.

토지의 분류

공지 (空地)	「건축법」에 의한 건폐율·용적률 등의 제한으로 인해 필지 중 건축물을 제외하고 남은 부분의 토지를 말한다.
나지 (裸地)	토지에 건물 기타 정착물이 없고 지상권 등 토지에 사용·수익을 제한하는 사법상의 권리가 설정되어 있지 않은 토지를 말한다.
택지 (宅地)	지상에 건축물이 있거나 향후에 건축물로 이용할 수 있는 토지를 말한다. 즉, 주거용·상업용·공업용 등으로 이용 중이거나 이용 가능한 토지이다.
획지 (劃地)	획지는 인위적·자연적·행정적 조건에 의해 다른 토지와 구별되는 가격수준이 비슷한 일단의 토지의 면적을 말한다. 거래 또는 이용 등의 부동산활동 또는 부동산현상의 단위로서 가격수준을 구분하기 위한 경제적 개념이다.
후보지 (가망지, 예정지)	택지지역, 농지지역, 산지지역 상호 간에 다른 지역으로 전환되고 있는 토지이다. 후보지는 반드시 지목변경을 초래한다.

03 난도 ★★　　　　　　　　　　　　답 ①

▌정답해설▌

① 건축법령에 따른 다중주택은 1종 전용주택에 대한 설명이다. 준주택의 범위와 종류에는 건축법령에 따른 다중생활시설(2종 근린시설의 고시원과 생활숙박시설), 노인복지주택, 오피스텔, 기숙사가 이에 속한다(주택법 시행령 제4조 참고).

주택법 시행령 제4조(준주택의 종류와 범위)
법 제2조 제4호에 따른 준주택의 종류와 범위는 다음
각 호와 같다.
1. 「건축법 시행령」 [별표 1] 제2호 라목에 따른 기숙사
2. 「건축법 시행령」 [별표 1] 제4호 거목 및 제15호 다목에 따른 다중생활시설
3. 「건축법 시행령」 [별표 1] 제11호 나목에 따른 노인복지시설 중 「노인복지법」 제32조 제1항 제3호의 노인복지주택
4. 「건축법 시행령」 [별표 1] 제14호 나목 2)에 따른 오피스텔

04 난도 ★★   답 ④

┃정답해설┃

④ 용도 다양성과 관련된 특성은 ㉠, ㉡, ㉢, ㉣이고, ㉤은 영속성과 관련된 특성이다.

더 알아보기   용도의 다양성으로부터 파생된 특징

① 최유효이용의 판단의 근거
② 창조적 이용 및 이행과 전환 가능
  ㉠ 후보지와 이행지와 같은 용어를 사용케 함
  ㉡ 가격다원설에 있어서 논리적 근거가 됨
  ㉢ 토지의 경제적 공급을 가능케 함
③ 하나의 토지가 특정용도로 활용되면 해당 용도를 원상태로 환원시키기 어려운 용도의 비가역성(非可逆性)이 발생함

05 난도 ★★   답 ③

┃정답해설┃

③ 상부 미이용공간에 직접 시설을 건축하여 이용함이 부적당한 경우 상부 미이용공간에 상응하는 용적률의 개발권 등을 인근토지로 양도해서 이용하도록 하는 방법을 개발권이전제도(TDR)라고 한다.

06 난도 ★★   답 ③

┃정답해설┃

③ 수입외제차와 국내자동차는 대체관계이다. 따라서 외제차 관세가 인하되었다는 의미는 외제차 수요가 증가하고 국산자동차 수요가 감소한다는 것이다. 또한 휘발유와 자동차는 보완관계이므로 휘발유가격이 상승하면 국산차의 수요는 감소한다. 수입외제차의 관세 인하와 휘발유가격의 상승은 국산자동차 수요 감소를 나타내므로 자동차 가격은 하락하고 균형량도 감소한다.

07 난도 ★★   답 ③

┃정답해설┃

③ 오피스텔의 분양수입이 극대화지점의 분양가를 묻는 지문으로서 절편값을 구하고 그 중앙 값인 단위탄력적인 점의 가격을 구하는 문제이다. 따라서 $Q_d = 600 - \dfrac{3}{2} P$ 를 변형하면 $P = 400 - \dfrac{2}{3} Q_d$ 가 된다. 이때 절편이 400 이므로 그 중앙인 200만 원이 수익극대화가 된다. 또한 기울기는 $\dfrac{2}{3}$ 가 된다.

08 난도 ★★   답 ⑤

┃정답해설┃

⑤ ㉠ 가격탄력성(0.6) = $\dfrac{\text{수요의 변화율(?)}}{\text{아파트가격(3\% 상승)}}$

   → 수요량의 변화율 = 1.8% 감소

㉡ 소득탄력성(0.4) = $\dfrac{\text{수요의 변화율(?)}}{\text{소득(3\% 상승)}}$

   → 수요량의 변화율 = 1.2% 증가

㉢ 교차탄력성(0.2) = $\dfrac{\text{수요의 변화율(?)}}{\text{오피스텔가격(3\% 상승)}}$

   → 수요량의 변화율 = 0.6% 증가

∴ 전체 수요량의 변화율
   = ㉠ (1.8% 감소) + ㉡ (1.2% 증가) + ㉢ (0.6% 증가)
   = 변화 없음

09 난도 ★　　　　　　　　　답 ④

정답해설

④ A부동산 시장과 B부동산 시장의 수요함수, 공급함수를 통해서 기울기를 파악하여 문제를 풀면 된다.

　㉠ A시장의 경우 $P = \sim$으로 식을 정리하면,

　　$P = 250 - \dfrac{1}{2}Q_d$ 가 붙는데, 이때 Q_d 앞에 붙는 $-\dfrac{1}{2}$

　　이 수요곡선의 기울기가 된다. 또한 공급식을 정리하

　　면 $P = 100 + \dfrac{4}{3}Q_s$ 가 되고 이때 $\dfrac{4}{3}$ 가 공급곡선의

　　기울기가 된다. 즉, 수요곡선의 기울기와 공급곡선의

　　기울기의 절댓값을 비교하면 공급곡선의 기울기가

　　더 크므로 ($\dfrac{1}{2} < \dfrac{4}{3}$), 공급이 비탄력적이라는 의미이

　　므로 수렴형의 형태를 보인다.

　㉡ 같은 논리로 B시장을 정리하면 수요곡선의 기울기는
　　−2가 되고, 공급함수의 기울기는 $P = 50 + 2Q_s$ 에서
　　2가 됨을 알 수 있다. 즉, B부동산의 수요곡선의 기울
　　기의 절댓값과 공급곡선의 기울기의 절댓값이 같으
　　므로 B는 순환형이 된다.

10 난도 ★★★　　　　　　　　　답 ①

정답해설

① 물리적 주택은 이질적인 재화지만 주택서비스라는 추상
　적인 개념에서는 주택은 동질적인 상품으로 존재할 수
　있다.

오답해설

② 부동산시장의 상품의 비표준성, 거래의 비공개성, 시장
　의 비조직성 등의 특성은 개별성과 연관이 있다.

③ 부동산시장에 정부가 개입하더라도 부동산의 용도별 수
　급이 왜곡이 발생할 수 있다. 이를 정부실패라 한다.

④ 강성 효율적 시장에서는 어떤 정보를 이용하여도 초과이
　윤을 얻을 수 없다.

⑤ 독점을 획득하기 위한 기회비용이 동일하다는 의미는 그
　어떤 투자자도 독점이 될 수도 있다는 의미이다. 즉, 이
　경우에는 초과이윤이 0이 되므로 해당 시장은 할당효율
　적 시장이 될 수 있다.

11 난도 ★★　　　　　　　　　답 ③

정답해설

③ "택지의 가격은 위치의 가격에 농업지대를 합한 것이다."
　는 마샬의 위치의 중요성을 강조한 내용이다. 위치지대
　설(입지교차 지대설)은 튀넨이 그의 저서 「고립국」에서
　지대의 발생을 설명하였고 위치에 따른 지대의 차이는
　수송비의 차이로 보고 그 수송비의 절약분만큼 지대가
　다르다고 보는 이론이다.

12 난도 ★★　　　　　　　　　답 ④

정답해설

④ 상권 간의 중첩을 인정하는 경우로 시장침투법에 대한
　설명이다.

더 알아보기 | 공간독점법, 시장침투법, 분산시장접근법의 비교

구분	공간독점법	시장침투법	분산시장접근법
상권 형태	지역독점에 의한 확정상권	중첩부분 인정	특정지역의 불연속 상권
공간 획정	• 상권다각형 • 동일 시간대, 1차 상권	총매출액의 60%를 기준으로 1 · 2차 상권 구분, 거리에 수요 감소 함수	시장분화를 전제로 동일 지역 내에서도 그룹별로 차이를 둠
응용	• 편의품 • 표준적인 쇼핑센터	• 선매품 • 경쟁점포	• 매우 전문화된 상품 • 특정소득 · 그룹 대상
적용 상점	주류판매점, 우체국	백화점, 슈퍼마켓	고급 가구점

13 난도 ★★　　　　　　　　답 ④

┃정답해설┃

④ 컨버스의 분기점모형 계산

　⊙ A에서 상권의 경계점 $= \dfrac{\text{A와 B 사이의 거리}}{1 + \sqrt{\dfrac{\text{B면적(인구수)}}{\text{A면적(인구수)}}}}$

　　$= \dfrac{x}{1 + \sqrt{\dfrac{9,000}{1,000}}} = 2\text{km}$

　⊙ $x = 8$이 되므로 두 도시 간의 거리는 8km가 된다.

14 난도 ★★　　　　　　　　답 ④

┃정답해설┃

④ 사적 편익보다 사회적 편익이 큰 경우에 정(+)의 외부효과이므로 과소생산이 되어 정부의 시장개입 근거가 된다.

┃오답해설┃

① 정부의 시장개입은 때때로 정책의 불완전성 등으로 인하여 오히려 시장의 효율성을 더욱 저해할 수 있게 되는데 이런 현상을 정부실패라고 한다.
③ PIR(Price to Income Ratio), 슈바베 지수가 높을수록 주택에 대한 주거비부담능력의 위험이 높아진다.
⑤ 현재 시행되고 있지 않은 제도는 택지소유상한제, 토지초과이득세, 공한지세, 종합토지세 등이 있다.

15 난도 ★★　　　　　　　　답 ②

┃정답해설┃

② 직접개입에 해당되는 것은 ㄱ. 토지은행, ㄴ. 공영개발사업, ㅂ. 공공투자사업이다.

더 알아보기	토지정책의 수단
직접개입	토지은행제도, 토지구획정리사업, 공영개발, 공공소유제도, 공공투자사업, 공공임대주택 공급, 보금자리주택의 건설·공급, 토지수용 등
이용규제	지역지구제, 건축규제, 각종 인허가, 개발권이전제도(TDR), 계획단위개발 등
간접개입	보조금, 금융지원, 개발부담금, 재산세

16 난도 ★★★　　　　　　　　답 ①

┃정답해설┃

① 국민임대주택에 대한 설명이 아니라 행복주택에 대한 설명이다.

> **공공주택특별법 제2조(공공임대주택)**
> ① 「공공주택 특별법」(이하 "법"이라 한다) 제2조 제1호 가목에서 "대통령령으로 정하는 주택"이란 다음 각 호의 주택을 말한다.
> 1. 영구임대주택 : 국가나 지방자치단체의 재정을 지원받아 최저소득 계층의 주거안정을 위하여 50년 이상 또는 영구적인 임대를 목적으로 공급하는 공공임대주택
> 2. 국민임대주택 : 국가나 지방자치단체의 재정이나 「주택도시기금법」에 따른 주택도시기금(이하 "주택도시기금"이라 한다)의 자금을 지원받아 저소득 서민의 주거안정을 위하여 30년 이상 장기간 임대를 목적으로 공급하는 공공임대주택
> 3. 행복주택 : 국가나 지방자치단체의 재정이나 주택도시기금의 자금을 지원받아 대학생, 사회초년생, 신혼부부 등 젊은 층의 주거안정을 목적으로 공급하는 공공임대주택
> 4. 장기전세주택 : 국가나 지방자치단체의 재정이나 주택도시기금의 자금을 지원받아 전세계약의 방식으로 공급하는 공공임대주택
> 5. 분양전환공공임대주택 : 일정 기간 임대 후 분양전환할 목적으로 공급하는 공공임대주택
> 6. 기존주택매입임대주택 : 국가나 지방자치단체의 재정이나 주택도시기금의 자금을 지원받아 기존주택을 매입하여 「국민기초생활 보장법」에 따른 수급자 등에게 공급하는 공공임대주택
> 7. 기존주택전세임대주택 : 국가나 지방자치단체의 재정이나 주택도시기금의 자금을 지원받아 기존주택을 임차하여 저소득 서민에게 전대(轉貸)하는 공공임대주택

17 난도 ★★★

정답해설

⑤ 종량세란 단위당 t원의 조세를 부과하는 방식으로 조세를 부과하면 공급곡선이 상방으로 평행이동 또는 수요곡선이 하방으로 평행이동한다. 조세는 공급자에게 부과하나 소비자에게 부과하나 결과는 같다. 단, 주의할 것은 단위당 세금이 부과되었으므로 가격을 '1P'로 변형하는 것이 중요하다. 따라서 주어진 조건을 변형한다.

시장수요함수는 $P = 1,200 - \frac{1}{2} Q_D$이고,

공급함수는 $P = 400 + \frac{1}{3} Q_S$가 된다.

(1) 조세부과 전 주택시장의 균형가격과 균형거래량은 다음과 같다.
수요와 공급을 일치시키면 균형거래량과 균형가격을 측정할 수 있다.

균형가격(Q)은 960(∵ $1,200 - \frac{1}{2} Q_D = 400 + \frac{1}{3} Q_S$,

$5Q = 4,800$, $Q = 960$)이고, 이를 수요함수(혹은 공급함수)에 대입하면 균형가격(P) = 720임을 알 수 있다.

(2) 조세부과 후 주택가격과 균형거래량은 다음과 같다.
단위당 20만 원의 조세가 부과되면 공급곡선이 40만 원만큼 상방으로 이동하므로 공급함수가 $P = 440 + \frac{1}{3} Q_S$로 바뀌게 된다. 이제 조세부과 이후의 균형거래량을 구하면

균형가격(Q)은 936(∵ $1,200 - \frac{1}{2} Q_D = 400 + \frac{1}{3} Q_S$,

$5Q = 4,560$, $Q = 912$)이고, 이를 수요함수(혹은 공급함수)에 대입하면 균형가격(P) = 744임을 알 수 있다. 그러므로 조세부과에 따라 거래량은 48만 호 감소하고, 가격은 24만 원 상승한다. 따라서 조세부과에 따른 사회적

후생손실(즉, 초과부담)은 240억 원[= $\frac{1}{2}$ × 세금(40만 원) × 거래량(48만 호) = 960억 원]이 된다.

18 난도 ★★

답 ①

정답해설

ⓜ [O] 투자위험의 관리방법 중 위험통제는 투자대상을 철저히 분석하여 위험을 제거하는 투자방법이다. 민감도가 높게 나타나는 위험요소는 집중적으로 관리할 필요가 있다.

오답해설

㉠ [×] 차입자에게 고정금리대출을 실행하면 대출자의 인플레이션 위험은 높아진다.

㉡ [×] 투입요소가 변화함에 따라 그 결과치가 어떠한 영향을 받는가를 분석하는 것이 민감도 분석이므로 위험의 통제에 속한다.

㉢ [×] 위험의 처리방법으로 요구수익률을 상향조정하고, 기대수익률 하향조정 등을 실시한다.

㉣ [×] 주어진 지문은 유동성 위험에 해당되는 것이다. 금융상 위험이란 부채를 많이 활용함에 따라 원리금상환부담이 가중되는 것을 말한다.

19 난도 ★★

답 ③

정답해설

③ 투자자의 요구수익률이 기대수익률보다 크다면 당해 부동산에 대한 투자가치가 없기 때문에 당해 부동산의 수요가 감소하고, 수요감소로 부동산가격은 하락하며, 가격이 하락하므로 투자비용은 적어져서 기대수익률은 점차 상승하게 된다.

오답해설

① 동일한 위험증가에 대해서 위험회피형 투자자 중에서 위험혐오도가 더 강한 투자자(보수적 투자자)가 위험혐오도가 적은 투자자(공격적 투자자)보다 더 높은 수익률을 요구하게 된다.

20 난도 ★★★ 답 ③

┃정답해설┃

③ 부동산이 위험이 가장 낮기 때문에 예상수익률이 실제수익률에 가깝게 나올 가능성이 크다.

┃오답해설┃

① 평균 – 분산결정원리에 따르면 주식이 부동산을 지배하지 못한다. 왜냐하면 수익측면에서는 주식을 선택하지만 위험측면은 아파트가 선호되기 때문이다.

② 분산투자시에 주식과 채권을 조합했을 때 가장 많은 비체계적 위험을 제거할 수가 있다. 그 이유는 주식과 채권을 결합했을 때 상관계수값이 가장 낮다.

④ 위험혐오적 투자자란 기대수익률이 동일할 때 위험이 낮은 것을 선호한다는 의미이므로 주어진 지문에서는 선택을 할 수 없다.

⑤ 변이계수(coefficient of variation)를 통해 위험조정수익을 측정하면, 부동산(= 0.49)이 주식(= 1.26)보다 변이계수 값이 낮기 때문에 상대적으로 부동산이 주식보다 더 우월한 투자상품이다.

21 난도 ★★ 답 ④

┃정답해설┃

④ 1억 원 × 연금의 현가계수(3.790) = 3억 7,900만 원

┃오답해설┃

① 1억 원 × 일시불 내가(1.610) = 1억 6,100만 원

② 1억 원 × 저당상수(0.263) = 2,630만 원

③ 1억 원 × 일시불현가(0.620) = 6,200만 원

⑤ 1억 원 × 감채기금계수(0.163) = 1,630만 원

22 난도 ★★★ 답 ⑤

┃정답해설┃

⑤ 자본환원율(종합환원율) = $\dfrac{\text{순영업소득}}{\text{총투자액}}$

$= \dfrac{57,000원}{1,000,000} = 5.7\%$

┃오답해설┃

① 저당상수 = $\dfrac{\text{상환액}}{\text{융자액}} = \dfrac{40,000원}{500,000원} = 8\%$

② 지분환원율(배당률) = $\dfrac{\text{세전현금수지}}{\text{지분투자액}} = \dfrac{17,000원}{500,000원}$

$= 3.4\%$

③ 공실률 = $\dfrac{\text{공실액}}{\text{가능조소득}} = \dfrac{5,000원}{100,000원} = 5\%$

④ 영업경비비율 = $\dfrac{\text{영업경비}}{\text{유효조소득}} = \dfrac{38,000원}{95,000원} = 40\%$

> **더 알아보기** 비율분석법 및 어림셈법의 계산
>
> 1) 부동산가치 = 총투자액 = 1,000,000원(단위 : 천 원)
> 2) 대출비율 50%
>   = 융자액 500,000원, 지분투자액 500,000원
> 3) 잠재총소득 100,000원 – 유효총소득 95,000원
>   = 공실액 5,000원
> 4) 유효조소득 95,000원 – 순영업소득 57,000원
>   = 영업경비 38,000원
> 5) 순영업소득 57,000원 – 세전현금 17,000원
>   = 부채서비스액 40,000원

23 난도 ★★★ 답 ①

┃오답해설┃

② 현금흐름 양상에 따라 투자안의 내부수익률이 '0 또는 2 이상' 존재하는 경우 투자안의 평가가 불가능하나, 순현가는 요구수익률이 기간에 따라 달라질 경우라도 평가가 가능하다.

③ 2개 투자대안의 투자금액과 회계적 수익률이 각각 동일한 경우, 사업기간 초기에 현금유입이 많은 대안이 후기에 현금유입이 많은 대안보다 내부수익률이 더 높다.

→ 후기(먼 장래)에 수입이 많을 경우 현재가치로 해당 수입을 할인할 때 수입의 할인폭이 커지게 되므로 상대적으로 현재시점에서 수입이 낮게 계산된다.

→ 초기에 수입이 많을 경우 계산과정에서 상대적으로 수입의 할인폭이 작아지므로 수입이 높게 계산된다.

→ 결론적으로 사업기간 초기에 유입이 많을 경우에 더 높은 내부수익률을 보이게 된다.

④ 수익성지수가 1일 때 내부수익률이 존재한다.

⑤ 내부수익률은 요구수익률을 할인율로 활용하지 않기 때문에 내부수익률을 계산할 때 사전적으로 요구수익률이 필수로 요구되는 것은 아니다.

24 난도 ★★   답 ④

┃ 정답해설 ┃

① 기금의 주택계정은 다음 각 호의 용도에 사용한다.

> **주택도시기금법 제9조(기금의 용도)**
> 1. 다음 각 목에 대한 출자 또는 융자
>   가. 국민주택의 건설
>   나. 국민주택규모 이하의 주택의 구입·임차 또는 개량
>   다. 준주택의 건설
>   라. 준주택의 구입·임차 또는 개량
>   마. 국민주택규모 이하인 주택의 리모델링
>   바. 국민주택을 건설하기 위한 대지조성사업 등

25 난도 ★★   답 ⑤

┃ 오답해설 ┃

① 원리금균등분할상환방식과 원금균등분할상환의 1회차 이자지급액은 동일하게 나타난다.
② 대출기간 초기에는 원금균등분할상환의 원리금이 원리금균등분할상환의 원리금보다 많다.
③ 원리금균등분할상환은 원금균등분할상환에 비해 초기에는 원리금의 지불액이 적다.
④ 원리금균등분할상환은 원금균등분할상환에 비해 대출초기 상환부담이 더 적다.

26 난도 ★★   답 ④

┃ 정답해설 ┃

④ 주어진 지문은 원리금균등상환 방식이다.

> 원리금상환액[(1) 대출액 × 저당상수] − 이자지급액[(2) 미상환잔금 × 이자율] = 원금상환액(3)

1. 1회차 이자율
(1) 원리금상환액 = 대출액(4억 원) × 저당상수(0.09)
              = 3,600만 원
(2) 이자지급액
     = 원리금상환액(3,600만 원) − 원금상환액(1,000만 원)
     = 2,600만 원

이자지급액(2,600만 원) = 미상환잔금(4억 원) × 이자율(?)
이자율(대출금리)은 6.5%

2. 2회차 원금
(1) 이자지급액 = 미상환잔금(3.9억 원) × 이자율(6.5%)
            = 2,535만 원
(2) 원금상환액
     = 원리금상환액(3,600만 원) − 이자지급액(2,535만 원)
     = 1,065만 원

27 난도 ★★   답 ②

┃ 오답해설 ┃

① MPTB(mortgage pay-through bond)가 아니라 CMO (collateralized mortgage obligations)에 대한 설명이다.
③ MPTS(mortgage pass-through securities)가 아니라 MBB(mortgage backed bond)에 대한 설명이다.
④ CMO(collateralized mortgage obligations)가 아니라 MPTS(mortgage pass through securities)에 대한 설명이다.
⑤ ABCP는 상법상 주식회사이므로 상법에 적용을 받는다.

28 난도 ★★★   답 ②

┃ 정답해설 ┃

② 개발사업의 자금지출의 순위는 개발에 따른 공사비를 개발이익에 우선하여 지출한다.

┃ 오답해설 ┃

① PF에서는 부동산 개발사업의 현금흐름을 통제하기 위해서 독립된 에스크로우 계정을 만들어서 수입과 지출을 통제한다.
③ 시행사와 시공사가 부도될 경우에 PF를 진행할 수 없기 때문에 대주단과의 계약에서 사업권 또는 시공권을 포기하는 각서를 작성하게 된다.
④ PF에서 사업주에게는 개인적 채무가 없는 상태이기 때문에 개발사업의 공사대금 수령자인 시공사에게 책임준공 의무를 부과함과 동시에 PF 대출의 채무를 인수 또는 보증을 제공하도록 한다.
⑤ 부동산신탁에서 담보신탁은 신탁증서를 담보한 것이므로 수익증서에 대하여 질권을 설정할 수 있다.

29 난도 ★★　　　답 ③

┃오답해설┃

ㄴ. [×] 공실률분석이 아니라 지역경제분석에 대한 내용이다. 공실률분석이란 임대 대상 부동산이 임대기간 중 임대되지 않고 비어있는 기간의 비율을 의미하기도 한다.

ㄷ. [×] 흡수율분석의 궁극적인 목적은 과거를 통하여 미래의 추세를 정확하게 파악하는 데 있다.

30 난도 ★★　　　답 ③

┃정답해설┃

③ 사업수탁방식의 경우, 사업 전반이 토지소유자의 명의로 행해지며, 개발지분은 토지소유자가 가지고 개발업자는 개발에 따른 수수료를 가진다.

31 난도 ★★　　　답 ①

┃정답해설┃

① ㉠ 주거환경개선사업, ㉡ 재개발사업, ㉢ 재건축사업에 대한 설명이다.

32 난도 ★　　　답 ②

┃정답해설┃

② 시설관리에 대한 설명이다. 자산관리란 소유주의 부의 극대화를 위한 행위로서 포트폴리오 관리, 투자리스크 관리, 매입·매각관리, 재투자 결정 등이 이에 속한다.

33 난도 ★★★　　　답 ①

┃정답해설┃

① 주어진 지문은 권리분석의 특별원칙 중에 안전성의 하위원칙에 대한 설명으로서 ㉠ 하자전제 원칙, ㉡ 완전심증 원칙, ㉢ 범위확대 원칙에 해당되는 내용이다. 그 외에 차단의 원칙은 부동산권리분석의 과정에 있어서 여러 가지 판단에 혼동을 초래할 위험이 있는 모든 원인은 미리

분리시켜야 한다. 또한 유동성 대비의 원칙은 권리분석 결과 얻은 증거나 증인 또는 증언에 대하여 소멸·사망하거나 번복되는 경우에 대비하라는 원칙이다.

34 난도 ★★　　　답 ④

┃정답해설┃

㉠ [×] 고객점유 마케팅 전략이 아니라 시장점유 마케팅에 대한 설명이다.

㉡ [×] 차별화(Positioning)가 아니라 표적시장(target market)에 대한 설명이다.

㉢ [×] 시장점유마케팅이 아니라 관계마케팅에 대한 설명이다.

㉣ [×] 관계마케팅(interactive marketing)이 아니라 고객점유마케팅에 대한 설명이다.

35 난도 ★★★　　　답 ⑤

┃정답해설┃

⑤ 감정평가업자에게 법령에 다른 규정이 있는 경우에는 시장가치 외의 가치로 감정평가하는 경우에는 해당 시장가치 외의 가치의 성격과 특징을 검토해야 하는 의무가 있는 것은 아니다.

> **감정평가에 관한 규칙 제5조(시장가치기준 원칙)**
> ① 대상물건에 대한 감정평가액은 시장가치를 기준으로 결정한다.
> ② 감정평가법인등은 제1항에도 불구하고 다음 각 호의 어느 하나에 해당하는 경우에는 대상물건의 감정평가액을 시장가치 외의 가치를 기준으로 결정할 수 있다.
>   1. 법령에 다른 규정이 있는 경우
>   2. 감정평가 의뢰인(이하 "의뢰인"이라 한다)이 요청하는 경우
>   3. 감정평가의 목적이나 대상물건의 특성에 비추어 사회통념상 필요하다고 인정되는 경우
> ③ 감정평가법인등은 제2항에 따라 시장가치 외의 가치를 기준으로 감정평가할 때에는 다음 각 호의 사항을 검토해야 한다. 다만, 제2항 제1호의 경우에는 그렇지 않다.
>   1. 해당 시장가치 외의 가치의 성격과 특징
>   2. 시장가치 외의 가치를 기준으로 하는 감정평가의 합리성 및 적법성

④ 감정평가법인등은 시장가치 외의 가치를 기준으로 하는 감정평가의 합리성 및 적법성이 결여(缺如)되었다고 판단할 때에는 의뢰를 거부하거나 수임(受任)을 철회할 수 있다.

36 난도 ★★ 답 ③

┃ 정답해설 ┃

③ 균형의 원칙은 대상부동산에 관한 내부적 관계를 설명할 때 유용하고, 적합의 원칙은 주변환경에 관한 외부적 관계를 설명할 때 유용하다. 따라서 균형의 원칙은 '외부적 관계의 원칙인 적합의 원칙과는 대조적인 의미로'로 수정해야 옳다.

37 난도 ★★ 답 ④

┃ 정답해설 ┃

④ 감가수정을 할 때에는 경제적 내용연수를 기준으로 한 정액법, 정률법 또는 상환기금법 중에서 대상물건에 가장 적합한 방법을 적용하여야 한다.

38 난도 ★★★ 답 ①

┃ 오답해설 ┃

② 가치형성요인이란 대상물건의 경제적 가치에 영향을 미치는 일반요인, 지역요인 및 개별요인 등을 말한다.

③ 동일수급권이란 대상부동산과 대체·경쟁관계가 성립하고 가치 형성에 서로 영향을 미치는 관계에 있는 다른 부동산이 존재하는 권역을 말하며, 인근지역과 유사지역을 포함한다.

④ 임대사례비교법이란 대상물건과 가치형성요인이 같거나 비슷한 물건의 임대사례와 비교하여 대상물건의 현황에 맞게 사정보정, 시점수정, 가치형성요인 비교 등의 과정을 거쳐 대상물건의 임대료를 산정하는 감정평가방법을 말한다.

⑤ 수익환원법이란 대상물건이 장래 산출할 것으로 기대되는 순수익이나 미래의 현금흐름을 환원하거나 할인하여 대상물건의 가액을 산정하는 감정평가방법을 말한다.

39 난도 ★★★ 답 ③

┃ 정답해설 ┃

③ 부채감당법을 활용한 환원이율의 산정

부채감당법의 환원이율
= 저당상수 × 부채감당률 × 대부비율

㉠ 저당상수 : 0.177
㉡ 부채감당률 : = 2
㉢ 대부비율 : 40% = 0.4
㉣ 최종환원이율 = 0.177 × 2 × 0.4 = 0.1416 = 14.16%

40 난도 ★ 답 ③

┃ 오답해설 ┃

① 공시지가기준법에 따라 토지를 감정평가할 때에 비교표준지를 선정하고, 시점수정 등 필요한 조정을 하여야 한다. 그러나 사정보정은 할 필요가 없다.

② 건물을 감정평가할 때에 원가법을 적용하여야 한다.

④ 소음·진동·일조침해 또는 환경오염 등으로 인한 토지 등의 가치하락분을 감정평가할 때에는 소음 등이 발생하기 전의 대상물건의 가액 및 원상회복비용은 고려하여야 한다.

⑤ 감정평가업자는 산림을 감정평가할 때에 산지와 입목(立木)을 구분하여 감정평가하여야 한다.

06 제3회 부동산학원론 최종모의고사 정답 및 해설

01	02	03	04	05	06	07	08	09	10	11	12	13	14	15	16	17	18	19	20
②	③	③	③	④	①	⑤	②	⑤	③	⑤	②	③	⑤	④	③	③	④	②	④
21	22	23	24	25	26	27	28	29	30	31	32	33	34	35	36	37	38	39	40
⑤	⑤	②	③	⑤	④	④	⑤	④	③	⑤	②	③	④	⑤	②	⑤	⑤	⑤	③

01 난도 ★★ 답 ②

┃정답해설┃

② 부동산 금융업은 표준산업분류상 부동산업의 분류에 포함되지 않는다.

대분류	중분류	소분류	세분류
부동산업	부동산 임대업 및 공급업	부동산 임대업	• 주거용 건물임대업 • 비주거용 건물임대업 • 기타 부동산임대업
		부동산 개발 및 공급업	• 주거용 건물 개발 및 공급업 • 비주거용 건물 개발 및 공급업 • 기타 부동산개발 및 공급업
	부동산 관련 서비스업	부동산 관리업	• 주거용 부동산관리업 • 비주거용 부동산관리업
		부동산 중개 및 감정 평가업	• 부동산 중개업 및 대리업 • 부동산 투자자문업 및 감정 평가업

02 난도 ★★ 답 ③

┃오답해설┃

㉠ [×] 지력회복을 위해 정상적으로 쉬게 하는 토지는 휴한 지이다. 공지는 용적률 제한 등으로 인해 한 필지 내에서 비워둔 토지를 말한다.

㉢ [×] 하나의 지번을 가진 토지등기의 한 단위는 필지이다. 획지는 인위적·자연적·행정적 조건에 의해 다른 토지와 구별되는 가격수준이 비슷한 일단의 토지를 말한다.

03 난도 ★★★ 답 ③

┃정답해설┃

③ '민영주택'이란 국민주택을 제외한 주택을 말한다(법 제2조 제7호).

> **주택법 제2조(정의)**
> 5. '국민주택'이란 다음의 어느 하나에 해당하는 주택으로서 국민주택규모 이하인 주택을 말한다(법 제2조 제5호).
> ㉠ 국가·지방자치단체, 한국토지주택공사 또는 지방공사가 건설하는 주택
> ㉡ 국가·지방자치단체의 재정 또는 주택도시기금으로부터 자금을 지원받아 건설되거나 개량되는 주택

04 난도 ★★ 답 ③

┃오답해설┃

ㄹ. [×] 영속성은 부동산 활동에서 감가상각이 배제된다.

05 난도 ★★ 답 ④

┃정답해설┃

④ 균형가격은 상승하고 균형거래량은 수요와 공급의 변화 폭에 따라 달라진다.

① 수요증가, 공급증가이므로 균형가격은 알 수 없고 균형 거래량은 증가한다.
② 수요감소, 공급증가이므로 균형가격은 하락하고 균형거래량은 그 변화를 알 수 없다.
③ 수요증가 = 공급증가이므로 균형가격은 변하지 않고 균형거래량은 증가한다.
⑤ 수요증가 < 공급증가이므로 균형가격은 하락하고, 균형거래량은 증가한다.

06 난도 ★   탑 ①

(1) 균형가격

　㉠ 최초 균형가격 산출 : 수요함수($Q_d = 150 - 2P$)

　　　　　　　　　　　　　공급함수($Q_{s1} = 30 + P$)

　$30 + P = 150 - 2P \rightarrow 3P = 120 \rightarrow P = 40$

　㉡ 변화 후 균형가격 산출 : 수요함수($Q_d = 150 - 2P$)

　　　　　　　　　　　　　공급함수($Q_{s2} = 30 + 2P$)

　$30 + 2P = 150 - 2P \rightarrow 4P = 120 \rightarrow P = 30$

따라서 균형가격은 40에서 30으로 변화하였다. 결과적으로 10 감소했다.

(2) 공급곡선의 기울기

　㉠ 최초의 공급곡선의 기울기

　　: $Q_{s1} = 30 + P \rightarrow P = 1Q_{s1} + 30$

　　→ 기울기는 10이다.

　㉡ 변화 후 공급곡선의 기울기

　　: $Q_{s2} = 30 + 2P \rightarrow P = \frac{1}{2}Q_{s2} + 15$

　　→ 기울기는 $\frac{1}{2}$이다.

따라서 공급곡선의 기울기는 감소했다.

07 난도 ★★   탑 ⑤

⑤ 주거용 부동산은 상업용 및 공업용에 비해 수요가 탄력적이다(탄력성이 큰 편이다).

① 수요의 탄력성이 적용되는 정도는 부동산의 종류에 따라 상이한 양상을 보인다.
② 어느 부동산과 밀접한 대체재가 시장에 출현한다면, 그 부동산에 대한 수요의 탄력성은 이전보다 더 커진다.
③ 부동산의 용도전환이 용이하면 할수록 수요의 가격탄력성은 커진다.
④ 부동산을 지역별·용도별로 세분할 경우 수요의 가격탄력성은 커지게 된다.

08 난도 ★★★   탑 ②

② 2사분면에서는 임대료가 동일할 때 금리 또는 위험이 상승할수록 기울기는 할인율에 의해 급경사가 되어 자산가격은 하락한다.

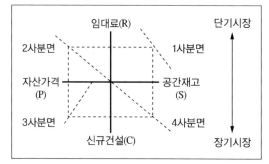

09 난도 ★★   탑 ⑤

⑤ 고소득층 주거지역으로 저소득층이 들어오게 되어 하향여과과정이 계속되면, 고소득층 주거지역은 점차 저소득층 주거지역으로 바뀔 것이다. 반면에 저소득층 주거지역으로 고소득층이 들어오게 되어 상향여과과정이 계속되면, 저소득층 주거지역은 점차 고소득층 주거지역으로 바뀔 것이다.

③ 저소득층 주거지역에서 주택의 보수를 통한 가치 상승분이 보수비용보다 적다면 하향여과가 발생할 수 있다.

10 난도 ★★ 답 ③

┃정답해설┃

개발정보의 현재가치를 구하는 방법은 다음과 같다.

(1) 100% 개발 시의 토지가치를 산정해서 40 : 60의 불확실성을 반영한 토지가치를 차감하면 된다.

(2) 100% 개발이 되었을 때 역세권 토지의 1년 후의 가치는 8억 8천만 원이 된다.

(3) 100% 개발 시 혁신도시의 현재가치는 = 8억 원이 된다 (요구수익률로 할인).

(4) 개발가능성을 40%로 보았을 때(불확실성 반영) 역세권 인근의 토지가치는 8억 8천만 원×0.4 + 6억 6천만 원 ×0.6 = 7억 4,800만 원이 될 것이다.

(5) 불확실성을 반영하여 해당 토지가치의 현재가치를 산정하면, $\dfrac{7억\ 4,800만\ 원}{(1+0.1)^1}$ = 6억 8천만 원이 된다.

(6) 100% 개발 시 토지가치 − 40 : 60의 토지가치
= 8억 원 − 6억 8천만 원
= 1억 2천만 원

(7) 해당 토지가 개발된다는 정보의 현재가치는 1억 2천만 원이다.

11 난도 ★★ 답 ⑤

┃정답해설┃

⑤ ㄱ : 레일리의 소매인력법칙
　ㄴ : 버제스의 동심원이론
　ㄷ : 호이트의 선형이론
　ㄹ : 해리스와 울만의 다핵심이론

- (ㄱ : 소매인력법칙) : 두 개 도시의 상거래흡인력은 두 도시의 인구에 비례하고, 두 도시의 분기점으로부터 거리의 제곱에 반비례함
- (ㄴ : 동심원이론) : 도시 내부 기능지역이 침입, 경쟁, 천이 과정을 거쳐 중심업무지, 점이지대, 주거지역 등으로 분화함
- (ㄷ : 선형이론) : 도시공간구조가 교통망을 따라 확장되어 부채꼴 모양으로 성장하고, 교통축에의 접근성이 지가에 영향을 주며 형성됨
- (ㄹ : 다핵심이론) : 도시공간구조는 하나의 중심이 아니라 몇 개의 분리된 중심이 점진적으로 성장되면서 전체적인 도시가 형성됨

12 난도 ★★★ 답 ②

┃정답해설┃

고객의 유인력 = $\dfrac{크기(면적)}{거리^{마찰계수}}$

(1) 할인점 A의 유인력 = $\dfrac{500}{5^2}$ = 20

　할인점 B의 유인력 = $\dfrac{300}{10^2}$ = 3

　할인점 C의 유인력 = $\dfrac{450}{15^2}$ = 2

(2) 할인점 A에 방문할 확률 = $\dfrac{20}{20+3+2}$ = $\dfrac{20}{25}$ = 0.8

(3) 할인점 A에 방문할 고객 수 = 4,000명×0.8 = 3,200명

(4) 할인점 A의 월 추정매출액
= 3,200명×35만 원
= 11억 2,000만 원

13 난도 ★★★ 답 ③

┃정답해설┃

③ ㄴ. 공인중개사제도(1984년) → ㄷ. 부동산실명제(1995년) → ㄱ. 자산유동화제도(1998년) → ㄹ. 부동산거래신고제(2017년)

14 난도 ★★★ 답 ⑤

┃정답해설┃

⑤ 재산세는 지방세로서 보유단계에 부과하는 조세이다.

더 알아보기	**부동산 조세의 종류**	
구분	**국세**	**지방세**
취득단계	상속세(누진세), 증여세, 인지세	취득세(비례세), 등록세
보유단계	종합부동산세(누진세), 소득세, 법인세	재산세 (누진세, 비례세)
처분단계	양도소득세	–

15 난도 ★★ 답 ④

┃정답해설┃

④ 입주자가 주거지를 자유롭게 선택할 수 있는 것이 장점은 공급자측면의 보조가 아니라 소비자측면일 때 발생한다.

┃오답해설┃

① 금융지원, 보조금, 재산세, 개발부담금 등의 정책은 정부의 주택시장 간접개입방식에 속한다.
③ 소득대비 주택가격비율(PIR)과 소득대비 임대료비율(RIR), 슈바베지수 등이 높을수록 주택시장에서 가구의 지불능력이 낮아진다.

16 난도 ★★★ 답 ③

┃정답해설┃

③ 개발권양도제는 토지이용규제를 받는 지역의 토지소유자에게 개발권을 부여하는 것이지 소유권을 부여하는 것이 아니다. 개발권이전제는 개발권 매매시에 정부가 개입하는 것이 아니라 시장원리에 따라 개발권의 매매가 이루어지며 이를 통하여 규제지역의 토지소유자들의 재산상의 손실을 보전할 수 있도록 한 제도이다.

17 난도 ★★★ 답 ③

┃오답해설┃

① 토지거래허가구역이 아니라 개발제한구역에 대한 설명이다.
② 개발제한구역이 아니라 토지거래허가구역에 대한 설명이다.
④ '잔금지급일로부터'가 아니라 '계약체결일로부터'이다.
⑤ 도시형 생활주택은 분양가상한제가 제외된다.

> **더 알아보기 분양가 상한제가 제외되는 지역**
> **(주택법 제57조 제2항)**
>
> 1. 도시형 생활주택
> 2. 경제자유구역 지정지역에서 건설·공급하는 공동주택
> 3. 「관광진흥법」 관광특구에서 공동주택으로 해당 건축물의 층수가 50층 이상, 또는 150m 이상인 곳

18 난도 ★★ 답 ④

┃정답해설┃

㉠ 자기자본수익률

$$= \frac{순영업소득(3천만\ 원) + 가격상승률(2천만\ 원)}{지분투자액(10억\ 원)}$$

$$= 5\%$$

㉡ 자기자본수익률

$$= \frac{3천만\ 원 + 2천만\ 원 - 이자(2,400만\ 원)}{지분투자액(4억\ 원)}$$

$$= 6.5\%$$

19 난도 ★ 답 ②

┃정답해설┃

② ㉠ 금융상 위험, ㉡ 운영상 위험, ㉢ 유동성 위험에 속한다.

> • (㉠ 금융상 위험) : 투자재원의 일부인 부채가 증가함에 따라 원금과 이자에 대한 채무불이행의 가능성이 높아지며, 금리 상승기에 추가적인 비용부담이 발생하는 경우
> • (㉡ 운영상 위험) : 사무실의 관리, 근로자의 파업, 영업경비의 변동 등으로 인해 야기되는 수익성의 불확실성
> • (㉢ 유동성 위험) : 부동산의 고가성 등 때문에 환금성이 약함에 따른 손실가능성이 야기

20 난도 ★★ 답 ④

┃오답해설┃

㉡ [×] 순영업소득 산출 시 영업경비와 공실은 고려한다.
㉢ [×] 영업경비를 산출할 때 저당지불액은 고려하지 않지만 재산세는 고려한다.
㉣ [×] 소득세는 감가상각비와 이자지급액은 고려한다.

21 난도 ★★ 답 ⑤

▮ 오답해설 ▮

① 포트폴리오에 적용하여 수익과 위험과의 관계를 전체적으로 파악할 수 있는 장점이 있다.

② 경기변동, 인플레이션, 이자율의 변화 등에 의해 야기되는 시장위험은 피할 수 없는 위험으로 이를 체계적 위험이라 한다.

③ 포트폴리오 분산투자를 통해 비체계적 위험만 상쇄시킬 수 있다.

④ 포트폴리오를 구성하는 자산의 수가 많을수록 불필요한 위험이 통계학적으로 많이 제거되는 이유는 상관계수가 (+)1이 아니기 때문이다.

22 난도 ★★★ 답 ⑤

▮ 정답해설 ▮

사업	㉠ 현금지출	현금유입	㉡ 현금유입의 현가	순현가 = ㉡ − ㉠
A	3,000	7,490	7,490 ÷ 1.07 = 7,000	4,000
B	1,000	2,675	2,675 ÷ 1.07 = 2,500	1,500
C	1,500	3,210	3,210 ÷ 1.07 = 3,000	1,500
D	1,500	4,815	4,815 ÷ 1.07 = 4,500	3,000

⑤ A의 수익성지수 = ㉡ 7,000 ÷ ㉠ 3,000 = 2.333
　B의 수익성지수 = ㉡ 2,500 ÷ ㉠ 1,000 = 2.5
　C의 수익성지수 = ㉡ 3,000 ÷ ㉠ 1,500 = 2
　D의 수익성지수 = ㉡ 4,500 ÷ ㉠ 1,500 = 3
∴ A의 순현가는 D의 2배가 되지 않는다.

① B와 C의 순현재가치는 1,500만 원으로 동일하다.
②와 ④ 수익성지수의 크기
　: D(3) > B(2.5) > A(2.333) > C(2)
③ 순현재가치의 크기 : A > D > B = C

23 난도 ★★ 답 ②

▮ 오답해설 ▮

① 총소득승수는 총투자액을 조(총)소득으로 나눈 값이다.

③ 순소득승수는 총투자액을 순영업소득(NOI)으로 나눈 값이다.

④ 세후현금흐름승수는 지분투자액을 세후현금수지로 나눈 값이다.

⑤ 지분투자수익률은 세전현금수지를 지분투자액으로 나눈 비율이다.

24 난도 ★★ 답 ③

▮ 오답해설 ▮

① 고정금리가 아니라 변동금리 대출이 유리하다.

② 일반적으로 대출일 기준시 이자율은 변동금리대출이 고정금리대출보다 낮다.

④ 기준금리 외에 가산금리도 고려한다.

⑤ 대출기관에게 유리하다.

25 난도 ★★★ 답 ⑤

▮ 정답해설 ▮

(1) 5년 거치가 있을 경우 : 5년 경과 후에 1회차 원금상환 시작함
　㉠ 1회차 원리금 상환액
　　= 대출금(1.2억 원) × 월저당상수(0.00474)
　　= 568,800원
　㉡ 1회차 이자지급액
　　= 대출금(1.2억 원) × 이자율$\left(\dfrac{3\%}{12월}\right)$ = 300,000원
　㉢ 원금상환액
　　= 원리금상환액(568,800원) − 이자지급액(300,000원)
　　= 268,800원

(2) 거치가 없을 경우
　㉠ 1회차 원리금 상환액
　　= 대출금(1.2억 원) × 월저당상수(0.00422)
　　= 506,400원
　㉡ 1회차 이자지급액
　　= 대출금(1.2억 원) × 이자율$\left(\dfrac{3\%}{12월}\right)$ = 300,000원

ⓒ 원금상환액
   = 원리금상환액(506,400원) − 이자지급액(300,000원)
   = 206,400원

∴ 원금상환액의 차이(A − B) = 268,800원 − 206,400원
                            = 62,400원

26 난도 ★★★　　　　　　답 ④

┃오답해설┃

① 주택저당담보부채권(mortgage backed bonds)은 저당권 소유권(보유권)과 원리금수취권(이자율), 조기상환위험은 발행기관이 보유하게 된다.
② 하나의 저당집합에서 만기와 이자율을 다양화하여 발행한 여러 종류의 채권은 다계층채권(collateralized mortgage obligation)을 말한다.
③ 상업용 저당증권(CMBS)이 아니라 자산유동화증권(ABS)에 대한 설명이다.
⑤ 다계층저당증권(collateralized mortgage obligation)의 발행자는 저당채권의 풀(pool)에 대한 소유권을 가지면서 동 풀(pool)에 대해 채권을 발행하는 것이다.

27 난도 ★★　　　　　　답 ④

┃오답해설┃

① 주주 1인당 주식소유의 한도에 대한 제한 규정이 없다.
② 자기관리 부동산투자회사에 대한 설명이다.
③ 주식공모(청약)에 대한 의무조항이 없다.
⑤ 처분제한에 대한 의무조항이 없다.

28 난도 ★★★　　　　　　답 ③

┃정답해설┃

③ 저당권방식에서 담보주택의 유형은 주택, 노인복지주택, 주거목적 오피스텔, 주거면적이 50% 이상인 복합용도주택 등이 포함된다. 그러나 신탁방식에서는 담보주택의 유형은 주택, 노인복지주택, 주거목적 오피스텔 등은 포함되지만 주거면적이 50% 이상인 복합용도주택은 제외된다.

29 난도 ★★　　　　　　답 ⑤

┃오답해설┃

① BTO방식은 시설의 준공과 함께 시설의 소유권이 국가 또는 지방자치단체에 귀속되지만, 사업시행자가 정해진 기간 동안 시설에 대한 운영권을 가지고 수익을 내는 방식이다.
② BOT방식은 민간사업자가 스스로 자금을 조달하여 시설을 건설하고, 일정기간 소유·운영한 후, 사업이 종료한 때 국가 또는 지방자치단체 등에게 시설의 소유권을 이전하는 것을 말한다.
③ BTL방식은 민간이 개발한 시설의 소유권을 준공과 동시에 공공에 귀속시킨다. 사업시행자인 민간은 일정기간 시설관리 운영권을 가지며, 공공은 그 시설을 임차하여 사용한다.
④ BOOT방식은 시설의 준공과 함께 사업시행자가 소유권과 운영권을 갖는 방식이다.

30 난도 ★★　　　　　　답 ④

┃정답해설┃

④ 관리신탁에 의하는 경우 법률상 부동산 소유권을 이전하고 신탁회사가 부동산의 관리업무를 수행하게 된다.

> **더 알아보기　부동산 신탁의 종류**
>
> (1) 관리신탁은 부동산소유자가 맡긴 부동산을 총체적으로 관리·운용하여 그 수익을 부동산소유자 또는 부동산소유자가 지정한 사람(수익자)에게 배당하는 것을 말한다.
> (2) 처분신탁은 부동산소유자가 맡긴 부동산에 대하여 처분 시까지의 총체적 관리행위 및 처분행위를 신탁회사가 행하며, 처분대금을 부동산소유자 또는 수익자에게 교부하는 것을 말한다.
> (3) 담보신탁은 부동산을 담보로 하여 금융기관에서 자금을 차용하려는 경우에 이용하는 방법으로서 담보신탁을 의뢰하면 신탁회사는 부동산감정평가의 범위 내에서 수익증권을 발급하고 부동산소유자는 이를 해당 은행에 제출하여 자금의 대출을 받는 방식이다.
> (4) 토지개발신탁은 토지소유자가 토지를 신탁회사에게 위탁하면 신탁회사는 그 토지를 개발시킨 다음 임대하거나 분양하는 방식으로서 토지신탁이라고도 한다.

31 난도 ★★

┃정답해설┃

③ 환지방식은 토지를 환수받은 원토지소유자에게 개발이익이 사유화된다는 문제점이 있다. 개발이익환수가 용이한 방식은 매수(수용)방식에 해당한다.

┃오답해설┃

① 개발용지의 환지과정에서는 일정 감보율이 적용되어 공사주체가 공사비를 환수할 목적의 체비지와 공공용지 용도인 보류지를 제외하고 물리적으로 축소된 상태에서 개발토지를 원소유자에게 재분배하게 된다.

② 환지방식은 수용방식과는 달리 사업초기 보상비가 없는 방식이므로 사업주체의 초기 부담이 낮은 편이라고 할 수 있다.

32 난도 ★★

답 ②

┃정답해설┃

등기부 등본 표시사항은 다음과 같다.

표제부	• 사실관계에 관한 사항 • 지번, 건물 명칭 및 번호, 건물내역, 등기원인, 지목/면적
갑구	• 소유권에 관한 사항 • 소유권, 소유권 이전, (가)압류, 가처분, 임의/강제경매 등
을구	• 소유권 이외의 권리에 관한 사항 • 지상권, 지역권, 전세권, 저당권, 임차권

33 난도 ★★

답 ③

┃오답해설┃

가. [×] 독점중개계약 : 매각의뢰를 받은 경우 그 계약기간 내에 거래가 성사되면 개업공인중개사가 당해 부동산거래를 성사시키지 않았더라도 중개수수료 청구권이 발생한다.

나. [×] 전속중개계약 : 공인중개사법령상 "중개의뢰인은 중개대상물의 중개를 의뢰함에 있어서 특정한 개업공인중개사를 정하여 그 개업공인중개사에 한하여 당해 중개대상물을 중개하도록 하는 계약을 체결하여야 한다."가 아니라 "할 수 있다."고 규정하고 있다.

마. [×] 순가중개계약 : 거래가격을 정하고 이를 초과한 금액으로 거래가 이루어진 경우 초과액은 개업공인중개사가 나누어 갖는 것이다. 의뢰인은 아니다.

34 난도 ★★

답 ⑤

┃정답해설┃

⑤ 에스크로우 계정은 법률상 독립되어 있다. 따라서 고객으로부터 받은 금전은 자신의 계정과 별도로 관리해야 한다.

35 난도 ★★★

답 ③

┃정답해설┃

③ 기초가액은 비교방식이나 원가방식으로 감정평가한다. 이 경우 사용 조건·방법·범위 등을 고려할 수 있다.

36 난도 ★★★

답 ②

┃정답해설┃

② 접근조건$(1 + 0.1 - 0.15) \times$ 자연조건$(1 + 0.1 - 0.1)$ $\times$ 획지조건$(1 + 0.15 - 0.05) \times$ 기타조건$(1.1) = 1.089$

37 난도 ★★★

답 ⑤

┃정답해설┃

⑤ 할인현금흐름분석법의 적용에 따른 복귀가액은 보유기간 경과 후 초년도의 순수익을 추정하여 최종환원율로 환원한 후 매도비용을 공제하여 산정한다.

38 난도 ★   답 ⑤

∥ 정답해설 ∥

⑤ 시장가치기준 원칙(제5조), 현황기준 원칙(제6조), 개별 물건기준 원칙(제7조), 원가방식·비교방식·수익방식(제12조)은 감정평가에 관한 규칙에서 직접 규정하고 있으나, 최유효이용 원칙은 직접 규정하지 않으며 감정평가의 일반이론에 해당한다.

39 난도 ★★   답 ⑤

∥ 정답해설 ∥

⑤ 가치형성요인에는 일반적 요인, 지역적 요인, 개별적 요인이 포함되고, 일반적 요인은 다시 사회적 요인, 경제적 요인, 행정적 요인으로 세분된다.

∥ 오답해설 ∥

① 기준시점이란 대상물건의 감정평가액을 결정하기 위해 가격조사를 완료한 날짜를 말하며, 감정평가의 기준이 되는 날짜를 의미한다.
② 인근지역이란 대상부동산이 속한 지역으로서 부동산의 이용이 동질적이고 가치형성요인 중 지역요인을 공유하는 지역을 의미한다.
③ 원가법이란 대상물건의 재조달원가에 감가수정을 하여 대상물건의 가액을 산정하는 감정평가방법을 말한다.
④ 수익환원법이란 대상물건이 장래 산출할 것이라 기대되는 순수익이나 미래의 현금흐름을 환원하거나 할인하여 대상물건의 가액을 산정하는 감정평가방법을 말한다.

40 난도 ★★   답 ③

∥ 오답해설 ∥

① 표준지공시지가는 국가·지방자치단체 등이 그 업무와 관련하여 지가를 산정하거나 감정평가업자가 개별적으로 토지를 감정평가하는 경우에 기준이 된다.
② 시장·군수·구청장은 국세·지방세 등 각종 세금의 부과 등을 위한 지가산정에 사용되도록 하기 위하여 개별공시지가를 결정·공시한다.
④ 시장·군수·구청장은 공시기준일 이후에 분할·합병 등이 발생한 토지에 대하여는 대통령령으로 정하는 날을 기준으로 하여 개별공시지가를 결정·공시하여야 한다.
⑤ 시장·군수·구청장이 개별공시지가를 결정·공시하는 경우에는 해당 토지와 유사한 이용가치를 지닌다고 인정되는 하나 또는 둘 이상의 표준지의 공시지가를 기준으로 토지가격비준표를 사용하여 지가를 산정해야 한다.

2025 시대에듀 감정평가사 1차 부동산학원론 기출문제집(+최종모의고사)

개정1판1쇄 발행	2024년 06월 14일(인쇄 2024년 05월 31일)
초 판 발 행	2023년 02월 06일(인쇄 2023년 01월 31일)
발 행 인	박영일
책 임 편 집	이해욱
편 저	시대감정평가연구소
편 집 진 행	박종현
표 지 디 자 인	박종우
편 집 디 자 인	김민설·고현준
발 행 처	(주)시대고시기획
출 판 등 록	제10-1521호
주 소	서울시 마포구 큰우물로 75 [도화동 538 성지 B/D] 9F
전 화	1600-3600
팩 스	02-701-8823
홈 페 이 지	www.sdedu.co.kr
I S B N	979-11-383-7189-6 (13360)
정 가	21,000원

비관론자는 모든 기회 속에서 어려움을 찾아내고,

낙관론자는 모든 어려움 속에서 기회를 찾아낸다.

– 윈스턴 처칠 –

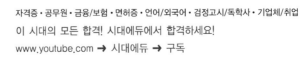